国家哲学社会科学成果文库
NATIONAL ACHIEVEMENTS LIBRARY
OF PHILOSOPHY AND SOCIAL SCIENCES

21世纪马克思主义
基本问题研究

韩庆祥　著

北京师范大学出版集团
BEIJING NORMAL UNIVERSITY PUBLISHING GROUP
北京师范大学出版社

图书在版编目(CIP)数据

21 世纪马克思主义基本问题研究 / 韩庆祥著.
北京：北京师范大学出版社，2025. 6. -- (国家哲学社
会科学成果文库). -- ISBN 978-7-303-30998-6

Ⅰ. A81

中国国家版本馆 CIP 数据核字第 2025AG7361 号

21SHIJI MAKESIZHUYI JIBEN WENTI YANJIU
出版发行：北京师范大学出版社 https://www.bnupg.com
　　　　　北京市西城区新街口外大街 12-3 号
　　　　　邮政编码：100088
印　　刷：北京盛通印刷股份有限公司
经　　销：全国新华书店
开　　本：710 mm×1000 mm　1/16
印　　张：23
字　　数：368 千字
版　　次：2025 年 6 月第 1 版
印　　次：2025 年 6 月第 1 次印刷
定　　价：168.00 元

策划编辑：祁传华　　　　　　　　责任编辑：祁传华
美术编辑：王齐云　　　　　　　　装帧设计：王齐云
责任校对：包冀萌　段立超　　　　责任印制：赵　龙

《国家哲学社会科学成果文库》
出版说明

　　为充分发挥哲学社会科学优秀成果和优秀人才的示范引领作用，促进我国哲学社会科学繁荣发展，自 2010 年始设立《国家哲学社会科学成果文库》。入选成果经同行专家严格评审，反映新时代中国特色社会主义理论和实践创新，代表当前相关学科领域前沿水平。按照"统一标识、统一风格、统一版式、统一标准"的总体要求组织出版。

全国哲学社会科学工作办公室

2025 年 3 月

目　录

Contents

引　言

为什么要研究 21 世纪马克思主义及其基本问题

党的二十大通过的《中国共产党章程(修正案)》指出:"习近平新时代中国特色社会主义思想是当代中国马克思主义、二十一世纪马克思主义。"[1] 实际上,在 2015 年党校工作会议上,习近平同志就最早提出"发展 21 世纪马克思主义"这一重大论断。迄今为止,仅在重要场合和场景,习近平同志有十多次提出发展 21 世纪马克思主义的重大论断。话语的背后是道。习近平同志虽是从政治角度提出发展 21 世纪马克思主义的重大论断,然而其中却蕴含着重要的学理价值和理论意义,值得从道理学理哲理上进行学理化阐释、学术化表达、体系化建构。

一、为什么要研究 21 世纪马克思主义

首先需要搞清楚,我们为什么要从道理学理哲理上深入研究 21 世纪马克思主义。

我国理论界、学术界对研究 21 世纪马克思主义还具有一定程度的保守性。随着 21 世纪世界社会主义运动中心历史性地转移到新时代中国,以习近平同志为核心的党中央提出了"发展 21 世纪马克思主义"这一重大论断,这也是一个具有标识性且正在生成的重大命题。

从道理学理哲理上深入研究 21 世纪马克思主义,是政治建设、实践发展、世界社会主义运动发展和理论建构的需要。

一是政治建设的需要。通过"两个结合"和"六个必须坚持"推进理论创新,

1 《习近平新时代中国特色社会主义思想学习纲要(2023 年版)》,学习出版社、人民出版社,2023,第 305 页。

是我们党理论建设的根本途径和基本规律。中国特色社会主义进入新时代，在全面建设社会主义现代化国家新征程中，在应对世界百年未有之大变局历史进程中，我们党需要继续推进马克思主义中国化时代化进而推进理论创新。这就需要我们党与时俱进地观察时代、把握时代、引领时代，开辟马克思主义中国化时代化新境界，使其达到21世纪时代发展所要求的水平。党的二十大报告强调开辟马克思主义中国化时代化新境界，其旨向之一，就是要继续发展21世纪马克思主义。

二是实践发展的要求。实践是理论之源。历史进入21世纪，无论中国还是世界，实践都发生着剧烈变化。就新时代中国而言，全面建设社会主义现代化国家、全面推进中华民族伟大复兴是新时代的新征程新实践；就21世纪世界而言，要直面世界百年未有之大变局。"胸怀两个大局、做好自己的事情"，是实践发展的新要求。就我国理论建设而言，"做好自己的事情"，就是要随着实践发展继续推进理论创新，让创新理论植根于实践发展之中。理论创新是多方面的，就发展马克思主义而言，其主要是在传承19世纪马克思主义、20世纪马克思主义的根本立场、价值取向、基本原理、方法原则、理想信念的基础上，发展21世纪马克思主义。只有这样，才能反映实践、把握实践，真正赶上实践发展的步伐，进而引领实践，以至不落后于实践发展所要求的时代水平。

三是反映世界社会主义运动发展的需要。随着中国特色社会主义进入新时代，中华民族迎来了从站起来、富起来到强起来的伟大飞跃。在新时代，中国特色社会主义道路、理论、制度、文化不断发展，中国式现代化不仅为人类实现现代化提供了新的选择，也为解决人类问题贡献了中国智慧和中国方案。这意味着相对而言，世界社会主义运动的中心已经历史性地转移到新时代的中国。世界社会主义运动史和马克思主义发展史充分显现这样一条规律：世界社会主义运动的中心转移到哪里，发展马克思主义的实践发源地、理论策源地与主要中心重镇相对就会历史性地转移到哪里。因此，新时代中国共产党人和我国理论工作者应当义无反顾地肩负起发展21世纪马克思主义的神圣职责。

四是理论建构的需要。问题是时代的声音，也是时代的格言。回答并指导解决问题是理论的根本任务。发现问题、分析问题、解决问题，也是理论创新的出发点和动力源。"新时代"与"大变局",会不断涌现出一系列重大理论和实践问题,迫切需要马克思主义来解答。面对整个世界百年未有之大变局,直面 21 世纪整体世界新的动荡变革期,自由主义因注重个体、忽视整体而遭遇解释困境。新时代中国共产党人和理论工作者应进一步创新发展或理论建构 21 世纪马克思主义,以更好地从整体上来解释 21 世纪的世界,并掌握解释 21 世纪世界的理论话语权。

二、什么是 21 世纪马克思主义

21 世纪马克思主义属于"建构性"范畴,是需要建构起来的。建构 21 世纪马克思主义,首先要搞清楚我们所建构起来的马克思主义,是什么样的马克思主义。

后面会设专章系统定义和整体解释 21 世纪马克思主义,这里只择其要旨,简明扼要谈谈什么是 21 世纪马克思主义。

21 世纪马克思主义,首先是传承马克思主义基因和本质的马克思主义。它与马克思主义是"同一家族""同一基因",马克思主义的根本立场、价值取向、基本原理、方法原则、理想信念不能丢,丢了,21 世纪马克思主义就不是马克思主义了。

21 世纪马克思主义,本质上是关于现代化道路和人类文明进步的马克思主义。马克思主义从来都是与现代化道路和人类文明进步本质相关的范畴,对现代化道路的探寻,是马克思主义发展史的一条主线;推进马克思主义中国化时代化的实践维度,从根本上就是寻求并确立中国实现现代化的正确道路,尤其是社会主义现代化道路。19 世纪马克思主义从根本上就是致力于批判和超越"资本现代性"的逻辑,进而走向"人本逻辑";作为 20 世纪马克思主义理论形态的列宁主义、毛泽东思想,本质上就是探寻落后国家向社会主义过渡、采取何种道路实现社会主义现代化的问题;21 世纪马克思主义理应沿着这一根本思路,以中国式现代化全面推进中华民族伟大复兴,为人类实现现代化提供新的选择。马克思主义发展也从来与吸收人类优秀文明成果本质相关。由此,今天我们应基于中国式现代化道路和人类文明新形态,创新发展 21 世纪马克思主义。

21世纪马克思主义，是基于世界社会主义运动中心的相对转移，继续推进理论创新，从而开辟马克思主义中国化时代化新境界的马克思主义。21世纪马克思主义，是与世界社会主义运动中心的相对转移直接相关的范畴。相对而言，21世纪，世界社会主义运动的中心已经历史性地转移到新时代的中国，新时代中国正在成为发展21世纪马克思主义的实践发源地和理论策源地。因此，新时代中国共产党人和理论工作者应在守正并传承19世纪马克思主义、20世纪马克思主义的基础上继续推进理论创新，开辟马克思主义中国化时代化新境界，创新发展21世纪马克思主义，以引领世界社会主义运动的发展。离开与时俱进，21世纪马克思主义就不是"21世纪"马克思主义。

21世纪马克思主义，是直面"两个大局"，基于"动荡、变革和重构"的世界来观察时代、把握时代、引领时代，进而聚焦新时代中国特色社会主义与资本主义历史性变化，来解答"世界向何处去"这一"时代之问"的马克思主义。21世纪马克思主义，既是与中国特色社会主义彰显其世界意义和资本主义历史性变化直接相关的概念，也是与21世纪世界所发生的广泛而深刻的变革本质相关的概念。当今世界正经历百年未有之大变局，处在新的动荡变革期，不稳定性不确定性日趋明显。这是一个"动荡、变革和重构"的世界。"世界向何处去""中国怎么办"？这是"时代之问"。解答这一"时代之问"，涉及科学回答21世纪"中国与世界的关系""资本主义与中国特色社会主义的关系"等一系列根本问题。这正是发展21世纪马克思主义的题中应有之义。

21世纪马克思主义，是为解释21世纪的世界并掌握理论话语权的一种科学理论体系。21世纪马克思主义，也是与解释21世纪的世界并掌握理论话语权相关的概念。21世纪，世界经历百年未有之大变局，这是大发展大变革大调整的世界，它处于"新的动荡变革期"，迫切需要给出理论解释。21世纪是迫切需要理论解释的世纪，也是需要进行理论创新的世纪，谁能给出解释21世纪之世界的理论，谁就能掌握解释21世纪之世界的理论话语权。我们所创新发展的21世纪马克思主义，就是这样的马克思主义，其使命就是为解释21世纪的世界并掌握理论话语权，提供一种科学的理论体系。

三、如何研究 21 世纪马克思主义

在搞清楚"为什么"要研究 21 世纪马克思主义、21 世纪马克思主义"是什么"之后，需要进一步搞清楚"如何研究"21 世纪马克思主义。

研究 21 世纪马克思主义，首先要搞清楚 21 世纪马克思主义的基本问题，即思想资源、基本路径、研究对象、研究方法、基本内涵、主要内容、体系主干、核心原理、内在逻辑、原创性贡献、历史地位和哲学基础等。19 世纪马克思主义、20 世纪马克思主义、中国化时代化的马克思主义、习近平新时代中国特色社会主义思想，以及国内外学者的相关研究成果等，都是研究 21 世纪马克思主义需要清理与总结的思想资源，应全面深入地进行梳理与分析；21 世纪马克思主义的研究对象，主要就是研究 21 世纪马克思主义与 19 世纪马克思主义、20 世纪马克思主义的关系，研究 21 世纪马克思主义与现代化道路、人类文明进步的关系，研究与世界社会主义运动中心转移并开辟马克思主义中国化时代化新境界的关系，研究 21 世纪马克思主义与"两个大局""动荡、变革和重构"的关系，研究 21 世纪马克思主义与新时代中国特色社会主义、资本主义之历史性变化的关系，进而解读"世界向何处去"这一"时代之问"，研究 21 世纪马克思主义与解释 21 世纪的世界并掌握理论话语权的关系；方法取决于问题的本性，我们应采取大历史观与马克思主义中国化时代化的分析框架，展开对 21 世纪马克思主义的研究；要深入研究 21 世纪马克思主义的生成逻辑、实践逻辑、世界(时代)逻辑和理论逻辑等内在逻辑；要研究 21 世纪马克思主义的原体性涵义、关系性涵义、时间性涵义、空间性涵义和功能性涵义等基本内涵；要把习近平新时代中国特色社会主义思想及其原创性贡献与当代中国马克思主义、21 世纪马克思主义的关系，看作研究 21 世纪马克思主义的核心内容；要深刻认识到，发展 21 世纪马克思主义是继续深入推进马克思主义中国化时代化，进而推进理论创新提出的一个标志性论断，是中国理论走向世界和未来的标识性符号，也是对习近平新时代中国特色社会主义思想之历史地位和世界地位的政治判定。而发展 21 世纪马克思主义之实质，就是要持续深入推进马克思主义中国化时代化，使"中国理论"走向世界，用习近平新时代中国特色社会主义思想解释世界与观察时代、把握时代、引领时代，使

习近平新时代中国特色社会主义思想成为 21 世纪马克思主义核心的理论形态。

研究 21 世纪马克思主义，不仅要注重"全面"，对其作出全面系统的思考分析，而且也要关注"重点"，抓住其根本问题进行深入研究。中国式现代化、中国式现代化的文化形态、人类文明新形态、建构中国自主的知识体系和构建人类命运共同体，是发展 21 世纪马克思主义的五大基石，应立足于中国式现代化、人类文明新形态和构建人类命运共同体及其递进逻辑，深入分析研究 21 世纪马克思主义。

研究 21 世纪马克思主义，最关键的是要探究 21 世纪马克思主义的哲学基础或哲学根基。从哲理上简要来说，19 世纪马克思主义、20 世纪马克思主义都致力于批判和超越资本占有劳动并控制社会的逻辑，即"资本逻辑"，资本逻辑背后的哲学基础，是"主客二元对立"；马克思、恩格斯所创立的马克思主义要批判和超越"资本逻辑"，目标是解放全人类、解放无产阶级、实现每个人自由平等全面发展，其中蕴含的是"人本逻辑"，其哲学根基是"主主平等普惠"。从哲理上讲，中国式现代化的本质特征所蕴含的哲学逻辑，就是"主主平等普惠"，它以"主主平等普惠"为哲学根基。"主主"是相对于"主客"而言的，说的是人人、任何国家和民族都是存在、发展、享受与拥有权利、发展机会、恪守规则的主体；"平等"是相对于"二元对立"而言的，既然都是主体，那么，人人、任何国家和民族在"存在、发展、享受"与"拥有权利、发展机会、恪守规则"上都应当是平等的；"普惠"是相对于"你输我赢、赢者通吃"而言的，强调人人、任何国家和民族都共享世界发展的成果。发展 21 世纪马克思主义，就要沿着这一总体思路和逻辑，把"主主平等普惠"作为哲学基础或根基。[1] 当然，这需要进一步展开阐释和论证。

基于上述思考分析，我认为，从学术或学理视域探究 21 世纪马克思主义基本问题意义重大、迫在眉睫；不仅如此，还需要从总体上构建起 21 世纪马克思主义理论体系的总体框架。这一总体框架，以新时代中国发展逻辑和 21 世纪世界发展逻辑为前提，以习近平新时代中国特色社会主义思想为基础与核心，以构建中国理论并提升国际话语权为目标旨趣。这一总体框架，可从 21 世纪马克思主义的基本涵义、实践基础、基本问题、"中国样本"、原创性贡

---

1 "主主平等普惠"，是从哲理上提出的一个原创性概念，我在其他相关论著中对此作出过阐释、说明和论证，本书还会作出进一步的说明和论证。

献、哲学根基等方面展开。这也就是本书写作的重点。

从学术或学理视域探究创新发展 21 世纪马克思主义，逻辑上先需要对中国学界相关研究成果进行系统深入的清理与总结，以寻求进一步深化研究 21 世纪马克思主义的生长点和突破口。这是本书第一章的主要内容。

在对中国学界相关研究成果进行系统深入的清理与总结的基础上，需要进一步确定深化研究 21 世纪马克思主义的基本路径。这是本书第二章的主要内容。

从学术或学理视域探究创新发展 21 世纪马克思主义，有一个前提性问题必须澄清，那就是首先要确定 21 世纪马克思主义的"基本涵义"，回答什么是 21 世纪马克思主义。本书第三章从"原体""关系""过程""空间""功能"五个维度系统定义和全面阐释了 21 世纪马克思主义的"基本涵义"及其解释框架。这五个维度既分别立足不同视角又环环相扣、步步深入、逻辑严密，形成一个有机整体，共同构成 21 世纪马克思主义基本涵义的整体图景和解释框架。

21 世纪马克思主义首先是在新时代中国的实践中生长出来的。理解新时代中国这一实践基础，必须厘清发展 21 世纪马克思主义"中心重镇"转移的历史逻辑，从实质上回答新时代中国何以成为 21 世纪马克思主义的"中心重镇"。本书第四章详细论述了 19 世纪马克思主义、20 世纪马克思主义、21 世纪马克思主义的发展逻辑，并从中国发展历史方位的历史性变化、中国共产党走向最强大政党的伟大飞跃、中国国际地位的提高且贡献中国智慧和中国方案三个维度，阐释发展 21 世纪马克思主义的"中心重镇"问题。

21 世纪马克思主义具有问题意识，坚持问题导向，它直面建构 21 世纪马克思主义所需要分析、解决的基本问题，它是在分析、解决其基本问题的基础上建构起来的。其中主要有：如何理解 21 世纪马克思主义形成的历史起点和逻辑起点，如何理解 21 世纪马克思主义与马克思主义时代化的关系，如何理解 21 世纪马克思主义与 19 世纪马克思主义、20 世纪马克思主义的关系，如何理解 21 世纪马克思主义与当代中国马克思主义的关系，如何理解 21 世纪马克思主义与 21 世纪国外马克思主义的关系，如何理解 21 世纪马克思主义与"四个之问"的关系，如何理解 21 世纪马克思主义与中国式现代化、人类文明新形态和人类命运共同体的关系，如何理解 21 世纪马克思主义与掌握解释 21 世纪的世界理论话语权的关系，如何理解 21 世纪马克思主义与 21 世哲学范式变革的关系，如何理解习近平新时代中国特色社会主义思想就是21世纪马克思主义，等等。本书第五章，就是聚焦21世纪马克思主义所要直面的"基本问题"。

如果说"中心重镇"是解答21世纪马克思主义发展的历史逻辑与生长点、发展源的话，那么，"中国样本"实质上是在这一基础上，阐述新时代中国为发展21世纪马克思主义提供了什么样的"中国样本"或"中国范式"，它涉及的是新时代中国创新发展21世纪马克思主义的实践路径和方式问题。本书第六章从解答问题和如何解答问题两个层面展开论述。创新发展21世纪马克思主义，回应并解答了"马克思、恩格斯之问""马克思主义经典作家之问""邓小平之问"及世界向何处去的"时代之问"。

以习近平同志为核心的党中央提出立足新时代中国和世界百年未有之大变局发展21世纪马克思主义，本身就是一种"原创性贡献"。新时代中国为发展21世纪马克思主义提供的"中国样本"，为发展21世纪马克思主义作出了原创性贡献。从理论和实践统一上阐述21世纪马克思主义的原创性贡献，实质上就是回答21世纪马克思主义是如何创新发展的，创新发展21世纪马克思主义的原创性贡献究竟体现在哪里。本书第七章即从马克思主义发展、马克思主义中国化时代化发展、中国特色社会主义发展、中国理论建构、人类文明新形态五个视角，全方位阐释21世纪马克思主义的原创性贡献。

创新发展21世纪马克思主义，需要在把握其"中心重镇""中国样本""原创性贡献"的基础上，进一步理解和把握其"理论标识"，即标识性范畴、原创性论断和主体性理论。21世纪马克思主义具有自己的标识性范畴、原创性论断和主体性理论，它在实质上就是既要回答21世纪马克思主义何以可能的问题，又要解答21世纪马克思主义的范畴体系和理论框架问题。本书第八章从整体上详细阐释了21世纪马克思主义的十大标识性范畴、"一基三柱"的原创性论断和习近平新时代中国特色社会主义思想的主体性理论，它由点到线再到面，形成了一个层层递进、融会贯通的有机整体，共同构成了21世纪马克思主义理论体系的"四梁八柱"。

马克思主义哲学是科学的世界观和方法论，是整个马克思主义科学理论体系的哲学根基。就根本而言，无论是19世纪创立的马克思主义的经典形态、20世纪推进的马克思主义的发展形态，还是21世纪马克思主义的创新形态，都贯穿着马克思主义哲学的科学世界观和方法论，都以辩证唯物主义和历史唯物主义思想方法为指导。本书第九章，主要聚焦 21 世纪马克思主义的"哲学方法"，即系统为基的战略辩证法，特别是习近平新时代中国特色社会主义思想的哲学基础及其世界观和方法论，为我们深入系统地理解和把握 21 世纪马克思主义，提供了哲学世界观和方法论依据。

对上述各章的研究内容进行总结提升与归纳概括，可以勾画出研究 21 世纪马克思主义的总体框架。这是第十章的主要内容。

"清理总结"—"基本路径"—"基本涵义"（解释框架）—"中心重镇"（形成基础）—"基本问题"—"中国样本"—"原创性贡献"—"理论标识"—"哲学方法"—"总体框架"，构成了本书探究 21 世纪马克思主义基本问题的总体思路与完整图景，亦即 21 世纪马克思主义的基本雏形。当然，这样的研究及其认识、理解还只是初步的，因为创新发展 21 世纪马克思主义，是新时代中国共产党人首次提出的一个新的、正在生成的且具有重大标识性的命题，还需要我们坚持不懈、持之以恒地深入研究下去。随着实践的发展和研究的深入，也必将进一步深化对 21 世纪马克思主义这一重大命题的理解和把握。

我们真诚希望有更多学者参与进来，共同深化对 21 世纪马克思主义的研究，以取得更有价值的学术研究成果。

第 一 章

对中国学者眼中的 21 世纪
马克思主义的"清理总结"[1]

站在"他人肩上"说新话。要系统深入研究 21 世纪马克思主义，首先要对学界他人既有的研究成果予以清理与总结，以期寻求进一步深入研究的生长点和突破口，回答"从何谈起"的问题。

党的十八大以来，习近平同志在坚守马克思主义基本原理的基础上，关照中国和中国人民、世界和全人类的现实及未来，创造性提出"发展 21 世纪马克思主义"这一重大论题。在这一背景下，学界围绕这个重大论题展开探讨，发表了一系列研究成果。对既有研究成果进行梳理归纳和总结评析，旨在为不断开辟 21 世纪马克思主义发展新境界提供经验参考与理论启示。

一、"21 世纪马克思主义"研究的脉络

纵览学界关于"21 世纪马克思主义"的研究成果，无论在时间上还是内容上，都直接与习近平同志的重要论述相关联，与党的重大会议和重要时间节点密切关联。据此，以习近平同志的重要论述为标志，结合学界在不同时期对这一议题的认识，我们将 21 世纪马克思主义的研究进程划分为三个阶段，即政治宣传阶段、基础问题学理阐释阶段和理论建构阶段。

（一）政治宣传阶段：2015—2018 年

2015 年 12 月，习近平同志在全国党校工作会议上的讲话中提出"发展 21 世纪马克思主义"。习近平同志指出："希望党校根据时代变化和实践发展，

1　我的学生汤茂玥同志为本章作出了一定贡献。

加强理论总结和理论创新，为发展 21 世纪马克思主义、当代中国马克思主义作出努力。"[1] 2017 年，习近平同志在多个场合继续强调，要"不断开辟 21 世纪马克思主义发展新境界"[2]，"推动发展二十一世纪马克思主义"[3]，等等。围绕习近平同志的重要指示和任务部署，中国理论界陆续展开讨论。有学者阐述了发展 21 世纪马克思主义的必要性和可能性。[4] 有学者强调了继续发展 21 世纪马克思主义的重要性。[5] 有学者回答了如何发展 21 世纪马克思主义。[6] 有学者阐明了 21 世纪马克思主义中国化蕴含的真理力量。[7]

这一阶段，"21 世纪马克思主义"概念被学界关注，相关研究的数量开始呈现出逐年上涨的趋势。但此阶段的研究大多为领导人讲话的解读与宣传，研究主题和研究视角都还较为单一，研究深度和广度也亟待拓展。

（二）基础问题学理阐释阶段：2018—2020 年

2018 年，习近平同志四次提到"21 世纪马克思主义"，并将"发展 21 世纪马克思主义"上升至"当代中国共产党人责无旁贷的历史责任"[8]之高度，充分彰显出发展 21 世纪马克思主义的重要性和迫切性。同年，学界的相关研究数量达到历史峰值。2019 年，《中共中央关于加强党的政治建设的意见》作出重大论断："习近平新时代中国特色社会主义思想是当代中国马克思主义、二十一世纪马克思主义。"[9]由此，学界彻底掀起"21 世纪马克思主义"的研究热潮。这一阶段，研究主题明显细化和多样，主要呈现三种趋向。

其一，围绕 21 世纪马克思主义的基础问题展开研究。比如，有学者研究了 21 世纪马克思主义的内涵、主题与方法论。[10] 有学者梳理了 21 世纪马克思主义发展的理论逻辑。[11] 其二，围绕上述重大论断展开研究。比如，有学者分

1　习近平：《在全国党校工作会议上的讲话》，人民出版社，2016，第 20 页。

2　《习近平谈治国理政》第 2 卷，外文出版社，2017，第 34 页。

3　《习近平关于社会主义文化建设论述摘编》，中央文献出版社，2017，第 99 页。

4　参见陈锡喜：《关于发展 21 世纪马克思主义的若干思考——学习习近平总书记在哲学社会科学工作座谈会上的讲话》，《思想理论教育》2016 年第 8 期，第 4—10 页。

5　参见双传学：《高举 21 世纪马克思主义的思想旗帜》，《红旗文稿》2017 年第 10 期，第 4—6 页。

6　参见秦宣：《21 世纪马克思主义的历史使命》，《理论视野》2016 年第 6 期，第 1 页。

7　参见张雷声：《21 世纪马克思主义中国化的真理力量》，《人民论坛》2017 年第 38 期，第 36—37 页。

8　《习近平谈治国理政》第 3 卷，外文出版社，2020，第 183 页。

9　《十九大以来重要文献选编》上，中央文献出版社，2019，第 796 页。

10　参见刘绥：《21 世纪马克思主义：内涵、主题与方法论》，《探索》2019 年第 6 期，第 17—24 页。

11　参见王刚：《从马克思主义到 21 世纪马克思主义的理论逻辑》，《科学社会主义》2020 年第 1 期，第 22—28 页。

析了习近平新时代中国特色社会主义思想对发展 21 世纪马克思主义作出的贡献。[1] 其三，围绕中国样本展开对 21 世纪马克思主义的研究。比如，有学者阐释了中国特色社会主义制度和国家治理体系对于发展 21 世纪马克思主义的显著优势。[2]

这一阶段，相关研究在数量、质量和范围等方面均有显著提升。但总体而言，多数研究仍未触及学理层面，或者即便个别学者能就某些问题作出学理阐释，但提出的观点尚难以达成共识，因而只能对相关问题作初步诠释。

（三）理论建构阶段：2020 年至今

2020 年以来，学界关于"21 世纪马克思主义"的研究蔚然成风。"21 世纪马克思主义"被正式写入党的重要文件，这充分彰显出 21 世纪马克思主义理论的重要地位，极大增强了中国理论界对这一命题的关照程度。2021 年，《中共中央关于党的百年奋斗重大成就和历史经验的决议》明确指出，习近平新时代中国特色社会主义思想是当代中国马克思主义、21 世纪马克思主义。[3] 2022 年，这一重要论断也被写入《中国共产党章程》。[4] 此外，众多学术团体致力于为研究 21 世纪马克思主义整合资源力量，推动学界对这一命题的研究进入学理化阶段。

这一阶段，我国学界对 21 世纪马克思主义的研究实现了质的提升，产出了诸多具有较大影响的理论硕果。笔者全面剖析了 21 世纪马克思主义的基础性问题，并尝试建构 21 世纪马克思主义理论体系的总体框架。顾海良在《21 世纪马克思主义：展望与回眸》一书中，对 21 世纪马克思主义的时代课题、学理内涵、主体形态等内容作出系统阐释。陈曙光论证了 21 世纪马克思主义主体形态的确立依据，并深刻回答了 21 世纪马克思主义的几个基础问题。辛鸣从学理层面辨识了 21 世纪马克思主义的发展逻辑、历史方位、理论形态与实践形态。刘同舫阐明了 21 世纪马克思主义研究中存在的四重张力，以此为依据对未来发展进路作出设想，等等。

1　参见黄蓉生：《中国共产党对 21 世纪马克思主义发展的历史性贡献》，《中国高等教育》2018 年第 9 期，第 22—24 页。

2　参见高正礼：《论当今中国发展 21 世纪马克思主义的制度优势》，《安徽师范大学学报（人文社会科学版）》2020 年第 2 期，第 27—32 页。

3　参见《中共中央关于党的百年奋斗重大成就和历史经验的决议》，人民出版社，2021，第 26 页。

4　参见《中国共产党章程》（中国共产党第二十次全国代表大会部分修改，2022 年 10 月 22 日通过），《人民日报》2022 年 10 月 27 日。

这一时期，广大学者立足不同研究视域、层面和维度，对 21 世纪马克思主义的历史逻辑、现实逻辑、理论逻辑、世界逻辑和哲学逻辑进行学理阐释。他们不仅深化了学界对这一命题的认识，而且使学界对其基础性问题的认识达成统一，使这一体系的理论轮廓初步呈现。

二、"21 世纪马克思主义"研究的重点

随着学界对 21 世纪马克思主义认识的不断深化，相关研究成果逐渐充实和丰富。通过梳理既有成果可以发现，学界重点关注以下九个问题。

(一)21 世纪马克思主义的出场逻辑

21 世纪马克思主义是中国共产党人着眼世界和时代变化，系统审视自身优势后，创造性提出的概念范畴。学界关于 21 世纪马克思主义的出场逻辑的探讨，主要围绕时代背景、理论基础、文化资源、实践优势四个方面展开。

第一，时代背景。时代是思想之母，时代背景的转变召唤符合时代特征的思想和理论登场。面对 21 世纪不确定的整个世界，新自由主义已经出现了解释危机，这就迫切需要构建"学术中国""理论中国"。[1] 辛鸣表示，当前世界所面临的百年未有之大变局则是"21 世纪马克思主义"生成最直接的社会历史条件。[2] 任平认为，2008 年爆发的金融危机是 21 世纪马克思主义当代出场的时代根据。[3]

第二，理论基础。马克思主义作为科学的理论体系，是中国共产党领导人民进行革命、改革和发展一以贯之的科学指导思想，也是 21 世纪马克思主义在当代中国出场最深刻的理论根据。李百玲指出，马克思主义丰富的思想理论宝库为发展 21 世纪马克思主义，提供了有效的文本资源和深厚的理论基础。[4] 余一凡认为，马克思主义基本原理是 21 世纪马克思主义提出和发展的

1　参见韩庆祥：《新发展阶段如何深化习近平新时代中国特色社会主义思想研究》，《中共中央党校(国家行政学院)学报》2021 年第 2 期，第 5—11 页。

2　参见辛鸣：《论 21 世纪马克思主义》，《中国社会科学》2022 年第 12 期，第 4—25 页。

3　参见任平：《论"21 世纪马克思主义"的出场路径与当代使命》，《吉林大学社会科学学报》2017 年第 6 期，第 115—125 页。

4　参见李百玲：《21 世纪马克思主义的历史维度与建构路径》，《学习与探索》2018 年第 5 期，第 16—20 页。

理论基础。[1]

第三，文化资源。中华优秀传统文化是中华民族的精神瑰宝，代表着中华文明的文化形态，为 21 世纪马克思主义的生成提供了深厚的文化资源。任晓伟认为，作为中华文化历史源头的黄帝文化，是涵养 21 世纪马克思主义形成的思想养料。[2] 余金成认为，中华优秀传统文化为发展 21 世纪马克思主义提供了重要的思想资源。[3]

第四，实践优势。马克思指出："人类始终只提出自己能够解决的任务。"[4] 中国提出 21 世纪马克思主义并不断对其发展建构，不是头脑一热的"书斋空想"，而是系统审视自身优势后的"主动作为"。王刚认为，"21 世纪马克思主义"的提出和发展是由中国特色社会主义实践的成功所推动的。[5] 李庚香认为，中国特色社会主义在新时代的伟大成功促使"21 世纪马克思主义"应运而生。[6]

(二)21 世纪马克思主义的本质内涵

发展 21 世纪马克思主义的基础前提与必要条件，是要准确回答何谓 21 世纪马克思主义，即科学理解其本质内涵。韩庆祥以习近平总书记的重要论述为文本依据，通过"原体""关系""过程""空间""功能"五重规定，深入考察并系统阐释了 21 世纪马克思主义的本质内涵。[7] 陈锡喜认为，21 世纪马克思主义的内涵不仅是当代中国马克思主义在世界范围的拓展，更应是对人类社会发展规律认识的提升。[8] 田克勤认为，21 世纪马克思主义是中国共产党对社会主义建设规律、共产党执政规律、人类社会发展规律的"内涵式"升华，是马

1　参见余一凡：《开创 21 世纪马克思主义发展新境界的逻辑进路》，《理论视野》2019 年第 8 期，第 51—57 页。

2　参见任晓伟：《黄帝文化与 21 世纪马克思主义的伟大理论创造——关于"中华文化和中国精神的时代精华"重大论断的源头性思考》，《中国浦东干部学院学报》2023 年第 4 期，第 5—10 页。

3　参见余金成：《中华优秀传统文化是 21 世纪马克思主义的重要思想资源》，《理论与现代化》2022 年第 2 期，第 5—11 页。

4　《马克思恩格斯文集》第 2 卷，人民出版社，2009，第 592 页。

5　参见王刚：《从马克思主义到 21 世纪马克思主义的理论逻辑》，《科学社会主义》2020 年第 1 期，第 22—28 页。

6　参见李庚香：《"21 世纪马克思主义"引领构建人类命运共同体新前程》，《领导科学》2021 年第 1 期，第 5—18 页。

7　参见韩庆祥：《21 世纪马克思主义的基础性问题》，《中国社会科学》2022 年第 4 期，第 4—23 页。

8　参见陈锡喜：《不断开辟 21 世纪马克思主义发展新境界》，《思想理论教育导刊》2016 年第 9 期，第 36—41 页。

克思主义在 21 世纪的系统性发展和总体性概括。[1] 陈曙光认为，21 世纪马克思主义的科学内涵就是要超越西方现代性话语、书写现代性的中国版本、实现现代性的救赎、形成原创性的中国现代性话语。[2]

(三)21 世纪马克思主义的关系辨析

澄明 21 世纪马克思主义的相关概念，进一步把握 21 世纪马克思主义本身及相关问题，学界存在两种观点。

一是目前最具代表性的观点，认为"21 世纪马克思主义"与"当代中国马克思主义""21 世纪中国的马克思主义"是同质性关系，明确指向习近平新时代中国特色社会主义思想。但是，"21 世纪马克思主义"与"21 世纪的马克思主义"相异，二者间更多是一种包含关系。陈曙光指出，"21 世纪马克思主义"与"21 世纪中国的马克思主义"是同一关系，共同指向"当代中国马克思主义"。[3] 杨金海指出，虽然不能将"当代中国马克思主义"和"21 世纪马克思主义"简单视为同义替换词语，但必须认识到二者是一个整体，不能被轻易割裂开来。[4] 韩庆祥强调，21 世纪的马克思主义是泛指处在 21 世纪的各种马克思主义，与"21 世纪马克思主义"之间是"一"和"多"、"主导"和"支流"、"总体"和"部分"的关系。[5]

二是认为"21 世纪马克思主义"与"21 世纪的马克思主义"之间基本相同，二者指向"21 世纪全世界的马克思主义"。但是，"21 世纪马克思主义"与"当代中国马克思主义""21 世纪中国的马克思主义"在一定程度上相异，更多是一种包含关系。对此，有学者曾用数学公式形象地表述，即"21 世纪马克思主义＝21 世纪中国马克思主义＋21 世纪国外马克思主义"[6]。也有学者指出，"我们依然不能不加限定地指认 21 世纪马克思主义直接等于当代中国马克思主义"[7]。不

1　参见田克勤：《21 世纪马克思主义概念的提出及其重大意义》，《西北工业大学学报(社会科学版)》2022 年第 1 期，第 1—10 页。

2　参见陈曙光：《中国样本与 21 世纪马克思主义》，《马克思主义研究》2018 年第 11 期，第 96—104 页。

3　参见陈曙光：《"21 世纪马克思主义"的几个元理论问题》，《江海学刊》2022 年第 2 期，第 14—21 页。

4　参见杨金海：《深化对 21 世纪马克思主义的认识》，《高校马克思主义理论研究》2018 年第 3 期，第 25—28 页。

5　参见韩庆祥：《构建 21 世纪马克思主义论纲——21 世纪马克思主义何以可能?》，《江海学刊》2022 年第 2 期，第 5—13 页。

6　操奇：《发展 21 世纪马克思主义的三个维度》，《探索》2019 年第 6 期，第 25—33 页。

7　任平：《论"21 世纪马克思主义"的出场路径与当代使命》，《吉林大学社会科学学报》2017 年第 6 期，第 115—125 页。

仅如此，纵览相关研究可以发现，许多学者虽然并未提出或承认这种观点，但在研究中却直接将"21 世纪马克思主义"与"21 世纪的马克思主义""21 世纪世界的马克思主义"混用，实质上也表明对这种观点的肯定。

需要说明的是，以上两种具有代表性的观点，分别代表了学界在不同阶段对 21 世纪马克思主义的认识，充分证实了 21 世纪马克思主义具备历史性、生成性等特性，也都对 21 世纪马克思主义新境界的开辟起到正向激励作用。

(四)21 世纪马克思主义的研究主题

主题是特殊的、核心的问题。21 世纪马克思主义面对和解答的问题，是 21 世纪马克思主义的研究主题。

有学者基于整体视角，系统描绘了 21 世纪马克思主义的主题结构。梁树发指出，21 世纪马克思主义的主题是包含诸多主题要素的体系结构，他分别阐释了 21 世纪马克思主义的总体主题、基本主题、各层次的具体主题。[1] 田鹏颖认为，21 世纪马克思主义以"为人类求解放"为其理论总主题，以实现中华民族伟大复兴、构建人类命运共同体、创造人类文明新形态为三大分主题。[2]

部分学者则基于局部视角，侧重考察 21 世纪马克思主义的时代主题，亦可称之为时代课题。韩庆祥指出，直面和解释当今世界的"变革与重构"，向世界展现社会主义现代化的巨大优势，为世界提供中国智慧、中国方案、中国力量，是 21 世纪马克思主义所面临的时代课题。[3] 顾海良梳理了马克思主义在不同时期所面临的时代课题，并着重阐述了 21 世纪马克思主义的时代课题及其理论特征。[4] 刘绥认为，21 世纪马克思主义的时代主题是"新形势下为全人类的解放和普遍幸福创造条件""彰显中国化马克思主义理论成果的世界历史意义"[5]。易佳乐分析了 21 世纪马克思主义面临的三大时代课题，分别是

1　参见梁树发：《21 世纪马克思主义主题——内涵、结构与认知》，《马克思主义研究》2022 年第 9 期，第 1—10 页。

2　参见田鹏颖：《论二十一世纪马克思主义的理论主题》，《世界社会主义研究》2023 年第 1 期，第 4—14 页。

3　参见韩庆祥：《构建 21 世纪马克思主义论纲——21 世纪马克思主义何以可能?》，《江海学刊》2022 年第 2 期，第 5—13 页。

4　参见顾海良：《马克思主义的历史发展与 21 世纪马克思主义的时代课题》，《中国高校社会科学》2022 年第 3 期，第 4—17 页。

5　刘绥：《21 世纪马克思主义：内涵、主题与方法论》，《探索》2019 年第 6 期，第 17—24 页。

"在总结社会主义成败经验教训的基础上为社会主义指明前进方向""科学解剖资本主义发展趋势，准确把握当代资本主义的新变化新特征""在新全球化的时代背景下实现全人类的解放和普遍幸福"[1]。

（五）21 世纪马克思主义的主体形态

《中共中央关于党的百年奋斗重大成就和历史经验的决议》指出："习近平新时代中国特色社会主义思想是当代中国马克思主义、二十一世纪马克思主义。"[2]这既是对习近平新时代中国特色社会主义思想理论地位的政治判定，也是对 21 世纪马克思主义主体形态的学理描述。学界对 21 世纪马克思主义主体形态的探微，可分为"确立依据"和"原创贡献"两种研究路向。

有学者论证了习近平新时代中国特色社会主义思想是 21 世纪马克思主义的确立依据。韩庆祥、王学智认为，由于习近平同志是 21 世纪马克思主义命题的主要提出者和推进者，其理论成果也定义并引领了马克思主义在 21 世纪发展的走向，所以习近平新时代中国特色社会主义思想就是 21 世纪马克思主义。[3] 陈学明指出，习近平新时代中国特色社会主义思想不仅破解了一系列难题，还把马克思主义推进到了一种新的境界和高度，因而可以被定位为 21 世纪马克思主义。[4] 袁银传、饶壮认为，由于习近平新时代中国特色社会主义思想在理论和现实层面都取得极大影响，所以是 21 世纪马克思主义。[5] 何毅亭认为，因为习近平新时代中国特色社会主义思想的研究对象是世界伟大样本、理论价值具有世界历史意义、实践成效具有世界影响，所以可以被视为 21 世纪马克思主义。[6]

有学者阐发了习近平新时代中国特色社会主义思想对发展 21 世纪马克思主义的原创性贡献。譬如，龚云认为，习近平新时代中国特色社会主义思想

1 易佳乐：《论 21 世纪马克思主义的内在意蕴及世界意义》，《湖南社会科学》2019 年第 1 期，第 19—24 页。

2 《中共中央关于党的百年奋斗重大成就和历史经验的决议》，人民出版社，2021，第 26 页。

3 参见韩庆祥、王学智：《关于"21 世纪马克思主义"的基本问题》，《教学与研究》2023 年第 3 期，第 5—15 页。

4 参见陈学明：《从世界马克思主义视野认识习近平新时代中国特色社会主义思想是"21 世纪马克思主义"》，《思想理论教育导刊》2018 年第 3 期，第 98—100 页。

5 参见袁银传、饶壮：《习近平新时代中国特色社会主义思想是当代中国马克思主义、21 世纪马克思主义》，《思想理论教育》2022 年第 8 期，第 4—9 页。

6 参见何毅亭：《习近平新时代中国特色社会主义思想是 21 世纪马克思主义》，《政工学刊》2020 年第 8 期，第 5—9 页。

科学回答的一系列重大问题，为 21 世纪马克思主义作出了中国原创性贡献。[1]
张云飞、李娜探讨了习近平生态文明思想对发展 21 世纪马克思主义的贡献。[2]
田园分析了共产党全面领导理论对发展 21 世纪马克思主义作出的贡献。[3] 孙
力考察了习近平系统观念对 21 世纪马克思主义发展的重要意义。[4] 桑建泉阐
释了习近平命运共同体思想对 21 世纪马克思主义的丰富与发展。[5]

(六)21 世纪马克思主义的框架结构

21 世纪马克思主义是一个系统完整、逻辑严密的科学理论体系，全面准
确地构建其总体框架并非易事。目前，仅有个别学者从整体性和全局性视域
观照 21 世纪马克思主义的总体框架。韩庆祥初步呈现出 21 世纪马克思主义理
论体系的基本雏形，这一雏形以习近平新时代中国特色社会主义思想为核心，
以当代中国和世界的发展逻辑为支撑，从实践基础、时代特征等方面具体
展开。[6]

更多学者是基于自身学科背景和研究领域，针对 21 世纪马克思主义中的
个别结构或要素进行阐释。如果对这些成果归纳整理，可大致建构出两种 21
世纪马克思主义的结构样态。

其一，以"三大基石"为核心内容的结构样态。目前，学界较为公认的一
种观点是，"中国式现代化""人类文明新形态""构建人类命运共同体"是 21 世
纪马克思主义理论体系的三大基石。[7] 有学者聚焦"三大基石"的其中之一作深
入探讨。譬如，李庚香研究了"人类文明新形态"。他认为，习近平新时代中
国特色社会主义思想作为 21 世纪马克思主义，开辟了人类文明新形态的新境

1　参见龚云：《习近平新时代中国特色社会主义思想为发展 21 世纪马克思主义作出原创性贡献》，《毛泽东邓小平理论研究》2022 年第 2 期，第 1—5 页。

2　参见张云飞、李娜：《习近平生态文明思想对 21 世纪马克思主义的贡献》，《探索》2020 年第 2 期，第 5—14 页。

3　参见田园：《共产党的全面领导理论对 21 世纪马克思主义的贡献》，《探索》2020 年第 2 期，第 15—24 页。

4　参见孙力：《系统观念升华对二十一世纪马克思主义的宝贵贡献》，《毛泽东邓小平理论研究》2023 年第 8 期，第 23—32 页。

5　参见桑建泉：《习近平命运共同体思想及其对发展 21 世纪马克思主义的理论贡献》，《云南民族大学学报(哲学社会科学版)》2017 年第 6 期，第 5—13 页。

6　参见韩庆祥：《构建 21 世纪马克思主义论纲——21 世纪马克思主义何以可能?》，《江海学刊》2022 年第 2 期，第 5—13 页。

7　参见韩庆祥：《21 世纪马克思主义的基础性问题》，《中国社会科学》2022 年第 4 期，第 4—23 页。

界和新前程。[1] 罗骞研究了"构建人类命运共同体"。他认为，构建人类命运共同体是21世纪马克思主义的主要任务和重要使命。[2] 钟明华、缪燚晶研究了"人类命运共同体"。他们认为，人类命运共同体的提出彰显了21世纪马克思主义新的伟大力量。[3]

其二，马克思主义"三大板块"范式的结构样态。宏观来说，马克思主义由马克思主义哲学、政治经济学和科学社会主义三大板块构成，有学者遵照这种范式对21世纪马克思主义进行划分，并着重就其中一部分展开探究。譬如，顾海良研究了"21世纪马克思主义政治经济学"。[4] 冯颜利从出场学视域关照"21世纪马克思主义哲学"的创新范式图谱。[5]

(七)21世纪马克思主义的哲学根基

哲学是时代精神的精华。如果要将理论向纵深推进，要对理论作出学理化阐释、学术化表达和体系化建构，就必须深刻揭示理论的哲学基础。只有具备哲学基础的理论才具有"根基"，只有"根深"才能"叶茂"。

纵览相关研究可知，笔者较多关注21世纪马克思主义的哲学根基，并对其作出全面而系统的阐释。首先，笔者多次阐明深入哲学层面研究21世纪马克思主义的重要性："面对动荡变革且'不确定'的世界，迫切需要人们对当今中国和世界的发展逻辑加以认识并给出哲学解释"，"谁能给出合理解释21世纪世界的哲学理论，谁就能掌握解释21世纪世界的理论话语权"[6]。其次，笔者明确谋划出未来中国哲学理论的建构路径：构建中国哲学理论，发展21世纪马克思主义，应基于中国式现代化新道路和人类文明新形态。[7] 最后，笔者通过对比西方现代化的哲学根基，汲取马克思主义哲学和新时代中国马克思主义哲学的精髓，从而作出科学界定，即"21世纪马克思主义之哲学基础、哲

1 参见李庚香：《二十一世纪马克思主义与人类文明新形态》，《领导科学》2022年第4期，第5—14页。
2 参见罗骞：《构建人类命运共同体：21世纪马克思主义的重要命题》，《理论探索》2018年第2期，第39—44页。
3 参见钟明华、缪燚晶：《21世纪马克思主义初探：基于人类命运共同体的思考》，《探索》2020年第2期，第25—33页。
4 参见顾海良：《习近平经济思想与21世纪马克思主义政治经济学》，《马克思主义与现实》2022年第4期，第1—10页。
5 参见冯颜利：《21世纪马克思主义哲学出场学的范式创新图谱》，《天津社会科学》2017年第2期，第47—51页。
6 韩庆祥：《哲学视域的21世纪马克思主义与理论话语权》，《阅江学刊》2022年第2期，第5—14页。
7 参见韩庆祥：《中国哲学理论建构与21世纪马克思主义》，《东岳论丛》2022年第4期，第5—14页。

学范式，是'主主平等普惠'"[1]。

除此之外，也有个别学者对此给予关照。譬如，吴昕炜对 21 世纪马克思主义哲学的发展路径作出展望[2]，王水兴通过多重维度尝试建构 21 世纪马克思主义信息哲学[3]，等等。

(八)21 世纪马克思主义的价值意蕴

21 世纪马克思主义的提出与发展有何重大价值？这是研究 21 世纪马克思主义的应然指向，也是学界讨论的重点。结合学界研究成果，可以将 21 世纪马克思主义的价值意蕴凝练为四个主要方面。

第一，发展 21 世纪马克思主义，实现了对马克思主义理论体系的拓新。马克思主义经典作家强调，不能将马克思主义视为"僵硬的教条""现成的答案"和"永恒的真理"，而要在与现实和时代相结合的过程中不断更新或生发。21 世纪马克思主义作为马克思主义时代性和发展性最鲜明的体现，遵照符合马克思主义的本质要求，深刻证明了马克思主义理论在中国的茁壮生长。钟明华、董扬认为，21 世纪马克思主义从时空双重维度丰富和拓展了马克思主义的内涵。[4] 何毅亭指出，人民中心论、社会主要矛盾变化论等新论断、新命题、新理念作为 21 世纪马克思主义的重要标志，意味着马克思主义实现了中国化时代化大众化的新飞跃。[5]

第二，发展 21 世纪马克思主义，有助于掌握解释世界的理论话语权。过去，西方理论掌控和统治整个世界，个别中国理论工作者盲目学习西方理论，未加分析地用西方理论剪裁中国现实。21 世纪马克思主义作为具有中国气派、中国风格和中国范式的中国理论，对其发展建构能改善中国理论在全世界长期"失声"的局面，有助于将中国理论拉回与西方理论平等对话的地位。笔者

1　韩庆祥、王学智：《关于"21 世纪马克思主义"的基本问题》，《教学与研究》2023 年第 3 期，第 5—15 页。

2　参见吴昕炜：《21 世纪马克思主义哲学发展路径的反思与前瞻》，《山东社会科学》2018 年第 6 期，第 47—52 页。

3　参见王水兴：《建构 21 世纪马克思主义信息哲学的若干维度》，《江西师范大学学报(哲学社会科学版)》2021 年第 1 期，第 49—57 页。

4　参见钟明华、董扬：《21 世纪马克思主义：价值与建构》，《探索》2018 年第 2 期，第 5—12 页。

5　参见何毅亭：《习近平新时代中国特色社会主义思想是 21 世纪马克思主义》，《学习时报》2018 年 5 月 18 日。

认为，发展 21 世纪马克思主义能够提供解释逻辑，进而掌握理论话语权。[1]
常成认为，21 世纪马克思主义开创了世界马克思主义话语新范式、中国话语
新范式、哲学话语新范式，直接关系到马克思主义的世界性理论话语权。[2]

第三，发展 21 世纪马克思主义，能够加快推进中华民族的伟大复兴。适
合本时代的理论能在该时代迸发出巨大力量。21 世纪马克思主义作为科学的
理论体系，能有效发挥理论对实践的指导作用，为更好地解决当前中国所面
临的问题、为中华民族更快实现伟大复兴提供指南和帮助。侯衍社、侯耀文
指出，解决 21 世纪时代课题、发展新时代中国特色社会主义、实现中华民族
伟大复兴等，都需要 21 世纪马克思主义给予帮助。[3]

第四，发展 21 世纪马克思主义，能为全人类和全世界奉献中国智慧和中
国方案。中国是具有全球视野和人类关怀的负责任大国。改革开放后尤其是
党的十八大以来，中国更加自觉承担起大国的职责和使命，"碳达峰"口号的
提出、"一带一路"倡议的实施等等，都为中国的世界义利观打上注脚。中国
之所以不断强调发展 21 世纪马克思主义，就在于此举能够为全人类和全世界
作出贡献。蒋永发认为，发展 21 世纪马克思主义为破解"四大赤字"贡献了中
国智慧，为全球发展提供了崭新的价值理念。[4]

(九)21 世纪马克思主义的发展进路

21 世纪马克思主义并非既定的形而上学的理论体系，内蕴的发展性是其
永葆生机活力的根本所在。从整体看，学界对"如何发展 21 世纪马克思主义"
的回答，可通过"道""术""行"三个层面进行归纳。

第一，"道"是理念、是思想。发展 21 世纪马克思主义之"道"，指的是发
展 21 世纪马克思主义应当遵循的原则或具有的观念，这是发展 21 世纪马克思
主义的底层逻辑。有学者在"道"的层面探讨了如何发展 21 世纪马克思主义。
譬如，陈先达指出，发展 21 世纪马克思主义必须坚持问题导向和以人民为中

1　参见韩庆祥：《21 世纪马克思主义的基础性问题》，《中国社会科学》2022 年第 4 期，第 4—23 页。

2　参见常成：《21 世纪马克思主义的理论创新、时代引领与世界贡献》，《浙江社会科学》2023 年第 4 期，第 4—8 页。

3　参见侯衍社、侯耀文：《在理论创新与实践创新的良性互动中发展 21 世纪马克思主义》，《中国特色社会主义研究》2020 年第 4 期，第 11—20 页。

4　参见蒋永发：《21 世纪马克思主义的理论图谱、价值意蕴与实践原则》，《学校党建与思想教育》2021 年第 6 期，第 4—8 页。

心两大原则。[1] 陈锡喜指出，发展 21 世纪马克思主义必须克服形式主义、教条主义和实用主义，坚持真懂真信、人民立场和问题导向。[2]

第二，"术"是方法、方略。发展 21 世纪马克思主义之"术"，指发展 21 世纪马克思主义需要运用的方式或实施的策略，是发展 21 世纪马克思主义的中观逻辑。有学者在"术"的层面探讨了如何发展 21 世纪马克思主义。譬如，刘同舫指出，发展 21 世纪马克思主义需要辩证把握其内在的多重张力。[3] 温海霞、燕连福指出，应当将 21 世纪马克思主义置于过程视角，从历史、当下和未来三重维度全面把握并推动其发展。[4] 肖贵清、李云峰指出，可以在实现"两个结合"、回答"四个之问"的过程中创新发展 21 世纪马克思主义。[5]

第三，"行"是行为、举措。发展 21 世纪马克思主义之"行"，指发展 21 世纪马克思主义应践行的具体行动或要研究的具体问题，这是发展 21 世纪马克思主义的微观逻辑。有学者在"行"的层面探讨了如何发展 21 世纪马克思主义。姜辉指出，学习恩格斯的马克思主义观能够推动 21 世纪马克思主义的发展。[6] 张国祚认为，创新 21 世纪马克思主义必须做到四点，即深刻认识马克思主义的科学真理性、深入理解 20 世纪马克思主义进行创新的必要性和必然性、辩证处理变与不变、认真总结 20 世纪的历史经验[7]；邱仁富指出，充分彰显 21 世纪马克思主义的人民性、时代性、规范性、整体性、实践性，是推动其发展的具体举措。[8]

---

1   参见陈先达、孙乐强：《发展 21 世纪马克思主义与当代中国学者的历史使命——陈先达教授访谈录》，《南京社会科学》2018 年第 1 期，第 1—12 页。

2   参见陈锡喜：《关于发展 21 世纪马克思主义的若干思考——学习习近平总书记在哲学社会科学工作座谈会上的讲话》，《思想理论教育》2016 年第 8 期，第 4—10 页。

3   参见刘同舫：《21 世纪马克思主义研究的多重张力及其进路》，《江海学刊》2022 年第 2 期，第 22—29 页。

4   参见温海霞、燕连福：《试论发展 21 世纪马克思主义的三维向度》，《西安交通大学学报（社会科学版）》2018 年第 3 期，第 96—103 页。

5   参见肖贵清、李云峰：《实现"两个结合"与创新发展 21 世纪马克思主义》，《思想理论教育导刊》2022 年第 4 期，第 15—23 页。

6   参见姜辉：《学习恩格斯的马克思主义观 发展 21 世纪马克思主义》，《马克思主义与现实》2020 年第 6 期，第 9—11 页。

7   参见张国祚：《创新 21 世纪马克思主义必须着力研究的四个问题》，《马克思主义研究》2017 年第 3 期，第 5—9 页。

8   参见邱仁富：《论创新发展 21 世纪马克思主义需要彰显的五个主要特性》，《探索》2020 年第 1 期，第 38—49 页。

三、"21 世纪马克思主义"研究的评析

学界围绕 21 世纪马克思主义展开了多层次、多维度和多方面的探究，积累了一定的学术成果，呈现正向研究态势，为进一步深化 21 世纪马克思主义研究奠定了基础。但由于这一重大命题提出的时间较短，既有研究仍存在诸多有待完善之处，亟须学界在未来的理论探索中积极回应和不断填补。

(一)既有研究的主要成果

第一，厘清 21 世纪马克思主义的基础性问题。正确认识 21 世纪马克思主义的基础性问题，是推动其不断发展的前提条件和应然要求。过去，学界对"21 世纪马克思主义"的研究大多停留在政策解读层面，一定程度上忽略了对其本身基础性问题的学理考究。近些年来，部分学者逐渐聚焦相关问题，并作出深刻论证与阐释。截至目前，学界对 21 世纪马克思主义的出场逻辑、价值意蕴等基础性问题已经初步形成共识，对其本质内涵、相近关系、理论主题等问题已作深刻论证，上述成果不仅加深了学界对该命题的认识程度，而且为不断发展 21 世纪马克思主义奠定了理论根基。

第二，明确 21 世纪马克思主义的主体形态。21 世纪马克思主义是中国共产党人提出的具有标识性的范畴，特指以习近平新时代中国特色社会主义思想为主体形态的当代中国马克思主义。纵观既有研究成果可知，学界普遍认同上述观点，并就其确立依据展开深入论证，为不断发展 21 世纪马克思主义明确了方向。

第三，谋划 21 世纪马克思主义的发展路向。习近平总书记强调，发展 21 世纪马克思主义是当代中国共产党人的历史责任。新时代以来，学界从不同角度和层面，系统谋划了 21 世纪马克思主义未来发展的应然路向，提出发展思路和发展措施，为不断发展 21 世纪马克思主义提供了遵循。

(二)既有研究的不足之处

第一，对核心概念的使用存在不规范的情况。学术研究是严谨的推理过程，其核心概念是这一过程的关键变量。对核心概念的不同界定，或在不同意义上使用核心概念，可能导致推理过程出现偏向。21 世纪马克思主义是复合型概念范畴，其指称内容、内涵要义等具有多重性。目前，学界对这一范

畴的核心内涵界定不一，部分学者在研究中并未说明自己是在何种意义上使用这一范畴。例如，有学者在标题中使用21世纪马克思主义，但在正文中用"21世纪的马克思主义"或"21世纪世界的马克思主义"。类似情况在过去的研究中时有出现，增加了读者理解的难度。

第二，对某些重大问题的关注不够，存在一定的研究空白。虽然学界对21世纪马克思主义的研究范围有了较大拓展，但仍存在未被重视和观照到的问题。例如，学界对21世纪马克思主义哲学根基的观照仍有不足。任何理论的哲学根基都是该理论发展和建构的根本所在，只有着重关注和深刻认识理论的哲学根基，才能真正深入把握该理论的精髓和灵魂，进而实现理论的创新发展。此外，学界对21世纪马克思主义的理论特征、实践伟力等问题同样鲜有涉及。

第三，部分研究缺乏学理深度。发展21世纪马克思主义是习近平总书记提出的重大政治论断，应当也必须对其进行研究。知其言更要知其义，知其然更要知其所以然，知其语更要知其道。目前，部分研究仍停留在宣传阶段，囿于感性直观和经验表象的浅层分析，缺乏较为深入系统的理论论证和学理阐释。

(三)进一步研究的生长点

第一，夯实对21世纪马克思主义基础性问题的学理化阐释。从整体上看，关于21世纪马克思主义的基础性问题，仍存在未被深入剖析、研究的问题，还有尚未被关注的空白之处。21世纪马克思主义作为持续生成的科学理论体系，其基础性问题会不断增加或变化。因此，对21世纪马克思主义基础性问题的学理化阐释，应是未来需要一以贯之的研究重点。

第二，加强21世纪马克思主义的体系化建构。纵观既有研究，多是学者从自身擅长的领域入手，碎片化地围绕某一理论点展开研究。虽然在一定程度上使理论分析更加深入，但尚未达到体系化建构的水平。马克思主义哲学强调，任何事物都处在普遍联系之中，事物内部各要素也都处在普遍联系之中。21世纪马克思主义是具有宏大理论体系和精密结构框架的有机整体，学界对此尚未予以清晰的呈现。因此，今后不仅要继续深入剖析其科学体系的核心理论点，而且要重视其理论线，进一步注重其理论面、理论体，即从全局性和整体性视角对21世纪马克思主义作出体系化建构，提炼其"思想芯片"。

第三，提炼 21 世纪马克思主义的哲学根基，将理论提升到哲学高度进行分析和把握。哲学是思想最本质的部分。运用哲学分析理论，能够深化对理论的认识。明晰理论的哲学根基，有助于最大限度发挥理论的辐射力和穿透力。以哲学引领理论发展，理论发展才能行稳致远。因此，学界应重点加强对 21 世纪马克思主义哲学根基或哲学基础的研究。

第四，注重 21 世纪马克思主义的世界化表达。21 世纪马克思主义是集民族性和世界性为一体的理论存在，是中国理论走向世界的标识性符号。要求相关研究不能囿于对其民族性的单向度把握，更要兼顾其世界性的多向度解码，即将 21 世纪马克思主义置于世界场域进行把握。因此，未来研究要大力弘扬 21 世纪马克思主义的世界性意蕴，注重具有中国风格理论的世界化表达，在让世界读懂和接纳中国话语、中国理论的基础上，推动中国话语、中国理论走向世界。

第五，打造 21 世纪马克思主义的多元化研究方式。现阶段，学界关于 21 世纪马克思主义的研究，主要运用理论联系实际、历史与逻辑相统一等研究方法。还有许多与 21 世纪马克思主义相契合的研究方式较少运用或未被运用。21 世纪马克思主义是内容众多、体系庞大、涉及广泛的科学理论体系，仅仅依靠马克思主义学科难以真正推动其发展，必须依靠哲学、传播学、教育学等众多学科的知识背景，通过多学科交叉融合的方法，共同推进 21 世纪马克思主义理论体系不断完善。因此，未来应打造多元化的研究方式，不断书写 21 世纪马克思主义发展的新篇章。

第 二 章

深化 21 世纪马克思主义研究的"基本路径"[1]

在对学界既有研究成果进行清理与总结的基础上，就可以寻求或找到进一步深化 21 世纪马克思主义的基本路径，亦即进一步深化 21 世纪马克思主义研究的生长点和突破口，回答"何以深化"的问题。

总体来讲，下述问题可以成为进一步深化 21 世纪马克思主义研究的生长点和突破口：为何要提出发展 21 世纪马克思主义这一重大命题；21 世纪马克思主义的理论内涵与解释框架究竟如何确定；怎样理解和把握 21 世纪马克思主义的基本、基础问题；当代中国马克思主义和 21 世纪马克思主义是何关系；如何理解和把握习近平新时代中国特色社会主义思想是 21 世纪马克思主义这一重大论断；如何理解和把握 19 世纪马克思主义、20 世纪马克思主义、21 世纪马克思主义之间的关系；如何理解和把握 21 世纪的马克思主义和 21 世纪马克思主义的区别和联系；如何理解和把握毛泽东思想、邓小平理论、"三个代表"重要思想、科学发展观同 21 世纪马克思主义的关系；21 世纪马克思主义的原创性贡献是什么；21 世纪马克思主义具有怎样的中国意义和世界意义；世界社会主义运动中心转移与创新发展马克思主义之间具有怎样的规律性联系；如何创新发展 21 世纪马克思主义以掌握解释 21 世纪世界的理论话语权；等等。

一、注重开拓性创新：填补 21 世纪马克思主义研究之空白

由于"发展 21 世纪马克思主义"论断提出时间较短，21 世纪马克思主义的

1　本章是我与汤茂玥同学共同研究的成果。

研究域仍然存在诸多空白。从无到有，填补空白，当属深化 21 世纪马克思主义研究的开拓性创新。

(一)关于 21 世纪马克思主义的人学意蕴

人学，是马克思整个思想体系中不可取代、相对独立且占据核心地位的重要组成部分。所谓马克思主义人学，指的是研究人的本质、人的存在、人的关系、人的发展过程等关于人本身的问题，以及将"人的问题"作为分析框架来考察和理解与人相关问题的科学。马克思虽然未曾明确表示要建立人学，但无论是从对其论著的理论逻辑进行提炼来看，还是从其推动无产阶级革命的实践逻辑来讲，都不难发现马克思在批判和超越资本逻辑的过程中，对人民立场、人民利益、人民解放，以及劳动人民大众的生存处境与发展命运(即人本逻辑)的高度关切，马克思毕生的精力，就是集中批判和超越资本占有劳动并控制社会的资本逻辑，走向人的解放与自由而全面发展的人本逻辑。

21 世纪马克思主义传承发展了马克思主义的血脉、魂脉基因，天然具备人学意蕴，并且在新时代强起来的中国和世界变局这个时空场域中愈益鲜明，那就是它更加关切为中国人民谋幸福，更加关切世界人民的存在处境与发展命运。纵览学界既有研究，有学者确证了人民性是 21 世纪马克思主义的本质属性，也有学者指出发展 21 世纪马克思主义应当站稳人民立场、把握人民愿望、尊重人民创造、集中人民智慧。然而，这些研究还未以系统性、整体性、战略性视角聚焦考察 21 世纪马克思主义的人学意蕴。

21 世纪马克思主义的人学意蕴，可从历史逻辑、理论逻辑、现实逻辑、世界逻辑、哲学逻辑来系统把握。从历史逻辑看，马克思主义人学在不同时代及其不同阶段所锚定的根本问题不同。19 世纪马克思主义，即经典马克思主义的人学面向的根本问题是，如何使受资产阶级压迫的无产阶级进而使全人类获得解放，实现每个人自由而全面地发展。在 20 世纪的俄国和中国，20 世纪马克思主义的人学面向的根本问题是，如何实现民族独立、人民解放，以及落后国家如何发展生产力，以最大限度地满足人民的物质文化需要。在 21 世纪尤其是新时代的中国和百年变局的世界，21 世纪马克思主义人学面向的根本问题是，如何在日益满足人民日益增长的美好生活需要的基础上，进一步丰富人民精神世界、增强人民精神力量，实现人民的自由而全面发展。从理论逻辑看，21 世纪马克思主义是"两个结合"的理论创新成果，马克思主义的人的解放和全面发展理论为 21 世纪马克思主义奠定了坚实的人学基础，中华优秀传统文化内含的民惟邦本理念为 21 世纪马克思主义注入了人学根基。从现实逻辑看，21 世纪马克思主义人学以"实现人民对美好生活的向往"为逻辑起点，以习近平同志强调的"坚持人民至上"为逻辑主旨，以实现"人的现代化"为逻辑旨趣。从世界逻辑看，21 世纪马克思主义心系全人类和世界人民，诸如"倡导弘扬全人类共同价值""参与全球治理""建设'一带一路'""构建人类命运共同体""创造人类文明新形态"新理念新思想新战略，都是对 21 世纪马克思主义人学意蕴的最好注解。21 世纪马克思主义人学蕴含的世界基因，不仅廓清并解弊了西方新自由主义将社会的人异化为原子化个人等错误行径，更为当前波诡云谲世界局势中"人类向何处去"问题给出具有中国风格和中国气派的中国方案。从哲学逻辑看，21 世纪马克思主义的哲学基础是"主主平等普惠"，即注重人和自然、人和社会、人和人、国家和国家之间都作为主体的平等、和谐、共赢、普惠，这显然也表彰出鲜明的人学意蕴。

（二）关于 21 世纪马克思主义的实践伟力

马克思主义是既能解释世界又能积极改变世界的科学理论体系。正如镌刻在马克思墓碑上的那句名言："哲学家们只是用不同的方式解释世界，问题在于改变世界。"马克思主义超越其他理论体系的根本原因之一，就在于潜含着以科学性为前提和基础的实践性。21 世纪马克思主义是马克思主义升华至 21 世纪的最新理论成果，它不仅能够为 21 世纪的世界变局、时代特征、时代问题提供一个科学的透视框架，更能为 21 世纪中国和世界的发展繁荣给予先行指引，为 21 世纪世界社会主义运动、科学社会主义发展指明方向。就是说，21 世纪马克思主义在实践向度上，能充分彰显出蓬勃生机和旺盛活力。

21 世纪马克思主义的实践伟力，可从宏观与微观两个层面阐释。从宏观层面来看，21 世纪马克思主义所注重的"中国式现代化""人类文明新形态"和"构建人类命运共同体"等，为世界发展贡献了中国智慧、中国方案和中国理论。中国式现代化以新时代中国的飞跃式发展为现实佐证，深刻确证了现代化发展的非线性和多元性，解弊了过去弥漫于世界中的"现代化＝西方化"的迷思，为世界上发展中国家实现现代化提供了新的途径，为人类实现现代化提供了新的选择。21 世纪马克思主义推崇的人类文明新形态，优越于以资本为主导逻辑的资本主义文明，优越于以个人至上与西方中心论为主要支柱的西方文明，优越于单向度的工业文明，优越于以"主客对立"为哲学范式和哲学根基的对立型、暴力型文明。构建人类命运共同体，体现出"多样性统一"的世界观、世界大同观、平等的国家观、"互利普惠"的义利观，有效克服了西方社会当前存在的"原子式的人""单向度的人"等诸多弊病。显然，中国式现代化、人类文明新形态、构建人类命运共同体，是发展 21 世纪马克思主义的"三大基石"，它为解答"世界向何处去"问题给出了完备而自洽的良善回答。

从微观层面来看，21 世纪马克思主义作为科学的理论体系，是指导强国建设、民族复兴的行动指南。《中共中央关于加强党的政治建设的意见》指出："习近平新时代中国特色社会主义思想是当代中国马克思主义、二十一世纪马克思主义，是全党全国人民为实现中华民族伟大复兴而奋斗的行动指南。"21世纪马克思主义的实践伟力，不仅在于能够解释世界和引领时代，还在于它能够正确指导我们各个领域、各项工作的具体实践活动。在各个领域、各项工作的具体实践活动中，都应坚守 21 世纪马克思主义的根本立场、价值取向、理想信念、基本原理和方法论。质言之，要用 21 世纪马克思主义理论武装全党、教育人民、指导实践、解决问题。由此，对 21 世纪马克思主义实践伟力的研究，不仅要注重从宏观视域入手诠释其对世界和时代的引领作用，也须臾不能忽视其在具体实践当中的微观在场。然而就目前来看，这方面的研究较为匮乏，需要学界高度关切并填补这方面研究的空白。

二、推进发展性创新：克服 21 世纪马克思主义研究之薄弱

虽然 21 世纪马克思主义的一些论题已被学界关注，但有些还没有取得令人满意的深度成果。从小到大，从浅到深，对这些问题持续聚焦并且不断深化，当属深化 21 世纪马克思主义研究的发展性创新。

(一)积极推进 21 世纪马克思主义的学理化阐释和体系化建构

21 世纪马克思主义并非现成的和既定的，它本质上是个建构性概念，是以习近平同志为核心的党中央主动建构出来的，也需要在未来的持续建构中加以完善。目前，学界对 21 世纪马克思主义的研究正在由政治宣传阶段、文本解读阶段、基础问题学理阐释阶段，上升到理论体系建构阶段。理论建构的内在要求和必由之路是推进理论的学理化、体系化。学理化，就是问题转

换的学理化、思想挖掘的学理化、话语表述的学理化、内容阐释的学理化、精髓概括的学理化、谋篇布局和行文规范的学理化；体系化是指理论的逻辑性、框架性和整体性。体系化依靠学理化，学理化服务于体系化，二者相互联结、相辅相成、内在贯通。从根本上讲，继续发展21世纪马克思主义，就是继续推进21世纪马克思主义的学理化阐释和体系化建构。

推进21世纪马克思主义的学理化阐释，具体而言，就是要继续关注其中发展变化和不断生成的基础性问题，继续深入研究21世纪马克思主义的生成逻辑、历史逻辑、实践逻辑、世界逻辑、理论逻辑、哲学逻辑等内在逻辑，继续将21世纪马克思主义提升至哲学高度来分析和把握，重点关注21世纪马克思主义的哲学基础；推进21世纪马克思主义的体系化建构，可以运用"两点论与重点论"相统一的方式进行。"两点论"注重"全面"，即尽可能全面地展现21世纪马克思主义的理论图景。关于21世纪马克思主义的理论图景，要以习近平新时代中国特色社会主义思想为基础与内核，以当代中国和当今世界的发展逻辑为支撑，从实践基础、时代特征、时代课题、根本问题（研究对象）和基本内涵等多个方面进行系统呈现。"重点论"聚焦"重点"，体系化建构要以21世纪马克思主义中较为重要的根本问题为关键抓手。中国式现代化、人类文明新形态和构建人类命运共同体，是发展21世纪马克思主义的"三大基石"，应当立足并深入分析这三者及其递进逻辑，以此引领21世纪马克思主义体系化建构。

（二）深入挖掘21世纪马克思主义的哲学逻辑

关照理论的哲学逻辑，是理论研究向纵深挺进的应然和必然之为。只有站在哲学高度把握理论，只有深刻认识理论的哲学基础，理论的根基才能"深且实"，理论的发展才能"稳且远"。纵览既有研究，学者们立足不同的研究视域、层面和维度，对21世纪马克思主义的生成逻辑、历史逻辑、实践逻辑、理论逻辑、世界逻辑和哲学逻辑进行了学理阐释。但是也能明显看出，我国理论界对21世纪马克思主义的哲学逻辑关注不够，其根本原因在于没有充分意识到哲学逻辑对理论发展的主导作用。

关照21世纪马克思主义哲学逻辑，最核心的是揭示其哲学基础或哲学根基。西方现代化、西方中心论的哲学根基是主统治客的"主客对立"，也就是以资本为"主"而其他皆为"客"，以资本家为"主"而工人为"客"，以人类为

"主"而自然为"客",以西方世界为"主"而非西方世界为"客",由此便导致资本遮蔽一切、资本家无底线剥削工人、人类无限度掠夺自然界、西方世界妄图统治非西方世界,即两极分化、物质主义膨胀的单向度发展、掠夺自然资源、殖民主义扩张。21 世纪马克思主义的哲学基础、哲学范式,是"主主平等普惠"。展开来说,"主主平等普惠"的立足基点并非"一元",而是多要素构成的有机系统,各要素都是相互平等的主体,其中蕴含着共享发展、共同富裕、和谐共生的"普惠基因",内含"利他为善""自我完善""化人为善"的时代精神。要言之,它摒弃并超越了西方现代化"主客对立"的哲学范式、哲学根基,注重"主主平等普惠"的哲学范式。

(三)深入论证习近平新时代中国特色社会主义思想是 21 世纪马克思主义

《中共中央关于党的百年奋斗重大成就和历史经验的决议》(以下简称《决议》)明确指出:"习近平新时代中国特色社会主义思想是当代中国马克思主义、二十一世纪马克思主义。""21 世纪马克思主义"不是泛指"在"21 世纪的一切马克思主义,而是特指习近平新时代中国特色社会主义思想这个当代中国马克思主义。不可否认,其他国家和民族同样存在马克思主义,也会为发展21 世纪马克思主义作出不同尺度、不同意义上的贡献。但是,从理论的科学性、影响力、实践效能等多个方面分析不难发现,这些马克思主义目前还担不起也配不上"21 世纪马克思主义"的头衔,不能作为发展 21 世纪马克思主义的"体系主干",只能作为 21 世纪马克思主义的"支流枝干",即"21 世纪的马克思主义"。而我们所谓"21 世纪马克思主义",则指的是 21 世纪的马克思主义的主体形态,具有主导地位和引领作用。目前,虽然已有学者从学理层面剖析了这一重大论断,但由于该论断对于发展 21 世纪马克思主义的极端重要性,内在要求我国理论界在今后的研究中需要作出更加全面而深刻的论证。

习近平新时代中国特色社会主义思想是 21 世纪马克思主义,可以从多个维度作出诠释。从理论的创立主体来看,习近平同志在 2015 年年底首次提出发展 21 世纪马克思主义的命题,之后他又多次在讲话或文章中围绕 21 世纪马克思主义作出指示和部署。因此,习近平同志当之无愧是 21 世纪马克思主义的提出者和创立者,也当之无愧是发展 21 世纪马克思主义的首要推动者、重要建构者和主要诠释者。从理论策源地来看,世界社会主义和马克思主义历史发展进程蕴含一条规律,那就是世界社会主义运动的中心转移到哪里,发展马克思主义的中心就同样转移到哪里。当前世界社会主义的运动中心已经历史性地转移到当代中国，也就意味着 21 世纪发展马克思主义的中心重镇也随之转移到当代中国，那么新时代马克思主义的发展重镇中最具代表性的理论，即习近平新时代中国特色社会主义思想，毫无疑问当属 21 世纪马克思主义。从理论的源流发展来看，习近平新时代中国特色社会主义思想在根本立场、价值取向、理想信念、基本原理和方法原则等内容上与马克思主义一脉相承，在本质上属于马克思主义。同时它又立足中国、放眼世界、面向未来，准确识别了 21 世纪的时代特征，精准切中了 21 世纪的时代课题，与时俱进地将马克思主义升华至 21 世纪的世界和时代发展所要求的水平。从理论的价值意蕴来看，习近平新时代中国特色社会主义思想不仅为当代中国解释 21 世纪的世界提供了理论框架，还冲破了西方自由主义以及西方中心论的理论霸权主义，使科学社会主义在 21 世纪中国焕发出强大生机活力，使中国特色社会主义走向世界。总而言之，习近平新时代中国特色社会主义思想在深邃思考和科学研判当今世界发展趋势的基础上，精确回答了"经典作家之问""中国之问""世界之问""人民之问""时代之问"，是当之无愧的 21 世纪马克思主义。

三、强调补弊性创新：纠正 21 世纪马克思主义研究之偏颇

当前学界关于 21 世纪马克思主义的研究已经取得不错的成就，同时不可否认的是某些研究路向略有偏差。补偏救弊，对这些问题进行纠正和调整，当属深化 21 世纪马克思主义研究的补弊性创新。

(一)对"21 世纪马克思主义"概念的认识还不够全面深入精准

开展学术研究的前提是精准认识核心概念。对核心概念的理解不同，研究的路向和结论会相对不同。目前我国理论界对"21 世纪马克思主义"概念的认识和理解主要存在三种偏颇。其一，认为"21 世纪马克思主义"泛指 21 世纪世界各地的马克思主义，即将"21 世纪马克思主义"与"21 世纪的马克思主义"混淆甚至混用。这实质上是对"21 世纪马克思主义"概念的"庸俗化"或"泛化"。"21 世纪马克思主义"，特指当代中国以来，特别是新时代以来中国化时代化的马克思主义，即习近平新时代中国特色社会主义思想这个当代中国马克思主义，习近平新时代中国特色社会主义思想是 21 世纪马克思主义的主题、主

体形态。其二，认为"21 世纪马克思主义"与"当代中国马克思主义"，以及"习近平新时代中国特色社会主义思想"完全相同，认为三者可以在任何意义上替换使用。这种看法忽视了三个范畴之间的相对区别，实质上是对"21 世纪马克思主义"概念的"虚化"。当代中国马克思主义相对注重中国，指我国改革开放以来创新、形成的中国化时代化马克思主义，主要包括邓小平理论、"三个代表"重要思想、科学发展观、习近平新时代中国特色社会主义思想，而 21 世纪马克思主义的主题、主体形态，主要指习近平新时代中国特色社会主义思想。其三，将"21 世纪马克思主义"与"当代中国马克思主义"割裂开来，认为二者是两个"主义"、两种"形态"。这种看法仅关注二者之间的个性而忽略其中的共性，实质上是将 21 世纪马克思主义"弱化"。从根本上说，虽然"21 世纪马克思主义"与"当代中国马克思主义"的侧重点和面向有所不同，但二者是同一个"主义"，共同指向习近平新时代中国特色社会主义思想，是习近平新时代中国特色社会主义思想的"一体两面"。

　　学理化阐释概念的本质内涵，是科学认识和准确运用概念的学理保障。可以立足习近平总书记相关系列重要讲话，运用"五维规定"框架全面深入精准定义 21 世纪马克思主义的本质内涵。其一，21 世纪马克思主义具有"原体"规定。21 世纪马克思主义首先是"马克思主义"，即马克思主义是 21 世纪马克思主义的"源头"。如果 21 世纪马克思主义丢了马克思主义基本原则，那也就不再是马克思主义了。其二，21 世纪马克思主义具有"关系"规定。它是在反思西方现代化道路，创造中国式现代化、人类文明新形态以及构建人类命运共同体的基础上发展起来的理论形态。其三，21 世纪马克思主义具有"过程"规定。21 世纪马克思主义是与时俱进和引领时代的马克思主义，如果离开与时俱进的发展性而将其形而上学化，那么它也就不再是 21 世纪马克思主义。其四，21 世纪马克思主义具有"空间"规定。21 世纪马克思主义具有宏大视野，是立足中国、放眼世界、面向未来并直面时代背景、时代特征和时代问题的马克思主义。其五，21 世纪马克思主义具有"功能"规定。21 世纪马克思主义既能够观察时代、把握时代和引领时代，也能为解决人类问题提供科学理论体系，还能够为各项社会活动以及人类具体行为的施行提供根本遵循。

（二）对 21 世纪马克思主义理论优势的解读重"本土"轻"世界"

　　科学解读 21 世纪马克思主义的理论优势，具有统一思想、凝聚共识的重要意义。一般而言，可以通过"比较法"阐明其理论优势。因为比较能辨真伪、辨是非、辨善恶、辨优劣。纵观既有研究成果，虽然已有部分学者基于"比较法"阐明了 21 世纪马克思主义的理论优势，但是这些研究却大多囿于中国理论内部的对比，即较多阐明 21 世纪马克思主义在马克思主义中国化时代化框架中的发展性，不大注重阐明 21 世纪马克思主义在马克思主义世界化框架中的意义，由此导致学界关于 21 世纪马克思主义理论优势的研究，呈现出重"本土"轻"世界"的偏颇。21 世纪马克思主义是立足中国、放眼世界、面向未来的理论，是当代中国马克思主义在世界向度的拓展，饱含着世界性基因。在阐释 21 世纪马克思主义理论优势时，更应当将其与存在于 21 世纪世界的其他理论相对比。

当今世界公认的两大具有代表性的理论体系，一个是 21 世纪马克思主义，另一个则是作为西方文明精神支柱的自由主义。可将二者置于比较场域，以解码 21 世纪马克思主义的理论优势。从理论本身来看，21 世纪马克思主义以人民为主导逻辑，超越了自由主义的资本主导逻辑。21 世纪马克思主义的哲学根基是以系统为基的"主主平等普惠"，超越了以单向度发展、掠夺自然资源、殖民主义扩张为本质特征的"主客对立"的自由主义哲学范式。从理论功能来看，过去一段时间，自由主义在解释世界问题上拥有绝对话语权，而我国的学术理论往往失语。当今世界正处于百年未有之大变局，面对"全球增长动能不足""全球发展失衡"和"全球经济治理滞后"等一系列根本性难题，自由主义出现了解释困境。相较而言，21 世纪马克思主义更加具有解释优势。因为 21 世纪马克思主义以新时代的中国为主要理论策源地，作为其核心主体的习近平新时代中国特色社会主义思想正是面向世界百年未有之大变局的科学理论体系，所以 21 世纪马克思主义能站在历史正确一边，能够以系统应对系统，以整体应对整体，能为当今世界出现的根本性问题提供一种科学的解释体系。

(三)对 21 世纪马克思主义的"思想芯片"提炼不够

"思想芯片"，指的是经过科学化、学理化、体系化、精细化而提炼出来的思想精髓、核心要义，它包含一系列重大的标识性概念和体系化范畴。提炼理论的"思想芯片"，既能抓住理论核心从而为理论发展筑牢坚实基础，也能形成具有中国风格和普遍意义的重大标识性概念，从而推动中国理论更好走向世界，具有纲举目张的重大意义。纵观我国理论界现有研究成果，大多研究侧重于梳理和解释 21 世纪马克思主义的基本问题，却相对忽略了其"思想芯片"的提炼。由此便导致 21 世纪马克思主义的研究存在"梳理有余"而"提炼不足"的倾向。

21 世纪马克思主义的"思想芯片"，可以初步提炼并概括为"三种根本机制论""系统力量结构论""五为五谋论"。"三种根本机制论"，指的是动力、平衡和治理三种机制相统一，这是存在于自然界、人类社会和人的精神世界中的具有普遍意义的规律性存在，能够为解释中国问题和世界问题提供一个科学的分析框架，也能够为解决"四大之问"贡献中国方案、中国智慧；"系统力量结构论"，指的是由党的领导力量、人民主体力量、市场配置力量、社会动员力量、文化凝聚力量、生态滋养力量和世界和合力量构成的力量结构，这些要素所构成的具有本源意义的体系结构，可被称为党主导的"系统力量结构论"；"五为五谋论"，就是从 21 世纪马克思主义的"哲学根基""时代课题""社会主要矛盾""四大之问""两个创造"和"中国共产党百年奋斗的伟大历史意义"中，可以有逻辑地提炼概括出"五为五谋"的思想芯片，即为中国人民谋幸福、为中华民族谋生机、为世界谋大同、为中国共产党谋强大、为马克思主义谋生机。

四、聚焦集成性创新：整合 21 世纪马克思主义研究之成果

目前我国理论界对 21 世纪马克思主义的研究呈现出"碎片化"样式，与理论体系建构相距甚远。注重整合融通，对这些零散性成果加以整合，当属深化 21 世纪马克思主义研究的集成性创新。

(一)"六个必须坚持"：创新发展 21 世纪马克思主义的方法论

"六个必须坚持"，即必须坚持人民至上，坚持自信自立，坚持守正创新，坚持问题导向，坚持系统观念，坚持胸怀天下。它作为马克思主义世界观和方法论的中国化时代化表达，是一个环环相扣、步步递进、逻辑严密的有机整体。其中有三大意蕴，一是意味着对习近平新时代中国特色社会主义思想的认识要提升到哲学境界；二是精辟概括了习近平新时代中国特色社会主义

思想的精髓要义；三是为继续推进马克思主义中国化时代化进而推进理论创新提供了科学遵循。质言之，"六个必须坚持"作为习近平新时代中国特色社会主义思想的精髓，属于指引中国理论创新发展的"指南针"。目前，虽然已有许多学者从不同维度和层面深入思考了 21 世纪马克思主义未来发展的应然路向，但总体上还应在"六个必须坚持"的总体框架内来思考，即应基于"六个必须坚持"引领 21 世纪马克思主义的创新发展。

其一，创新发展 21 世纪马克思主义的根本立场是"坚持人民至上"。人民性是马克思主义的本质属性，为中国人民谋幸福也是中国共产党人的初心。要创新发展 21 世纪马克思主义，首先要站稳人民立场，这是创新发展 21 世纪马克思主义的正确方向和价值导向。

其二，创新发展 21 世纪马克思主义的立足基点是"坚持自信自立"。我们要认识到，创新发展 21 世纪马克思主义是以习近平同志为核心的党中央提出的，它是立足于中国基本国情并通过马克思主义同中华优秀传统文化相结合所产生"化学反应"而诞生的我们中国自己的理论，这是"自立"；同时我们也要看到这样一种科学而伟大的理论能够武装全党、教育人民、指导实践、解决问题、创造奇迹、走向成功，这是"自信"。

其三，创新发展 21 世纪马克思主义的科学态度是"坚持守正创新"。创新发展 21 世纪马克思主义，首先要坚持马克思主义基本原理不动摇，坚持党的全面领导不动摇，坚持中国特色社会主义不动摇，这可谓"守正"。同时，21世纪马克思主义还要着眼于时代发展并基于"两个结合"而进一步发展，这是"创新"。

其四，创新发展 21 世纪马克思主义的根本任务是"坚持问题导向"。问题是时代的声音，分析和解决问题是理论创新的根本任务。21 世纪马克思主义正是以习近平同志为核心的党中央在解答"四个之问"的过程中发展起来的。创新发展 21 世纪马克思主义要坚持问题导向，在发现问题、分析问题和解决问题的过程中推动理论创新。

其五，创新发展 21 世纪马克思主义的思想方法是"坚持系统观念"。习近平同志多次强调："系统观念是具有基础性的思想和工作方法。"我们需要运用系统观念这一基础性的思想方法，来推动 21 世纪马克思主义的创新发展。

其六，创新发展 21 世纪马克思主义应具有世界眼光，即"坚持胸怀天下"。21 世纪马克思主义是习近平新时代中国特色社会主义思想这一当代中国马克思主义在世界向度的拓展，"坚持胸怀天下"是其中应有之义。继续发展 21 世纪马克思主义，应立足中国并放眼世界，直面世界百年未有之大变局，顺应人类发展进步潮流，全面深入解答全人类共同面临的重大问题。

(二)"五为五谋"：创新发展 21 世纪马克思主义的目标指向

任何理论都是直面一定的问题而产生并不断发展的。理论聚焦的关键问题也就是理论的根本问题，而体现时代特征和时代精神的问题可称为时代课题。时代课题蕴含理论所要解决的根本问题，根本问题是时代课题的具体体现，二者是彼此理解、相辅相成、相得益彰的关系。目前，已有学者关注到 21 世纪马克思主义的某些时代课题和根本问题，也能就其中的一些问题展开学理探究。但是客观来说，这些研究还没有基于系统整体视角，全面阐明 21 世纪马克思主义的时代课题和根本问题。

关于 21 世纪马克思主义的时代课题和根本问题，可以被整合且概括为"五为五谋"，即"为中国人民谋幸福、为中华民族谋复兴、为世界谋大同、为中国共产党谋强大、为马克思主义谋生机"。这五大问题为何能够成为影响 21 世纪中国与世界发展命运的时代课题和根本问题？主要有三大依据。首先，以《决议》为依据。《决议》全面深刻阐释了中国共产党百年奋斗的五大历史意义，其中的五大主题分别是中国人民、中华民族、世界历史、中国共产党、马克思主义，其实质就是为中国人民谋幸福、为中华民族谋复兴、为世界谋大同、为中国共产党谋强大、为马克思主义谋生机。其次，以社会主要矛盾为依据。新时代的社会主要矛盾是人民日益增长的美好生活需要和不平衡不充分的发展之间的矛盾。人民日益增长的美好生活需要，实质上说的是解决人民生活"美好不美好"的问题，发展不平衡不充分实质上是要解决国家、民族"强不强"的问题。要解决这两个根本问题，就内在要求中国共产党人自身必须硬，即要解决中国共产党自身"硬不硬"的问题。习近平总书记治国理政既立足中国又放眼世界，直面世界百年未有之大变局，谋求世界和平发展、合作共赢，这就是要为世界谋大同、为人类谋进步。同时，21 世纪马克思主义的发展命运，也是习近平同志特别关切的一个根本问题，其实质目的就是为马克思主义谋生机。将上述问题整合起来，正是"五为五谋"。最后，以习近平总书记系列重要讲话文本为依据。党的十八大以来，习近平总书记发表过一系列重要讲话，这些讲话归结起来，聚焦的正是人民生活"美好不美好"、国家"强不强"、世界"和平不和平"、中国共产党"硬不硬"、马克思主义"是否具有生机活力"这五大问题。

第 三 章

21世纪马克思主义的"基本涵义"及其"解释框架"

21世纪马克思主义属于"建构性"范畴,是需要建构起来的。建构21世纪马克思主义,首先需要以"建构性思维",搞清楚我们所建构起来的马克思主义是什么样的马克思主义,这是研究的前提,回答"是什么"。

从与时俱进推进理论创新的高度强调发展21世纪马克思主义,体现了中国共产党人的责任担当,也是对习近平新时代中国特色社会主义思想之历史地位和世界地位的政治判定,为我们从学术学理上全面准确深入理解和阐述21世纪马克思主义提供了基本遵循。创新发展21世纪马克思主义,对坚持和发展马克思主义从而使马克思主义在21世纪具有强大的生命力、解释力、引领力,对坚持和发展中国特色社会主义从而使其充满生机活力,对坚持和发展社会主义意识形态从而巩固中国共产党执政的理论基础,对提升中华文化软实力从而使"中国理论"走向世界且具有强大感召力、影响力,具有全方位的重大意义,也具有重要的学术研究价值。

从学术视域探究创新发展21世纪马克思主义,有一个前提性问题必须澄清和解决,那就是首先要确定21世纪马克思主义的基本涵义。确定21世纪马克思主义的基本涵义,实质是回答什么是21世纪马克思主义,为解释21世纪马克思主义提供一种总体框架。国内外理论界对这一概念还未给出一个完整、明确且准确的定义,因而具有广阔的学术讨论空间。

可从"原体""关系""过程""空间""功能"五个维度阐释21世纪马克思主义的基本涵义。原体规定,即从本质上来说,21世纪马克思主义是"牢固坚守"马克思主义根本立场、基本原理、方法原则、价值取向、理想信念的"不忘本来"的马克思主义;关系规定,即21世纪马克思主义是在"深刻反思"当代西方资本主义现代化模式、西方文明与中国式现代化道路、人类文明新形态的基

础上生长出来的马克思主义；过程规定，即 21 世纪马克思主义是伴随着资本
主义的历史性变化和世界社会主义运动中心的转移，对 19 世纪所创立的马克
思主义、20 世纪发展了的马克思主义的进一步创新发展，是"与时俱进""面向
未来"的马克思主义；空间规定，即 21 世纪马克思主义是以"宽广视野"立足中
国、走向世界的马克思主义；功能规定，即 21 世纪马克思主义既能解决人类
问题，又能为解释和引领 21 世纪世界贡献科学理论体系，是中国理论走向世
界和未来的"重要标识"符号。这五个维度，既分别从"原体""关系""过程""空
间""功能"不同视角完整而系统地阐释 21 世纪马克思主义基本涵义，又环环相
扣、步步深入、逻辑严密，是由"牢固坚守"—"深刻反思"—"与时俱进"—"宽
广视野"—"重要标识"所构成的有机整体，共同构成 21 世纪马克思主义基本涵
义的整体图景。

一、原体规定

21 世纪马克思主义，首先是传承马克思主义基因和本质的"不忘本来"的
马克思主义。它与马克思主义是"同一家族""同一基因"，马克思主义的根本
立场、基本原理、方法原则、价值取向、理想信念不能丢，丢了，21 世纪马
克思主义就不是马克思主义了。

任何事物都具有原体规定或自在规定。相对而言，这种规定不是直接在
与人的认识、实践活动相关的意义上来理解的。用德国古典哲学以及列宁的
话来讲，这叫作"自在之物"[1]。这种原体规定或自在规定，是理解其他关系规
定、过程规定、空间规定、功能规定的前提，离开原体规定或自在规定，关
系规定、过程规定、空间规定、功能规定都是无根无据的，也是无从谈起的。

离开人、与人无关、与人没有发生任何关系的纯粹的自然，叫作"自在的
自然"。这种自然就是整个地球的重要组成部分，有它自身的原初和原始规
定。与此相对应的是"人化自然"，"人化自然"是与人发生各种各样的关系的、
与人有关的自然。

古希腊哲学家泰勒斯认为，水是万物的始基。水有其原体规定或自在规

1　《列宁选集》第 2 卷，人民出版社，2012，第 72 页。

定，那就是与人无关、与人没有发生任何关系的水，它原本是由特定分子结构（H_2O）组成的液体，本来就是自然界的一部分。

水果有其原体规定或自在规定，它就是根据自然界的季节和气候变化而从树自身内生出来的一种果实。

资本主义社会有其原体或自在规定，这一规定，就是资本主义社会是以资为本的社会，是资本逻辑占主导的社会。这里，虽然"以资为本""资本主导"是由人来设定的，但它描述的是资本主义社会的"事实本身"。

"人"的原体规定，也就是"人"的自在规定，是指关于人本身的规定，即人的本质在人本身。这一规定着眼于人与动物的本质区别，其本质涵义就是：人是一切活动的"主体"和"主体承担者"，人通过其具有主体性的自主的物质资料生产劳动而创造历史，人是历史的"剧作者"，其核心概念是"主体""创造""物质资料的生产劳动"。比如，要定义和理解一个人，首先要把这个人看作一个"人"，当然是一个"自然人"，而不是人之外的"别"的什么。这种"自然人"必然内生出一种区别于动物的特质，即他是具有自由自觉活动的内在"基因"或"本性"的，是具有与动物本质区别的内在特质的。尽管这种内在基因和特质只有在其历史发展过程中，在与人发生社会关系的过程中，才能一步一步生成出来。这种原体规定或自在规定，就是马克思在《1844年经济学哲学手稿》中所讲的："一个种的整体特性、种的类特性就在于生命活动的性质，而自由的有意识的活动恰恰就是人的类特性。"[1]这就是从人的原体规定或自在规定给人下的定义。这一原体规定，是理解和把握人的关系规定、过程规定、空间规定、功能规定的逻辑起点和前提。离开这一逻辑起点，对人的其他规定都难以理解和把握。

从原体规定看马克思主义，21世纪马克思主义首先是马克思主义，而不是别的什么主义，马克思主义的基本原则不能丢，丢了，21世纪马克思主义就不是马克思主义了。所以，21世纪马克思主义依然"守正"、依然"不忘本来"，它必须坚守马克思主义的根本立场、基本原理、方法原则、价值取向、理想信念和理论品格，这是马克思主义的"基因""本质""血脉"，不坚守马克思主义的根本立场、基本原理、方法原则、价值取向、理想信念和理论品格，

1　《马克思恩格斯选集》第1卷，人民出版社，2012，第56页。

那就背离了 21 世纪马克思主义的本义。实际上，从马克思主义发展的历史过程来看，马克思主义在其发展过程中始终是"一脉相承"的。尽管马克思主义在其发展过程中获得了这样或那样的种种规定、种种形式，但这种原体规定或自在规定则是最基本、最本质的，任何时候都不能改变、不能动摇，这是确定的。马克思、恩格斯所创立的马克思主义，列宁所发展了的马克思主义，毛泽东思想，中国特色社会主义理论体系这一当代中国马克思主义，包括邓小平理论、"三个代表"重要思想、科学发展观等，习近平新时代中国特色社会主义思想，都是一个"家族"的，都具有共同的"家族谱系"，都属于同一条"魂脉"，具有"家族相似性"。

21 世纪马克思主义也是如此。21 世纪马克思主义坚守了马克思主义的根本立场——以人民为中心；坚守了马克思主义价值取向——解放全人类，解放无产阶级，促进每个人自由全面发展，为人民谋幸福，使人民过上美好幸福生活；坚守了马克思主义理想信念——为实现共产主义而不懈奋斗；坚守了马克思主义的基本原理——哲学上的辩证唯物主义和历史唯物主义，政治经济学关于劳动和资本关系的基本原理，科学社会主义的基本原理，正确理解和把握了"两个必然"和"两个决不会"的辩证关系；坚守了马克思主义的方法原则——坚持解放思想和实事求是相统一、坚持普遍和特殊（共性和个性）相统一、坚持理论和实践相统一、坚持历史发展规律和人的主体能动性相统一、坚持物的发展和人的发展相统一、坚持一脉相承和与时俱进相统一，等等；还坚守了马克思主义的理论品格——体现时代性、符合规律性、富于创造性、与时俱进性、革命性，以及科学性和真理性、实践性和人民性、时代性和开放性、阶级性和道义性、系统性和战略性、辩证性和创新性，等等。

二、关系规定

任何事物都具有关系规定。相对而言，这种规定是直接在与人的认识、实践活动相关的意义上来理解的，它是任何事物和对象所有规定中的一种重要规定。离开关系规定，一切事物和对象的自在规定、过程规定、空间规定、功能规定都无法得到深刻理解和解释。

与人有关、与人发生任何关系的自然，叫作"人化自然"，这种人化自然就是人生活于其中的自然，它是一种关系范畴，具有关系规定。马克思指出："无论是在人那里还是在动物那里，类生活从肉体方面来说就在于人（和动物一样）靠无机界生活，而人和动物相比越有普遍性，人赖以生活的无机界的范围就越广阔。从理论领域来说，植物、动物、石头、空气、光等等，一方面作为自然科学的对象，一方面作为艺术的对象，都是人的意识的一部分，是人的精神的无机界，是人必须事先进行加工以便享用和消化的精神食粮；同样，从实践领域来说，这些东西也是人的生活和人的活动的一部分。人在肉体上只有靠这些自然产品才能生活，不管这些产品是以食物、燃料、衣着的形式还是以住房等等的形式表现出来。在实践上，人的普遍性正是表现为这样的普遍性，它把整个自然界——首先作为人的直接的生活资料，其次作为人的生命活动的对象（材料）和工具——变成人的无机的身体。自然界，就它自身不是人的身体而言，是人的无机的身体。人靠自然界生活。这就是说，自然界是人为了不致死亡而必须与之处于持续不断的交互作用过程的、人的身体。所谓人的肉体生活和精神生活同自然界相联系，不外是说自然界同自身相联系，因为人是自然界的一部分。"[1] 显然，马克思是在与人的关系中来理解和把握自然界的，即"人化自然"。在《德意志意识形态》中，马克思、恩格斯指出，费尔巴哈"没有看到，他周围的感性世界决不是某种开天辟地以来就直接存在的、始终如一的东西，而是工业和社会状况的产物，是历史的产物，是世世代代活动的结果"。又指出："由于人们的感性活动才达到自己的目的和获得自己的材料的。这种活动、这种连续不断的感性劳动和创造、这种生产，正是整个现存的感性世界的基础，它哪怕只中断一年，费尔巴哈就会看到，不仅在自然界将发生巨大的变化，而且整个人类世界以及他自己的直观能力，甚至他本身的存在也会很快就没有了。当然，在这种情况下，外部自然界的优先地位仍然会保持着。"[2]

　　水，有其原体规定或自在规定，也有其关系规定，那就是与人有关、与人发生关系的水，与其他事物有关、与其他事物发生关系的水。这里的"水"，就是能用于生活的生活资料，能用于工业的生产资料，能用于灌溉农田的水，等等。

1　《马克思恩格斯选集》第1卷，人民出版社，2012，第55—56页。

2　同上书，第155、157页。

水果有关系规定。比如，就人而言，水果就是供人食用的果实。

资本主义社会有其关系规定，就是在与社会主义的区别和联系中加以规定的。这一规定，就是资本主义社会是资本占有劳动并控制社会逻辑的社会，是剥削和压迫工人阶级的社会。

"人"也有关系规定。这一规定着眼的是人与人的本质区别，其本质涵义就是马克思所说的："人的本质不是单个人所固有的抽象物，在其现实性上，它是一切社会关系的总和。"[1]一个人在与上级的关系中他是下属，在与下属的关系中他是领导，在与妻子的关系中他是丈夫，在与孩子的关系中他是父亲，在与学生的关系中他是教师，在与其他教师的关系中他是同事，在与父母亲的关系中他就是孩子。

21 世纪马克思主义也是在各种各样的关系中得以规定的。

一是在与现代性关系中获得规定的。21 世纪马克思主义是与现代化道路直接相关的概念，属反思超越向度，它是在"深刻反思"西方现代化道路与创造中国式现代化道路、创造人类文明新形态基础上发展起来的。21 世纪马克思主义，既要超越以资本至上为主导逻辑的各种现代性的资本主义话语，更要书写坚持以人民为中心的中国式现代化道路。马克思主义发展始终与现代化发展直接相关，马克思正是在批判和超越资本主导的现代化道路中构建其学说的。对道路的探寻，是马克思主义发展的一条主线。[2] 从"走自己的路"到"中国特色社会主义道路"再到"中国式现代化新道路"，在理论逻辑上一脉相承，在历史逻辑上与时俱进。中国式现代化新道路是从中国特色社会主义道路走出来的，又在一定意义上发展了中国特色社会主义道路，它把"中国特色"提升为"中国范式"，把"中国特色社会主义道路"转换为"中国式现代化新道路"；中国式现代化新道路能内生出人类文明新形态，因而是一种更为科学和规范的表述，具有大历史观与类型学、典型样本的意义，同时也具有与世界对话和传播的意义。21 世纪马克思主义以中国式现代化新道路为立足点，把道路问题看作马克思主义发展历程中的根本问题，认为中国式现代化新道路是实现中华民族伟大复兴的正确道路，是立足中国、放眼世界，使 21 世纪马克思主义放射出真理光芒的道路。

1　《马克思恩格斯选集》第 1 卷，人民出版社，2012，第 139 页。

2　参见韩庆祥：《论中国道路及其本源意义》，《中国特色社会主义研究》2020 年第 2 期，第 5—20 页。

二是在与世界社会主义运动的关系中加以规定的。就是说，世界社会主义运动的中心在哪里，马克思主义的生长点、发展源，创新发展马克思主义的中心重镇，马克思主义研究的中心重镇，就主要在哪里，进而赋予马克思主义以新的规定、新的涵义就主要在哪里。

三是在与时间和空间的关系中获得规定的。在时间关系上，它是"21世纪"的马克思主义；在空间关系上，它是直面"中华民族伟大复兴战略全局"与"世界百年未有之大变局"的马克思主义，即它以更加宽广的视界，既面向新时代中国的发展逻辑，又直面世界百年未有之大变局的发展逻辑。

三、过程规定

任何事物都具有过程规定。相对而言，这种过程规定是在事物发展的过程中得以理解和把握的，自然也是任何事物和对象所有规定中的一项重要规定。离开过程规定，一切事物和对象的自在规定、关系规定、空间规定、功能规定就无法得到深刻理解。过程规定，用哲学话语来表述，就是"生成性"，就是"成为"。

"人"的过程规定，是指"人"在其历史发展和成长过程中获得的规定性。这一规定着眼于人的历史发展、历史成长过程。一个人从6岁到63岁，是同一个自然人。但从社会人的角度看，作为6岁的幼儿还处在学习的初级阶段，而到63岁的同一个人，就可能成为一位知名学者，或成为有用之才。所以，一个人的发展背景和发展过程是什么样的，他（她）就是什么样的。

"人"的过程规定，是指关于"人"在其历史发展过程中所获得的规定，其本质涵义就是人在其实践发展和历史发展过程中，不断使人成其为人，进而不断获得其社会和历史的规定性，其本质性表述，就是"人的生成性""使人成其为人"。

这里，为了便于深刻理解和把握"人"的过程规定，需要分析与人的社会历史发展的"过程规定"直接相关的一个案例，即把人置于我国改革开放历史发展进程中进行考察、分析。

改革开放初期，历史发展的内在必然性，使我们相对注重解放人。在这一历史时期，我国经济社会发展动能相对不足，还要追赶世界现代化潮流和世界发展先进水平，所以就较为注重发展速度，认为发展太慢不是社会主义。与此相应，我国就相对注重"解放人"的逻辑。当然，我们在指导思想上，还是强调对人的正当约束的，比如强调坚持四项基本原则等。

改革开放初期，我们强调解放思想，把解放思想、实事求是确立为党的思想路线。在这个时期，重新确立并坚持解放思想、实事求是的思想路线，对开启和推进改革开放具有前提性意义。没有解放思想、实事求是思想路线的确立，是根本迈不开改革开放步伐的。把解放思想作为党的思想路线的一个重要内容而且置于前位，可见我们对解放思想是高度重视的。当时把解放思想、实事求是确立为党的思想路线，其实质就是要打破"左"的教条主义、本本主义的思想禁锢，从思想观念上为人松绑，从思想上解放人。从思想上解放人，对人的解放发挥着十分重要的作用，即解放人首先是从解放思想开始。这在当年主要表现为通过全党开展"真理标准"大讨论，打破了种种思想禁锢，强调从客观实际出发看问题，这对解放人发挥了不可低估的积极推动作用。

改革开放初期，我们强调解放生产力、发展生产力，把解放生产力、发展生产力确立为社会主义本质的主要内容并且置于首位，也把解放生产力和发展社会生产力作为改革开放和社会主义现代化建设新时期中国特色社会主义建设的首要根本任务。这表明我们对解放生产力、发展生产力的高度重视。其实，人是生产力中最活跃、最革命的首要因素，由此，强调解放生产力、发展生产力，在当时就具体体现为我们党带领广大人民实现党的工作重点大转移，由过去以阶级斗争为纲转向以经济建设为中心，把以经济建设为中心、坚持四项基本原则、坚持改革开放作为党的基本路线的核心内容。不仅如此，当时我们还强调让一切创造财富源泉涌流，让一切创造能力迸发，聚精会神搞建设，一心一意谋发展。注重解放生产力、发展生产力，其实质就是解放人，对人的解放发挥了十分重要的历史推动作用。

改革开放初期，我们强调体制改革，把体制改革作为改革的一项核心内容。改革之所以强调改革体制，其实质就在于冲破旧体制对人的禁锢，从体制上为人松绑，赋予人以自主性或主体性。改革开放之初，农村实行的家庭联产承包责任制，城市实行的现代企业制度，一定意义上就是改革传统陈旧的束缚人的发展从而束缚生产力发展的体制，其实质在于通过解放人来进一步解放生产力和发展生产力。

改革开放初期,我们强调尊重广大人民群众的物质利益。在《解放思想,实事求是,团结一致向前看》这篇重要讲话中,邓小平同志指出:"不讲多劳多得,不重视物质利益,对少数先进分子可以,对广大群众不行,一段时间可以,长期不行。"[1]他还指出:"革命是在物质利益的基础上产生的,如果只讲牺牲精神,不讲物质利益,那就是唯心论。"[2]这在实质上就是对人的物质利益的尊重和坚持。一定意义上,思想的背后是利益,"'思想'一旦离开'利益',就一定会使自己出丑"[3]。马克思认为:"人们奋斗所争取的一切,都同他们的利益有关。"[4]对人的物质利益的尊重和坚持,对解放人具有重要的历史推动作用,因为追求物质利益是人的一切活动的原初动因,是人的生存的基本需要。

改革开放初期,我们强调经济体制改革的大方向,就是建立社会主义市场经济体制。这里主要涉及对市场经济的理解。传统观点往往认为,市场经济的本性仅仅是追求经济利益和经济利润最大化。这实际上是对市场经济的经济学解读。如果从哲学维度来理解和把握市场经济,那么,市场经济在本质上首先就是,从事经济活动的人追求其经济利益和经济利润的最大化,这是从事经济活动的人的原初动因。如果我们进一步追问,从事经济活动的人怎样才能正当获取其经济利益和经济利润的最大化?君子爱财,取之有道。这在本质上就是,要求从事经济活动的人必须最大限度地发挥其能力,进而为社会作出贡献。就是说,从事经济活动的人应靠其能力最大限度的发挥来获取其经济利益和经济利润的最大化。最大限度地发挥其能力,是有助于解放人的,其中最重要的,就是市场经济的核心精神是倡导平等竞争,平等竞争能激发人的创造潜能,进而有助于解放人和开发人。因此,从积极意义上说,市场经济是一所大学校,进一步说是一所解放人、开发人的大学校。当然也不否认,市场经济也具有逐利本性,对其约束、规范和管控不好,会在一定程度上滋生功利主义、利己主义、拜金主义,这些都是需要加以警惕和

1　《邓小平文选》第2卷,人民出版社,1994,第146页。
2　同上书,第146页。
3　《马克思恩格斯文集》第1卷,人民出版社,2009,第286页。
4　《马克思恩格斯全集》第1卷,人民出版社,1956,第82页。

避免的。

改革开放初期，我们强调科学技术是第一生产力，十分注重科学技术。这就涉及科学技术、生产力和人的关系。科学技术大都来源于科技创新，科技创新本质上是人的创造性活动，彰显的是人的创造力量。因此，它内在要求充分尊重和信任科研人员，内在要求激发人即科研人员的创造活力。这显然也是有利于解放人和开发人的。

改革开放初期，我们强调社会主义现代化建设，真正开启了社会主义现代化建设新步伐，这也是有助于解放人的。可以依据马克思的社会发展、人的发展"三形态"理论[1]，来理解和把握现代化的发生、历史进程及其一般本质。马克思的"三形态"理论的核心内涵是：人的存在和发展方式一般要经历由"人的依赖"，经"以物的依赖性为基础的人的独立性"，再走向"自由个性"三个历史发展阶段，这是一种自然历史过程。按照马克思的"三形态"理论，现代化就是在批判、超越"人的依赖"的历史进程中，逻辑必然地内在生长出来的，它发源于对"人的依赖"的超越且成为独立主体的历史必然性。这里所讲的"人的依赖"，主要指人对血缘共同体（家族）、人身依附关系和权力的依赖。要言之，依据马克思的"三形态"理论，现代化发源于"社会结构转型"，即由以"权力"为主导的社会结构走向以"物"和"个人独立"为主导的社会结构。这种理解，实际上抓住了现代化起源的本质，因为从历史和实践来看，现代化就是从社会结构转型开始的，现代化过程本质上就是社会结构转型过程。从"社会结构转型"角度阐释现代性本质，这一本质就是：从人的依赖（或人身依附关系）中解放出来；使市场或资本力量相对独立出来；使个人相对独立且成为主体。本质只有一种，但本质之表现却有所不同。换言之，现代化在本质上是一元的，而现代化本质之表现形式和实现方式是多样的。一般来讲，现代化主要从经济、社会和政治三个维度体现出来：在经济维度上，现代化体现为以市场力量为主导的工业化生产方式；在社会维度上，现代化体现为以个人物质利益和人格独立为基础的市民社会；在政治维度上，现代化体现为为市场经济提供平等竞争环境、注重民众社会参与和法治的国家治理方式。以上三个维度可以揭示出一种共性，即现代化蕴含着注重人的权利、能力、

1　参见《马克思恩格斯文集》第 8 卷，人民出版社，2009，第 52 页。

理性、自立（包含自由）的批判精神和启蒙精神。

现代化具有积极和消极双重效应。就现代化作为批判和超越"人的依赖"出场而言，它具有积极的历史推动作用，是一种肯定性概念；就现代化迷恋于"物的依赖"而言，它又具有消极的历史负面作用，又是一种否定性概念。其积极的历史推动作用，集中体现在"摆脱人身依附关系"（如对官本位或对权力膜拜的批判和超越）、"生长出物质文明成果"和"培育人的独立人格"，它既促进人的独立人格的生成，也把人对"权力"的过度追逐转向对"物质财富"的追逐，这自然会使人类创造出丰硕的物质文明成果。马克思、恩格斯在《共产党宣言》中，就对资本主义现代化的历史积极作用给予充分肯定，指出："大工业建立了由美洲的发现所准备好的世界市场。世界市场使商业、航海业和陆路交通得到了巨大的发展。这种发展又反过来促进了工业的扩展。"[1] 又说："资产阶级在历史上曾经起过非常革命的作用。资产阶级在它已经取得了统治的地方把一切封建的、宗法的和田园诗般的关系都破坏了。它无情地斩断了把人们束缚于天然尊长的形形色色的封建羁绊。"[2] 还说："资产阶级在它的不到一百年的阶级统治中所创造的生产力，比过去一切世代创造的全部生产力还要多，还要大。自然力的征服，机器的采用，化学在工业和农业中的应用，轮船的行驶，铁路的通行，电报的使用，整个整个大陆的开垦，河川的通航，仿佛用法术从地下呼唤出来的大量人口——过去哪一个世纪料想到在社会劳动里蕴藏有这样的生产力呢？"[3] 然而，现代化也有其历史局限性：人过度追逐物质财富会在一定程度上破坏自然；人对物质财富的过度崇拜异化为物对人的统治，使人的生存成为物化生存；在市场力量发挥主导作用的历史过程中，在过于追逐物质财富的历史过程中，造成了贫富之间的不平等；在市场力量起主导作用的地方，在追逐物质财富的过程中，产生了金钱至上，进而诱发人的物欲、贪欲，使物欲横流、贪欲膨胀、精神懈怠；在人们追逐物质财富的过程中，人们往往把手段当成目的，用手段遮蔽目的，即视工具理性高于价值理性。对此，我们要特别加以警惕和防范。但不管怎么说，现代化确确实实具有解放人、解放人性的一面。这在改革开放初期是充分体现出来的，

1　《马克思恩格斯文集》第2卷，人民出版社，2009，第32页。

2　同上书，第33—34页。

3　同上书，第36页。

即人的自主性和主体性得到了一定彰显。

改革开放初期，我们在精神状态上特别强调大胆地试、大胆地闯，要具有"闯"的精神、"冒"的精神，要敢为人先。这在实质上是说，在改革开放历史进程中，人在精神上要具有主动性，要由被动性走向主动性。这是在精神上对人的解放，是从精神状态上解放人。在当时的历史场景中，邓小平同志反复强调："改革开放胆子要大一些，敢于试验，不能像小脚女人一样。看准了的，就大胆地试，大胆地闯。深圳的重要经验就是敢闯。没有一点闯的精神，没有一点'冒'的精神，没有一股气呀、劲呀，就走不出一条好路，走不出一条新路，就干不出新的事业。不冒点风险，办什么事情都有百分之百的把握，万无一失，谁敢说这样的话？一开始就自以为是，认为百分之百正确，没那么回事，我就从来没有那么认为。"[1] 邓小平同志还突出强调人的创新精神："在党内和人民群众中，肯动脑筋、肯想问题的人愈多，对我们的事业就愈有利。干革命、搞建设，都要有一批勇于思考、勇于探索、勇于创新的闯将。没有这样一大批闯将，我们就无法摆脱贫穷落后的状况，就无法赶上更谈不到超过国际先进水平。"[2]

重新确立党的思想路线，强调大力解放生产力、发展生产力，注重体制改革，尊重人的物质利益，建立社会主义市场经济体制，注重科学技术，积极推进社会主义现代化建设，鼓励大胆地试、大胆地闯并具有"闯"的精神、"冒"的精神，等等，共同构成了我国改革开放初期的总体图景。这一总体图景之内核，就是解放人，推进人的解放。正因如此，广大人民群众的积极性主动性创造性被大大地激发出来了，也极大地解放生产力和发展生产力，促进生产力的发展，为实现富起来的中国注入了强大动力。

在社会历史发展进程中，当一个社会的发展相对处于失序的时候，按照历史发展的必然性，就往往注重"约束人"。当然，在现实社会这只是相对而言的，不可将其绝对化。我们在注重解放人的逻辑的历史进程中，由于对人的约束即法治、德治、自治没有完全跟进，结果一定程度上出现了社会发展失衡和无序的现象。改革开放之初，我们强调"放开"，放开在总体上是具有积极意义的，放开的目的就是为了搞活，"放开搞活"在当时就被提出，也具

1 《邓小平文选》第 3 卷，人民出版社，1993，第 372 页。
2 《邓小平文选》第 2 卷，人民出版社，1994，第 143 页。

有积极意义；放开之进一步发展，就体现为"放活"，"放活"在总体上也具有积极意义，因为"放活"在当时主要表现为经济领域的放权让利，这有助于激发人的内生动力和创新活力；"放活"之进一步发展，由于当时法治、德治、自治没有完全跟进，结果在一些人身上就表现为某种"放松"，"放松"主要体现为"总开关"放松了，即一些人放松了对其世界观、人生观、价值观的改造，这就为"邪恶"因素的出现打开了闸门；"放松"之进一步发展，也由于当时法治、德治、自治没有完全跟进，结果在某些人身上就发生了变异，异化为"放任""放纵""放肆"，即有权就任性、有钱就任性、有嘴就任性，由此出现了许多社会丑恶现象和腐败现象，进而导致社会发展的失衡，使社会显得无序。

把"人"放在历史进程中来理解和把握，就必然相对注重并加强对人的约束，或者说对人的约束必须跟进。因此，中国特色社会主义进入新时代新的历史方位，从总体的宏观图景看，就在继续解放人的同时，便相对强调约束人。这里所讲的"约束"，是哲学意义上的概念，它不是"把人管死"，而是"把人管住"，讲的是人受所规定的"东西"，如法律、道德、政治纪律的制约和规范等。当然，也应清醒认识到，我们在指导思想上，还是注重解放人的逻辑，比如，强调通过全面深化改革，进一步激发和增强全社会的内生动力和创新活力，进一步激发人的积极性主动性创造性，等等。

中国特色社会主义进入新时代，首先是强调推进全面依法治国，注重法治对人的行为的约束。习近平同志指出："改革开放40年的经验告诉我们，做好改革发展稳定各项工作离不开法治，改革开放越深入越要强调法治。"[1]党的十八大以后不久，习近平同志强调要全面深化改革，随即又提出协调推进"四个全面"战略布局，把全面深化改革和全面依法治国纳入"四个全面"战略布局，且看作"鸟之两翼"的关系。法治，蕴含着法治精神。法治精神，基本上可以概括为"公正、权利、约束、秩序"。其中的约束，就是要求人严格依法办事、有法可依，把法作为人的行为的基本规则来遵循，把人的行为纳入法的框架和轨道，受法治约束。习近平同志指出："改革开放以来，我们深刻总结我国社会主义法治建设的成功经验和深刻教训，把依法治国确定为党领导人民治理国家的基本方略，把依法执政确定为党治国理政的基本方式，走出

1　参见2019年2月25日习近平在中央全面依法治国委员会第二次会议上的讲话。

了一条中国特色社会主义法治道路。"[1]习近平同志还指出:"要在道德教育中突出法治内涵,注重培育人们的法律信仰、法治观念、规则意识,引导人们自觉履行法定义务、社会责任、家庭责任,营造全社会都讲法治、守法治的文化环境","要加强法治宣传教育,引导全社会树立法治意识,使人们发自内心信仰和崇敬宪法法律;同时要加强道德建设,弘扬中华民族传统美德,提升全社会思想道德素质。要坚持把全民普法和全民守法作为依法治国的基础性工作,使全体人民成为社会主义法治的忠实崇尚者、自觉遵守者、坚定捍卫者","要坚持把领导干部带头学法、模范守法作为全面依法治国的关键,推动领导干部学法经常化、制度化"[2]。

中国特色社会主义进入新时代,其次是强调德治,注重道德对人的行为的约束。道德,是对人的内心世界及其内在行为的约束或规范。2016 年 12 月9 日,第十八届中央政治局就我国历史上的法治和德治进行第三十七次集体学习。习近平同志在主持学习时强调:"法律是准绳,任何时候都必须遵循;道德是基石,任何时候都不可忽视。在新的历史条件下,我们要把依法治国基本方略、依法执政基本方式落实好,把法治中国建设好,必须坚持依法治国和以德治国相结合,使法治和德治在国家治理中相互补充、相互促进、相得益彰,推进国家治理体系和治理能力现代化","法律是成文的道德,道德是内心的法律。法律和道德都具有规范社会行为、调节社会关系、维护社会秩序的作用,在国家治理中都有其地位和功能。法安天下,德润人心。法律有效实施有赖于道德支持,道德践行也离不开法律约束。法治和德治不可分离、不可偏废,国家治理需要法律和道德协同发力"[3]。习近平同志又强调:"要依法加强对群众反映强烈的失德行为的整治。对突出的诚信缺失问题,既要抓紧建立覆盖全社会的征信系统,又要完善守法诚信褒奖机制和违法失信惩戒机制,使人不敢失信、不能失信。对见利忘义、制假售假的违法行为,要加大执法力度,让败德违法者受到惩治、付出代价。"[4]习近平同志还指出:"要发挥领导干部在依法治国和以德治国中的关键作用……以德修身、以德立威、

1 《习近平谈治国理政》第 2 卷,外文出版社,2017,第 133—134 页。
2 同上书,第 134、135 页。
3 同上书,第 133 页。
4 同上书,第 134—135 页。

以德服众，是干部成长成才的重要因素。领导干部要努力成为全社会的道德楷模，带头践行社会主义核心价值观，讲党性、重品行、作表率，带头注重家庭、家教、家风，保持共产党人的高尚品格和廉洁操守，以实际行动带动全社会崇德向善、尊法守法。"[1]

中国特色社会主义进入新时代，再次是强调自治，注重自治对人的行为的约束。自治的核心要义，就是人具有自主性同时又具有自觉性和自律性，对自己行为之后果承担责任。具有自治的人，往往既具有自觉性，能自觉恪守法治、德治，又具有自律性，能主动约束自己的行为。

中国特色社会主义进入新时代，最后是强调"政"治，注重"政"治对人的行为的约束。"政"治对人的约束，主要体现在用政治纪律、党纪党规约束党员干部，使其行为时时刻刻在政治纪律、党纪党规的约束之下。我们强调增强"四个意识"、做到"两个维护"，其实质之一就是用"政"治来约束人。

应当充分肯定，中国特色社会主义进入新时代，我们在注重调动人的积极性主动性创造性的同时，相对强调法治约束、德治约束、自治约束和"政"治约束，确实取得了相当重要且重大的积极成果，那就是：整个社会呈现出良性有序的大好局面，党风、社会风气明显好转，风清气正的政治生态环境正在形成。这充分表明：对人的合理约束，是理解和把握人，尤其是理解和把握改革开放进程中人的发展逻辑的一个基本维度。改革开放初期，对人的约束相对薄弱，中国特色社会主义进入新时代，加强对人的合理约束是必然的，也是十分必要的，应当给予充分肯定。

今天，我们看到了另外一种情景，即在一些人那里出现了"躺平""不作为""懒政""动力不足""形式主义""明哲保身、但求无过""事不关己、高高挂起"等不良现象。然而，这绝不是由于注重对人的合理约束或约束人而造成的（没有约束，社会秩序就会出现严重问题），而是由以下五种原因导致的。一是少部分人对约束人的误读。似乎认为约束人，就不需要激发人的积极性主动性创造性，就是"把人管死"，老实听话就行，这也不能做，那也不能做，什么都不敢做，而不是理解为"管得住"。其结果就是"约束过度"，没有给激励机制和激励人留下较大空间，影响了人的积极性主动性创造性的充分发挥。

1　《习近平谈治国理政》第2卷，外文出版社，2017，第135页。

二是一些人还没有真正或完全适应在有约束的环境中工作和生活。即对具有约束的环境还不适应、不习惯，一定程度上存有抵触。三是为敢于担当的人担当的机制还没有真正建立起来，或者其机制的现实作用发挥不到位，结果使有些敢于担当的人吃了亏。四是一些地方的问责不精准、不规范，甚至出现"过度问责"的现象，致使一些人怕问责而不敢作为。五是对某些地方、某些人的一些诬告陷害行为缺乏合理有效限制，对领导干部的保护和信任还不够。这些原因，多是在理解和操作层面出了问题。对于这些情况，中央不仅已经充分认识到了，而且还及时且积极采取了有效应对措施，主要体现在：出台相关政策，鼓励领导干部积极作为，大胆使用忠诚、干净、担当的领导干部；强调问责的科学性、针对性、精准性、有效性；对诬告陷害领导干部的人，应采取有效措施加以抵制，大胆使用被诬告陷害且大有作为的领导干部；为那些敢担当的领导干部提供宽广舞台；等等。

这就给我们提出了一个十分迫切、急需弄清的哲学问题：如何在解放人的逻辑进程中对人进行有效约束，使其不至于走向任性，或者在注重解放人的逻辑同时给合理约束人留下合理空间？如何在注重约束人的逻辑的同时继续解放人并加强有效激励，或者在合理约束人的同时给解放人的逻辑留下合理空间？要言之，如何在解放中有约束、在约束中有解放？用大众化的语言来表达，就是：如何让广大领导干部和民众既有活力又守规矩？如何处理好"放得活和管得住"的关系？这需要借助辩证思维，需要哲学智慧，也需要实践经验，更需要提升国家治理现代化的水平。解决这一问题的基本思路，就是要基于提升国家治理现代化水平，建构"四种秩序"：一是法治秩序，培育和铸就"公正、权利、约束、秩序"的法的精神；二是德治秩序，以德治引领社会风尚；三是自治秩序，使每个人既自主自觉又承担责任，达至自律；四是"政"治秩序，使领导干部具有政治意识，恪守政治规矩。这四种秩序的实质，就是对"人"的治理，就是提升国家治理现代化水平。其治理的核心，就是要运用辩证思维正确处理解放人的逻辑和约束人的逻辑之间的关系：在解放人的时候，法治、德治、自治、"政"治要跟上；在约束人的时候，对利益、能力、自主的尊重要跟上。这是时代给我们提出的一个重大课题，对这一课题的解答关乎党和国家发展的命运，因而应加强深入研究。由上结合历史发展过程分析可以看出，人也是一个受历史发展过程规定的存在物，是历史过程中的人。

受此启发，我们可以从历史发展"过程"来理解和把握21世纪马克思主义的"过程"规定。

21世纪马克思主义，把马克思主义的发展推向并提升到21世纪整个世界发展所要求的新阶段新境界，它在"历史时间"上是"21世纪"的，在"历史空间"上是"面向世界"的。21世纪马克思主义，也是与时俱进的面向21世纪世界的马克思主义，离开"与时俱进""面向未来"，就不是"21世纪"马克思主义。

理解21世纪马克思主义，必须坚持"连续性和阶段性相统一"的方法论原则。21世纪马克思主义也是一个历史过程概念，其形成和发展是一个历史过程。这里的"历史过程"，不是数学意义上所使用的某一精准时刻，不宜精准理解为哪一年哪一月哪一天，而是唯物主义历史观和历史学意义上所使用的某一历史阶段和时代形态，它是大致以历史时代来划分的。一般意义上，21世纪马克思主义与19世纪马克思、恩格斯所创立的马克思主义，20世纪列宁、毛泽东所发展的马克思主义具有历史"连续性"，它是对后二者的根本立场、基本原理、方法原则、价值取向、理想信念和理论品格的坚定而自觉的"继承"。马克思、恩格斯所创立的马克思主义，总体上奠定了其后马克思主义发展的立场、方向、原则、方法、品格和道路，具有本源意义。把19世纪马克思、恩格斯所创立的马克思主义，20世纪列宁、毛泽东所发展的马克思主义，与21世纪马克思主义作任何割裂开来和依次替代的理解，都是错误的；21世纪马克思主义又与时俱进，具有历史"阶段性"，它是对19世纪马克思、恩格斯所创立的马克思主义，20世纪列宁、毛泽东所发展的马克思主义的"发展"，即它把马克思主义的发展提升到21世纪这样一个新的时代所要求的新阶段新境界，使马克思主义在21世纪的世界和中国具有强大的生命力、解释力和引领力。所谓19世纪马克思、恩格斯所创立的马克思主义，20世纪列宁、毛泽东所发展的马克思主义，21世纪马克思主义，不是相互割裂、相互替代的"三个"马克思主义，而是马克思主义在不同历史发展阶段与时俱进且具有时代特点的不同呈现方式。因此，21世纪马克思主义，可以理解为进入21世纪前后形成和发展着的且具有时代意义的马克思主义。这一判断的主要依据有以下三个方面。

一是历史分水岭的呈现。马克思主义的存在和发展状况，始终与资本主义、社会主义的存在和发展状况，以及世界社会主义运动的发展状况紧密相关。进入21世纪前后，世界范围内资本主义与社会主义的力量对比逐渐发生了新的深刻变化。尤其是2008年国际金融危机以后，西方资本主义世界出现了种种困境和危机，开始出现某种衰退迹象，这便成为世界资本主义发展史上的分水岭；与此相反，当今世界社会主义运动中心正转移到新时代的中国。改革开放以后的中国顶住了国际社会的压力，逐渐呈现出生机勃勃的发展态势，马克思主义及科学社会主义，因中国特色社会主义而在21世纪的中国焕发出强大生机活力，且极大地提升了马克思主义及科学社会主义在世界上的影响力。[1] 概言之，进入21世纪，世界经济发展态势风云骤起、变幻莫测；2008年国际金融危机席卷全球，影响全球经济发展的"黑天鹅""灰犀牛"等突发事件接踵而至；资本主义世界出现诸多世界性的矛盾难题，社会主义却呈现出勃勃生机，世界的权力、力量、格局和秩序发生了深刻变化，等等，都是历史发展分水岭的呈现。[2]

二是建构新现代性的需要。21世纪马克思主义，是在解析当代西方资本主义话语中的现代性样本并超越现代性的西方资本主义话语的基础上形成、发展起来的。20世纪后半叶，西方一些学者从不同角度且以各种方式反思西方的现代化和现代性，提出许多有启发性的见解。但是，真正具有彻底性的深刻反思，应肇始于21世纪前后资本主义和社会主义所发生的历史性变化，以及世界社会主义运动中心的转移。1978年，中国开启的改革开放和社会主义现代化建设，就是在对"现代性"进行"彻底且深刻反思"的基础上，进而书写当代中国版本和世界版本的新现代性。

三是对党中央文献的解读。中央相关重要文献把"当代中国马克思主义"与"21世纪马克思主义"并提，有其深意。当代中国马克思主义，主要指我国改革开放以后形成发展起来的中国化时代化的马克思主义，与其并提的21世纪马克思主义，当然也可以说以我国改革开放为历史起点，但更为精确来讲，是以党的十八大召开为历史起点。习近平同志也曾从当代中国共产党人责无

1　参见《中国共产党第十九次全国代表大会文件汇编》，人民出版社，2017，第8—9页。

2　参见张蕴岭等：《如何认识和理解百年大变局》，《亚太安全与海洋研究》2019年第2期，第1—14页。王文等：《百年变局》，北京师范大学出版社，2020，第2—6页。

旁贷所肩负的历史责任来讲21世纪马克思主义[1]，这里的"当代中国共产党人"之"当代"，应以我国改革开放为历史起点。习近平同志更为明确地指出，我们要"更加深入地推动马克思主义同当代中国发展的具体实际相结合，不断开辟21世纪马克思主义发展新境界"[2]。这里，习近平同志明确地把"21世纪马克思主义"与"当代中国发展"相提并论，而这里的"当代中国发展"是指我国改革开放以来的发展。这样来理解21世纪马克思主义，自然包括21世纪的世界马克思主义与相对于21世纪的世界马克思主义而言的21世纪中国马克思主义。

这里尤其要理清当代中国马克思主义与21世纪马克思主义的关系。拓展当代中国马克思主义，尤其是习近平新时代中国特色社会主义思想在新时代的世界向度，以天下情怀观察和把握世界，就会引出21世纪马克思主义的命题。把当代中国马克思主义、21世纪马克思主义并提，有其意蕴。二者都立足"当代中国"，是习近平新时代中国特色社会主义思想在时空上相对不同的表达。当代中国马克思主义，是中国改革开放以来创立发展起来的中国特色社会主义理论体系之集大成，它把中国特色社会主义理论体系提升到"当代中国""马克思主义""集大成"的高度，侧重于马克思主义中国化，着眼于"引领中国"，关乎实现中华民族伟大复兴的前途命运；21世纪马克思主义立足当代中国、放眼世界、面向未来，是新时代理论创新的一种新的形态，主要指中国特色社会主义进入新时代，在以大历史观全面把握"两个大局"的基础上，而开启的当代中国马克思主义的世界向度，这个世界向度，是用习近平新时代中国特色社会主义思想表达的。习近平新时代中国特色社会主义思想既是立足"新时代"的当代中国马克思主义，也是放眼"世界"的21世纪马克思主义，还是当代中国马克思主义"面向未来"的新的走向，体现了新时代马克思主义中国化时代化新的走向，实现了马克思主义中国化时代化新的飞跃：既是就破解新时代重大时代课题，解决社会主要矛盾，实现从富起来到强起来伟大飞跃，所创立的科学思想体系；又放眼世界和未来，侧重于马克思主义世界化，关乎新时代中国特色社会主义的世界意义和世界社会主义的发展前景。马克思主义本质上就是具有人类情怀的世界性科学理论体系。21世纪马克思

[1] 参见习近平：《在庆祝改革开放40周年大会上的讲话》，人民出版社，2018，第26页。
[2] 《习近平谈治国理政》第2卷，外文出版社，2017，第34页。

主义同样如此，它直面世界百年未有之大变局，在中国与世界交织互动中，为解决"世界向何处去"问题，从而为人类谋进步，为世界谋大同，为人类文明谋发展，贡献智慧、开辟新路、指明方向。这种新的飞跃具有划时代意义，使习近平新时代中国特色社会主义思想成为21世纪马克思主义核心的理论形态。

这里还要理清21世纪的世界马克思主义与21世纪马克思主义的关系。这一关系，本书其他地方有所涉及，这里只作简要阐释。21世纪的世界马克思主义是当今世界各国学者立足本国、本民族实际与世界发展趋势，对21世纪经济全球化与现代化实践的理论概括和思想升华，体现着世界上不同国家、不同民族对现代性的当代反思，以及对当代资本主义社会的批判和超越。21世纪中国马克思主义，表达的是我国改革开放以来，通过反映以中国特色社会主义道路实现社会主义现代化的实践要求和发展趋势，而形成、发展起来的当代中国马克思主义。中国特色社会主义理论体系就是当代中国马克思主义，也是21世纪中国马克思主义。其中，习近平新时代中国特色社会主义思想是21世纪马克思主义的最新成果。新时代的中国正处于世界创新发展21世纪马克思主义的实践中心和理论研究中心，习近平新时代中国特色社会主义思想既直面新时代中国，也面向当今世界，从这个意义上说，习近平新时代中国特色社会主义思想既是21世纪中国马克思主义的主体形态，也是21世纪马克思主义的主体形态；同时由于其更加自觉地面向时代和世界开放，更加主动地为解决人类面临的共同问题提供中国智慧、中国方案和中国理论，因而也就更加鲜明地具有世界历史意义。

我们需要充分肯定毛泽东思想在20世纪发展着的马克思主义、21世纪马克思主义中的重要历史地位和作用。毛泽东思想的历史地位具有双重意义，它既是20世纪发展着的马克思主义的重要组成部分，与列宁主义具有同等重要地位，又是21世纪马克思主义形成的直接的理论基础和思想源泉，属于21世纪马克思主义"形成过程"中的核心范畴，因为从政治上讲，毛泽东同志是开创马克思主义中国化历程的奠基人，毛泽东思想奠定了马克思主义中国化的根本方向、原则和方法。形成与发展是不可分割的。习近平新时代中国特色社会主义思想是有机整合、集成了马克思列宁主义、毛泽东思想、邓小平理论、"三个代表"重要思想、科学发展观的思想精髓，而形成的一个具有新时代高度和世界意义的科学理论体系。从学术上讲，它既是马克思主义中国化时代化理论创新成果的集大成者，又是马克思列宁主义、毛泽东思想、邓小平理论、"三个代表"重要思想、科学发展观的集大成者，还是中国特色社会主义理论体系的集大成者，同时是对马克思列宁主义、毛泽东思想、邓小平理论、"三个代表"重要思想、科学发展观的"守正性"继承和创新性发展。[1]

四、空间规定

21世纪马克思主义具有"空间"规定，它是以"宽广视野"立足中国、走向世界、直面"两个大局"的马克思主义。它以新时代中国为发展21世纪马克思主义的中心重镇，同时开启世界向度。离开新时代中国与世界，21世纪马克思主义就会成为"无源之水"。习近平同志指出：发展21世纪马克思主义、当代中国马克思主义，要"立足中国、放眼世界"[2]。这展开说有两个要义：一是世界社会主义运动中心转移到新时代中国，意味着新时代中国已成为21世纪马克思主义的主要生长点、发展源与大本营，成为发展21世纪马克思主义的主要实践创新地和理论策源地；二是拓展当代中国马克思主义在新时代的世界向度，以天下情怀观察和把握世界。

前有所言，从世界社会主义发展和马克思主义发展规律来看，19世纪，世界社会主义运动的中心主要在西欧，马克思一生中从事理论研究与工人运动的大部分时间也在西欧，19世纪马克思主义在西欧诞生。20世纪，世界社会主义运动的中心转移到俄国和中国，20世纪马克思主义的实践创新地和理论策源地亦主要在俄国和中国。列宁领导的十月革命，把科学社会主义由理论变成现实，在世界上建立了第一个社会主义国家，在理论上产生了列宁主义。以毛泽东同志为主要代表的中国共产党人不仅把科学社会主义理论和实践变成现实，而且也由西方走向东方。在21世纪，世界社会主义运动的中心已经历史性地转移到新时代的中国，与之相应，发展21世纪马克思主义的实践创新地和理论策源地也主要在新时代的中国，它主要是从当今世界尤其是新时代的中国的实践创新中生长出来的。党的十九大报告所讲的"三个意味

---

1 这一观点在本书第四章中得到了充分阐释。

2 《习近平谈治国理政》第2卷，外文出版社，2017，第65页。

着"，就是世界社会主义运动中心转移到新时代中国的根本标志，是 21 世纪马克思主义立足中国、走向世界的根本依据。第一个"意味着"的主题是实现中华民族伟大复兴，实质上是讲实现"强起来"，它是第二、第三个"意味着"的基础和前提，第二、第三个"意味着"是从第一个"意味着"拓展出来的，讲的是第一个"意味着"的世界意义；第二个"意味着"的主题是世界社会主义（或科学社会主义），实质上是说世界社会主义（科学社会主义）运动中心已经转移到 21 世纪中国；第三个"意味着"的主题是中国特色社会主义，实质上是谈中国特色社会主义具有世界意义。三个"意味着"的实质，主要是讲世界社会主义运动中心已经历史性地转移到 21 世纪的中国。世界社会主义运动的中心转移到哪里，发展马克思主义的中心就转移到哪里。19 世纪、20 世纪是如此，21世纪也是如此。在 21 世纪，世界社会主义运动的中心已经历史性地转移到新时代的中国，由此表明，发展 21 世纪马克思主义的实践创新地和理论策源地主要在新时代的中国。

从创新发展的主体来看。人类进入 21 世纪，在世界上真正高举马克思主义旗帜的是新时代中国共产党人。新时代中国共产党人把马克思主义作为指导思想，确立马克思主义在意识形态领域的指导地位，将其作为一种根本制度确定下来，也把发展 21 世纪马克思主义作为"聚焦时代问题、推进理论创新"的历史使命。新时代中国共产党人是发展 21 世纪马克思主义命题的提出者，是 21 世纪马克思主义新境界的开辟者，也是使 21 世纪马克思主义立足中国、走向世界的推动者。

从理论地位及其影响来看。党的二十大报告指出："马克思主义是我们立党立国、兴党兴国的根本指导思想。实践告诉我们，中国共产党为什么能，中国特色社会主义为什么好，归根到底是马克思主义行，是中国化时代化的马克思主义行。"[1]"中国化时代化的马克思主义行"，是 21 世纪马克思主义立足中国、走向世界的一个根本依据。它表明，新时代中国有能力、有根据成为发展 21 世纪马克思主义的主要实践创新地和理论策源地。

———————

1　习近平：《高举中国特色社会主义伟大旗帜　为全面建设社会主义现代化国家而团结奋斗——在中国共产党第二十次全国代表大会上的报告》，人民出版社，2022，第 16 页。

五、功能规定

21世纪马克思主义还具有"功能"规定。这就是：21世纪马克思主义是有助于解决人类问题并为解释和引领21世纪的世界所贡献的一种科学理论体系和理论形态，进而它是世界社会主义运动中心转移到新时代中国，而建构起来的既能为解决人类问题又能为解释和引领21世纪的世界所贡献的一种科学理论体系。

马克思在《关于费尔巴哈的提纲》中指出："哲学家们只是用不同的方式解释世界，而问题在于改变世界。"[1]这一名言被刻在了马克思的墓碑上。这充分表明，在马克思那里，哲学的本质功能既是解释世界，更是改变世界。在马克思所处的时代，改变资本主义统治的旧世界、建立每个人自由而全面发展的新世界，是首要而紧迫的。

从共性意义上说，解释世界是改变世界的前提。先把脉，后开方，如果"脉"把得不准，开的方必然有错。从哲学本质及其功能来讲，人类活动在根本上就是认识世界和改造世界；只有把世界认识并解释清楚了，才能对时代与现实作出科学研判，也才能作出科学决策，从而使我们做正确的事，使我们的事业取得成功。在当今世界，正确认识并解释世界这一前提显得更为紧迫而重要。21世纪世界正经历百年未有之大变局，这是整个世界进入"新的动荡变革期"与系统性风险而导致的不稳定不确定的"大变局"，迫切需要给出理论上的解释。谁能给出合理解释21世纪世界的科学理论体系，谁就能在未来掌握解释世界的国际话语权。

从整体上看，21世纪世界究竟是一个什么样的世界？从对"世界百年未有之大变局"的分析可回答这个问题。2008年国际金融危机、新型冠状病毒感染疫情世界大流行、俄乌军事冲突、巴以冲突、实现中华民族伟大复兴所引起的世界权力和力量的转移，新科技革命和产业革命，美国的逆全球化及内生不确定的国家本性等，是影响"大变局"的"重要变量"。大变局，就是"大发展大变革大调整"。这三个"大"必然导致世界力量转移，世界格局调整，世界权

1　《马克思恩格斯选集》第1卷，人民出版社，2012，第140页。

力重构，即必然导致整个世界的"不稳定不确定"，使世界进入"新的动荡变革期"，也进入系统性风险社会。[1]"大发展大变革大调整""不确定""新的动荡变革"（有时是以战争的方式呈现出来），"风险社会""对立冲突"是"大变局"的本质特征。"新的动荡变革""风险社会"，是世界大变局进程中必然出现的一种普遍的社会景观。这表明，当今世界已经成为一个具有"形态"特征的世界，即一个在整体上以"不确定""新的动荡变革""风险社会"为本质特征的百年变局的世界。所谓不确定，有七种基本内涵与特征。一是世界变化越来越复杂，这是"大发展"或"大流动"，需从"变与不变"的关系来解释；二是世界变革越来越激烈，这是"大变革"，需要从"稳与进"的关系来阐释；三是世界分化越来越深刻，这是"大调整"，需要从"分化与整合""统一与多样"的关系来理解；四是世界变动的偶然性越来越突出，这是"大变幻"，需要从"必然与偶然"的关系来说明；五是世界未知范围越来越广大，这是"大洞穴"，需要从"已知与未知"的关系来分析；六是世界博弈越来越失去信任，这是"大博弈"，需要从"信任与失信"的关系来把握；七是人类迷茫感无力感越来越凸显，这是"大流动""大赤字"，需要从"主体与客体"的关系来解析。总之，当今人类面对的是"剧烈流动"的变幻莫测的世界，人们越来越感到其生存就像建立在"流水"之上。

面对不确定的整个世界及其系统性风险，首先需要给出合理解释。当今世界存在两种主要的解释世界的理论体系：一是马克思主义，二是新自由主义。马克思主义主要是社会主义国家解释世界所运用的理论体系，新自由主义主要是西方资本主义国家解释世界的一种理论体系。马克思主义，尤其是马克思主义哲学，从本质功能上就是为认识、解释世界进而改变世界提供的一种理念、方法和框架。马克思主义立足人类社会或社会化的人类，在本质上强调坚持人类主义、集体主义，建构自由人联合体；人类主义、集体主义、自由人联合体，内在要求并注重人类力量、集体力量、人民力量与团结合作、共享普惠。新自由主义也是解释世界进而塑造世界的一种理论体系，它立足于市民社会，是西方资本主义社会用以解释世界进而塑造世界的一种核心理论。

---

1   参见习近平：《弘扬"上海精神"，深化团结协作，构建更加紧密的命运共同体》，《人民日报》2020年11月11日。

一段时间，在解释世界这一问题上，所存在的情景是"西强我弱"，新自由主义相对占上风。新自由主义不仅在西方拥有绝对的话语权，而且对拉美国家、日本、韩国以及中国也产生了较大影响。马克思主义所遇到的情境，正如习近平同志所讲的："在有的领域中马克思主义被边缘化、空泛化、标签化，在一些学科中'失语'、教材中'失踪'、论坛上'失声'。"[1]

面对百年未有之大变局的不确定世界和系统性风险社会，新自由主义出现了解释困境。在世界百年未有之大变局的历史进程中，世界在一定意义上逐渐出现"西降我升"的趋势。整体的不确定、系统的风险需要以整体的力量、系统的力量、人类的力量、集体的力量与团结合作来应对。在这种趋势中，面对系统性的不稳定不确定、新的动荡变革与风险社会，以个人权利和自由为理念的新自由主义却显得力不从心，出现一定的解释困境。新自由主义把追求个人权利和自由最大化作为至高无上的原则，这在本质上就是奉行个人至上，注重的是个体的力量。当个体面对整体，个体力量面对系统力量，追求个人自由与面对不确定的整个世界、系统性风险，自然显得捉襟见肘。新自由主义难以解释百年未有之大变局的世界，难以解释不稳定不确定与新的动荡变革的世界，难以有效应对系统性风险社会，难以从系统上、整体上应对新的动荡变革期与风险社会出现的各种矛盾难题、障碍阻力、风险挑战。

面对整个世界的不稳定不确定、新的动荡变革及其系统性风险，21世纪马克思主义具有解释当今世界的相对优势，它能为解释百年未有之大变局的当今世界并为解决人类问题贡献一种科学理论体系和理论形态。

其一，世界社会主义运动的中心已经转移到新时代的中国[2]，相对而言，新时代的中国是世界社会主义运动的中心，是世界社会主义实践创新的中心，也是世界马克思主义理论研究的中心。

其二，21世纪马克思主义能站在历史正确的一边，以确定应对不确定。21世纪马克思主义胸怀天下，注重运用战略思维和辩证思维去理解和把握事物的内在本质、发展趋势和历史规律，在此基础上，它能为历史发展指明正确的方向。事物的本质是由事物内部的矛盾决定的。21世纪马克思主义注重运用辩证思维去理解事物内部的矛盾，进而去把握事物的本质，再进一步运

1　习近平：《在哲学社会科学工作座谈会上的讲话》，《人民日报》2016年5月19日。

2　参见本书第二、第三章。

用战略思维去理解和把握事物发展的趋势和规律。把握了事物发展的内在本质、发展趋势和历史规律，就有助于正确处理和驾驭一系列复杂的矛盾关系，有助于运用国家治理把动力与平衡有机统一起来，有助于在变局中开新局，在危机中育新机，进而有助于应对种种不确定。不仅如此，21世纪马克思主义能为历史发展指明正确的方向和目标。它站在我国发展起来以后新的历史方位，把共产主义作为远大理想目标，把中国特色社会主义作为共同理想目标，把全面建成社会主义现代化强国作为21世纪中叶的长远目标，把基本实现社会主义现代化作为近10年的远景目标，进而把树立新发展理念、构建新发展格局作为实现奋斗目标的总体方略。这就使我们有了方向感、目标感，有了"主心骨"。

其三，21世纪马克思主义的内涵和实质之一，就是为解释不确定的当今世界，为解释21世纪世界的整体性的新的动荡变革，为解释系统性的风险社会并掌握解释的话语权，而贡献的一种科学理论。21世纪马克思主义能为解释21世纪的世界并改变世界提供解释逻辑。其逻辑是：由于上述"重要变量"，世界正经历百年未有之大变局；这意味着整个世界处于大发展大变革大调整时期；这种大发展大变革大调整会导致整个世界的不稳定不确定；这表明当今整个世界进入了"新的动荡变革时期"；这种新的动荡变革会带来系统性的矛盾难题、障碍阻力、风险挑战，进而使整个世界进入风险社会；面对这种系统性的不稳定不确定、新的动荡变革与矛盾难题、障碍阻力、风险挑战，面对风险社会，仅仅依靠单个个体或个人的力量已显得力不从心，而只有依靠整体(集体)力量、人类力量、国家力量、人民的力量、团结合作的力量、协同力量，才能从整体上、系统上作出有效应对；个人的权利和自由自然应得到重视，然而，大多数人的权利、自由与利益、需求高于少数人甚至个别人的权利、自由与利益、需求，因而应当更加重视。社会主义更加重视集体的力量、人类的力量、国家的力量、人民的力量、团结合作的力量、协同的力量，在面对系统性的不稳定不确定、新的动荡变革与矛盾难题、障碍阻力、风险挑战，面对风险社会，它的有效应对代表着人类未来发展的方向和趋势；21世纪马克思主义，是一种以和平发展、合作共赢、共建共治、普惠共享为核心理念的科学理论体系，是一种强调创造人类文明新形态并注重携手共建人类命运共同体的科学理论体系，是注重以整体力量、集体力量、人类力量、国家力量、人民力量、团结合作力量、协同力量，以及斗争精神应对各种复杂的矛盾难题、障碍阻力、风险挑战的科学理论体系，是倡导个体服从整体和大局的集体主义精神的科学理论体系，它强调并注重的是"人类"与"群体"的协同性与主体性。21世纪马克思主义，基于创新实践且运用现代知识体系和理论体系以解释当今世界，有助于掌握解释21世纪之整个世界的话语权。世界社会主义运动中心已转移到新时代的中国，新时代的中国应责无旁贷地肩负起创新发展21世纪马克思主义的重大职责。

　　总的来说，所谓21世纪马克思主义，就是"牢固坚守"马克思主义根本立场、基本原理、方法原则、价值取向、理想信念和理论品格的"不忘本来"的马克思主义；是在"深刻反思"西方式现代化道路与拓展中国式现代化道路、创造人类文明新形态基础上发展起来的马克思主义；是世界社会主义运动中心历史性转移到当代中国，"与时俱进"地把马克思主义发展到21世纪时代和实践发展所要求的新境界的"面向未来"的马克思主义；是以"胸怀天下"立足中国、放眼世界、直面"两个大局"的马克思主义；是以马克思主义观察时代、把握时代、引领时代，为解释和引领21世纪世界贡献科学理论体系进而掌握话语权的马克思主义。

第 四 章

发展 21 世纪马克思主义的"中心重镇"[1]

在理清 21 世纪马克思主义的基本涵义及其解释框架之后，接着要从历史维度即生成逻辑上搞清楚发展 21 世纪马克思主义的生长点、发展源与中心重镇问题，回答"从何形成"问题。

19 世纪以来，马克思主义经历了一个在曲折中不断发展的历程。马克思、恩格斯在 19 世纪创立了马克思主义，他们是马克思主义的奠基人。20 世纪 80 年代末 90 年代初东欧剧变、苏联解体后，马克思主义在原苏东国家失去了意识形态与学术领域的主导地位。经过短暂低潮之后，马克思主义得以复兴。21 世纪以来，在全世界出现了"马克思热"。习近平同志强调："今天，马克思主义极大推进了人类文明进程，至今依然是具有重大国际影响的思想体系和话语体系。"[2]

从 19 世纪到 20 世纪再到 21 世纪，马克思主义发展中心重镇历经多次转移，由此形成了 19 世纪马克思主义（相对区别于 19 世纪的马克思主义）—20 世纪马克思主义（相对区别于 20 世纪的马克思主义）—21 世纪马克思主义创新发展、与时俱进的历史逻辑。理解这一历史逻辑，需要弄清楚 21 世纪的世界马克思主义与 21 世纪中国马克思主义的关系。

广义上，21 世纪的世界马克思主义包括 21 世纪中国马克思主义；狭义上，21 世纪中国马克思主义是相对于 21 世纪的世界马克思主义而言的。从内在联系与发展规律来讲，这里有一种历史发展的必然性，即世界社会主义运动的中心在哪里，马克思主义的生长点、发展源与中心重镇相对就主要在哪里。19 世纪，世界社会主义运动的中心主要在西欧，尤其是英国伦敦。因此马克思一生绝大部分从事理论研究与工人运动的时间主要在西欧，尤其是英

1　本章部分参考了陈曙光教授的研究成果。
2　习近平：《论中国共产党历史》，中央文献出版社，2021，第200页。

国伦敦。在那里，他和恩格斯一道，把社会主义由空想变为科学，创立了马克思主义，并组织、参与和推动了工人运动。20 世纪，世界社会主义运动的中心相对转移到俄国和中国。因为列宁领导的十月革命，把科学社会主义由理论变成现实，在世界上建立了第一个社会主义国家，在理论上产生了列宁主义；十月革命一声炮响，给中国送来了马克思列宁主义，以毛泽东同志为主要代表的中国共产党人不仅把科学社会主义的理论变成现实，而且也使其理论和实践由西方走向东方，产生了毛泽东思想，1949 年成立了新中国，1956 年建立了社会主义基本制度。所以，相对而言，20 世纪马克思主义的生长点、发展源与中心重镇主要在俄国和中国，主要在发展中的社会主义国家。

相对而言，21 世纪马克思主义的生长点、发展源与中心重镇主要在新时代的中国，新时代的中国使科学社会主义焕发出强大的生机活力，使中国特色社会主义走向世界，具有世界意义。就是说，21 世纪马克思主义不是从概念中演绎出来的，而首先是在新时代中国的实践中生长出来的。理解新时代中国这一实践，必须清晰梳理发展 21 世纪马克思主义的"中心重镇"的历史性转移和变化。

发展 21 世纪马克思主义的"中心重镇"问题，同样是一个基础和前提问题，实质是回答新时代中国是如何相对成为 21 世纪马克思主义的"中心重镇"的，新时代中国相对成为 21 世纪马克思主义"中心重镇"的历史逻辑和时代根据是什么。

回答这一问题可以从如下三个维度展开：中国发展历史方位的历史性变化；中国共产党走向最强大政党的伟大飞跃；中国国际地位的提高并为解决人类问题（或世界向何处去）贡献了中国智慧和中国方案。实际上，新时代中国相对成为发展 21 世纪马克思主义的"中心重镇"还具有诸多优势，如中国的政党领袖、专家学者、理论成果、平台渠道、主要路径、理论地位及其影响等，都为发展 21 世纪马克思主义提供了强大的全方位支撑。

一、马克思主义"中心重镇"的历史性转移

一个国家要上升为世界研究、发展马克思主义的"中心重镇"，要么是世界经济的中心地带，要么是世界社会主义运动的中心地带，要么是二者兼而

有之。世界边缘地带，世界社会主义运动的隔缘地带，不可能产生震撼世界的、伟大的马克思主义理论成果，不可能成为引领世界马克思主义创新发展的前沿阵地。

（一）19 世纪：西欧成为 19 世纪马克思主义的诞生地

19 世纪，世界经济的中心地带在西欧，尤其是在英国；世界社会主义运动的中心地带主要在西欧；因此，西欧成为 19 世纪马克思主义的诞生地是必然的。16 世纪以来，欧洲工业文明进入上升期，现代化进入加速期，人类、世界进入了"欧洲时间"。地中海民族、欧洲大陆民族先后主导世界历史进程，世界历史依次经过"西班牙、葡萄牙时刻""荷兰时刻"之后，在 18 世纪中叶进入"英国时刻"。英国在 1756—1763 年的"七年战争"中击溃法国独霸世界之后，旋即又拉开了工业革命的序幕。英国作为资本主义工业文明的先驱和代表，冉冉升起的世界经济中心、国际金融中心，其能量已经不再囿于英伦半岛，而是一个拥有巨大能量、足以辐射欧洲乃至整个世界的、全方位的领导型国家，是一个能够创造世界历史、引领人类精神、建构世界秩序的世界历史民族。

然而，在资本主义工业文明一路凯歌的同时，其隐匿的根本缺陷——生产社会化与生产资料私人占有之间的矛盾逐渐显露。英国于 1825 年首先爆发了全国性经济危机，随后经济危机大概每 10 年爆发一次，这为马克思研究批判资本主义埋下了伏笔，为马克思主义在西欧诞生奠定了基础。另外，工人运动在西欧也如火如荼地进行。资本主义工业文明创造了资产阶级，同时也创造了无产阶级，机器生产解放了工人，同时也抛弃了工人，大量工人因为被机器排挤而失业流落街头。从 18 世纪 70 年代开始，英国陆续爆发自发的工人运动，工人们通过捣毁机器、破坏厂房等方式，宣泄着内心的不满与愤怒。到了 19 世纪，英国的工人运动从星星之火发展成燎原之势，工人相继获得了结社、组织工会等权利，英国涌现出了大量工会组织。英国既引领着世界经济的发展，同时也引领着世界的工人运动。19 世纪三四十年代，以英国宪章运动、法国里昂工人起义、德国西里西亚纺织工人起义为代表的工人独立政治运动在西欧兴起，这三次工人运动虽然因为没有科学的理论指导而走向失败，却为马克思主义的诞生提供了阶级基础和条件。

1848 年，《共产党宣言》在伦敦问世，标志着马克思主义的诞生，从此马克思主义便成为世界社会主义运动的指导纲领，西欧及伦敦则成为 19 世纪马克思、恩格斯所创立的马克思主义的实践发源地和理论策源地。在马克思主义指导下，共产主义者同盟、第一国际、第二国际先后在伦敦、巴黎成立，马克思与恩格斯作为重要创始人亲自参与指导欧洲工人运动。1848 年欧洲革命和巴黎公社革命是对马克思主义的重大考验，虽然两次革命最终以失败而告终，却为马克思主义的成长、发展提供了土壤。与此同时，马克思主义也在与形形色色的改良主义、修正主义的论战中得到丰富与发展，且科学性与革命性不断增强，影响力空前扩大。19 世纪 90 年代，自由资本主义向垄断资本主义过渡，资本主义新阶段出现了许多新问题新特征，向社会主义运动提出了新挑战。随着 1895 年恩格斯逝世，西欧的马克思主义者已无力完成新的使命，与此同时，西欧马克思主义研究中心重镇的地位也逐步成为历史。由上可见，西欧及英国是 19 世纪资本主义工业文明与世界经济的中心地带，是 19 世纪工人运动与世界社会主义运动的中心地带，也自然成为经典马克思主义的诞生地，成为 19 世纪的马克思主义研究的"中心重镇"。

(二)20 世纪：世界社会主义运动中心地带相对转移到俄国、中国和东欧

随着资本主义进入帝国主义发展阶段，资本主义列强政治经济发展愈发不平衡，于是便掀起争夺殖民地与瓜分世界的狂潮，俄罗斯帝国在内忧外患的局势下卷入了第一次世界大战，斯拉夫民族上升为世界历史民族，布尔什维克在重建本土历史的同时，也承载着改写世界历史的使命。布尔什维克在列宁的领导下，结合国际国内形势，创造性地运用、发展了马克思主义，且明确提出了帝国主义论、社会主义革命首先在一国胜利等社会主义理论，并于 1917 年掀起十月革命，而后建立了世界上第一个社会主义国家。

在十月革命影响下，世界上被压迫阶级和民族深度觉醒，爆发了一浪高过一浪的工人运动与民族解放运动。与此同时，1919 年列宁领导的布尔什维克在莫斯科筹备建立共产国际，用于遥控指导世界各国建立共产党与开展革命活动。以中国为例，十月革命一声炮响，给中国送来了马克思列宁主义。在共产国际的指导帮助下，中国于 1921 年成立共产党，先后发动第一次国内革命战争、第二次国内革命战争，随后根据共产国际反法西斯统一战线方针，中国确立抗日民族统一战线，同法西斯势力展开了英勇斗争，取得了抗日战争的胜利，成功捍卫了民族独立。第二次世界大战后，国际共产主义运动再次达到高潮，东欧、亚洲等纷纷成立社会主义国家，譬如东欧的波兰、捷克斯洛伐克、南斯拉夫等与亚洲的中国、朝鲜等，迅速扩大了世界社会主义阵营。1949 年，新中国成立。1956 年，中国又建立了社会主义基本制度。

与此同时，世界各国百废待兴，苏联在斯大林的领导下实现了综合国力的急剧攀升，一跃成为社会主义阵营的"老大哥"。苏联"老大哥"同美国一样，在自己的阵营中软硬兼施推销着自己的发展模式——"苏联式社会主义"。然而，"苏联式社会主义"并没有使社会主义国家获得繁荣，同时也使苏联与它的世界霸主梦渐行渐远。苏共二十大之后，社会主义阵营国家普遍意识到"苏联式社会主义"的历史局限，连同苏联在内的社会主义国家便开启了本国的改革探索之路，国际社会主义运动也呈现出动荡的局面。苏共二十大或许是苏联最后一次发挥其"老大哥"的引领作用，因为苏联在后来的社会主义改革问题上未能为自己，也未能为其他社会主义国家开辟出一条新道路。20 世纪，世界社会主义运动因苏联、中国和东欧而发展，也最终因苏联而衰落，致使东欧剧变、苏联解体，轰轰烈烈的社会主义运动陷入了低谷。

综合来看，无论是社会主义革命，还是社会主义建设，苏联、中国始终走在 20 世纪世界的前列，并以此为中心辐射影响着世界其他国家的社会主义运动，在此背景下，苏联、中国必然成为 20 世纪马克思主义创新发展的"中心重镇"。毋庸置疑，20 世纪中国的新民主主义革命、社会主义革命和建设也是世界社会主义运动的重要组成部分，它使社会主义实践由西方转移到东方，具有世界意义，也可以说是苏联之外世界社会主义运动和世界马克思主义创新发展的中心地带。

（三）21 世纪：世界社会主义运动的中心历史性地转移到新时代中国

相对而言，21 世纪，世界社会主义运动的中心已经历史性地转移到新时代的中国，新时代的中国成为发展 21 世纪马克思主义的"中心重镇"是不可避免的。

陈曙光认为，我也赞同并强调，中国曾经创造了辉煌灿烂的中华文明，唐宋时期是世界经济的中心。然而，因为封建制度的桎梏，中国无缘资产阶级革命与工业革命，结果成为近代百年历史上任人宰割的弱国，被排挤到了世界体系的边缘地带。新中国成立后，中国共产党在"一穷二白"的情境下开启了社会主义工业化进程，也开启了社会主义现代化探索之路与追赶之路。

改革开放后，中国抓住"和平与发展"的战略机遇，融入经济全球化的发展大潮之中，实现了经济快速发展与综合国力显著提升。进入 21 世纪，中国加入世界贸易组织，与全球经济深度融合，经受住了 2008 年国际金融危机的考验，一跃成为世界第二大经济体、世界第一大货物贸易国、第一大外汇储备国、第一大工业国等，成为世界经济的压舱石和稳定器。在国际金融危机的持续影响下，世界经济低迷、复苏乏力，资本主义发达经济体束手无策，而以中国为代表的新兴大国则率先走出国际金融危机的阴影，成为拉动世界经济增长的动力引擎。2013 年，中国秉持"共商、共建、共享"原则，以打造利益共同体、命运共同体、责任共同体为战略目标，以拉动世界经济增长、促进经济全球化再平衡、开创地区新型合作为使命，向世界发出"一带一路"倡议，并陆续收到了全球一百多个国家和国际组织的响应。在中国与沿线国家的共同努力下，"一带一路"倡议及亚洲基础设施投资银行等项目取得了丰硕成果，成为拉动世界经济增长的新动力与促进国际合作的新平台。2017 年 10 月，习近平同志在党的十九大报告中指出，中国"对世界经济增长贡献率超过百分之三十"[1]。2022 年 10 月，党的二十大报告指出，新时代十年来，我国经济总量占世界经济的比重达 18.5%，稳居世界第二位；谷物总产量稳居世界首位；制造业规模、外汇储备稳居世界第一；建成世界最大的高速铁路网、高速公路网；我们加快推进科技自立自强，全社会研发经费支出居世界第二位，研发人员总量居世界首位；货物贸易总额位居世界第一，吸引外资和对外投资居世界前列。[2] 显然，中国已经成为新的世界经济中心。

中国经济腾飞并非偶然，它源于中国特色社会主义道路、理论、制度、文化的不断发展。1978 年，党的十一届三中全会拉开了改革开放的序幕，完成了思想路线、政治路线和组织路线的拨乱反正，将党和国家的工作重心转移到经济建设上来，开辟了中国特色社会主义道路。20 世纪 90 年代，国际社会主义运动进入低谷，然而，中国社会主义运动并没有随之衰落，与之相反，中国特色社会主义道路、理论、制度、文化在进入 21 世纪之后便显示出强大

1　习近平：《决胜全面建成小康社会　夺取新时代中国特色社会主义伟大胜利——在中国共产党第十九次全国代表大会上的报告》，人民出版社，2017，第 3 页。

2　参见习近平：《高举中国特色社会主义伟大旗帜　为全面建设社会主义现代化国家而团结奋斗——在中国共产党第二十次全国代表大会上的报告》，人民出版社，2022，第 8、9 页。

生命力，也使中国特色社会主义进入了新时代，创立了以习近平新时代中国特色社会主义思想为代表的重大理论成果，科学社会主义在 21 世纪的中国焕发出强大生机活力，在世界上高高举起了中国特色社会主义伟大旗帜。21 世纪中国社会主义运动形成了一套极具中国风格的道路、理论、制度、文化，它为发展中国家走向现代化提供了新的途径，为那些既希望加快发展而又希望保持自身独立性的国家和民族提供了新的选择，为解决人类问题贡献了中国智慧和中国方案。

总之，中国既是 21 世纪新的世界经济中心，也是 21 世纪社会主义运动的中心，自然也将成为发展 21 世纪马克思主义的中心重镇。

二、新时代中国何以成为发展 21 世纪马克思主义的中心重镇[1]

中华民族，作为一个轴心文明的承载者，作为一个超大型国家，作为世界体系中的核心成员，天然地必须成为世界历史民族。中华民族成为世界历史民族，是时代选择的结果，也是发展中自我确证的结果。党的十九大报告宣示中国特色社会主义进入新时代，标志着中华民族已上升为世界历史民族。党的二十大报告明确"科学社会主义在二十一世纪的中国焕发出新的蓬勃生机，中国式现代化为人类实现现代化提供了新的选择"[2]，这意味着中华民族被赋予了引领世界马克思主义创新发展的历史使命，中国也责无旁贷地成为 21 世纪马克思主义发展的中心重镇。

(一)中国发展历史方位发生历史性变化，迎来了从世界大国走向世界强国的伟大飞跃

党的十九大报告所讲的"三个意味着"充分表明，创新发展 21 世纪马克思主义的中心重镇主要在新时代中国，新时代中国是创新发展 21 世纪马克思主义的实践中心和理论中心。"三个意味着"就是："中国特色社会主义进入新时代，意味着近代以来久经磨难的中华民族迎来了从站起来、富起来到强起来的伟大飞跃，迎来了实现中华民族伟大复兴的光明前景；意味着科学社会主

1　这一节，也参考了陈曙光教授的一些相关研究成果。
2　习近平：《高举中国特色社会主义伟大旗帜　为全面建设社会主义现代化国家而团结奋斗——在中国共产党第二十次全国代表大会上的报告》，人民出版社，2022，第16页。

义在二十一世纪的中国焕发出强大生机活力，在世界上高高举起了中国特色社会主义伟大旗帜；意味着中国特色社会主义道路、理论、制度、文化不断发展，拓展了发展中国家走向现代化的途径，给世界上那些既希望加快发展又希望保持自身独立性的国家和民族提供了全新选择，为解决人类问题贡献了中国智慧和中国方案。"[1]如前所述，"第一个意味着"是"第二个意味着""第三个意味着"的基础、前提和根据，它表达的是实现中华民族伟大复兴即实现强起来具有世界意义，是中华民族实现强起来的叙事；"第二个意味着""第三个意味着"分别讲的是科学社会主义、中国特色社会主义对发展中国家、对希望把加快发展和保持独立性统一起来的国家和民族、对解决人类问题的世界意义，分别是世界社会主义运动中心转移的叙事与中国特色社会主义世界意义的叙事。显而易见，这"三个意味着"充分鲜明地表达了 21 世纪世界社会主义运动的中心已经转移到新时代的中国，新时代的中国是 21 世纪马克思主义实践创新和理论创新的中心。由此，21 世纪马克思主义的生长点、发展源与中心重镇，就主要在新时代的中国。

对此，我们可以展开分析。

目前，中国稳居世界第二大经济体，是世界上最大的制造业大国，全球货物贸易第一大国，拥有世界上最完整的工业产业链条，拥有世界上最强大的制造能力。在联合国确定的全部工业门类中，中国是唯一拥有全部 39 个工业大类、525 个工业小类的国家，拥有全世界最完整的工业产业链条。

正如陈曙光教授所说，中国作为一个超大人口规模的发展中大国，作为一个超大经济体量的新兴市场国家，作为一个超长历史纵深的东方文明古国，作为一个与过往帝国完全不同类型的社会主义国家，作为一个文明气质迥异的新型文明国家，它的崛起必然对世界格局、全球治理、人类文明、知识框架带来巨大冲击，产生一系列连锁反应。一是推动世界经济新中心的崛起。新兴经济体群体性崛起，世界经济中心正在由大西洋向太平洋转移，由西方向东方转移，迎来"东升西降"的重要拐点。二是推动国际政治版图的重构。随着金砖国家国际话语权的稳步提升，国际权力被西方大国掌握的局面将走向终结，西方独自主导国际政治的历史将走向终结，全球政治格局正在由单

---

1 《习近平谈治国理政》第 3 卷，外文出版社，2020，第 8—9 页。

极世界向多极世界转变。三是卷入科技制高点的争夺。新一轮科技革命正处于喷薄欲出之际，世界大国激烈博弈，科技主导地位之争愈演愈烈。中国科技创新能力显著增强，与西方的差距逐步缩小，正在从过去的跟跑向跟跑、并跑以及个别领域领跑的局面转变。四是推动全球治理格局的转变。美国由全球治理体系的最大常量、最大确定性演变为当今世界的最大变量、最大不确定性因素，美国退群、废约、失信行为在全球引发了"破坏性后果"，中国已上升为全球治理体系中的一个"主要稳定支柱"。

中国强起来是一个具有世界意义的重大历史事件。站在从大国走向强国的历史方位上，中国需要重新思考在世界马克思主义版图中应该扮演什么样的理论角色，在捍卫发展马克思主义过程中应该承担什么样的理论使命，我们的理论创造是否与世界历史民族的地位相匹配，我们在向世界提供发展动力的同时是否贡献了引领人类精神的中国原则，我们在确立世界大国地位的同时是否担负起了理论上的大国责任。

（二）中国共产党面貌发生了历史性变化，迎来了从世界第一大党走向世界最强大政党的伟大飞跃

中国共产党是世界上具有长远视野、世界眼光、战略思维、使命担当的最大政党，它领导的是世界上人口第二多的大国，其领导的中国特色社会主义建设是最伟大的事业，新时代中国特色社会主义已融入并影响着世界历史进程；它领导实现的中华民族伟大复兴是世界百年未有之大变局的重要组成部分，是影响这一变局前途和走向的关键变量；领导人民成功"走"出的中国式现代化新道路，创造了经济快速发展奇迹和社会长期稳定奇迹，创造了人类文明新形态，拓展了发展中国家走向现代化的途径，给世界上那些既希望加快发展又希望保持自身独立性的国家和民族提供了全新选择，也改变着世界现代化进程；中国共产党积极推动构建人类命运共同体，为解决人类重大问题贡献了中国智慧、中国方案、中国力量；中国共产党百年奋斗，使马克思主义的科学性和真理性在中国得到充分检验，马克思主义的人民性和实践性在中国得到充分贯彻，马克思主义的开放性和时代性在中国得到充分彰显。马克思主义中国化时代化的这种成功，使世界范围内社会主义和资本主义两种意识形态、两种社会制度的历史演进及其较量发生了有利于社会主义的重大转变。由此，新时代中国自然成为21世纪马克思主义的主要实践创新地和理论策源地。

当代中国共产党人是发展 21 世纪马克思主义的核心主体。进入 21 世纪，在世界上真正高举马克思主义旗帜，并展示马克思主义强大生命力的主体是中国共产党人。中国共产党人把马克思主义作为立党立国、兴党兴国的根本指导思想，把马克思主义在意识形态领域的指导地位作为一种根本制度。习近平同志是 21 世纪马克思主义立足中国、放眼世界、面向未来和胸怀"两个大局"的积极推动者，他所提出的"政党治理""国家治理""全球治理""人类命运共同体理念""中国式现代化新道路""人类文明新形态"，为世界提供了思想理论，为全球治理体系改革和建设贡献了中国智慧、中国方案。

2016 年 2 月，习近平同志在政治局常委会上首次提出"建设世界最强大政党"的历史任务。在习近平新时代中国特色社会主义思想的指引下，中国共产党迎来了从世界最大政党升级为世界最强大政党的伟大飞跃。这突出地表现为：我们党坚持思想从严、管党从严、执纪从严、治吏从严、作风从严、反腐从严，坚持反腐无禁区、全覆盖、零容忍，坚持重遏制、强高压、长震慑，管党治党实现从宽松软到严紧硬的深刻转变；消除了党和国家内部存在的严重隐患，党内政治生活气象更新，积极健康的党内政治文化得到弘扬，党内政治生态明显好转；党的创造力、凝聚力、战斗力和领导力、号召力显著增强，党的团结统一更加巩固，党群关系明显改善，党在革命性锻造中更加坚强有力，迎来了从世界第一大党升级为世界最强大政党的历史拐点。

"大就要有大的样子。""大"是质和量的统一。今天，当我们衡量一个政党是否具备"大的样子"，既要看政党的党员数量和整体规模是否足够大，还要看政党本身的建设质量和总体战斗力如何，即是否具备强大的政治领导力、思想引领力、组织行动力、战略规划力、自我革命力、世界影响力。

其一，强大的政治领导力。党政军民学，东西南北中，党是领导一切的。中国共产党与西方政党不一样的地方在于，中国共产党是全面执政党、全国执政党，统领全国各个地方，统领整个政治体系。在各派政治力量中，中国共产党是最高政治领导力量。习近平同志指出："在当今中国，没有大于中国共产党的政治力量或其他什么力量。党政军民学，东西南北中，党是领导一切的，是最高的政治领导力量。"[1]国家治理体系是由众多子系统构成的复杂系统，这个系统的核心是中国共产党。中国共产党是最高政治领导力量这一重大政治论断，直截了当而又十分透彻地揭示了中国共产党在国家政治生活中的领导地位和作用。

党的最高政治领导地位主要体现在引领政治方向、统领政治体系、决断重大事项、领导社会治理等方面。第一，党是政治方向的引领者。方向决定道路，道路决定命运。党的政治方向是党的基本理论、基本路线、基本方略的集中体现。中国共产党给全党全国各族人民指明的政治方向就是社会主义，指明的最终奋斗目标就是实现共产主义。在革命战争年代，在社会主义革命和建设时期，在改革开放和社会主义现代化建设新时期，在中国特色社会主义新时代，党始终把握好方向盘，确保在政治方向上不犯颠覆性错误。第二，党是政治体系的统领者。国家政治体系是一个复杂大系统，包括国家权力体系、政治制度体系、政府治理体系等，涵盖国家权力机关、国家行政机关、国家监察机关、国家审判机关、国家检察机关。在这个复杂大系统中，中国共产党处于统领地位，发挥总揽全局、协调各方的作用。第三，党是重大决策的决断者。善于出主意，是中国共产党领导水平和执政本领的体现。中国共产党在制定重大路线方针政策和作出重大决策时，必须在党内外广泛征求广大普通群众、民主党派、无党派人士、党员干部、专家学者的意见建议，经由科学论证、民主集中，找到并实现全党全国各族人民利益的最大公约数，最终通过法定程序把党的意志转变为国家意志。第四，党是社会治理的领导者。中国共产党的政治功能为社会治理提供方向，以强大的组织体系确保社会治理和谐有序。

其二，强大的思想引领力。中国共产党高度重视思想理论建设。一百年来，我们党始终高擎马克思主义精神旗帜，不断推进马克思主义中国化时代化，以发展着的马克思主义指导新的实践。

中国共产党诞生之后，中国共产党人把马克思主义基本原理同中国革命和建设的具体实际结合起来，实现了中华民族从"东亚病夫"到站起来的伟大飞跃。这一伟大飞跃的理论成果是关于中国革命和建设的正确的理论原则和

1　《习近平关于社会主义政治建设论述摘编》，中央文献出版社，2017，第30页。

经验总结，我们党把它称为毛泽东思想。毛泽东思想是马克思主义中国化的第一次历史性飞跃。

改革开放以来，中国共产党人把马克思主义基本原理同中国改革开放的具体实际结合起来，实现了中华民族从站起来到富起来的伟大飞跃。这一伟大飞跃创立的第一个理论成果是邓小平理论，在这一伟大飞跃中，我们党还形成了"三个代表"重要思想和科学发展观。邓小平理论是马克思主义中国化的第二次历史性飞跃。

中国特色社会主义新时代，中国共产党人把马克思主义基本原理同新时代中国具体实际、同中华优秀传统文化相结合，中华民族迎来了从富起来到强起来的伟大飞跃。这一伟大飞跃的理论成果，是创立了习近平新时代中国特色社会主义思想，这是马克思主义中国化历史上的又一次飞跃。习近平新时代中国特色社会主义思想，是新时代中国共产党的思想旗帜，是国家政治生活和社会生活的根本指针，是当代中国马克思主义、21 世纪马克思主义，是实现中华民族伟大复兴的行动指南。党的十八大以来，党和国家事业之所以取得全方位、开创性的历史性成就，并发生深层次、根本性历史性变革，根本在于以习近平同志为核心的党中央的坚强有力领导，根本在于习近平新时代中国特色社会主义思想的科学指导。

其三，强大的组织行动力。中国政治体制能够集中力量办大事。中国共产党崇尚实干兴邦，拿事实来说话，对出现的挑战及时反应，对认准的事情有序推进，对攸关长远的事情"一届接着一届干"。一党主导、多党合作的政党模式可以有效整合社会资源，集中力量办大事，克服不同党派和利益集团相互倾轧和掣肘的弊端，避免为反对而反对的"极化"政治和"否决政体"。

中国能办大事，也办成了许多别国办不了的大事。成功的秘诀之一，就是我国社会主义制度具有集中力量办大事的政治优势。在一些关系国计民生的重要领域、关键行业、重大工程上，仅仅依靠某一地区或部门的力量是难以办到的，必须举全国之力才能推进。这样的例子有很多，例如"两弹一星"工程，就是中央在政治环境异常严峻、经济条件异常艰苦的条件下，举全国全民之力集中力量办大事的历史丰碑。邓小平同志曾经指出："如果六十年代以来中国没有原子弹、氢弹，没有发射卫星，中国就不能叫有重要影响的大国，就没有现在这样的国际地位。"[1]改革开放以来，我国先后建成了三峡工程、高铁、西气东输、西电东送，以及世界上最大的电信网络等举世瞩目的建设项目；完成了"神舟号""天宫号""天河号""蛟龙号""量子通讯"等高科技项目；战胜了洪水、"非典"、汶川大地震等一系列重大自然灾害；2020 年以来，我们依靠举国体制和全国人民，总体上战胜了异常凶猛的新冠病毒感染疫情，书写了中国共产党抗疫的奇迹。

效率低下是西式政党模式无法摆脱的梦魇。由于制度设计的结构性缺陷，西方政治制度已经"从一种旨在防止当政者集中过多权力的制度，变成一个谁也无法集中足够权力作出重要决定的制度"（托马斯·弗里德曼语）。本来，人们"成立政府是为了发挥作用和作出决断"（福山语），而现在，由于国会制衡权力的扩大，政治分歧的加剧，特殊利益集团影响力的上升，导致国家的权力碎片化，朝野政党尖锐对立，体制改革举步维艰，议会立法议而不决，政府施政效率低下，甚至出现议会会期停摆、政府关门歇业的尴尬局面。特朗普在 2018 年 1 月 31 日的国情咨文演讲中称：美国曾是建筑者的国度，曾在一年内建起了帝国大厦，但如今一条公路获批需要耗时十年，这难道不是耻辱？美国 1850 年铁路里程 1.5 万千米，1870 年达到 10 万千米，1890 年达到 20 万千米，1916 年超过 41 万千米，然而，奥巴马上台时畅想的美国高铁梦，至今仍是一个梦。

其四，强大的战略规划力。中国政治制度的优势之一在于可以制定长远发展规划，保持大政方针政策的稳定性、连续性，使今天的事业与明天的事业相衔接，当前的利益同长远的利益相结合，局部的利益同整体的利益相一致，而不受政党更替的影响。这在那些"走马灯"式换政党的国家是根本做不到的。

西方的政党制度由于自身的制度缺陷，越来越走向否决政体、极化政治，反对党为反对而反对，很难就长远问题作出战略安排和战略规划。邓小平同志曾说道："美国把它的制度吹得那么好，可是总统竞选时一个说法，刚上任一个说法，中期选举一个说法，临近下一届大选又是一个说法。美国还说我们的政策不稳定，同美国比起来，我们的政策稳定得多。"[2]比如，奥巴马的政

---

1   《邓小平文选》第 3 卷，人民出版社，1993，第 279 页。
2   同上书，第 31 页。

治遗产大多都被特朗普毁掉了。奥巴马签署的医疗保险改革法案将 5000 万人纳入医保，载入史册，被特朗普部分废除了；奥巴马签署的《巴黎气候协定》载入史册，特朗普 2017 年 6 月退出了；奥巴马政府签署的《伊核协议》，特朗普 2018 年 5 月又退出了。

中华民族的复兴之路之所以走得快，改革开放事业之所以取得巨大成功，与中国共产党人久久为功，一届接着一届干，一代接着一代干，一张蓝图绘到底是分不开的。新中国成立以来，五年规划，十年中长期规划未曾中断，迄今已经出台 14 个五年规划；邓小平同志提出的"三步走"战略管 70 年，江泽民同志提出的小"三步走"战略管 50 年，习近平同志提出的"两步走"战略安排管 30 年；社会主义初级阶段"基本路线"管 100 年，"一国两制"管 50 年。这就是战略定力。这在西方都是无法想象的。

其五，强大的自我革命力。勇于自我革命，从严管党治党，是我们党最鲜明的品格。党的十八大以来，我们党在打击腐败、遏止四风方面的举世成效，彰显了中国共产党自我净化、自我革新的自我革命能力和决心。

100 年来，中国共产党书写了世界政党史和国际共运史上最辉煌的篇章，锻造了世界上最强大的政党；但曾经也因为右的错误、"左"的错误、路线的错误、主义的错误，一次次站在了生死存亡的悬崖边上。比如，陈独秀右倾机会主义错误导致大革命失败，近 6 万党员锐减到 1 万多人；王明"左"倾教条主义错误导致第五次反"围剿"失败，革命力量遭到极大损失；"大跃进"和人民公社化运动造成国民经济比例严重失调，国家和人民遭到重大损失；"文化大革命"使国民经济到了崩溃边缘，给党、国家、人民带来严重灾难；党的十八大之前，党内腐败猖獗，危及党和国家的生死存亡等。但是，在历史紧要关头，中国共产党之所以能够一次次悬崖勒马、力挽狂澜，一次次转危为安、化危为机，就在于我们党敢于坚持真理、修正错误，始终保持自我革命、从头再来的勇气。

党的十八大以来，我们党持续推进自我革命，党在自我革命中实现了浴火重生。党的十九大开幕后第二天的新闻发布会上，中纪委副书记杨晓渡给出的数字是，党的十八大以来的 5 年，我们立案审查中管干部 440 人，超过中管干部总数的 10%；审查十八届中央委员、候补中央委员 43 人，也超过总数的 10%；开除十八届中委、候补中委超过 35 人，也接近 10%。没有对比就没有认识，1945—2012 年的 67 年间，中央开除的中央委员 27 人，候补中央委员 8 人，共计 35 人。习近平总书记在党的二十大报告中明确提出，我们党"找到了自我革命这一跳出治乱兴衰历史周期率的第二个答案，自我净化、自我完善、自我革新、自我提高能力显著增强"[1]。可见，自我革命已成为中国共产党的生存法则。

其六，强大的世界影响力。"世界怎么了、我们怎么办？"这是习近平同志发出的"世界之问"。在不确定的世界中寻找确定性，国际社会的目光投向中国，期待听到中国声音，看到中国方案，中国没有缺席，中国共产党为解决人类面临的共同难题提供了中国方案，贡献了中国智慧。

党的十九大指出："中国共产党是为中国人民谋幸福的政党，也是为人类进步事业而奋斗的政党。中国共产党始终把为人类作出新的更大的贡献作为自己的使命。"[2]这是我们党第一次明确提出自己的世界历史使命。习近平同志强调，"要围绕我国和世界发展面临的重大问题，着力提出能够体现中国立场、中国智慧、中国价值的理念、主张、方案"[3]。习近平新时代中国特色社会主义思想为解决人类面临的发展赤字、治理赤字、和平赤字、信任赤字、文明赤字提供了中国方案，已经成为世界"读懂中国的标识"。

中国方案是具象的、多样的、发展的，但贯穿其中的轴心原则、核心理念则是恒定的、一元的、一贯的，这就是"人类命运共同体"理念。构建人类命运共同体是中国向世界提供的总方案。为了推动构建人类命运共同体理念落实落地，中国共产党还提出了"一带一路"倡议，筹建了亚洲基础设施投资银行、金砖银行，倡导新型经济全球化方案、新型国际关系、新型大国关系，倡导正确义利观、全球治理观、共同价值观、新安全观，为引领人类文明的发展作出了重要贡献。现在，"人类命运共同体"理念已经多次写入联合国文件，成为影响世界的重要理念，未来必将为优化全球治理体系、推动国际关系民主化发挥重要作用。

1　习近平：《高举中国特色社会主义伟大旗帜　为全面建设社会主义现代化国家而团结奋斗——在中国共产党第二十次全国代表大会上的报告》，人民出版社，2022，第 14 页。

2　习近平：《决胜全面建成小康社会　夺取新时代中国特色社会主义伟大胜利——在中国共产党第十九次全国代表大会上的报告》，人民出版社，2017，第 57—58 页。

3　习近平：《在哲学社会科学工作座谈会上的讲话》，《人民日报》2016 年 5 月 19 日。

(三)中国国际方位迎来历史性翻转，迎来了从世界体系边缘走近世界舞台中央的伟大飞跃

党的十八大以来，中国的国际方位迎来了历史性翻转。要理解这一变化，必须回溯 19 世纪上半叶以来的整个历史。

陈曙光强调，我也进一步认为，中国国际方位的百年变迁，可以分为四个阶段。

第一个阶段：1840 年以前，中国处于资本主义世界体系的外围，中国主导的朝贡体系与西方建构的威斯特伐利亚体系比肩而立、互不相关，中国与西方构成"我—他"的非对象性关系，中国在封闭的朝贡体系中自娱自乐、自我陶醉。

第二个阶段：1840—1949 年，在西方列强坚船利炮之下，中国主导的朝贡体系自动瓦解，中国被动世界化，处于资本主义世界体系的边缘。中国与西方构成"我—你"的主客体关系，西方为主、中国为客；构成主从依附关系，西方主导、中国服从，缺乏自主性、独立性。

第三个阶段：1949—2008 年，中国自主融入世界，作为一个独立的主体参与世界体系之中，处于世界体系的边缘。

第四个阶段：2008 年特别是 2012 年以来，中国前所未有地逐步走近世界舞台中央，中国与西方构成"我们"的主体间性关系，中华民族从地域性民族上升为世界历史民族，有责任、有义务承担起与其自身国力和大国地位相匹配的世界历史使命。

中国逐步走近世界舞台中央，比较关键的有三步：

第一步：二十国集团(G20)领导人峰会机制成立。2008 年国际金融危机爆发，为了联合应对这场突如其来的世界性危机，2008 年 11 月 G20 机制正式升级为领导人峰会，取代七国集团(G7)在全球经济治理中的地位和作用。中国在缺乏足够心理预期、理论准备、政策准备的情况下被推到了"负责任大国"的前台位置上，扮演全球经济发动机的角色。中国作为 G20 的创始成员国，自领导人峰会机制设立以来一直扮演着关键角色，为世界经济复苏作出了重要贡献。G20 领导人峰会机制为推动全球治理体系改革注入了新动力，标志着全球治理开始从西方治理向共同治理转变，也标志着中国开始从世界体系边缘走向世界舞台中央。

第二步：中国倡议筹建亚投行和建设"一带一路"。2013 年 9 月和 10 月，习近平同志在出访哈萨克斯坦和印度尼西亚期间，先后提出共建"丝绸之路经济带"和"21 世纪海上丝绸之路"的重大倡议，筹建亚洲基础设施投资银行。"一带一路"倡议的推出，亚投行的成立，表明一个和平复兴的大国正在产生巨大的外溢效应。"一带一路"、亚投行是中国历史上第一个全球大战略，是中国第一次以发展中国家的身份为筹划人类未来而推出的百年战略和世纪工程，也是中国为推动世界经济复苏、优化全球经济治理而提出的中国方案，还是崛起中的大国第一次以和平的方式带领世界共同发展。

第三步：中国被迫扛起经济全球化的旗帜。受美国金融危机和欧洲债务危机的双重影响，西方世界保守主义、民粹主义、孤立主义抬头，"美国优先""买美国货、雇美国人"等民粹主义口号上升为白宫的政策主张，西方少数大国的贸易政策、投资政策、产业政策等朝着去经济全球化方向发展，各类区域性的贸易投资协定碎片化，经济全球化运动走到了十字路口，何去何从考验中国的智慧。2017 年 1 月，习近平主席第一次出席达沃斯论坛，向全世界公开宣示："中国的大门对世界始终是打开的，不会关上"；中国"旗帜鲜明反对保护主义"；中国"欢迎各国人民搭乘中国发展的'快车'、'便车'"[1]。西方大国的逆经济全球化运动将中国推上了经济全球化旗手的位置，正如习近平主席所说："20 年前甚至 15 年前，经济全球化的主要推手是美国等西方国家，今天反而是我们被认为是世界上推动贸易和投资自由化便利化的最大旗手，积极主动同西方国家形形色色的保护主义作斗争。"[2] 习近平主席的达沃斯之行，标志着中国实现了从跟随经济全球化向逐渐引领经济全球化的历史性转变，世界秩序重建第一次赋予了中国话语权，这是前所未有之大变局。

中国历史方位、国际地位的历史性变化，意味着近代以来久经磨难的中华民族已经上升为世界历史民族。正是在这一时代大背景下，马克思主义的世纪形态第一次落户中国，表现为中国形态。中国义不容辞接替马克思、恩格斯、列宁等经典作家在 19 世纪、20 世纪曾经担纲的旗手角色，在 21 世纪扮演世界马克思主义研究领域的"第一小提琴手"，扛起引领 21 世纪马克思主义创新发展的理论旗帜，以思想力量引领世界历史进程，以学术方式参与世

1　《习近平谈治国理政》第 2 卷，外文出版社，2017，第 486、481、484 页。
2　同上书，第 212 页。

界历史的理论塑造。正如美国学者罗斯·特里尔所言："历史发生了转折。两个世纪来，影响力总是指向一个方向：西方对中国施加影响。但是，一个新的时代开始了：中国也开始影响西方。"[1] 21 世纪马克思主义的出场，便是中国学术、理论影响世界的伟大历史开端，中国马克思主义在历经百年的发展之后，终于迎来了担负世界历史使命、展示世界历史意义的高光时刻。

习近平新时代中国特色社会主义思想，诞生于中华民族上升为世界历史民族这一伟大历史时刻。这一思想冠名"21 世纪马克思主义"主要是基于：这一思想创立于世界级的中心重镇——逐步走近世界舞台中央的中国；这一思想的研究对象是 21 世纪全球最伟大的实践样本——中国样本；这一思想具有世界级的重大意义——为解决人类问题提供了中国智慧和中国方案，中国式现代化为人类实现现代化提供了新的选择。这一冠名，意味着习近平新时代中国特色社会主义思想是"被把握在思想中的它的时代"[2]，证明了"每个原理都有其出现的世纪"[3]，意味着中华民族在马克思主义发展史上乃至"在世界历史中创立了新纪元"[4]，掌握了解释世界进而引领世界马克思主义创新发展的"话语权"，意味着中国担负起了理论创造、世界精神引领上的历史使命，不愧为"世界历史目前发展阶段的担当者"[5]。

习近平新时代中国特色社会主义思想，是 21 世纪马克思主义的中国形态、主体形态，是 21 世纪全球马克思主义的主流、主体和主干。当然，我们也看到，新世纪马克思主义流派众多，它们能否冠之以"21 世纪马克思主义"的理论标签呢？比如，科学发展观形成于 21 世纪初的中国，越南、古巴、老挝、朝鲜等其他社会主义国家也发展了自己的马克思主义，西方国家也有诸多马克思主义流派。这些成果不宜直接冠之以"21 世纪马克思主义"的身份标签，可以称之为"21 世纪中国的马克思主义""21 世纪越南的马克思主义""21 世纪英国的马克思主义"等，这样便于与作为世纪形态、时代标签的马克思主义流派相对区别开来。

习近平新时代中国特色社会主义思想就是 21 世纪马克思主义。中国特色

1　《罗斯·特里尔：我与中国》，《文汇读书周报》2010 年 9 月 3 日。
2　[德]黑格尔：《法哲学原理》，范扬、张企泰译，商务印书馆，1961，第 14 页。
3　《马克思恩格斯选集》第 1 卷，人民出版社，2012，第 227 页。
4　参见[德]黑格尔：《法哲学原理》，范扬、张企泰译，商务印书馆，1961，第 401 页。
5　同上书，第 401 页。

社会主义进入新时代，从历史发展维度看，意味着世界社会主义运动的中心已经历史性地转移到新时代中国；从理论创新维度看，发展21世纪马克思主义的实践创新地和理论策源地自然也在新时代中国。在这个意义上，作为中国特色社会主义进入新时代我们党最新理论创新成果的习近平新时代中国特色社会主义思想，已经肩负起发展21世纪马克思主义的神圣职责。这不仅体现在它每当在最关键的时刻、最重要的场合，都对发展21世纪马克思主义作出一系列重要论述，而且体现在它直面"两个大局"，注重观察时代、把握时代、引领时代，积极回答"中国之问""世界之问""人民之问""时代之问"，既高瞻远瞩，又胸怀天下，进而引领着21世纪世界社会主义的发展，也引领着21世纪人类现代化、人类文明的发展，它具有世界意义。

新时代，我们党不断开辟马克思主义中国化时代化新境界，进而不断推进理论创新，其最新成果就是习近平新时代中国特色社会主义思想，而发展21世纪马克思主义，是继续推进马克思主义中国化时代化，进而推进理论创新所提出的一个标志性论断；持续推进马克思主义中国化时代化，就是要发展21世纪马克思主义；习近平新时代中国特色社会主义思想创新的新维度新走向，就是发展21世纪马克思主义。也就是说，习近平新时代中国特色社会主义思想在定义并引领着马克思主义中国化时代化的走向，也定义并引领着21世纪的马克思主义的发展。中国式现代化、人类文明新形态和构建人类命运共同体，实质上就是发展21世纪马克思主义的三大基石。

第一，中国式现代化是解答"世界向何处去"的道路，能够为21世纪人类实现现代化开辟一条新路。中国式现代化首先是社会主义的，它坚持以人民为中心，坚持走全体人民共同富裕道路，超越了以资为本的西方现代化；它是物质文明、政治文明、精神文明、社会文明、生态文明协调发展的现代化，超越了单向度工业文明的西方现代化；它是整合党的领导力量、人民主体力量、市场配置力量并形成合力的现代化，超越了以资本主导力量为根本逻辑的西方现代化；它是具有时代性、开放性、包容性、创新性的与时俱进的现代化，超越了"一元主导"的排他性、对抗性的西方现代化；它也是坚持和平发展、合作共赢与构建人类命运共同体的现代化，超越了那种"你输我赢""赢者通吃"的所谓西方现代化。显然，中国式现代化所要解决的是"世界向何处去"或"人类实现现代化"的问题，能展现出光明的前景。

　　第二，中国所创造的人类文明新形态为"世界向何处去"展现光明前景。人类文明新形态，超越了以物为本、以资为本的资本主义文明，坚持以人为本、以人民为本，是体现人类发展一般规律的社会主义文明；它超越以个人至上、资本主导、西方中心为支柱的文明，是以人民为本、构建人类命运共同体为核心的中华民族现代文明；它超越单向度、不协调的工业文明，是集物质文明、政治文明、精神文明、社会文明、生态文明于一体并协调发展的全要素文明；它超越那种以"主客对立"为范式的文明，是以"主主平等"为范式的文明。显然，中国所创造的人类文明新形态优越于以资为本的资本主义文明，优越于以个人至上、资本主导、西方中心为支柱的西方文明，优越于那种单向度的工业文明，优越于以"主客对立"为范式的文明。

　　第三，构建人类命运共同体为解答"世界向何处去"贡献了中国智慧和中国方案。简要说，哲学意蕴上的构建人类命运共同体，是倡导并注重"多样性统一"的世界观，立足"社会化人类"构建人类共建共享共治共同体的世界大同观，任何国家在主权、规则、机会上都应当有平等的国家观，和平发展、合作共赢的"互利普惠"的义利观，"五大文明协调发展""文明互学互鉴"的文明观。显然，作为 21 世纪马克思主义的习近平新时代中国特色社会主义思想，以中国式现代化、人类文明新形态和构建人类命运共同体，超越了资本主义的历史局限，为参与全球治理体系改革和建设、推动国际秩序"由变到治"、解答"世界向何处去"，贡献了中国智慧、中国方案、中国理论，有能力引领世界和时代的发展。

三、新时代中国作为发展 21 世纪马克思主义中心重镇具有诸多优势

　　从主体数量来看，当代中国的政党领袖和专家学者是创新发展 21 世纪马克思主义的绝对主体。

　　数量，是分析说明事物存在和发展的一种基本形式。所谓"绝对"，首要是数量上的绝对。毋庸置疑，思想家，如马克思、恩格斯及卢卡奇、葛兰西、柯尔施等，政党领袖或政治家，如列宁、毛泽东、邓小平、习近平等，以及一些名师大家，都是创立、发展马克思主义的重要主体。同理，要创新、发展 21 世纪马克思主义，思想家、政党领袖或政治家和名师大家，也是重要主

体。然而，相对而言，当代中国的政党领袖、名师大家、专家学者，既是创新、发展21世纪中国马克思主义的绝对主体，也是创新、发展21世纪马克思主义的主角和主力军，是绝对主体。无论是中国共产党人对马克思主义的历来强调与广泛传播、创新发展，还是我国以研究马克思主义为主业的专家学者的数量、发表成果的数量与所用的精力时间，在全世界都是绝对的主体。在当今中国，执政党是马克思主义政党，以习近平同志为核心的党中央首倡创新、发展21世纪马克思主义，几百所高校都成立马克思主义学院，也有"五路大军"把研究马克思主义作为主业主题，研究马克思主义、21世纪马克思主义的专家学者在世界上占大多数。在新时代中国，中国共产党的领袖和马克思主义理论工作者群体，是创新、发展21世纪马克思主义的两个具有良性互动的核心主体，他们为创新、发展21世纪马克思主义作出了重要的理论贡献。中国共产党的政治领袖既从政治上为理论工作者创新、发展21世纪马克思主义提供了指导思想，如中国共产党政治领袖提出的关于新时代、历史方位、历史使命、人民中心、新发展理念、"两大布局"（"五位一体"总体布局、"四个全面"战略布局）、战略安排、改革开放、世界百年未有之大变局、全球治理、中国式现代化、人类文明新形态、构建人类命运共同体、强大政党等思想理论，广泛地被当今中国理论界、学术界的专家学者所吸收，并对这些思想理论成果进行深入的学理阐释和研究，取得了一系列令人瞩目的学术成果，有力推动了21世纪马克思主义的创新、发展，也为丰富和发展21世纪马克思主义开辟了广阔道路，如中国特色社会主义道路、理论、制度、文化的不断发展，为解决人类问题贡献了中国智慧和中国方案。同时，当代中国专家学者关于创新发展21世纪马克思主义的学术研究成果，也为中国共产党政治领袖创新发展21世纪马克思主义，提供了重要的学理支撑。

从创新发展21世纪马克思主义的理论成果质量来看，中国共产党的政治领袖、中国专家学者所发表的理论成果在总体上具有较高质量。

质量，也是分析说明事物存在和发展的一种基本形式。当代西方一些著名理论家、思想家是发展21世纪马克思主义不可轻视的主体，他们的一些著作及其研究成果具有世界影响，也值得我们合理借鉴。[1] 然而，《习近平谈治

---

1   参见王凤才：《21世纪世界马克思主义基本格局》，《学习与探索》2017年第10期，第1—13页。

国理政》是中国共产党政治领袖论述马克思主义、21 世纪马克思主义的奠基之作。以研究马克思主义为主业主题的我国著名专家学者在《中国社会科学》《马克思主义研究》《马克思主义与现实》《求是》等专业权威期刊上发表的理论成果，与世界上其他研究马克思主义、21 世纪马克思主义的理论成果相比，质量也属上乘。对此，我们应充满理论自信。这不仅体现在当代中国共产党政治领袖、中国专家学者所研究的相关问题具有前沿性、时代性、战略性和根本性，而且其研究方法、论证逻辑、原创观点，也具有前沿性、时代性、战略性和根本性，其政治立场具有鲜明的坚定性。尤其是当代中国共产党政治领袖提出的一些思想理论具有原创性。如习近平同志提出的"民族复兴论"（实现中华民族伟大复兴）、"百年变局论"（世界百年未有之大变局）、"人民中心论"（以人民为中心的发展思想）、"发展理念论"（五大新发展理念）、"社会主义市场经济论"（建设社会主义市场经济，将其作为中国特色社会主义的一种基本经济制度）、"国家治理论"（坚持和完善中国特色社会主义制度，推进国家治理体系和治理能力现代化）、"全球治理论"（积极参与全球治理，着力解决全球经济增长动能不足、全球发展失衡、全球治理滞后等世界性难题）、"命运共同论"（积极推动构建人类命运共同体）和"强大政党论"（把中国共产党建设成世界上最强大的政党），以及中国式现代化理论、人类文明新形态理论等，都是创新发展 21 世纪马克思主义的原创性理论与高质量成果。

从创新、发展 21 世纪马克思主义的平台来看，当代中国是创新发展 21 世纪马克思主义的"主战场"、主渠道、主平台。

国外也有不少刊登研究马克思主义理论成果的重要期刊[1]，但在新时代中国，研究马克思主义、21 世纪马克思主义的研究机构、研究平台在世界上是最多的，中国高校有上千所马克思主义学院，有数百家市级以上党校；新时代中国围绕创新发展 21 世纪马克思主义所举办的全国性乃至世界性研讨会，在世界上也相对较多。不仅如此，专门研究马克思主义、21 世纪马克思主义的专业权威报刊，也是世界上最多的，诸如《中国社会科学》《求是》《人民日报（理论版）》《光明日报（理论版）》《马克思主义研究》《马克思主义与现实》《科学社会主义》《中国特色社会主义研究》《毛泽东邓小平理论研究》《马克思主义理

1　参见王凤才：《21 世纪世界马克思主义基本格局》，《学习与探索》2017 年第 10 期，第 1—13 页。

论学科研究》《思想理论教育导刊》《教学与研究》等，有上百份相关报刊。

　　从创新发展 21 世纪马克思主义的主要路径来看，在整个世界，应主要通过发展 21 世纪中国马克思主义来发展 21 世纪马克思主义，或者说，发展 21 世纪中国马克思主义本身，就具有发展 21 世纪马克思主义的世界意义。

　　我们不能否认国外理论家、思想家对创新发展 21 世纪马克思主义作出的重要理论贡献，他们关于新自由主义与金融资本主义批判、金融资本主义与替代性选择、新帝国主义与国际新秩序分析、新社会主义与新共产主义研究、中国发展道路等方面的研究成果，他们提出的关于现代化、治理、主体间性、公共性、生态学马克思主义、数字马克思主义等理论，对发展 21 世纪马克思主义[1]，都具有重要价值，应加以合理吸收，因而不能得出"唯我独马"的结论。[2] 然而，当代资本主义国家、中国以外的其他国家的许多专家学者，主要是把马克思主义当作一种学术研究对象，不大关注其世界意义、政治意义、大众化意义。在当代中国，我们既注重从政治、学理和大众三者统一高度来创新发展 21 世纪马克思主义；也注重研究 21 世纪马克思主义的世界意义、政治意义、大众化意义；还有，我们研究马克思主义、21 世纪马克思主义的问题、方法、观点、论证，都具有相对优势，具有原创性，尤其是新时代中国，已成为创新发展 21 世纪马克思主义的中心重镇，具有典型样本的意义。当今，创新发展 21 世纪马克思主义的中心重镇已转移到新时代中国，影响世界发展的力量正在向东方尤其是新时代中国转移，新时代中国正在日益走近世界舞台的中央，创新发展 21 世纪马克思主义所要解决的总体性、根本性、全局性、战略性问题，也聚焦于新时代中国。要言之，创新发展 21 世纪马克思主义的发源地，主要在新时代中国，创新发展 21 世纪马克思主义的生长点，主要在新时代中国，牵引 21 世纪马克思主义发展的引领者，也主要在新时代中国。当然，我们不能用发展 21 世纪中国马克思主义来完全替代发展 21 世纪马克思主义，也不能仅仅停留于发展 21 世纪中国马克思主义上，而是要把创新发展

　　1　参见王凤才：《21 世纪世界马克思主义基本格局》，《学习与探索》2017 年第 10 期，第 1—13 页。

　　2　进入 21 世纪，当代西方马克思主义研究呈现出在新的社会现实基础上的"回归"迹象和逻辑，尤其是出现回归经典马克思主义的"回归经典"迹象，如法国学者阿兰·巴迪欧，法国经济学家托马斯·皮凯蒂（Thomas Piketty）。特别是皮凯蒂的《21 世纪资本论》（*Capital in the Twenty-First Century*），用财富分配不平等的分析方法得出结论：应把全球阶级分化和不平等问题归结为不平衡的分配。这本书是一种马克思主义新政治经济学批判，具有代表性，已成为 2008 年国际金融危机之后西方马克思主义的"最新表达式"。

21世纪中国马克思主义提升为创新发展21世纪马克思主义的高度。

从理论地位和理论作用及其影响来看，更为重要的是新时代中国共产党人把马克思主义作为指导思想，确立了马克思主义在意识形态领域的主导地位，并将其作为一种根本制度确定下来，把发展21世纪马克思主义作为推进理论创新的历史使命。

这是具有世界影响力的，在其他国家、其他政党那里，也是看不到的。马克思主义深刻改变了中国，中国经济快速发展奇迹和社会长期稳定奇迹，归根结底就是马克思主义和中国化时代化的马克思主义的奇迹；中国道路的成功，中国特色社会主义的胜利，归根结底就是马克思主义和中国化时代化的马克思主义的胜利。党的二十大报告指出："中国共产党为什么能，中国特色社会主义为什么好，归根到底是马克思主义行，是中国化时代化的马克思主义行。"[1]

由此，我们完全可以说，新时代中国是创新发展21世纪马克思主义的中心重镇。

1　习近平：《高举中国特色社会主义伟大旗帜　为全面建设社会主义现代化国家而团结奋斗——在中国共产党第二十次全国代表大会上的报告》，人民出版社，2022，第16页。

第 五 章

21世纪马克思主义的"基本问题"

如果说"基本涵义"是从理论维度弄清理解和把握21世纪马克思主义的解释框架，"中心重镇"是从历史维度解答21世纪马克思主义形成发展的历史逻辑与生长点、发展源，那么，本章所谈的"基本问题"则是从"现实问题"维度解答创新发展21世纪马克思主义的"动力源"，回答"从何创新"问题。

"发展21世纪马克思主义"这一重大命题，从习近平同志正式提出到现在已经十年。前几年学术界对这一重大命题还不大重视与理解，探究也不够，还谈不上从学理上给予深入阐述。从2021年开始，我国理论界才真正从学理上对此展开探讨和讨论，也能就其中一些基本问题发表看法，达成某些基本共识。然而，迄今为止，关于"发展21世纪马克思主义"的一些基本问题依然存在着模糊认识，给不出明确的理解和阐释。这里以大历史观为解释方法，基于马克思主义中国化时代化为理论框架，来分析21世纪马克思主义的一些基本问题。

一、21世纪马克思主义形成的历史起点和逻辑起点

21世纪马克思主义首先是时间概念，有它发源和形成的历史起点和逻辑起点，所以首先要谈的是21世纪马克思主义形成的逻辑起点问题。明确来讲，21世纪马克思主义发源和形成的历史起点和逻辑起点，是党的十八大以来。

何以如此？

提出这一重大命题最早的时间，可以从一定意义上为此提供依据。如前所述，最早正式提出"发展21世纪马克思主义"这一重大命题，是2015年12月习近平同志在全国党校工作会议上的讲话。他提出："希望党校根据时代变

化和实践发展，加强理论总结和理论创新，为发展21世纪马克思主义、当代中国马克思主义作出努力。"[1]虽然"提出"时间和"发源"时间不完全一致，但不会相差甚远，时间应大体一致。"发展21世纪马克思主义"这一重大命题，是与"新时代"这一时代背景、时代节点直接相关的。党的二十大报告明确提出"新时代十年的伟大变革"[2]这一重要论断。它表明2012年党的十八大召开，中国特色社会主义便进入新时代。与"新时代"相关，把21世纪马克思主义发源和形成的历史起点和逻辑起点确定为具有历史转折和标识意义的党的十八大召开，是有文献依据的。

党的十九大报告第一部分所讲的"三个意味着"，更是确定21世纪马克思主义发源和形成的历史起点和逻辑起点的根本依据和直接依据。前有所述而这里因议题更需要强调的是，"三个意味着"，是世界社会主义运动中心转移到新时代中国的根本标志，是21世纪马克思主义立足中国、走向世界与创新发展的根本依据。党的十九大报告指出：中国特色社会主义进入新时代，意味着久经磨难的中华民族迎来了从站起来、富起来到强起来的伟大飞跃，这是第一个"意味着"，其主题是实现中华民族伟大复兴，是讲实现强起来的"叙事"，是第二、第三个"意味着"的基础和前提，第二、第三个"意味着"是从第一个"意味着"延展出来的，讲的是第一个"意味着"的世界意义；第二个"意味着"的主题是世界社会主义，是说世界社会主义运动中心转移到21世纪中国的"叙事"；第三个"意味着"的主题是中国特色社会主义，是谈中国特色社会主义不断发展、走向世界且具有世界意义的"叙事"，正是由于第二、第三个"意味着"，才使新时代中国特色社会主义具有世界意义。世界社会主义发展和马克思主义发展历史进程中蕴含一条规律，即世界社会主义运动的中心转移到哪里，发展马克思主义的中心就转移到哪里。21世纪，世界社会主义运动的中心已历史性地转移到新时代中国，新时代中国特色社会主义在引领21世纪世界社会主义发展，因此，21世纪马克思主义的发展源与中心重镇也随之转移到新时代中国。正是在这个意义上，习近平同志在庆祝改革开放40周年大会上的重要讲话中强调："发展21世纪马克思主义、当代中国马克思主义，是

1　习近平：《在全国党校工作会议上的讲话》，人民出版社，2016，第20页。

2　参见习近平：《高举中国特色社会主义伟大旗帜　为全面建设社会主义现代化国家而团结奋斗——在中国共产党第二十次全国代表大会上的报告》，人民出版社，2022，第2页。

当代中国共产党人责无旁贷的历史责任。"

此外，党的十八大以来，我们党的重要文献提出了习近平新时代中国特色社会主义思想就是 21 世纪马克思主义这一重大论断。这也表明 21 世纪马克思主义发源和形成的历史起点和逻辑起点，是党的十八大以来。

二、21 世纪马克思主义与马克思主义时代化的关系

"时间"的历史呈现就是"时代"，逻辑上，与"时间"直接相关的是"时代"，"时代"也是"时间"概念，不过它是"历史阶段、历史形态"中的"时间"。所以，我们逻辑上接着谈谈 21 世纪马克思主义与马克思主义时代化的关系问题，它注重"与时俱进"。

21 世纪马克思主义也是一种时代化概念，与开辟马克思主义中国化尤其是时代化新境界直接相关。发展 21 世纪马克思主义，既是马克思主义时代化即立足时代、面向未来、放眼世界的新要求，也是致力于把马克思主义发展到 21 世纪时代发展所要求的新境界。21 世纪马克思主义，是与"时"俱进的马克思主义，离开与"时"俱进，就不是"21 世纪"马克思主义。

这里的"21 世纪"，是与时代精神、时代特征、时代主题相关的一种时代形态、一个历史阶段，它反映时代精神，体现时代特征，对接时代主题转换，以"时代"为标识。

21 世纪马克思主义反映着 21 世纪的时代特征，也具有 21 世纪的时代性主题。与 20 世纪的时代特征、时代主题不同，21 世纪的时代特征与"两个大局"交织、"两制并存"格局直接相关。"两个大局"，一个是实现中华民族伟大复兴战略全局，一个是世界百年未有之大变局。"两制并存"，是社会主义制度、意识形态与资本主义制度、意识形态并存。"两个大局"交织互动、相互激荡，"两制并存"相互较量，使世界进入大发展大变革大调整的新的动荡变革期，导致整个世界"不稳定不确定"，也面临系统性的风险挑战。显然"动荡、变革和重构"，构成 21 世纪的"时代特征"。基于这一时代特征，21 世纪的时代主题，就直接涉及中西方、社会主义和资本主义的关系问题。具体来说，基于 21 世纪的时代特征，可以把 21 世纪马克思主义面临的时代性主题确定为：新时代的中国在吸收人类文明一切优秀成果的基础上，坚持胸怀天下，

以其中国特色社会主义不断发展的道路、制度、理论、文化优势更好地融入世界历史进程,充分展示中国特色社会主义制度的优越性,克服资本主义制度的弊端,为人类实现现代化提供新的选择,为人类对更美好社会制度的探索提供中国方案,为解决人类问题贡献中国智慧、中国力量。如果说19世纪马克思主义的时代主题,主要是社会主义"如何取代"资本主义(马克思、恩格斯),20世纪马克思主义的时代主题,主要是小农经济占优势的经济落后国家"如何过渡"到社会主义(列宁)、农民人口占大多数的落后国家建设社会主义现代化应选择"何种道路"(毛泽东)和社会主义初级阶段经济落后国家"如何建设"社会主义(邓小平)的话,21世纪马克思主义的时代性主题,主要就是"如何夺取"中国特色社会主义伟大胜利、"如何超越"资本主义制度弊端并充分彰显社会主义制度优越性,进而为解决人类问题贡献理论、智慧和方案,为人类实现现代化提供新的选择,为人类文明进步指明方向并展现光明前景。因此,21世纪马克思主义既把马克思主义发展提升到21世纪时代发展所要求的新阶段新境界,也致力于开辟马克思主义时代化新境界,二者都直面新时代,回答"时代之问",共同指向发展21世纪马克思主义,用发展21世纪马克思主义来观察时代、把握时代、引领时代。

三、21世纪马克思主义与19世纪马克思主义、20世纪马克思主义的关系

19世纪马克思主义、20世纪马克思主义也属于"时间"概念,不过,"马克思主义时代化"是以"时代"为标识的,而19世纪马克思主义、20世纪马克思主义则是以"世纪"为标识的。所以,从"时间"维度谈了马克思主义时代化问题之后,逻辑上接着可以进一步谈论21世纪马克思主义与19世纪马克思主义、20世纪马克思主义的关系。

这里所讲的19世纪马克思主义、20世纪马克思主义,历史时间上分别说的是在19世纪、20世纪产生的马克思主义,但从世界影响、世界意义、普遍功能来讲,它们不仅仅属于19世纪、20世纪。

第一章初步涉及这一问题,这里再作进一步深入分析。

需要按照历史发展的连续性和阶段性统一,来理解和把握21世纪马克思

主义与 19 世纪马克思主义、20 世纪马克思主义的关系，即 21 世纪马克思主义同 19 世纪马克思主义、20 世纪马克思主义，是一脉相承的坚持和与时俱进发展的关系。

19 世纪，马克思、恩格斯创立的马克思主义，总体上奠定了马克思主义的根本立场、基本原理、方法论、方向、理想、原则、道路，具有本源意义。他们关于人民的立场，关于社会基本矛盾原理，关于坚持历史发展规律性和发挥人的主体能动性统一的方法论，关于人类解放、无产阶级解放和促进每个人自由全面发展的理想追求，关于人类历史发展必然走向社会主义和共产主义的科学预见，等等，至今依然显示出强大的生命力和解释力。

在 20 世纪发展了的马克思主义，正是在既坚持马克思主义基本原理又结合本国具体实际基础上而创立的。20 世纪所创立的列宁主义，继承了马克思、恩格斯创立的马克思主义关于人类历史必然走向社会主义的基本原理，同时又结合俄国国情，创造性地提出小农经济占绝对优势的经济文化落后的俄国通过国家资本主义向社会主义过渡的思想。正如列宁所指出的："一切民族都将走向社会主义，这是不可避免的，但是一切民族的走法却不会完全一样，在民主的这种或那种形式上，在无产阶级专政的这种或那种形态上，在社会生活各方面的社会主义改造的速度上，每个民族都会有自己的特点。"[1]列宁领导的十月革命，实质上就是科学社会主义在俄国的具体实践。自 1921 年中国共产党登上中国历史舞台那时起，马克思主义的发展，就具体体现为马克思主义基本原理同中国具体实际相结合及其发展历程，亦即马克思主义在中国的历史发展。十月革命一声炮响，给中国送来了马克思列宁主义。马克思主义是我们立党立国、兴党兴国的根本指导思想。[2] 马克思主义在中国的历史发展过程，首先表现为马克思主义基本原理同中国具体实际相结合、同中华优秀传统文化相结合。这种结合，既表明必须坚持马克思主义基本原理，它为社会主义建设确立了立场、方法，指明了方向、提供了原则、开辟了道路，也表明马克思主义基本原理必须结合本国具体实际和本土优秀传统文化，因为只有这样，马克思主义基本原理才具有历史基础、文化基础和群众基础，

---

1 《列宁专题文集　论社会主义》，人民出版社，2009，第 398 页。
2 参见习近平：《高举中国特色社会主义伟大旗帜　为全面建设社会主义现代化国家而团结奋斗——在中国共产党第二十次全国代表大会上的报告》，人民出版社，2022，第 16 页。

进而才能根深叶茂，发挥其行动指南的指导作用。我们所讲的中国化时代化的马克思主义，就是这种结合的理论创新成果。我们党用中国化时代化的马克思主义武装全党、教育人民、指导实践、推进工作、解决问题、创造奇迹、走向成功。正因如此，"马克思主义的科学性和真理性在中国得到充分检验，马克思主义的人民性和实践性在中国得到充分贯彻，马克思主义的开放性和时代性在中国得到充分彰显"[1]。要言之，马克思主义中国化时代化不断取得了成功。

21 世纪马克思主义与 19 世纪马克思主义、20 世纪马克思主义也具有连续性，都是马克思主义"家族"的，都坚持马克思主义的根本立场、基本原理、价值追求、方法原则、理想信念和理论品格，将三者割裂和依次替代，看作三个马克思主义，会背离马克思主义，是错误的。同时，21 世纪马克思主义也是一个历史过程概念，具有历史"阶段性"，它是对 19 世纪创立的马克思主义、20 世纪马克思主义与时俱进的"发展"，它把马克思主义提升到 21 世纪时代和实践发展所要求的新阶段新境界，使马克思主义在 21 世纪具有强大解释力和引领力。在不同时代破解不同时代性主题，使马克思主义具有不同时代特点的呈现方式。把三者完全画等号，看不到马克思主义结合具体实际而与时俱进的发展，那就容易把马克思主义教条化，这同样是错误的。

四、21 世纪马克思主义与当代中国马克思主义的关系

马克思主义时代化与马克思主义中国化是逻辑直接相关的范畴，"时代化"是历史时间概念，"中国化"是历史空间概念。所以，我们不仅要从"历史时间""时代化"角度谈论 21 世纪马克思主义，而且逻辑上接着还需要从"历史空间""中国化"角度谈论 21 世纪马克思主义，这就是谈论 21 世纪马克思主义与当代中国马克思主义的关系。

第一章已涉及这一问题，这里再作进一步深入且简要的分析。

当代中国马克思主义和 21 世纪马克思主义不是两个"主义"、两种"理论形态"，而是一个有机整体，是"一体两面"的关系，需要彼此相互理解。把当代

---

1 《中国共产党第十九届中央委员会第六次全体会议文件汇编》，人民出版社，2021，第 92—93 页。

中国马克思主义、21世纪马克思主义并提，有其深意。二者既有区别又有联系。其联系，在于都立足"当代中国"，都是对习近平新时代中国特色社会主义思想的表达；其区别，在于二者是对习近平新时代中国特色社会主义思想在时空、功能上相对不同的表达。习近平新时代中国特色社会主义思想既是当代中国马克思主义，又是21世纪马克思主义。

当代中国马克思主义，是改革开放以来创立发展起来的中国特色社会主义理论体系之集大成，它把中国特色社会主义理论体系提升到"当代中国""马克思主义""集大成"的高度，侧重于马克思主义中国化，着眼于"引领中国"，关乎全面建成社会主义现代化强国、实现中华民族伟大复兴的前途命运。习近平新时代中国特色社会主义思想，实质且实际上就是当代中国马克思主义的"集大成"者，它坚持一脉相承，把邓小平理论、"三个代表"重要思想、科学发展观的思想精髓进行整合，因而是中国特色社会主义理论体系的重要组成部分；同时又在此基础上与时俱进，它围绕实现"强起来"，进一步发展了当代中国马克思主义或中国特色社会主义理论体系。

21世纪马克思主义，立足新时代中国，更放眼世界、面向未来，是拓展当代中国马克思主义在新时代的世界向度，且以天下情怀观察、把握、引领时代而提出的一个重要范畴。它是新时代当代中国马克思主义理论创新的新维度新走向新境界，主要指中国特色社会主义进入新时代，在以大历史观全面把握"两个大局"的基础上，而开启的当代中国马克思主义的时代向度和世界向度，这两个向度，主要是用习近平新时代中国特色社会主义思想来表达的——向21世纪的时代和世界飞跃提升：既是在历史时间维度上面向时代和未来，聚焦解决重大时代课题和社会主要矛盾，实现从富起来到强起来的伟大飞跃，进而夺取中国特色社会主义伟大胜利，所创立的科学思想体系；又在历史空间上放眼世界，侧重于马克思主义时代化、世界化，关乎新时代中国特色社会主义的时代走向、世界意义和世界社会主义的发展前景。21世纪马克思主义，就是直面世界百年未有之大变局，在中国与世界交织互动中，为解决"世界向何处去"问题，从而为人类谋进步，为世界谋大同，所贡献的智慧、指明的方向。

五、21 世纪马克思主义与 21 世纪国外马克思主义的关系

21 世纪国外马克思主义也是一个"历史空间"概念,所以,在谈论"当代中国马克思主义"问题之后,接着在逻辑上需要进一步谈论"21 世纪国外马克思主义"。

21 世纪国外马克思主义,是当今国外学者对现代化、经济全球化实践的深刻反思和理论提升,体现了对当代资本主义社会的批判和超越,对发展 21 世纪的马克思主义作出了有价值的贡献,但它属于 21 世纪的马克思主义或在 21 世纪发展了马克思主义;然而,我们所谓"21 世纪马克思主义",则是 21 世纪的马克思主义的主体形态,具有总体性、主导地位和引领作用。

不能否认世界其他地方也存在着 21 世纪马克思主义的生长点、发展源,不能否认其他国家一些学者对发展 21 世纪马克思主义的重要贡献,也不能否认当今世界一些专家学者也是发展 21 世纪马克思主义的重要主体。[1] 他们对资本主义制度性缺陷和结构性矛盾的揭露,关于对新自由主义与金融资本主义的批判、数字资本主义与替代性选择、新帝国主义与国际新秩序分析、新社会主义与新共产主义研究等方面的成果,提出的关于现代性、治理、主体间性、公共性、生态学马克思主义、空间生产等理论,对发展 21 世纪马克思主义具有重要价值,值得关注。[2] 皮凯蒂的《21 世纪资本论》,已成为 2008 年国际金融危机之后西方马克思主义的"最新表达"。[3]

然而,我们所讲的 21 世纪马克思主义是发展 21 世纪的马克思主义的核心主体和主体形态。新时代以习近平同志为主要代表的中国共产党人,是 21 世纪马克思主义命题的主要提出者,是 21 世纪马克思主义的主要创立者,是发展 21 世纪马克思主义的主要推动者,也是 21 世纪马克思主义理论的主要建构者和诠释者。习近平新时代中国特色社会主义思想具有世界意义,它不仅使科学社会主义在 21 世纪中国焕发出强大生机活力,让世界高高举起中国特色社会主义伟大旗帜,也为发展中国家走向现代化提供新的途径,为人类实现

---

1 参见王凤才:《21 世纪世界马克思主义基本格局》,《学习与探索》2017 年第 10 期,第 1—13 页。

2 同上。

3 同上。

现代化提供新的选择，为解决人类问题贡献中国智慧和中国方案，还为人类谋进步、为世界谋大同创造了人类文明新形态，为发达国家和发展中国家提供了某种参考和借鉴，它提出的一系列新概念新理念新论断新思想新战略，提出的"政党治理""国家治理""全球治理""中国式现代化""人类文明新形态""人类命运共同体"等，为解释 21 世纪的世界提供了思想理论，为 21 世纪世界政党间的交流提供了平台，为参与全球治理体系改革和建设贡献了中国智慧、中国方案、中国力量。正是这样的 21 世纪马克思主义，在主导和引领 21 世纪的马克思主义的发展。中国共产党又是世界上具有长远视野、世界眼光、战略思维、使命担当的政党，其领导的中国特色社会主义事业是一部伟大波澜壮阔的历史史诗，新时代中国特色社会主义已融入并影响着世界历史进程，领导实现的中华民族伟大复兴，是世界百年未有之大变局的重要组成部分，是影响这一变局前途和走向的关键变量，领导人民成功走出的中国式现代化，创造的经济快速发展奇迹和社会长期稳定奇迹，创造的人类文明新形态，使中华民族向世界展现出一派欣欣向荣的气象，也改变着世界现代化进程，它所积极推动的构建人类命运共同体，为解决人类重大问题贡献了中国智慧、中国方案、中国力量。[1]

六、21 世纪马克思主义与"四个之问"的关系

在从"历史时间""历史空间"维度谈论 21 世纪马克思主义之后，我们再从"理论创新"维度谈论 21 世纪马克思主义。

从理论维度看，首先要从总体上谈论的是 21 世纪马克思主义与"四个之问"之间的关系。21 世纪马克思主义与"四个之问"具有内在本质联系，它就是直面并解答"四个之问"发展起来的。这是一个全新且重大的问题，需要进行全面系统且充分深入的探究。

习近平同志多次强调要不断回答"中国之问""世界之问""人民之问""时代之问"，要作出符合中国实际和时代要求的正确回答，且从总体上为解答"四个之问"指明了方向、提供了思路。回答"四个之问"意义重大，涉及不断开辟

1　参见《中国共产党第十九届中央委员会第六次全体会议文件汇编》，人民出版社，2021，第 92—93 页。

马克思主义中国化时代化新境界，创新发展21世纪马克思主义，进而始终保持马克思主义的蓬勃生机和旺盛活力问题。然而，迄今为止，我国理论界对"四个之问"还没有给出一个相对统一的完整解释。因此，我们需要结合习近平同志的相关重要论述，进一步全面深入准确地揭示和阐释"四个之问"的基本涵义、实质及其与创新发展21世纪马克思主义的关系。

(一)"中国之问"之解

究竟什么是"中国之问"？至今理论界还没有给出一个相对统一的解释。

"中国之问"内涵丰富，习近平同志对此作过相关重要论述，我国理论界也在探究。作为一个重要表述，当今还需要进一步明确"中国之问"的具体内涵。

习近平同志指出："当代中国正在经历人类历史上最为宏大而独特的实践创新，改革发展稳定任务之重、矛盾风险挑战之多、治国理政考验之大都前所未有，世界百年未有之大变局深刻变化前所未有，提出了大量亟待回答的理论和实践课题。"[1]"我们要增强问题意识，聚焦实践遇到的新问题、改革发展稳定存在的深层次问题、人民群众急难愁盼问题、国际变局中的重大问题、党的建设面临的突出问题。"[2]这里，习近平同志主要从宏观上为揭示"中国之问"提供了方向和思路，即从坚持和发展中国特色社会主义、从新时代党和国家事业发展面临的一系列重大理论和实践问题上提出了"中国之问"。

依据习近平同志的相关重要论述，以及我国理论界的研究成果，"中国之问"注重的是"中国化"叙事，强调马克思主义必须同中国具体实际相结合。它具有以下五层内涵：(1)在新时代坚持和发展什么样的中国特色社会主义、怎样坚持和发展中国特色社会主义；(2)在新时代建设什么样的社会主义现代化强国、怎样建设社会主义现代化强国；(3)在新时代建设一个什么样的长期执政的马克思主义政党、怎样建设一个长期执政的马克思主义政党；(4)在新时代要解决什么样的社会主要矛盾及其蕴含的根本问题，怎样解决这一社会主要矛盾及其蕴含的根本问题，不断满足什么样的人民日益增长的美好生活需要、怎样满足人民日益增长的美好生活需要；(5)在新时代应具备什么样的精

1 《习近平谈治国理政》第4卷，外文出版社，2022，第30页。
2 习近平：《高举中国特色社会主义伟大旗帜 为全面建设社会主义现代化国家而团结奋斗——在中国共产党第二十次全国代表大会上的报告》，人民出版社，2022，第20页。

神状态、怎样培育这种精神状态。

毫无疑问，就"新时代党和国家事业发展面临的重大理论和实践问题"而言，新时代坚持和发展什么样的中国特色社会主义、怎样坚持和发展中国特色社会主义，其实质讲的是"中国之路"，简称"道路之问"，它与党的十九届六中全会所讲的重大时代课题密切相关。这是"中国之问"的第一个内容，新时代党和国家事业发展面临的一系列重大理论和实践问题，也可以从新时代的社会主要矛盾入手来揭示。新时代的社会主要矛盾，是人民日益增长的美好生活需要和不平衡不充分的发展之间的矛盾。人民日益增长的美好生活需要，实质上主要是解决人民生活"美好不美好"的问题，以及解决人民群众急难愁盼问题，解答如何使人民过上美好幸福生活，这是"福民之问"。这是"中国之问"的第二个内容。

社会主要矛盾中所讲的不平衡不充分的发展，实质上是解决国家和民族"强不强"的问题，这是"强国之问"，涉及强国建设、民族复兴，与实践遇到的新问题、改革发展稳定存在的深层次问题密切相联，与建设什么样的社会主义现代化强国、怎样建设社会主义现代化强国这一重大时代课题直接相关。这是"中国之问"的第三个内容。

打铁必须自身硬。无论是坚持和发展中国特色社会主义，还是建设社会主义现代化强国和使人民群众过上美好幸福生活，都需要建设一个长期执政的强大马克思主义政党，这实质上是解决中国共产党如何使自身强大的问题，以及解决党的建设面临的突出问题，这是"强党之问"。这是"中国之问"的第四个内容。

不仅如此，在回答举什么旗走什么路、实现什么样的奋斗目标问题上，还有一个精神状态问题，即要具有永不懈怠、勇毅前行、踔厉奋发的精神状态，这是回答"精神之问"。这是"中国之问"的第五个内容。

这样，所谓"中国之问"，就是"道路之问""福民之问""强国之问""强党之问""精神之问"。其实质，就是为中华民族谋复兴。

解答"中国之问"，必须从中国基本国情出发，由中国人自己来解答。回答并指导解决问题，是理论的根本任务。今天我们所面临的问题的复杂程度、解决问题的艰巨程度明显加大，这给理论创新提出了全新要求。我们要增强问题意识，不断提出真正解决问题的新理念新思路新办法。习近平新时代中国特色社会主义思想，就是由中国人自己来解答的我们中国自己的理论，是解答"中国之问"的新理念新思路新办法。这一思想还要继续随着时代和实践的发展不断推进理论创新，不断谱写马克思主义中国化时代化新篇章。习近平新时代中国特色社会主义思想高举中国特色社会主义伟大旗帜，把坚持和发展中国特色社会主义作为主题和重大时代课题，不断谱写中国特色社会主义新篇章，致力于解答"道路之问"；习近平新时代中国特色社会主义思想坚持人民至上，坚持以人民为中心的发展思想，把人民对美好生活的向往作为奋斗目标，致力于解决新时代人民日益增长的美好生活需要即"好不好"的问题，解答"福民之问"；习近平新时代中国特色社会主义思想把强国建设、民族复兴作为中心任务和目标追求，把建设社会主义现代化强国作为重大时代课题，它是强国建设、民族复兴的行动指南，致力于解答"强国之问"；习近平新时代中国特色社会主义思想强调打铁必须自身硬，强调坚持和加强党中央集中统一，加强党的全面领导和全面从严治党相统一，把坚持党的集中统一领导制度和全面领导制度作为中国特色社会主义的根本制度，把建设一个长期执政的马克思主义政党作为重大时代课题之一，致力于解答"强党之问"；习近平新时代中国特色社会主义思想反复强调我们要不断进行具有许多新的历史特点的伟大斗争，始终强调要具备永不懈怠、勇毅前行、踔厉奋发的精神状态，致力于解答"精神之问"。所以，习近平新时代中国特色社会主义思想是解答"中国之问"的我们中国自己的理论，在解答"中国之问"上充分彰显出强大的思想力量。

(二)"世界之问"之义

究竟什么是"世界之问"？理论界也没有给出一个相对统一的解释。

实际上，"世界之问"内涵丰富，习近平同志对此也有相关重要论述，我国理论界也在探究。作为一个重要表述，还需要进一步界定"世界之问"的具体涵义。

习近平同志指出："当今世界正在经历百年未有之大变局。这场变局不限于一时一事、一国一域，而是深刻而宏阔的时代之变。"[1]"大变局带来大挑战，也带来大机遇，我们必须因势而谋、应势而动、顺势而为。"[2]就是说，当今世

---

[1] 《习近平谈治国理政》第4卷，外文出版社，2022，第483页。
[2] 《十八大以来重要文献选编》(下)，中央文献出版社，2018，第10页。

界正面临百年未有之大变局，世界进入新的动荡变革期，不稳定性不确定性更加突出，人类面临许多共同的风险挑战。习近平同志指出："当前，最迫切的任务是引领世界经济走出困境。世界经济长期低迷，贫富差距、南北差距问题更加突出。究其根源，是经济领域三大突出矛盾没有得到有效解决。一是全球经济增长动能不足，难以支撑世界经济持续稳定增长……二是全球经济治理滞后，难以适应世界经济新变化……三是全球发展失衡，难以满足人们对美好生活的期待……这些问题反映出，当今世界经济增长、治理、发展模式存在必须解决的问题。"[1] 由此他强调："世界怎么了、我们怎么办？这是……我一直在思考的问题。"[2] 党的十九届六中全会通过的《中共中央关于党的百年奋斗重大成就和历史经验的决议》也指出："党始终以世界眼光关注人类前途命运，从人类发展大潮流、世界变化大格局、中国发展大历史正确认识和处理同外部世界的关系。"[3]"必须坚持胸怀天下。中国共产党是为中国人民谋幸福、为中华民族谋复兴的党，也是为人类谋进步、为世界谋大同的党。我们要拓展世界眼光，深刻洞察人类发展进步潮流，积极回应各国人民普遍关切，为解决人类面临的共同问题作出贡献。"[4]

依据习近平同志上述相关重要论述，以及我国理论界研究的相关成果，"世界之问"强调的是拓展"世界"眼光、"全球"视野，深刻洞察人类发展进步潮流，积极回应世界各国人民普遍关切，注重马克思主义必须同人类发展进步共命运。具体来说，"世界之问"有三大内涵：（1）人类面临哪些共同问题，究竟遭遇哪些共同的风险挑战，人类发展的前途命运如何，中国如何为人类谋进步；（2）世界究竟向何处去，"世界怎么了、我们怎么办"，中国如何为世界谋大同；（3）在 21 世纪"两制并存"的格局下，社会主义和资本主义如何相处，如何发挥社会主义制度的优越性、克服资本主义制度的弊端，中国如何为解决人类问题和世界问题作出贡献，推动建设更加美好的世界。

这三个问题具有共同之处，其实质都是为世界谋大同、为人类谋进步。但也有区别：人类究竟遭遇哪些共同的风险挑战、人类发展的前途命运如何，

1　《习近平谈治国理政》第 2 卷，外文出版社，2017，第 479—480 页。
2　《习近平著作选读》第 1 卷，人民出版社，2023，第 561 页。
3　《中共中央关于党的百年奋斗重大成就和历史经验的决议》，人民出版社，2021，第 68 页。
4　习近平：《高举中国特色社会主义伟大旗帜　为全面建设社会主义现代化国家而团结奋斗——在中国共产党第二十次全国代表大会上的报告》，人民出版社，2022，第 21 页。

如何为人类谋进步，是整个人类共同面临的根本问题；世界究竟向何处去，世界怎么了、我们怎么办，如何为世界谋大同，是世界各国共同面临的根本问题；在21世纪"两制并存"的格局下，社会主义和资本主义如何相处，如何发挥社会主义制度的优越性、克服资本主义制度的弊端，中国应为解决人类问题和世界问题贡献什么，并推动建设更加美好的世界，既是两种根本道路、制度和意识形态的较量问题，也是中国同外部世界的关系问题。

这三大根本问题都基于世界百年未有之大变局，共同回答的是"世界怎么了、我们怎么办""建设一个什么样的世界、如何建设这样的世界"等重大问题。换句话说，科学回答"世界之问"，首先要深刻认识和把握当今世界百年未有之大变局。

世界百年未有之大变局，带来的是整个世界大发展大变革大调整，使整个世界进入新的动荡变革期；这种新的动荡变革必然导致整个世界的不稳定不确定；这种不稳定不确定必然使整个人类面临世界性的系统性风险和挑战。面对整个人类所面临的世界系统性风险和挑战，人类发展的前途命运究竟如何？或者应怎样以胸怀天下的世界眼光关注人类发展的前途命运？这是"世界之问"的第一个内涵。

世界百年未有之大变局，必然导致世界力量在转移、世界格局在调整、世界话语在重构。世界各国都被卷入这种大变局、大变革、大调整、大转移、大重构的世界历史进程中。在这一世界历史进程中，能抓住这种大变局的历史机遇，聚力解决上述习近平同志所讲的"三个突出矛盾"和难题，亦即当今世界经济增长、治理、发展模式问题，就会顺势而为、迎势而上，否则，就可能被历史淘汰出局。世界究竟向何处去？这个世界究竟怎么了、我们究竟怎么办？这是"世界之问"的第二个内涵。

世界百年未有之大变局，最关键的变量，是中国和美国，是社会主义和资本主义两种道路、制度、意识形态的较量。资本主义道路、理论、制度和文化在根本上解决不了人类发展的前途命运和世界究竟向何处去的问题，难以真正解决"三个突出矛盾"和难题，也难以有效应对整个人类面临的世界性的系统性风险和挑战，反而会制造出许多问题。因为从学理上讲，资本主义道路、理论、制度和文化的哲学根基，是"主客二分""主统治客"。基于"主客二分""主统治客"的哲学理念和范式，只能导致世界的分化，使整个世界陷入困境，而且其资本占有劳动并控制社会的资本主导逻辑，只能把整个人类和世界引入暴力、战争的歧途。这是一种通过战争、殖民、掠夺等方式实现现代化的老路，是一种损人利己、充满血腥且给广大发展中国家带来深重苦难的邪路。相反，只有社会主义，只有中国特色社会主义道路、理论、制度、文化的不断发展，才能以全球天下视野、世界眼光来回答当今世界面临的重大问题，才能使中国站在历史正确一边、站在人类文明进步一边；它高举和平、发展、合作、共赢旗帜，积极参与全球治理体系改革和建设，积极构建人类命运共同体，在坚定维护世界和平与发展中谋求自身发展，又以自身发展更好维护世界和平与发展，进而能为解决人类问题和世界问题贡献中国理论、中国智慧、中国方案、中国力量；世界的发展需要中国，中国的发展离不开世界。这里就涉及了中国与外部世界的关系。显然，在 21 世纪"两制并存"的格局下，社会主义和资本主义如何相处，如何发挥社会主义制度的优越性、克服资本主义制度的弊端，中国应为解决人类问题和世界问题贡献什么，推动建设更加美好的世界，这是"世界之问"的第三个内涵。

回答"世界之问"，需要发展 21 世纪马克思主义。

发展 21 世纪马克思主义，是"中国理论"走向世界和未来的标识性符号。最早提出"发展 21 世纪马克思主义"这一论断，是习近平同志在 2015 年 12 月全国党校工作会议上的讲话。他指出："希望党校根据时代变化和实践发展，加强理论总结和理论创新，为发展 21 世纪马克思主义、当代中国马克思主义作出努力。"[1]之后，习近平同志多次在重要时间、关键场合反复强调，发展 21 世纪马克思主义是当代中国共产党人义不容辞的神圣职责。依据习近平同志具有代表性的相关重要论述，从学理上讲，他是按着"作出努力—继续发展—如何发展—引领时代—'是'的判定"之逻辑，从与时俱进推进理论创新的高度，反复强调发展 21 世纪马克思主义，体现了中国共产党人的责任担当。这为从学理上全面准确深入研究 21 世纪马克思主义这一理论界涉及较少的基础性问题，提供了根本遵循。[2]

可以从五个维度理解和把握 21 世纪马克思主义的理论内涵。（1）21 世纪

1　习近平：《在全国党校工作会议上的讲话》，人民出版社，2016，第 20 页。

2　参见《聚焦时代问题　推动理论创新——〈中国社会科学〉2021 年重点选题座谈会在京举行》，《中国社会科学报》2020 年 10 月 28 日。

马克思主义具有"原体"规定。它是与马克思主义本质相关的概念，属本源向度，即首先是"马克思主义"，马克思主义的根本立场、价值取向、基本原理、方法原则、理想信念不能丢，丢了，21世纪马克思主义就不是马克思主义。(2)21世纪马克思主义具有"关系"规定。它是与现代化道路直接相关的概念，属反思超越向度，是在"深刻反思"西方现代化道路与拓展中国式现代化新道路、创造人类文明新形态基础上发展起来的。"21世纪马克思主义，既要超越以资本至上为主导逻辑的各种现代性的资本主义话语，更要书写坚持人民至上的中国式现代化道路。"[1](3)21世纪马克思主义具有"过程"规定。它是与时间意识鲜明关联的概念，属时间向度，即承接过去、立足现在、面向未来，致力于把马克思主义发展到21世纪时代和实践发展所要求的新境界。21世纪马克思主义，是"与时俱进"(过程生成)的马克思主义，离开与时俱进，就不是"21世纪"马克思主义。(4)21世纪马克思主义具有"空间"规定。它是与空间明确相关的概念，属空间向度，是以"胸怀天下"的世界眼光立足中国、放眼世界和直面"两个大局"的马克思主义，舍此，21世纪马克思主义就成为"无源之水"。习近平同志指出：发展21世纪马克思主义要"立足中国、放眼世界"[2]。(5)21世纪马克思主义具有"功能"规定。它是与解释和引领世界相关的概念，属话语向度，是为观察时代、把握时代、引领时代、解释21世纪世界并掌握话语权贡献的科学理论体系。不然，21世纪马克思主义就不是具有"解释世界""引领时代"的马克思主义。正如习近平同志所言：我们必须"用马克思主义观察时代、把握时代、引领时代，继续发展当代中国马克思主义、21世纪马克思主义！"[3]

　　21世纪马克思主义是解答"世界之问"的中国理论，在解答"世界之问"上充分彰显了思想的力量。之所以如此，就在于它提出的积极参与全球治理体系改革和建议，倡导的全人类共同价值，创造的人类文明新形态，积极携手共建的人类命运共同体等，都为回答"世界之问"贡献了中国智慧、中国理论和中国方案。

1　韩庆祥：《21世纪马克思主义的基础性问题》，《中国社会科学》2022年第4期，第4—23页。
2　《习近平谈治国理政》第2卷，外文出版社，2017，第65页。
3　习近平：《在庆祝中国共产党成立100周年大会上的讲话》，人民出版社，2021，第13页。

(三)"人民之问"之答

究竟什么是"人民之问"？这也是一个没有提供现成答案的问题，因而也是一个需要从学理上进一步深入探究的重要问题。

习近平同志对坚持人民至上作出一系列重要论述。他指出：人民性是马克思主义的本质属性，人民立场是马克思主义政党的根本政治立场。一百多年来，我们党始终代表中国最广大人民的根本利益，坚持人民至上、维护人民利益。也指出：人民对美好生活的向往，就是我们的奋斗目标，江山就是人民，人民就是江山，守江山就是守人民的心。又指出：中国式现代化是全体人民共同富裕的现代化，我们把实现人民对美好生活的向往作为现代化建设的出发点和落脚点，着力维护和促进社会公平正义，着力促进全体人民共同富裕，增进人民福祉，推动人的全面发展。还指出："马克思主义博大精深，归根到底就是一句话，为人类求解放"，"民之所忧，我必念之；民之所盼，我必行之"[1]。实际上，在习近平新时代中国特色社会主义思想科学体系中，"坚持人民至上"具有基础性、根本性、核心性的地位。

依据习近平同志相关重要论述，以及我国理论界研究的相关成果，"人民之问"强调的是人民性，它注重马克思主义必须与人民共呼吸，其实质，就是为中国人民谋幸福。展开来讲，它具有三层涵义：(1)如何超越资本主导的逻辑进而走向民本主导的逻辑，着力维护和促进社会公平正义，推动人的全面发展；(2)如何满足人民日益增长的美好生活需要，增进人民福祉，促进全体人民共同富裕，使改革发展成果、现代化建设成果更多更公平惠及全体人民，解决人民生活"美好不美好"的问题；(3)如何在各个领域、各项工作中坚持人民至上、全面贯彻以人民为中心的发展思想。

首先，如何超越资本主导的逻辑进而走向民本主导的逻辑，着力维护和促进社会公平正义、推动人的全面发展问题。这是"人民之问"的第一个内涵。

在《1844年经济学哲学手稿》《共产党宣言》《资本论》等著作中，马克思、恩格斯直面并批判资本主义社会的总问题，是资本占有劳动并控制社会的逻辑。19世纪，马克思、恩格斯就是在破解这一总问题的进程中创立了马克思主义。这一总问题具有典型性，既涉及社会主义取代资本主义的历史必然性，

---

1   《习近平谈治国理政》第 4 卷，外文出版社，2022，第 65 页。

也是不同历史时期马克思主义者致力解决的一个带有规律性的根本问题。马克思、恩格斯从理论上为解决这一问题提供了根本路径和方法原则，但需要后人从实践上予以破解。列宁以"利用和限制国家资本主义"、毛泽东以"资本主义工商业的社会主义改造"等，表达了对"资本和劳动关系"所采取的态度。在马克思主义中国化时代化历史进程中，新时代中国共产党人致力于在总体上、实践上创新性地破解这一根本问题。这就是通过创造社会主义市场经济，坚持和发展中国特色社会主义基本经济制度（其意义在于用社会主义规制市场经济发展方向，既用市场经济激活生产要素，解放和发展社会生产力，同时避免贫富悬殊）[1]，贯彻新发展理念来实现的。[2] 资本是一种生产关系，进一步说，是基于资本主义生产关系的特殊权力，它首先是对劳动及其产品的占有权力，进而扩展为对经济、政治、文化、社会的控制权力。由生产关系转化为资本权力再转化为超经济权力，使资本最终成为凌驾于资产阶级社会之上的总体性权力。这种权力导致公平正义的缺失，阻碍人的全面发展。为解放和发展社会生产力，新时代中国共产党人正确认识和把握资本的增值性、运动性、竞争性、独立性和自主性特性与逐利的行为规律，发挥资本作为生产要素的积极作用，合理利用和运作资本，注重资本投资对生产要素的聚集和拉动作用，支持和引导资本规范健康发展。资本也具有占有劳动并扩张的本性，易扭曲人的价值观，导致公平正义之缺失，影响人的全面发展。社会主义不允许这种占有和扩张成为主导。在中国共产党领导下，我们强调"党的根基在人民、血脉在人民、力量在人民"[3]。由此，我国积极控制资本的消极作用，为资本设置"红绿灯"，依法加强对资本的有效监督，防止资本无序和野蛮生长[4]，把资本主要控制在经济领域且有利于发展社会生产力的框架内；我们树立和贯彻新发展理念，维护和促进社会公平正义，促进人的全面发展。上述这些，构成当代中国共产党人利用和运作资本，同时又致力于把超越资本占有劳动并控制社会的愿景变成现实的内在机理。这在世界社会主义发展史、马克思主义发展史上，致力于从总体上、实践上解决马克思主义创始人

1　参见《习近平谈治国理政》第3卷，外文出版社，2020，第123页。

2　同上书，第123页。

3　《习近平谈治国理政》第1卷，外文出版社，2018，第367页。

4　参见《中央经济工作会议在北京举行》，《人民日报》2021年12月11日。

想解决但未完全解决的一个带有规律性的根本问题。

其次，如何满足人民日益增长的美好生活需要，增进人民福祉，促进全体人民共同富裕，使改革发展成果、现代化建设成果更多更公平惠及全体人民，解决人民生活"美好不美好"的问题。这是"人民之问"的第二个内涵。

前有所述，在《习近平谈治国理政》第 3 卷中，习近平同志强调：以前我们要解决"有没有"的问题，现在则要解决"好不好"的问题。[1] 1978 年我国改革开放以后一段历史时期，我们党所解决的社会主要矛盾，是人民日益增长的物质文化需要同落后的社会生产之间的矛盾。党的十八大以后，中国特色社会主义进入了新时代，我们党致力于解决的社会主要矛盾，是人民日益增长的美好生活需要和不平衡不充分的发展之间的矛盾。这意味着，我国历史发展的必然性，把促进全体人民共同富裕，使改革发展成果、现代化建设成果更多更公平惠及全体人民，解决人民生活"美好不美好"的问题，推到了我国历史发展的前台和中心。

最后，如何在各个领域、各项工作中坚持人民至上、全面贯彻以人民为中心的发展思想。这是"人民之问"的第三个内涵。

中国特色社会主义进入新时代，人民对美好生活的向往更加强烈，期待有更好的教育、更稳定的工作、更满意的收入、更可靠的社会保障、更高水平的医疗卫生服务、更舒适的居住条件、更优美的环境、更丰富的精神文化生活，期盼孩子们能成长得更好、工作得更好、生活得更好。党的十八大以来，我们党从"人民有所呼、改革有所应"的全面深化改革、"一个也不能少"的全面建成小康社会，到"一个也不能掉队"的共同富裕，从"功在当代、利在千秋"的生态文明建设，到"刮骨疗毒、壮士断腕"的党风廉政建设和反腐败斗争，一直把坚持人民至上、坚持以人民为中心的发展思想自觉主动地贯彻落实到一切领域、一切方面，强调把人民当作主体，一切依靠人民，把人民当作目的，一切为了人民，把人民当作根基，牢牢扎根于人民，把人民当作尺度，坚持人民标准。

我们党关于坚持"人民至上"的理论是为人民立言、为人民代言的理论，这一理论有助于解答"人民之问"。党的十八大以来，中国特色社会主义进入

---

1 参见《习近平谈治国理政》第 3 卷，外文出版社，2020，第 133 页。

创造人民美好生活的新时代。这是历史上超越"物的依赖",不断推进人的全面发展的新时代,是在实践上坚持以人民为中心的新时代。基于这样的新时代,以习近平同志为核心的党中央大力推进和拓展中国式现代化,创造人类文明新形态。从学理上讲,它既超越以物为本、以资为本的资本主义文明,是体现人类社会发展一般规律的社会主义人本文明和中国特色社会主义民本文明;也超越以个人至上、资本主导、西方中心为支柱的西方文明,是以人民为本、走和平发展道路、构建人类命运共同体为核心的中华民族现代文明、人类和合普惠文明;又超越单向度发展的工业文明,是集物质文明、精神文明、政治文明、社会文明、生态文明于一体的全要素文明。

为人民立言、为人民代言的人民至上理论,是解答"人民之问"的中国理论,在解答"人民之问"上充分彰显出思想的力量。

(四)"时代之问"之析

究竟什么是"时代之问",它与"世界之问"有什么区别?如何对真正面临的时代挑战与需要攻克的难题进行深入探讨,为创新发展21世纪马克思主义作出贡献,这也是一个值得探究的重要学理性问题。

先看看习近平同志有哪些相关重要论述。"时代之问"必然涉及中国特色社会主义"新时代"。在讲到中国特色社会主义进入新时代,习近平同志提出了"三个意味着",这在实质上就是从新时代意义的角度来回答"时代之问"。关于"三个意味着",这里从回答"时代之问"角度加以分析。第一个意味着,是中华民族迎来了从站起来、富起来到强起来的伟大飞跃。这实质上讲的是中华民族强起来的叙事,回答的是"如何为中华民族谋复兴"问题;第二个意味着,是科学社会主义在21世纪的中国焕发出强大生机活力,在世界高举起中国特色社会主义伟大旗帜,这实质上讲的是中国特色社会主义如何使科学社会主义、马克思主义焕发生机活力的叙事,回答的是"如何为科学社会主义、马克思主义谋生机"问题;第三个意味着,是中国特色社会主义道路、理论、制度、文化的不断发展所具有的观察时代、把握时代、引领时代的伟大意义,这实质上讲的是中国特色社会主义之世界意义的叙事,回答的是"如何彰显中国特色社会主义的世界意义"进而如何观察时代、把握时代、引领时代的问题,其实质是"为世界谋大同"。习近平同志指出:"中国特色社会主义进入新时代,在中华人民共和国发展史上、中华民族发展史上具有重大意义,在世界社会主义发展史上、人类社会发展史上也具有重大意义。"[1] 习近平同志的这些重要论述，为回答"时代之问"指明了方向、提供了思路。

依据习近平同志的相关重要论述，吸收我国理论界的相关研究成果，从学理性来讲，所谓"时代之问"，指的是一个时代的核心问题是什么，注重的是开放性或发展性，强调的是马克思主义必须与时代发展同进步，与时俱进地回答时代发展所需要进一步关切的根本问题。它有以下几层涵义：（1）如何为中国人民谋幸福；（2）如何为中华民族谋复兴，即实现强起来；（3）如何为世界谋大同；（4）如何为中国共产党谋强大；（5）如何为科学社会主义、中国特色社会主义、马克思主义谋生机，即如何更好地坚持和发展中国特色社会主义、马克思主义，进而观察时代、把握时代、引领时代。

进入新时代，我国正在实现从"赶上时代"到"引领时代"的历史性跨越。中国特色社会主义进入新时代，我国发展的历史必然性，把不断满足人民日益增长的美好生活需要即解决人民生活"美好不美好"的问题，提到历史发展的前台和中心，它要回答"如何为中国人民谋幸福"问题。这是"时代之问"的第一层涵义。

中国特色社会主义进入新时代，中华民族迎来了从站起来、富起来到强起来的伟大飞跃，以中国式现代化全面推进强国建设、民族复兴，必然成为中国式现代化的使命任务。在新时代，实现中华民族伟大复兴成为战略全局，也迎来世界百年未有之大变局，"两个大局"正在激烈演进和演变，在这种演进和演变进程中，"战争与和平"（是要战争还是要和平）问题更加突出。胸怀"两个大局"，至关紧要的是要为中华民族谋复兴、为世界谋大同（或为世界谋"太平"），它要回答"为中华民族谋复兴""为世界谋大同"的问题。这分别是"时代之问"的第二、第三层涵义。

打铁必须自身硬。不断满足人民日益增长的美好生活需要，全面建成社会主义现代化强国、实现中华民族伟大复兴，为世界和平发展、合作共赢作出中国贡献，必然对中国共产党提出更高的要求，所以还要进一步回答"为中国共产党谋强大"的问题。这是"时代之问"的第四层涵义。

中国特色社会主义进入新时代，还需要进一步夺取中国特色社会主义伟

---

1 《习近平著作选读》第 2 卷，人民出版社，2023，第 10 页。

大胜利，继续谱写马克思主义中国化时代化新篇章，不断开辟马克思主义中国化时代化新境界，进而使马克思主义、中国特色社会主义彰显其时代意义和世界意义，进一步焕发出强大生机活力，它要回答"为马克思主义谋生机"的问题。这是"时代之问"的第五层涵义。

党的十九届六中全会通过的《中共中央关于党的百年奋斗重大成就和历史经验的决议》，浓墨重彩地阐述了中国共产党百年奋斗的历史意义。这就是：从根本上改变了中国人民的前途命运，中国人民对美好生活的向往不断变为现实；开辟了实现中华民族伟大复兴的正确道路，中华民族向世界展现的是一派欣欣向荣的气象，巍然屹立于世界东方；展示了马克思主义的强大生命力，使马克思主义以崭新形象展现在世界上，使世界范围内社会主义和资本主义两种意识形态、两种制度的历史演进及其较量发生了有利于社会主义的重大转变；深刻影响了世界历史进程，为解决人类重大问题，建设持久和平、普遍安全、共同繁荣、开放包容、清洁美丽的世界贡献了中国智慧、中国方案、中国力量，成为推动人类发展进步的重要力量；塑造了走在时代前列的中国共产党，保持了党的先进性和纯洁性，党的执政能力和领导水平不断提高。[1] 这五大历史意义，从根本上是紧紧围绕"中国人民""中华民族""世界历史""中国共产党""马克思主义"五大根本主题来讲的，其实质性的时代意义，就分别是为中国人民谋幸福、为中华民族谋复兴、为世界谋大同、为中国共产党谋强大、为马克思主义谋生机。因而，它是以"历史意义"的方式彰显中国共产党百年奋斗的时代价值，与"时代之问"实现了无缝对接。

由此，可以把上述"时代之问"简要概括为"五为五谋"，即为中国人民谋幸福，为中华民族谋复兴，为世界谋大同，为中国共产党谋强大，为马克思主义谋生机。

要解决好这里的"五为五谋"，需要中国理论。这里的中国理论，主要是中国式现代化理论。走自己的路，是我们党全部理论和实践的立足点，同理，中国式现代化是新中国成立特别是改革开放、尤其是中国特色社会主义进入新时代以来全部理论和实践的立足点，我们可以基于中国式现代化理论，来解答"五为五谋"问题。时代之问的开放性或发展性，实质上就是要求与时俱

1　参见《中共中央关于党的百年奋斗重大成就和历史经验的决议》，人民出版社，2021，第62—64页。

进地大力推进和拓展中国式现代化，以中国式现代化全面推进强国建设、民族复兴。中国式现代化是十四亿人口整体迈进现代化社会的现代化，是实现全体人民共同富裕的现代化，是人与自然和谐共生的现代化，这在实质上就是要回答"如何为中国人民谋幸福"的问题；要以中国式现代化全面推进中华民族伟大复兴、全面建成社会主义现代化强国，这在实际上就是要回答"如何为中华民族谋复兴"的问题；中国式现代化是走和平发展道路的现代化，它能为人类实现现代化提供新的选择，这在实质上就是要解答"如何为世界谋大同"的问题；中国式现代化是中国共产党领导的社会主义现代化，它同中国共产党领导是相互成就的关系，在不断推进和拓展中国式现代化进程中，必须解答"如何为中国共产党谋强大"的问题；中国式现代化是马克思主义通过"两个结合"而产生出的重大成果，它是创新发展马克思主义的立足点，推进和拓展中国式现代化与创新发展马克思主义也是相互成就关系，它要解答"如何为马克思主义谋生机"的问题。

总之，直面并解答的"中国之问"，核心问题是如何夺取中国特色社会主义伟大胜利、全面建成社会主义现代化强国、实现中华民族伟大复兴，其实质就是"为中华民族谋复兴"；直面并解答的"世界之问"，核心是回答实现中华民族伟大复兴战略全局和世界百年未有之大变局"两个大局"交织互动、相互激荡背景下中国和世界的关系问题，它积极为解决"世界向何处去"贡献中国智慧、中国方案、中国力量，其实质是为世界谋大同；直面并解答"人民之问"的核心问题，是如何使中国人民，乃至世界人民过上美好生活，其实质就是"为人民谋幸福"；直面并解答的"时代之问"的核心问题，就是在"两制并存"背景下，在"动荡、变革和重构""战争与和平"问题日趋突出的时代，如何为正确处理社会主义和资本主义的关系提供新的创新理论，进而克服资本主义制度弊端、充分展示社会主义制度的优越性，其实质就是为人类谋进步，为21世纪马克思主义谋生机。

如何为中国人民谋幸福、为中华民族谋复兴、为世界谋大同、为人类谋进步、为马克思主义谋生机，正是发展21世纪马克思主义迫切需要解答的时代性课题。党的十九届六中全会通过的《中共中央关于党的百年奋斗重大成就和历史经验的决议》第五部分强调"中国共产党百年奋斗的历史意义"，其中所讲的"历史意义"是基于大历史观，放在历史长远和整个世界来讲的，这种"历史意义",就是聚焦中国人民、中华民族、世界历史、中国共产党和马克思主义来讲的,其实质就是为中国人民谋幸福、为中华民族谋复兴、为世界谋大同、为人类谋进步、为马克思主义谋生机。[1]

七、21 世纪马克思主义与中国式现代化、人类文明新形态和人类命运共同体的关系

从理论创新维度看,其次要从基础或基石上谈论的是 21 世纪马克思主义与中国式现代化、中国式现代化的文化形态、人类文明新形态、构建人类命运共同体和建构中国自主的知识体系的关系,后者是发展 21 世纪马克思主义的五大基石。这一见解和观点,我在相关研究和发表的成果中有所阐释[2],现在依然认为有继续深入研究的必要。本书第六章将要对此展开深入分析,这里出于论题的需要,先着重从中国式现代化、人类文明新形态和构建人类命运共同体入手,并对此作一个简要阐释。

"21 世纪马克思主义,既要超越以资本至上为主导逻辑的各种现代性的资本主义话语,更要书写坚持人民至上的中国式现代化道路。"[3]马克思主义发展始终与现代化发展道路直接相关,马克思正是在批判超越资本主导的西方式现代化道路中,构建其学说的。道路探寻,是马克思主义发展的一条主线。[4] 十月革命后,列宁认为建设社会主义面临的第一个重大任务,就是实现国家的现代化。习近平同志强调:"无论搞革命、搞建设、搞改革,道路问题都是最根本的问题。"[5]"走自己的路,是党的全部理论和实践立足点。"[6]从"走自己的路",到"中国特色社会主义道路",再到"中国式现代化新道路",在理论逻辑上一脉相承,在历史逻辑上与时俱进。21 世纪马克思主义以中国式现代化新道路为立足点,把道路问题看作马克思主义发展历程中的根本问题,认为中国式现代化新道路不仅是全面建成社会主义现代化强国的必由之

1 参见《中国共产党第十九届中央委员会第六次全体会议文件汇编》,人民出版社,2021,第 91—94 页。
2 参见韩庆祥:《21 世纪马克思主义的基础性问题》,《中国社会科学》2022 年第 4 期,第 4—23 页。
3 同上。
4 参见韩庆祥:《论中国道路及其本源意义》,《中国特色社会主义研究》2020 年第 2 期,第 5—20 页。
5 《习近平关于实现中华民族伟大复兴的中国梦论述摘编》,中央文献出版社,2013,第 28 页。
6 习近平:《在庆祝中国共产党成立 100 周年大会上的讲话》,人民出版社,2021,第 13 页。

路，是实现中华民族伟大复兴的必由之路，也是为人类谋进步、为世界谋大同的必由之路（走和平发展道路），它还创造了人类文明新形态，为人类实现现代化提供新的选择，这就为发展21世纪马克思主义奠定了坚实的道路基础。

马克思主义发展从来与人类文明发展息息相关。人类文明新形态是一种新的文明范式，它超越西方那种"主客二元对立""主统治客"的传统文明范式，致力于建构"主主平等普惠"这样一种新的文明范式。显然，它是发展21世纪马克思主义的文明根基。

构建人类命运共同体，是在社会主义和资本主义"两制并存"格局中，中国为解决"世界向何处去"问题所贡献的中国智慧和中国方案，为正确处理社会主义和资本主义的关系提供的相处之道，它是21世纪马克思主义的共同体基础。马克思主义本质上就是在分析和解决资本主义和社会主义关系问题中创立和发展的，21世纪马克思主义同样如此，它就是为"两制并存"格局中如何分析和解决社会主义和资本主义的关系问题，而提供的科学理论。

八、21世纪马克思主义与掌握解释21世纪的世界之理论话语权的关系

从理论创新维度看，再次要在话语层面谈论21世纪马克思主义与掌握解释21世纪的世界之理论话语权的关系。

21世纪马克思主义是与解释和引领世界相关的概念，是为解释21世纪世界并掌握理论话语权所贡献的科学理论体系。

当今世界正经历百年未有之大变局，遇到了一系列新的深层次、全局性、长远性问题，关乎世界走向，其整体性、动荡变革性、不确定性和重构性日趋突出，迫切需要理论解释。谁能给出合理解释21世纪之世界的科学理论体系，谁就能掌握解释21世纪之世界的理论话语权。

如前所述，一段时间，在解释世界问题上，自由主义拥有话语权，我国的学术理论却往往失语，有的人依附于"西方理论"，缺乏"理论自我"，往往用西方理论范式剪裁中国具体现实，"耕了西方地，荒了中国田"，对当代中国发展的现实逻辑与中国问题缺乏全面深入研究，对21世纪世界的发展逻辑与世界问题给不出合理解释。当今，面对百年未有之大变局中的世界"动荡、

变革和重构""不稳定不确定"及其所导致的系统性风险世界，自由主义出现了解释困境。[1]

一个国家的强大既是经济、科技、军事、金融的强大，也是思想理论及其话语权的强大。中国在走向世界强国进程中必须谋求理论思想的强大。因此，当代中国应从"原材料供应国"向"理论供应国"提升，构建"学术中国""理论中国"，为解释世界提供"中国理论"，掌握解释当今世界的话语权。习近平同志强调，要加快构建中国特色哲学社会科学的学科体系、学术体系、话语体系，加快构建"理论中国"，强调这是一个需要理论、思想而且一定能够产生理论、思想的时代。这实质上是倡导要确立中华民族"学术自我""理论自我""思想自主""理论主体"。[2]

21 世纪马克思主义具有相对解释优势，能提供一种解释体系。对此，我已作出阐释、说明和论证。其要义是：第一，新时代中国是 21 世纪马克思主义的主要理论策源地，习近平新时代中国特色社会主义思想就是直面世界百年未有之大变局的科学理论体系。第二，21 世纪马克思主义能以系统应对系统，以整体应对整体。第三，21 世纪马克思主义能站在历史正确的一边，掌握历史主动，能为百年未有之大变局中动荡变革及其不确定的世界提供解释逻辑。[3]

九、21 世纪马克思主义与 21 世纪哲学范式变革的关系

从理论创新维度看，还要从哲学基础上谈论 21 世纪马克思主义与 21 世纪哲学范式变革的关系。

21 世纪马克思主义之哲学基础、哲学范式，是"主主平等普惠"。这需要从哲理上作出深入的阐释、说明和论证。

西方现代化的哲学基础、哲学范式，是"主客对立"。它以两极分化、物质主义膨胀的单向度发展、掠夺自然资源、殖民主义扩张为本质特征，其底层逻辑就是"主客对立"的哲学范式。两极分化，就是资本家把自己（或资本）

1　参见韩庆祥：《21 世纪马克思主义的基础性问题》，《中国社会科学》2022 年第 4 期，第 4—23 页。
2　同上。
3　同上。

当作"主"，把工人（或劳动）当作"客"，"主统治客"，资本主义社会的逻辑主要就是资本占有劳动并控制整个社会的逻辑；物质主义膨胀的单向度发展，就是资本主导经济社会，资本是"主"，其他皆为"客"，即资本占有劳动并控制整个社会，这自然和必然导致整个社会属于物质主义膨胀的单向度发展，亦如马尔库塞所讲的"单向度的人"，如弗洛姆所讲的以利润为导向的社会而产生"占有式"生存方式，这种生存方式导致"囤积、剥削、侵略、自私"的精神病症、病态[1]；无止境地向自然索取甚至破坏自然，其深层逻辑就是它把人类当作"主"，把自然界当作人类掠夺、征服、改造的"客"（对象），人与自然的关系是"主客"关系，是人类统治、征服自然的关系；殖民主义扩张，其实质就是把西方世界当作"主"，把非西方世界当作"客"，要求"客随主便"，西方世界统治非西方世界。

马克思、恩格斯所创立的马克思主义，力求超越资本占有劳动并控制整个社会的"资本至上"逻辑，致力于建构一个人类解放、无产阶级解放和每个人自由平等全面发展的理想社会，构建"真正的共同体"或"自由人联合体"。其哲学理念和范式，就是都作为"主体"的"人人平等"，人人都能得到自由发展、平等发展、和谐发展、全面发展。

习近平新时代中国特色社会主义思想作为 21 世纪马克思主义，继承并发展了马克思主义关于"人人平等"发展的哲学理念，在新时代新征程上，强调以中国式现代化全面推进中华民族伟大复兴。这里的中国式现代化，是全体人民共同富裕的现代化，是物质文明和精神文明相协调的现代化，是促进人与自然和谐共生的现代化，是走和平发展道路的现代化。其哲学基础或深层逻辑，就是以"主主平等普惠"为哲学范式。它摒弃"主客对立"（主统治客）的哲学范式，注重并强调主体性、平等性、普惠性，即平等主体之间的"普惠"性。比如，全体人民共同富裕的现代化，就意味着人人都是平等共享中国式现代化成果的主体，在享受中国式现代化成果上具有平等性和普惠性；物质文明和精神文明相协调的现代化，意味着物质文明和精神文明齐头并进、平等发展，在发展理念、安排和机会上具有主体性、平等性、普惠性；人与自然和谐共生的现代化，意味着人与自然的关系是二者都是平等相处、平等交

1　参见[美]弗洛姆：《健全的社会》，欧阳谦译，中国文联出版公司，1988，第 97 页。

换能量的主体，是平等关系、共生关系，而不是人类掠夺、征服、战胜自然的关系；走和平发展道路的现代化，意味着世界各国不论大小强弱，在主权、规则和机会上，都应当是平等的，都是平等享有国家主权的"主体"，是和平发展、合作共赢关系，因而应平等相待，而不应实施霸凌主义、霸权主义。习近平新时代中国特色社会主义思想是21世纪马克思主义，"主主平等普惠"，自然也构成21世纪马克思主义的哲学基础或哲学范式。

十、习近平新时代中国特色社会主义思想与21世纪马克思主义的关系

从历史时间维度、历史空间维度、理论创新维度谈论21世纪马克思主义的基本问题之后，逻辑上，最后还要从"主体形态"维度谈论习近平新时代中国特色社会主义思想与21世纪马克思主义的关系这一基本问题，认为习近平新时代中国特色社会主义思想是21世纪马克思主义的主体形态。

（一）习近平同志是发展21世纪马克思主义命题的主要提出者和推进者

据统计，迄今为止，习近平同志提出"发展21世纪马克思主义"这一重大命题，有十多次。这里按照文献学的要求，再作较为详尽的梳理。第一次，最早提出"21世纪马克思主义"这一命题，是2015年12月习近平同志在全国党校工作会议上的讲话。他说："希望党校根据时代变化和实践发展，加强理论总结和理论创新，为发展21世纪马克思主义、当代中国马克思主义作出努力。"[1]第二次，是2016年5月《在哲学社会科学工作座谈会上的讲话》中，习近平同志强调："马克思主义中国化取得了重大成果，但还远未结束。我国哲学社会科学的一项重要任务就是继续推进马克思主义中国化、时代化、大众化，继续发展21世纪马克思主义、当代中国马克思主义。"[2]第三次，是2016年7月1日，习近平同志在庆祝中国共产党成立95周年大会上发表的重要讲话中指出：要"更加深入地推动马克思主义同当代中国发展的具体实际相结合，不断开辟21世纪马克思主义发展新境界"。第四次，是在庆祝改革开放40周年大会上的重要讲话中所强调的："发展21世纪马克思主义、当代中国马克思主义，是当代中国共产党人责无旁贷的历史责任。"第五次，是在2018

1　习近平：《在全国党校工作会议上的讲话》，人民出版社，2016，第20页。
2　习近平：《在哲学社会科学工作座谈会上的讲话》，人民出版社，2016，第9—10页。

年召开的中共中央政治局民主生活会上指出："习近平新时代中国特色社会主义思想，是我们党理论创新的最新成果，是当代中国的马克思主义、21 世纪的马克思主义。"第六次，是在《习近平谈治国理政》第 3 卷中所指出的："不断开辟当代中国马克思主义、二十一世纪马克思主义新境界。"[1] 第七次，是习近平同志在庆祝中国共产党成立 100 周年大会上的讲话中指出："坚持把马克思主义基本原理同中国具体实际相结合、同中华优秀传统文化相结合，用马克思主义观察时代、把握时代、引领时代，继续发展当代中国马克思主义、21 世纪马克思主义。"第八次，是《中共中央关于党的百年奋斗重大成就和历史经验的决议》（以下简称《决议》）中强调："习近平新时代中国特色社会主义思想是当代中国马克思主义、二十一世纪马克思主义。"[2] 第九次，是在党的二十大通过的《中国共产党章程》（修正案）中，强调"习近平新时代中国特色社会主义思想是当代中国马克思主义、二十一世纪马克思主义"。第十次，是 2023 年中央领导在全国纪念毛泽东同志诞辰 130 周年学术研讨会上的讲话，强调"让当代中国马克思主义、21 世纪马克思主义展现出更为强大、更有说服力的真理力量"。

上述表述的关键词，是"作出努力""继续发展""开辟新境界""历史责任""观察时代、把握时代、引领时代""是"。"作出努力"同"历史责任"基本同义；"继续发展"与"开辟新境界"大致同理；"观察时代、把握时代、引领时代"有两个涵义，观察时代、把握时代讲的是"如何发展"，引领时代讲的是"功能意义"。所以，从学理上讲，习近平同志提出"发展 21 世纪马克思主义"重大命题的推进脉络是"历史责任—继续发展—如何发展—引领时代—'是'的判定"。显而易见，习近平同志是发展 21 世纪马克思主义命题的主要提出者和推动者。

前有所述，中国特色社会主义进入新时代，从历史发展维度看，意味着世界社会主义运动的中心已经历史性地转移到新时代中国，从理论创新维度看，发展 21 世纪马克思主义的实践创新地和理论策源地自然也在新时代中国。在这个意义上，作为中国特色社会主义进入新时代我们党最新理论创新成果的习近平新时代中国特色社会主义思想，已经肩负起发展 21 世纪马克思主义的神圣职责。这不仅体现在每当在最关键的时刻、最重要的场合，习近平同

1　《习近平谈治国理政》第 3 卷，外文出版社，2020，第 74 页。
2　《中国共产党第十九届中央委员会第六次全体会议文件汇编》，人民出版社，2021，第 48 页。

志都对发展 21 世纪马克思主义作出系列重要论述，而且体现在他直面"两个大局"，注重观察时代、把握时代、引领时代，积极回答"中国之问""世界之问""人民之问""时代之问"，既高瞻远瞩，又胸怀天下，进而引领着 21 世纪世界社会主义的发展，也引领着 21 世纪人类现代化、人类文明的发展，具有世界意义。

新时代我们党不断开辟马克思主义中国化时代化新境界进而不断推进理论创新，其最新成果就是习近平新时代中国特色社会主义思想，而发展 21 世纪马克思主义，是继续推进马克思主义中国化时代化进而推进理论创新所提出的一个标志性论断。持续推进马克思主义中国化时代化就是要发展 21 世纪马克思主义，习近平新时代中国特色社会主义思想创新的新维度新走向，就是发展 21 世纪马克思主义。就是说，习近平新时代中国特色社会主义思想在定义并引领着马克思主义中国化时代化的走向，也定义并引领着 21 世纪的马克思主义的发展。习近平同志提出的中国式现代化、人类文明新形态和构建人类命运共同体，实质上就是发展 21 世纪马克思主义的三大基石。习近平新时代中国特色社会主义思想对发展 21 世纪马克思主义具有原创性贡献，从学理上讲具体体现在：它以"人民至上"超越了资本占有劳动并控制社会的资本逻辑；以找到正确的"中国道路"来解决如何全面治理并建成社会主义现代化强国，进而夺取中国特色社会主义伟大胜利的问题；以"中国式现代化"解决了世界历史发展进程中发展中国家如何实现现代化的问题，为人类实现现代化提供了新的选择；以"中国式现代化、人类文明新形态、构建人类命运共同体"，解决了"两制并存"格局中如何充分发挥社会主义制度优越性、克服资本主义制度弊端，以及"世界向何处去"的问题。

（二）以学理方式理解和把握习近平新时代中国特色社会主义思想是 21 世纪马克思主义的主体形态

习近平新时代中国特色社会主义思想与 21 世纪马克思主义的关系，可以从本质上凝练概括为：习近平新时代中国特色社会主义思想是 21 世纪马克思主义的主体形态。

既然习近平新时代中国特色社会主义思想是 21 世纪马克思主义的主体形态，那就必然把习近平新时代中国特色社会主义思想理解为一种科学体系，且这种科学体系也必须以学理的方式加以理解和把握。

习近平同志在二十届中共中央政治局第六次集体学习时指出，推进理论的体系化、学理化，是理论创新的内在要求和重要途径。这不仅是党的理论创新的内在要求，也表明理论界对党的创新理论研究要进入一个新的阶段、层次和水平，向新的高度和深度提升。体系化注重理论观点之间的逻辑结构、总体框架及其构成的完整性、完备性，学理化注重思想挖掘的深入化、话语表达的学理化、内容阐释的学理化、精髓概括的学理化、理论建构的逻辑化，且深入挖掘重大政治命题和论断背后的道理学理哲理；体系化内在要求学理化，学理化服务于体系化。本书严格按照中央关于"体系化、学理化"的要求，在研究和表述中，既知其言更知其义、既知其然更知其所以然、既知其语更知其道，在严格同"中央精神"对表并尊重"文本原意"的前提下，力求以学理化方式，精准挖掘相关重大政治命题和论断背后的道理学理哲理，且上升到科学体系高度、深入到学理层面。

以学理化方式提炼概括、全面把握习近平新时代中国特色社会主义思想的科学体系，首先需要确定一种方法论。这一方法论可从两方面入手。

一是基于习近平治国理政的实践来把握其科学体系的板块结构、内在逻辑和总体框架。实践是理论之源。我们的理论是"一种历史的产物，它在不同的时代具有完全不同的形式，同时具有完全不同的内容"。这意味着首先要搞清楚习近平治国理政实践及其所处的时间、空间、条件即"历史方位"（也就是人们常说的时代背景）。党的十八大以来，中国特色社会主义进入了新时代，我国发展站在新的历史起点上。每个时代总有属于它自己的问题，马克思指出："问题就是公开的、无畏的、左右一切个人的时代声音。问题就是时代的口号，是它表现自己精神状态的最实际的呼声。"每个时代只能提出它能解决的问题、提出它能完成的任务。习近平治国理政实践所解决的时代性问题，是强国建设、民族复兴，集中解决"大而不强"的问题，迎来从站起来、富起来到强起来的伟大飞跃。解决时代性问题、完成历史任务、实现奋斗目标，习近平总书记既运用"哲学方法"，也采取"总体方略"，还提供"全面保障"。最为关键的是更需要一个强大的"领导主体"。

二是从比喻意义上理解科学体系的板块结构、内在逻辑和总体框架。这可从把握"一棵参天大树"的板块结构入手。一棵参天大树，首先，要搞清楚它是"在什么时候、什么地方、什么条件下栽的"，这好比科学体系所在的"历史方位";其次,要搞清楚这棵大树的"根深不深、实不实、牢不牢",根深才能叶茂,这好比科学体系的"哲学根基";再次,要搞清楚这棵大树的"主干高不高、粗不粗",这好比科学体系的"体系主干";接下来,也需要搞清楚这棵大树主干上长出来的"枝干多不多、旺不旺、茂不茂",这好比科学体系的"体系枝干";接下来,又需要搞清楚这棵大树"所需要的环境、维护和保障",这好比科学体系中的所谓"全面保障";再接下来,还要进一步搞清楚负责这棵大树"管理、栽培、浇水、施肥、扎根、开花、结果、收获的主体",这好比科学体系中的所谓"领导主体";最后,经过各方努力,这棵大树要结出果实了,还需要搞清楚这棵大树"枝干上结的是什么果实,果实大不大、多不多、好不好",这好比科学体系的"原创性贡献"。

综合"实践逻辑"和"大树比喻"两方面的分析并加以提炼概括,习近平新时代中国特色社会主义思想的科学体系及其板块结构、内在逻辑和总体框架就是:历史方位—哲学根基—体系主干(奋斗目标)—体系枝干(总体方略)—全面保障—领导主体—原创性贡献。全面深入研究和把握习近平新时代中国特色社会主义思想的科学体系,上述七个基本板块结构必不可少。

本书对人们谈论较多的"全面保障""领导主体"两个板块不再赘述,集中分析和阐述"历史方位""体系主干""体系枝干""原创性贡献""哲学根基"。

1. 习近平新时代中国特色社会主义思想的"历史方位"。

新时代、我国发展起来以后、"两个大局"、社会主要矛盾、大国成为强国、以中国式现代化全面推进强国建设、民族复兴,构成习近平新时代中国特色社会主义思想对"历史方位"判断的基本框架。

顾名思义,历史方位就是关于历史发展的位置,主要回答"由何而来""现在何处"问题,这就是习近平治国理政实践的"时代定位"问题。从相关文献看,党的十九大报告第一个部分所讲的"中国特色社会主义进入新时代""三个意味着""五句话时代特征""社会主要矛盾",《习近平谈治国理政》第3卷所讲的"两个大局",党的十九届六中全会通过的《中共中央关于党的百年奋斗重大成就和历史经验的决议》,党的二十大报告提出的"中国式现代化""强国建设、民族复兴"等,共同构成理解习近平新时代中国特色社会主义思想关于"历史方位"的文本依据。

深入分析上述文本可以看出,"三个意味着"本质上是从中华民族发展、科学社会主义发展、中国特色社会主义发展三个维度，对习近平治国理政实践所处的历史方位进行确定，实质上讲的是"中国特色社会主义进入新时代""我国发展起来以后""使大国成为强国即实现强起来"的历史方位。"第一个意味着"，指的是我国发展起来以后，中国特色社会主义进入新时代，中华民族迎来了从站起来、富起来到强起来的伟大飞跃，站在了实现强起来新的历史起点上，聚焦的是"中华民族发展进程"，讲的是新时代"中华民族伟大复兴"的叙事，核心点是"中华民族"之主体和"站起来—富起来—强起来"（强国建设、民族复兴）之宏大历史进程。"第二个意味着"，指的是社会主义由低谷到高潮，站在了焕发强大生机活力新的历史起点上，聚焦的是"科学社会主义发展进程"，讲的是"中国特色社会主义使科学社会主义焕发强大生机活力"的叙事，主体是"科学社会主义"，总体趋势是"走出低谷—焕发生机"。"第三个意味着"，指的是中国特色社会主义开创了中国式现代化，站在了为解决人类问题贡献中国智慧和中国方案新的历史起点上，聚焦的是"人类实现现代化发展进程"，讲的是"中国特色社会主义创造中国式现代化及其世界意义"的叙事，主体是"中国特色社会主义创造中国式现代化"，关键点是在世界现代化版图中，中国式现代化具有世界意义，能为人类实现现代化提供一种具有光明前景的新的选择。由此不难看出，聚焦中华民族，使大国成为强国即实现"强起来"；聚焦21世纪科学社会主义，使科学社会主义在21世纪的中国焕发出强大生机活力；聚焦人类实现现代化，中国式现代化为解决人类问题贡献了中国智慧和中国方案；三者构成上述文本的内在逻辑和核心线索。分析这一逻辑和线索可以发现，通过"中华民族—21世纪科学社会主义—人类实现现代化"这一层次递进的主体比较，通过我国发展起来"前后"的站起来、富起来与强起来、社会主义与资本主义、发展中国家与发达国家这三种不同的视野对照，关于新时代中国发展的时代境遇是什么就基本清晰了。在这个意义上可以说，新时代中国特色社会主义发展的内在逻辑是"强国建设、民族复兴"，即实现强起来。党的十九大报告和十九届六中全会通过的《中共中央关于党的百年奋斗重大成就和历史经验的决议》所讲的五个"时代特征"，就是从五个角度对新时代及其"强国建设、民族复兴"进行的阐释；新的社会主要矛盾，就是从解决人民生活"美好不美好"、国家和民族"强不强"两个根本方面，对新时代及其"强国建设、民族复兴"进行的阐释。

进一步看，习近平新时代中国特色社会主义思想在对"历史方位"进行界定的同时，还蕴含两个明显的方法论框架。一个是横向上，"两个大局"的分析框架贯穿党的十九大报告到二十大报告始终。党的十九大报告所讲的五个"时代特征"，就是在"强国建设、民族复兴"与世界现代化框架中思考新时代的历史定位；党的二十大报告第三个部分，在对世界历史趋势的观察、把握中，提出了新时代新征程的中心任务是以中国式现代化全面推进中华民族伟大复兴，中国式现代化为人类实现现代化提供了新的选择。这体现出一种"中国—世界"或"民族—人类"的"两个大局"观察方式和分析框架，其中，实现中华民族伟大复兴是战略全局，世界视野就是直面世界百年未有之大变局。另一个是纵向上，"大国建设→强国建设"成为一种贯通始终的逻辑分析进路。在对新时代10年的总结中，从基于中国人民创造"两大奇迹"，到转向"强起来"的历史判断，从基于探索世界或人类实现现代化进程中的"全新选择"，到形成关于"中国式现代化为人类实现现代化提供了新的选择"的历史自信等，都反映出中国共产党人对新时代中国发展从大国走向强国的理性自觉和自立自信。

2. 习近平新时代中国特色社会主义思想的"体系主干"。

哲学根基、时代课题、社会主要矛盾、"四大之问""历史意义""主要内容"和"五为五谋"，是把握习近平新时代中国特色社会主义思想体系主干的基本路径。

扎根于"根基"的是树干，植根于哲学根基的是体系主干，体系主干都是扎根于哲学根基上的，没有离开哲学根基的体系主干。这一"体系主干"承上启下，既扎根于"哲学根基"之上，又长出"体系枝干"。

如何确定习近平新时代中国特色社会主义思想的"体系主干"？这是一个悬而未决的重要问题。现有的研究成果没有触及这个问题，这是我们研究上的一个短板，因为没有"主干"的思想只是思想的"散叶"，有"主干"的思想再加上其"哲学根基"，就抓住了科学体系的"思想芯片"。

要确定"体系主干"，需要从哲学根基、时代课题、社会主要矛盾、"四个之问""历史意义""主要内容"的文本表述中，有逻辑地提升概括出来。

第一，从"哲学根基"提升概括。"哲学根基"具有根本性。作为习近平新时代中国特色社会主义思想哲学根基的"系统为基的战略辩证法"，可成为提炼"体系主干"的第一个依据。其中最为关键的，就是要理解和把握其中蕴含

的系统性、整体性、全局性、根本性、战略性问题。《习近平谈治国理政》第 3
卷指出：以前我们要解决"有没有"的问题，现在则要解决"好不好"的问题。
这里的"好不好"，核心就是人民的美好生活。习近平当选我们党的总书记以
后面对中外记者发表演讲，主题就是人民对美好生活的向往就是我们的奋斗
目标。况且，新时代我国社会主要矛盾发生了历史性转化（社会主要矛盾影响
我国发展的根本、全局、长远和整体），转化为人民日益增长的美好生活需要
和不平衡不充分的发展之间的矛盾，这里把"人民对美好生活的向往"历史必
然地推到新时代我国发展的前台和中心，其中蕴含的根本问题，就是解决人
民生活"美好不美好"，实质就是"为中国人民谋幸福"。实现中华民族伟大复
兴是战略全局，它是近代以来中华民族最伟大的梦想，任何国家和势力都阻
挡不了我们前进的步伐。我国已经开启强国建设、民族复兴新征程，把以中
国式现代化全面推进"强国建设、民族复兴"看作新时代新征程的中心任务，
显然这既是战略性问题又是全局性问题，其实质就是解决国家和民族"强不
强"的问题，从而"为中华民族谋复兴"。这两个问题，就是我们常讲的"初心
和使命"。习近平治国理政具有世界眼光，坚持胸怀天下，直面世界百年未有
之大变局。他提出的参与全球治理体系改革和建设，倡导全人类共同价值，
创造人类文明新形态，构建人类命运共同体，实质上就是致力于解决世界"和
平不和平"的问题，"为世界谋大同"。党政军民学、东西南北中，党是领导一
切的，办好中国的事情，关键在党，中国共产党领导是中国特色社会主义最
本质的特征，是中国特色社会主义制度的最大优势，坚持党的全面领导是坚
持和发展中国特色社会主义的必由之路，全面从严治党是党永葆生机活力、
走好新的"赶考"之路的必由之路。党的十八大以来，习近平治国理政总体上
是围绕"打铁必须自身硬"展开的，他所讲的统揽推进"伟大斗争、伟大工程、
伟大事业、伟大梦想"，其中起决定性作用的是党的建设新的伟大工程，所讲
的协调推进"四个全面"战略布局、"十个明确"之首尾、"十四个坚持"之首尾、
党百年奋斗十条历史经验之首尾，及中国特色社会主义制度的十三个显著优
势等，都把坚持党的全面领导和全面从严治党的统一置于核心地位，其实质
就是聚焦解决中国共产党自身"硬不硬"的问题，"为中国共产党谋强大"。马
克思主义是我们立党立国、兴党兴国的"根本指导思想"。实践告诉我们，中
国共产党为什么能，中国特色社会主义为什么好，归根到底是马克思主义行，

是中国化时代化的马克思主义行。拥有马克思主义科学理论指导是我们党坚定信仰信念、把握历史主动的根本所在。百年来，党坚持把马克思主义写在自己的旗帜上，马克思主义中国化时代化不断取得成功，使世界范围内社会主义和资本主义两种意识形态、两种社会制度的历史演进及其较量发生了有利于社会主义的重大转变。这里，"旗帜""根本指导思想""归根到底是马克思主义行，是中国化时代化的马克思主义行"等，都充分表明马克思主义在我们党治国理政实践的全局中居于核心地位，实质就是解决马克思主义如何始终保持蓬勃生机、旺盛活力的问题，从而"为马克思主义谋生机"。归结起来，从哲学根基所蕴含的系统性、整体性、全局性、根本性、战略性问题中，我们分析和揭示出了"为中国人民谋幸福""为中华民族谋复兴""为世界谋大同""为中国共产党谋强大""为马克思主义谋生机"五大内核，这五大内核涉及"人民""中华民族""世界""中国共产党""马克思主义"，这恰恰是在习近平新时代中国特色社会主义思想科学体系中最具根本性、全局性、长远性、战略性的问题，居于核心地位。由此可以得出结论：习近平新时代中国特色社会主义思想的"体系主干"，若用学理的话语来表达就是："为中国人民谋幸福""为中华民族谋复兴""为世界谋大同""为中国共产党谋强大""为马克思主义谋生机"，简称"五为五谋"。

第二，从"时代课题"提升概括。"时代课题"管根本、管全局、管整体、管长远，具有系统性和战略性，能成为提炼"体系主干"的第二个依据。习近平就新时代坚持和发展什么样的中国特色社会主义、怎样坚持和发展中国特色社会主义，建设什么样的社会主义现代化强国、怎样建设社会主义现代化强国，建设什么样的长期执政的马克思主义政党、怎样建设长期执政的马克思主义政党等重大时代课题进行深邃思考和科学判断，提出了一系列原创性的治国理政新理念新思想新战略。其中，建设社会主义现代化强国，本质上就是解决国家和民族"强不强"的问题，是"为中华民族谋复兴"；建设长期执政的马克思主义政党，本质上就是解决中国共产党自身"硬不硬"的问题，是"为中国共产党谋强大"；建设中国特色社会主义，与马克思主义、中国化时代化的马克思主义本质相联，因为科学社会主义因中国特色社会主义而在21世纪的中国焕发出强大生机活力，中国特色社会主义为什么好，归根到底是马克思主义行、中国化时代化的马克思主义行，其实质就是解决马克思主义如何始终保持蓬勃生机、旺盛活力的问题，从而"为马克思主义谋生机"。"为中华民族谋复兴""为中国共产党谋强大""为马克思主义谋生机"，是从"时代课题"中提炼概括出的"体系主干"。

第三，从"社会主要矛盾"提升概括。社会主要矛盾具有全局性、根本性和长远性，能成为提炼"体系主干"的第三个依据。新时代的社会主要矛盾，是人民日益增长的美好生活需要和不平衡不充分的发展之间的矛盾。"人民日益增长的美好生活需要"，主要是解决人民生活"好不好"的问题，其实质是为中国人民谋幸福；"不平衡不充分的发展"，主要是解决国家和民族"强不强"的问题，其实质是为中华民族谋复兴。

第四，从"四个之问"提升概括。"四个之问"具有系统性、整体性、全局性、根本性、战略性，涉及党和国家事业的整体、全局、根本和战略，能成为提炼"体系主干"的第四个依据。《习近平谈治国理政》第4卷"出版说明"强调："习近平在领导党和人民应变局、开新局的伟大实践中，坚持解放思想、实事求是、守正创新，对关系新时代党和国家事业发展的一系列重大理论和实践问题进行新的深邃思考和科学判断，提出了一系列原创性的治国理政新理念新思想新战略，进一步科学回答了中国之问、世界之问、人民之问、时代之问。""中国之问"之根本，就是解决国家和民族"强不强"的问题，是"为中华民族谋复兴"；"世界之问"之核心，就是解决"世界和平不和平"或"世界向何处去"的问题，是"为世界谋大同"；"人民之问"之关键，就是解决人民生活"美好不美好"的问题，是"为中国人民谋幸福"；"时代之问"与"新时代及其时代特征"和"时代课题"本质相关，其内核涉及如何谱写马克思主义中国化时代化新篇章，涉及新时代在"为中国人民谋幸福""为中华民族谋复兴""为中国共产党谋强大"进程中如何"为马克思主义谋生机"。显然，"四个之问"蕴含了"为中国人民谋幸福""为中华民族谋复兴""为中国共产党谋强大""为世界谋大同""为马克思主义谋生机"，这是从"四个之问"中提炼概括出的"体系主干"。

第五，从"历史意义"提升概括。这里讲的"历史意义"，是中国共产党百年奋斗的历史意义。党的十九届六中全会通过的《中共中央关于党的百年奋斗重大成就和历史经验的决议》，是用大历史观，从党史、新中国史、改革开放史、社会主义发展史、中华民族发展史、人类发展史这种宽广、长远、整体、纵深视野，来分析和揭示中国共产党百年奋斗的伟大历史意义，其"历史意义"能成为提炼"体系主干"的第五个依据。它所讲的伟大"历史意义"，是分别从"中国人民""中华民族""马克思主义""世界历史""中国共产党"五大根本主题来讲的。深读文本可以明确看出，其核心内容分别讲的是"中国人民对美好生活的向往""中华民族向世界展现的是一派欣欣向荣的气象""马克思主义中国化时代化不断取得成功，使马克思主义以崭新形象展现在世界上""党为世界谋大同""保持了党的先进性和纯洁性，党的执政能力和领导水平不断提高"。其实质显然讲的就是"为中国人民谋幸福""为中华民族谋复兴""为马克思主义谋生机""为世界谋大同""为中国共产党谋强大"。这是从"历史意义"中提炼概括出的"体系主干"。

第六，从"主要内容"提升概括。"主要内容"具有涵盖性、根本性、核心性、直接性，能成为提炼"体系主干"的第六个依据。习近平新时代中国特色社会主义思想的主要内容可概括为"十个明确""十四个坚持""十三个方面成就"。"十四个坚持"中的第二个坚持第八个坚持第九个坚持、第十一个坚持第十二个坚持、第十三个坚持、第一个坚持第十四个坚持，本质上分别讲的是"为中国人民谋幸福""为中华民族谋复兴""为世界谋大同""为中国共产党谋强大"。尤其是"十个明确"，属于习近平新时代中国特色社会主义思想的根本观点，其中第三个明确、第二个明确、第九个明确、第一个明确和第十个明确，就分别讲到了"人民""中华民族""世界""中国共产党"，从更为本质和深层的意义上加以提升，其实质就是"为中国人民谋幸福""为中华民族谋复兴""为世界谋大同""为中国共产党谋强大"。

综合上述分析，习近平新时代中国特色社会主义思想科学体系的"体系主干"，就是为中国人民谋幸福、为中华民族谋复兴、为世界谋大同、为中国共产党谋强大、为马克思主义谋生机。

3. 习近平新时代中国特色社会主义思想的"体系枝干"。

"新发展理念""两大布局""战略安排"，是理解和把握习近平新时代中国特色社会主义思想体系枝干的基本逻辑。

从逻辑上讲，体系之所以成为体系，要旨就在"体"和"系"要完备，整体逻辑要自洽。其中，核心在"体"，即要有主体或主干结构，"主干"内生出各种"枝干"；"系"，它附着于"体"，是从"体"生长出来"枝干"，它要"枝叶繁茂"。把握习近平新时代中国特色社会主义思想的科学体系，同样如此。

从学理逻辑上，如果说"五为五谋"是习近平新时代中国特色社会主义思想的"体系主干"，那么，"新发展理念""两大布局"和"战略安排"就是从"五为五谋"生长出来的"体系枝干"之核心内容，可概括为"总体方略"。现有的相关研究成果多从"体系枝干"及其他方面展开研究和论述，而从"哲学根基""体系主干"层面研究的比较少，甚至缺乏系统深入研究。

从"十个明确""十四个坚持""十三个方面成就"主要内容中，我们可提炼概括出最为核心的内核，即"新发展理念""两大布局"和"战略安排"，这分别是从"道""术""行"三个维度讲的。"十个明确"的逻辑是：方向道路—历史方位—奋斗目标—重大布局—政治保障；"十四个坚持"的逻辑是：治党治国治军—"五位一体"总体布局—"四个全面"战略布局—内政外交国防—改革发展稳定；"十三个方面成就"的逻辑是：党的领导—"五位一体"总体布局—"四个全面"战略布局—国防、安全、统一、外交。如果暂且不谈上述属于"历史方位""体系主干""全面保障""领导主体"等的内容的话，留下的核心内容就是"新发展理念""两大布局"和"战略安排"。这方面的内容就是"体系"之"系"，属于"体系枝干"，亦即为实现"五为五谋"所确定的总体方略。

"新发展理念"既然是"理念"，就属于"道"的范畴，是为实现"五为五谋"提供"道"上的总体方略。党的二十大报告指出："贯彻新发展理念是新时代我国发展壮大的必由之路。""路"就是路径，路径属于方略范畴。新发展理念是从道的层面讲的"我国发展壮大"亦即"为中华民族谋复兴"的总体方略，其根本支撑是坚持以人民为中心的发展思想，就是说，它也是"为中国人民谋幸福"的总体方略。习近平强调："党的十八大以来我们对经济社会发展提出了许多重大理论和理念，其中新发展理念是最重要、最主要的。新发展理念是一个系统的理论体系，回答了关于发展的目的、动力、方式、路径等一系列理论和实践问题，阐明了我们党关于发展的政治立场、价值导向、发展模式、发展道路等重大政治问题。"他又明确强调："为人民谋幸福、为民族谋复兴，这既是我们党领导现代化建设的出发点和落脚点，也是新发展理念的'根'和'魂'。"不言而喻，新发展理念发源于"为人民谋幸福、为民族谋复兴"之"根"，同时也是引领"两大布局"之道。

"两大布局"既然是"布局"，就属于"术"的范畴，是为实现"五为五谋"提供"术"上的总体方略。习近平治国理政在实践上谈的相对多的就是"两大布局"：一是统筹推进"五位一体"总体布局，二是协调推进"四个全面"战略布局。这"两大布局"，把我国的经济、政治、文化、社会、生态文明、改革、法治、强国建设、党的建设等都包括进来了。现有的相关研究成果大都是围绕这些内容展开的，有合理性，然而还需要从中深入挖掘和提炼概括出科学体系的"思想芯片"。

"两步走"的战略安排既然是"安排"，就属于"行"的范畴，它是从"行"的层面为实现"五为五谋"提供的总体方略。

4. 习近平新时代中国特色社会主义思想的"原创性贡献"。

我们应基于"科学体系"，着重从历史方位、哲学根基、体系主干、体系枝干四个层面，理解和把握习近平新时代中国特色社会主义思想的原创性贡献。离开"科学体系"谈原创性贡献，就既无"体"又无"系"。这是一个难度较大的问题，迄今为止我国理论界在这一问题上远未达成共识。

一般来讲，谈论原创性贡献有两种思路：一是"条条思维"，用许多条条来讲习近平新时代中国特色社会主义思想的原创性贡献；二是"块块思维"，分几大块来讲习近平新时代中国特色社会主义思想的原创性贡献。我采取"块块思维"，着重运用"习近平新时代中国特色社会主义思想之科学体系"的分析框架，来解析其原创性贡献。

第一，历史方位上的原创性贡献，集中体现为提出并致力于解决我国发展起来以后使大国成为强国即"实现强起来"与"新时代课题、新社会主要矛盾、新奋斗目标"等重大问题，在中华民族发展史、党史、新中国史上作出了原创性贡献。新的历史方位是理解习近平新时代中国特色社会主义思想原创性贡献的逻辑起点，这可从"纵向"和"横向"两方面来说。

从纵向来讲，集中体现在新时代提出并致力于解决"实现强起来"问题。时代是思想之母，理论创新源于新时代。新时代集中体现为迎来从站起来、富起来到强起来的伟大飞跃。要紧紧围绕"实现强起来"这个时代主题，来理解习近平新时代中国特色社会主义思想的原创性贡献，这是理解原创性贡献的"主题"，也是理解原创性贡献的时代依据。这方面的原创性贡献主要体现为在马克思主义中国化时代化发展史上，立足强国时代和强国逻辑，建构起"迎来从富起来到强起来伟大飞跃"的"强国理论"，实现了马克思主义中国化时代化新的飞跃，对推进马克思主义中国化时代化作出原创性贡献。

从横向来讲，集中体现为提出并从实践上致力于解决新时代背景下新的时代课题、新的社会主要矛盾、新的奋斗目标问题。实践是理论之源，理论创新也源于新实践。要紧紧围绕"新时代背景下新的时代课题、新的社会主要矛盾、新的奋斗目标"这个实践主线，来理解和把握习近平新时代中国特色社会主义思想的原创性贡献，这是理解原创性贡献的"主线"，也是理解原创性贡献的实践依据。新的时代背景就是"两个大局"，新的时代课题就是三个重大"时代课题"，新的社会主要矛盾蕴含习近平新时代中国特色社会主义思想所解决的根本问题，解决新的社会主要矛盾和根本问题蕴含新的奋斗目标。发现问题、分析问题、解决问题是理论创新的起点和动力源。

第二，哲学根基上的原创性贡献，集中体现在把"系统为基的战略辩证法"作为哲学基础，发展了唯物主义辩证法。这是理解原创性贡献的哲学"主源"，也是理解原创性贡献的哲学依据，要基于这一哲学根基理解原创性贡献。唯物主义辩证法具有总体性，贯穿整个马克思主义哲学及其历史发展进程中，这是共性。同时，这种辩证法在马克思主义哲学发展进程中呈现为不同的历史形态。在马克思、恩格斯那里，唯物主义辩证法主要呈现为"历史辩证法"。因为他们最注重的是在历史领域实现哲学变革，由"上半截子"唯物主义发展到"下半截子"唯物主义，确立唯物主义在历史领域的权威，这只有借助唯物主义辩证法才有可能。这种辩证法直接通达、走向现实世界和历史领域，揭示其内在普遍联系、矛盾运动和发展过程及其一般规律。在列宁那里，唯物主义辩证法主要采取"认识辩证法"形态。列宁着力思考的是经济文化落后的俄国如何向社会主义过渡问题，这首先需要认识完全不同于近代西欧社会的具有独特性的俄国国情。要做到这一点，首先要确定唯物主义认识路线，从客观实际出发认识俄国国情。这就把唯物主义认识论突出出来，《唯物主义和经验批判主义》就是唯物主义认识论的代表作。从俄国特殊国情出发认识和建设社会主义，需要把马克思主义基本原理同俄国特殊实际相结合。这就要处理好一般和个别、普遍和特殊的辩证关系，需要辩证法，《哲学笔记》就是辩证法的代表作。所以，列宁把辩证法看作马克思主义的认识论，把辩证法、认识论和逻辑学看作同一的。在毛泽东思想中，唯物主义辩证法呈现为"实践辩证法"。要解决农民占大多数的落后中国如何建设社会主义的问题，就必须把马克思主义基本原理同中国具体实际相结合。这就涉及一般和个别、普遍和特殊、共性和个性之间的辩证关系，需要辩证法。毛泽东把马克思主义基本原理同中国具体实际相结合，产生了中国化马克思主义，我们党要用这种中国化的马克思主义武装全党、教育人民、指导实践，这就涉及理论和实践的辩证关系，由此便有了毛泽东的《矛盾论》《实践论》两部哲学代表作。前者讲矛盾论，要处理一般和特殊、共性和个性的辩证关系，后者讲实践论，要处理理论和实践的关系，二者有机统一，就是"实践辩证法"。邓小平、江泽民、胡锦涛治国理政也特别注重唯物主义辩证法，同时在总体上也注重实践，由此也可以把他们的哲学思想总体上归为实践辩证法。习近平新时代中国特色社会主义思想也坚持唯物主义辩证法，坚持历史辩证法、认识辩证法、实践辩证法，但更为鲜明的特质，就是注重"系统为基的战略辩证法"。其主要原因就在于习近平在新时代强国建设、民族复兴进程中所面临的问题大多是系统性、战略性矛盾和问题，需要把辩证法运用于系统性和战略性问题之中。这是对马克思主义辩证哲学的一种具有总体性的原创性贡献。

　　第三，体系主干上的原创性贡献，集中体现为提出并致力于解决"五为五谋"问题，在人类社会发展史、世界社会主义发展史、马克思主义发展史包括中国化时代化的马克思主义发展史、世界现代化发展史、中华民族发展史、党史上作出了原创性贡献。这是理解原创性贡献的哲学"主干"。(1)提出并致力于"为中国人民谋幸福"，以"人民至上"的"民本逻辑"超越"资本主导"的"资本逻辑"，在人类社会发展史和马克思主义发展史上作出了原创性贡献；(2)提出并致力于为中华民族谋复兴，注重以中国式现代化全面推进强国建设、民族复兴，第一次建构起了中国式现代化理论，它区别并超越了西方中心论，拥有了思想文化的主体性，掌握了思想和文化的领导权，在中华民族发展史、新中国史上作出了原创性贡献；(3)提出并致力于为世界谋大同，由过去"被开除球籍"的"世界失我"，经"确立中国特色社会主义自主性"的"世界有我"，走向"为人类实现现代化提供新的选择"的"世界向我"，在世界现代化发展史上作出了原创性贡献；(4)提出并致力于为中国共产党谋强大，通过以党的自我革命等方略破解大党独有难题，揭示了中国共产党长期执政规律，在党史上作出了原创性贡献；(5)提出并致力于为马克思主义谋生机，注重创新发展21世纪马克思主义，为解释21世纪世界百年未有之大变局贡献了中国理论，掌握了解释21世纪世界的理论话语权，它区别并高于新自由主义，在世界社会主义发展史、马克思主义发展史、中国化时代化的马克思主义发展史上作出了原创性贡献。

第四，体系枝干上的原创性贡献，集中体现为从道、术、行三方面提出了新发展理念、统筹推进"两大布局"和"两步走"战略安排，找到了中国社会主义建设实践，即中国特色社会主义建设的总体方略，解决了中国社会主义建设实践的"后半程"问题，作出了原创性贡献。习近平指出：中国社会主义建设实践可分为"前半程"和"后半程"。"前半程"的主要历史任务，是在坚持社会主义基本制度的基础上进行改革；"后半程"的主要历史任务，就是发展和完善中国特色社会主义制度，推进国家治理体系和治理能力现代化，以制度优势更好地治理国家，以保障社会安定有序、人民幸福安康。要做到这一点，就必须贯彻新发展理念（道），这是我国发展壮大的必由之路；统筹推进"两大布局"（术），即统筹推进"五位一体"总体布局，协调推进"四个全面"战略布局；具体落实好"两步走"的战略安排（行）。这三者共同构成中国特色社会主义建设的总体方略。

第五，从总体上，就是习近平新时代中国特色社会主义思想以坚持和发展马克思主义、继续谱写马克思主义中国化时代化新篇章、不断开辟马克思主义中国化时代化新境界，为发展马克思主义、中国化时代化的马克思主义作出了原创性贡献。集中体现在：它破解了超越资本主导逻辑、走向民本逻辑的问题；解决了经济落后国家全面治理并建设社会主义的问题；解决了世界历史进程中发展中国家实现现代化的问题；解决了"两制并存"格局中以中国式现代化、人类文明新形态、构建人类命运共同体来发挥社会主义制度优越性，为"世界向何处去"开辟新路的问题；解决了社会主义与市场经济相结合的问题；解决了在世界历史大趋势中中国实现跨越式发展问题；解决了中国特色社会主义成长进程中为解决人类问题贡献中国智慧和中国方案问题；解决了中国特色社会主义进入新时代如何使大国成为强国即实现强起来的总体方略问题；等等。

此外，以学理方式把握习近平新时代中国特色社会主义思想的科学体系，还有一个特别重要的方面，就是习近平新时代中国特色社会主义思想的"哲学根基"。理论的学理化、"时代、实践、文本、理论的根据"、系统为基的战略辩证法，是把握习近平新时代中国特色社会主义思想哲学根基的基本要素。推进理论的体系化、学理化，是理论创新的内在要求和重要途径。马克思主义之所以影响深远，在于其以深刻的学理揭示人类社会发展的真理性、以完备的体系论证其理论的科学性。习近平新时代中国特色社会主义思想的发展是一个不断丰富拓展并不断体系化、学理化的过程。这表明对习近平新时代中国特色社会主义思想的研究要向纵深推进。即继续推进理论创新，向理论的学理化阐释、学术化表达、体系化建构推进，体系化内在要求学理化、学术化，学理化阐释、学术化表达、体系化建构内在要求必须深入揭示出习近平新时代中国特色社会主义思想的哲学根基。没有哲学根基的理论根本谈不上体系化、学理化，没有哲学的体系就没有"根"。在这个意义上，建构习近平新时代中国特色社会主义思想的科学体系，对这一科学体系进行学理化阐释和学术化表达，最为纵深最为根本最为厚重的就是理解其中蕴含的哲学根基。这应当看作我们进一步认识、理解和把握习近平新时代中国特色社会主义思想之科学体系的深化，在这方面现有的相关成果还缺乏深入研究。反映中国特色社会主义发展的历史逻辑，基于习近平治国理政实践所破解的根本问题，体现习近平总书记相关重要论述和习近平新时代中国特色社会主义思想的世界观和方法论之"六个必须坚持"，习近平新时代中国特色社会主义思想的哲学根基，若从学理上加以分析、提炼和概括，就是"系统为基的战略辩证法"。

关于这一点，本书在相关的地方已经给予全面系统的阐释和论述，这里就不再赘述了。

从历史时间维度，到历史空间维度，经理论创新维度，最后再到"主体形态"维度这样的逻辑来谈论 21 世纪马克思主义基本问题，是一个环环相扣、步步深入、逻辑严密的有机整体。

第 六 章

发展 21 世纪马克思主义的"中国样本"

如果说"基本问题"是从"现实问题"维度解答创新发展 21 世纪马克思主义的"动力源",回答"从何创新"问题,那么,"中国样本"则实质上是从实践维度讲新时代中国创新发展 21 世纪马克思主义的实践路径和方式及其中国经验问题,回答"创新之基"问题。它重点回答以下几个问题:创新发展 21 世纪马克思主义要研究什么问题? 它是如何解答这些问题的? 这种研究与解答具有什么样的特殊性和普遍性? 在世界社会主义发展史、马克思主义发展史上又具有什么样的世界意义? 概言之,21 世纪马克思主义是如何在新时代中国进行创新发展的? 由此可见,"中国样本",就是在回应 21 世纪时代特征、时代课题的过程中逐渐形成发展的,它是 21 世纪马克思主义创新发展的实践基础。

马克思、恩格斯主要是以 19 世纪资本主义发展相对成熟的西欧及英国为典型样本,他们所解答的时代课题是:资本主义"由何而来""现在何处""走向何方"?"无产阶级如何获得解放"? 如何超越资本主义?"人类社会向何处去"? 在对这些时代课题的解答中,它第一次破解了人类社会发展的"历史之谜",在今天依然具有指导意义,具有强大生命力。列宁传承发展了马克思主义,创立了 20 世纪的马克思主义的主体形态——列宁主义。列宁以及布尔什维克政党把科学社会主义由理论变成现实,在世界上建立了第一个社会主义国家。列宁主义所解析的典型样本与时代课题,是小农经济占绝对优势的落后俄国如何向社会主义过渡。同样是在 20 世纪,中国共产党人把马克思列宁主义同中国具体实际相结合,把科学社会主义理论和实践由西方转向东方中国,成立了新中国,建立了社会主义基本制度,也产生了 20 世纪的马克思主义的另一种主体形态——毛泽东思想。

那么,21 世纪马克思主义所解析的典型样本与时代课题究竟是什么?

21 世纪马克思主义的实践基础及其典型样本，是"两个大局"交织互动、相互激荡的背景下的中国特色社会主义新时代和世界走向，是世界社会主义运动中心转移到新时代中国引起的根本变化，解答的根本问题是：21 世纪马克思主义如何解释并解决世界社会主义和马克思主义发展进程中提出的重大难题？如何解释和处理"两个大局"背景下社会主义和资本主义、当代中国和世界的关系？如何以中国式现代化、创造人类文明新形态和构建人类命运共同体超越资本主义历史局限，展示社会主义现代化的优越性，为解决人类重大问题贡献中国智慧、中国方案、中国力量？中国特色社会主义如何彰显出世界历史意义？

问题是理论创新的起点和动力源。站在"新时代""大变局"这一新的历史起点上，运用马克思主义世界观和方法论及其贯穿其中的立场观点方法，以 21 世纪全球最伟大的实践样本——具有世界级意义的新时代中国为典型样本，解答具有时代性、前沿性、根本性和前瞻性与世界意义的重大课题，进而创新发展 21 世纪马克思主义，这在世界马克思主义发展史和社会主义发展史上，具有典型样本的意义。

新时代中国是如何创新发展 21 世纪马克思主义的？这可以从解答的问题与如何解答两个层面展开论述。总体来说就是：它把超越资本占有劳动并控制社会的逻辑变成现实，回答了"马克思、恩格斯之问"；经济文化落后国家可以建成社会主义，回答了"马克思主义经典作家之问"；在世界历史进程中欠发展国家通过跨越式发展可以赶上世界发展先进水平，回答了"邓小平之问"；解答社会主义与资本主义并存的 21 世纪之世界矛盾难题和人类问题，回答世界向何处去的"世界之问"。

一、把超越资本占有劳动并控制社会的逻辑变成现实

这一样本是具有政治意义、全球意义上的"总体性"样本，回答了"马克思、恩格斯之问"。

马克思、恩格斯所直面的近代欧洲资本主义社会的"总问题"，是资本占有劳动并控制社会的逻辑。马克思、恩格斯毕生所批判的资本主义社会，就是这种资本逻辑占主导的社会，19 世纪的马克思主义，就是在批判资本占有劳动并

控制社会的逻辑及其带来的罪恶进程中创立起来的。只要深入研读《1844 年经济学哲学手稿》《共产党宣言》《资本论》等著作，就可以清晰地看到这一点。

　　如何把超越资本占有劳动并控制社会的逻辑真正变成现实，并建立一个有助于不断促进人的全面发展的理想社会？19 世纪的马克思主义从理论上为解决这一问题提供了根本路径和方法原则，但从实践上还未完全解决这一根本问题。20 世纪列宁所发展的马克思主义——列宁主义也未真正解决这一根本问题。在马克思主义中国化时代化历史进程中，新时代中国共产党人在继承与整合马克思列宁主义、毛泽东思想、邓小平理论、"三个代表"重要思想、科学发展观、习近平新时代中国特色社会主义思想的基础上，最终在实践上创新性地破解了这一总体性、根本性问题，创新发展了 21 世纪马克思主义。新时代中国共产党人为"解放和发展社会生产力"而合理"利用和运作资本"，把市场经济和社会主义制度结合起来，注重资本投资对生产要素的聚集和拉动作用。同时，这种资本运作也会带来对劳动的某种占有。社会主义不允许这种占有成为主导并控制社会，于是，就必须在中国共产党领导下，把资本控制在经济领域且有利于发展社会生产力的范围和框架之内，并牢固坚持以人民为中心的发展思想。

　　第一，它通过坚持和巩固中国特色社会主义基本经济制度来实现。即以公有制为主体、多种所有制经济共同发展，以按劳分配为主体、多种分配方式并存，把社会主义制度和市场经济有机结合起来。[1]

　　第二，通过确立"以人民为中心的发展思想"来实现。[2] 即把人民当作主体，一切依靠人民；把人民当作目的，一切为了人民；把人民当作尺度，坚持人民至上；把人民当作根基，牢牢扎根于人民。[3] 上述这些，构成经济落后的欠发展国家合理利用和运作资本，同时又把超越资本占有劳动并控制社会的逻辑变成现实的基本逻辑。在新时代中国，尤其是在中国特色社会主义新时代，以人民为中心的"人民至上"逻辑已经扎根于中国大地，并生根、开花、结果，成为新时代中国发展的现实逻辑。

　　1　参见《邓小平文选》第 3 卷，人民出版社，1993，第 367 页。
　　2　参见《中国共产党第十九次全国代表大会文件汇编》，人民出版社，2017，第 17 页。
　　3　参见《中国共产党第十九次全国代表大会文件汇编》，人民出版社，2017，第 17 页；《中国共产党第十九届中央委员会第四次全体会议文件汇编》，人民出版社，2019，第 20 页。

因此，这是新时代中国在人类历史上的一个伟大创举，也属于习近平新时代中国特色社会主义思想致力于创新解决的一个总体性、根本性问题，回答了"马克思、恩格斯之问"。

二、经济文化相对落后的国家可以建成社会主义

这一样本也是具有政治意义、全球意义上的"总体性"样本，回答了"马克思主义经典作家之问"。

如果说马克思、恩格斯早年集中关注的是西欧资本主义国家的"现存处境"与"发展趋向"问题，那么，马克思主义经典作家如马克思、列宁在晚年，以及毛泽东、邓小平等集中关切的，则是经济落后的东方国家如何建设社会主义的问题。马克思、恩格斯所构想的社会主义，是在欧洲资本主义生产力相对发达的基础上，且围绕生产关系的变革而建立起来的。在马克思、恩格斯那里，也曾多次探究过经济文化落后国家向社会主义过渡并建设社会主义的问题。马克思晚年的《人类学笔记》等，致力于探究经济文化落后的东方社会的发展道路问题，并对俄国及中国等国家的发展道路进行了认真思考。马克思总的见解是：小农经济占优势的落后俄国，如果能吸收资本主义社会的积极成果，同时又能克服资本主义社会的弊端，就能跨越所谓资本主义社会的"卡夫丁峡谷"，而向社会主义过渡。[1] 这里，马克思提出了经济文化落后的东方社会能否向社会主义过渡这一具有全局性、根本性的问题。

马克思主义发展到 20 世纪，首先在苏俄扎根、开花、结果，形成了 20 世纪的马克思主义——列宁主义。列宁把科学社会主义由理论变成现实，在世界上建立了第一个社会主义国家。1923 年后，列宁的实践探索与理论研究重心，是集中探讨小农经济占绝对优势的落后俄国向社会主义过渡的道路问题。

其核心思想是："一切民族都将走向社会主义，这是不可避免的，但是一切民族的走法却不会完全一样，在民主的这种或那种形式上，在无产阶级专政的这种或那种形态上，在社会生活各方面的社会主义改造的速度上，每个民族都会有自己的特点。"[2] 当时俄国的经济结构，是小农经济占绝对优势，社

1　参见《马克思恩格斯选集》第 3 卷，人民出版社，2012，第 837 页。
2　《列宁专题文集　论社会主义》，人民出版社，2009，第 398 页。

会主义经济十分薄弱，经济文化相对落后，而经济文化落后的俄国可以通过国家资本主义改造小农经济，发展社会生产力，积累社会物质财富，从而为向社会主义过渡奠定雄厚的物质基础；但一定要把国家资本主义置于苏维埃政权的控制之下。然而，后来由于当时苏联受教条主义与党内腐败的严重影响，没有找到经济落后国家"建成"社会主义的具体路径和内在规律，结果使世界上第一个社会主义国家到 20 世纪 90 年代就夭折了。

自从中国共产党成立那一天起，中国共产党人就义无反顾地肩负起不断推进马克思主义中国化时代化的历史重任，也以历史责任感来探讨"经济落后的国家建设社会主义"这一总体性、根本性问题。1956 年，中国确立了社会主义基本制度。1978 年，中国开启了改革开放和社会主义现代化建设新时期。这是基于中国共产党人对社会主义初级阶段所具有的深刻认知。那时，中国的社会主义还处在初级阶段，社会生产力不发达，按照当年邓小平同志的话来讲，这还是一个"不够格"的社会主义。[1] 如何在社会生产力不发达的基础上建设社会主义，这对于发展 21 世纪马克思主义来说，既是一个亟须破解的重大理论和实践问题，也是马克思主义中国化时代化进程中需要迫切解决的一个根本问题。中国共产党人结合中国具体实际，破解了这一重大问题，为创新发展 21 世纪马克思主义奠定了坚实基础。

破解的逻辑主要是：要使"不够格"的社会主义成为"够格"的社会主义，首先要解决经济效率问题，进而解放和发展社会生产力，为建成社会主义打下坚实的物质基础；解放和发展社会生产力，必然开展现代化建设，尤其要注重合理利用在资源配置中起决定性作用的市场，它通过平等竞争能较好解决经济效率问题；在中国搞现代化，必须是社会主义现代化，必须体现以人民为中心的发展思想，必须注重公平正义，因为市场经济有助于解决能力贡献与利益分配的利益对等问题，体现了正义原则，然而，由于人们之间在天赋和后天方面不可避免地存在着差异，这种按照能力贡献进行分配的逻辑，久而久之，就必然会拉大人们之间的收入差距，如果不加以有效调节，就会

---

　　[1]　1987 年 4 月 26 日，邓小平在会见捷克斯洛伐克总理什特劳加尔时说：搞社会主义，一定要使生产力发达，贫穷不是社会主义。我们坚持社会主义，要建设对资本主义具有优越性的社会主义，首先必须摆脱贫穷。现在虽说我们也在搞社会主义，但事实上不够格。只有到了下世纪中叶，达到了中等发达国家的水平，才能说真的搞了社会主义，才能理直气壮地说社会主义优于资本主义。现在我们正在向这条路上走。

带来贫富悬殊，不利于实现共同富裕，进而影响社会平衡和谐稳定；为保持经济发展充满活力的同时又保持社会平衡和谐稳定，就必须在政治和社会领域，根据社会主义的公平、共富原则，对收入差距进行有效调节、调整，比如通过税收、财政转移支付等，这里的公平体现着利益均等和共享发展；在社会主义初级阶段搞社会主义现代化，就要根据中国的历史、文化、传统，自主选择适合中国国情的社会主义现代化道路，这就是建设中国特色社会主义，中国特色社会主义是实现社会主义现代化的必由之路。

新时代中国特色社会主义是在与资本主义"竞跑"中展现社会主义制度优越性的社会主义，是能解决经济落后国家全面治理并建成社会主义这一根本问题的社会主义，它沿着这一逻辑继续前行，致力于夺取中国特色社会主义伟大胜利。为此需要解决三个根本问题。（1）运用新发展理念，聚焦解决人民日益增长的美好生活需要和不平衡不充分的发展之间的矛盾，使人民生活美好起来，使国家强起来。从一定意义上说，新发展理念就是直奔社会主要矛盾而去的，协调发展、绿色发展、共享发展关乎人民美好生活的实现，创新发展、协调发展、开放发展关乎解决发展不平衡不充分问题，有助于使国家强起来。（2）运用我国国家制度和国家治理体系的显著优势继续创造中国奇迹，把制度优势更好地转化为政党治理、国家治理、全球治理效能，从而奋力实现中华民族伟大复兴。国家制度优势和国家治理效能直接影响实现中华民族伟大复兴的进程。（3）以中国式现代化和人类文明新形态为人类作出更大贡献。中国式现代化坚持以人民为中心的发展思想，走和平发展道路，人类文明新形态注重物质文明、精神文明、政治文明、社会文明、生态文明协调发展，有助于为人类作出更大贡献。只要坚定不移走中国特色社会主义道路，就一定能够"把我国建成富强民主文明和谐美丽的社会主义现代化强国"。

中国特色社会主义是党和人民取得的根本成就，其成功原因在于，党通过完善政党治理与推进国家治理体系和治理能力现代化，逐步实现六个结合，即社会主义制度和市场经济相结合，国家制度优势和国家治理效能相结合，经济社会发展的动力机制和平衡机制相结合，效率和公平相结合，促进改革发展和保持社会稳定相结合，经济快速发展和保持民族独立相结合。这既为解决经济落后国家尤其是中国建成社会主义这一全局性、根本性问题提供了宝贵经验和深邃智慧，也解决了许多发展中国家现代化建设面临的"悖论"（要

么经济有活力但社会不够和谐，要么社会有序但经济没活力；要么经济加快
发展但国家失去独立性，要么国家保持独立性但经济发展缓慢；享受了现代
性成果但也付出巨大代价），还使中国特色社会主义发生了由"自我辩护"到
"中国主体"再到"影响世界"的历史性转变。[1] 这就以中国方式破解了马克思，
尤其是列宁、毛泽东试图破解但在实践上还未破解的难题。对此，习近平同
志击中要害："怎样治理社会主义社会这样全新的社会，在以往的世界社会主
义中没有解决得很好。马克思、恩格斯没有遇到全面治理一个社会主义国家
的实践……列宁在俄国十月革命后不久就过世了，没来得及深入探索这个问
题；苏联……没有解决这个问题。我们党在全国执政以后，不断探索这个问
题，虽然也发生了严重曲折，但在国家治理体系和治理能力上积累了丰富经
验、取得了重大成果，改革开放以来的进展尤为显著。""我们的国家治理体系
和治理能力总体上是好的，是适应我国国情和发展要求的。同时，我们也要
看到……我们在国家治理体系和治理能力方面还有许多不足，有许多亟待改
进的地方。真正实现社会和谐稳定、国家长治久安，还是要靠制度，靠我们
在国家治理上的高超能力，靠高素质干部队伍。我们要更好发挥中国特色社
会主义制度的优越性，必须从各个领域推进国家治理体系和治理能力现
代化。"[2]

这在世界社会主义发展史上，解决了各民族走向社会主义道路具有多样
性这一重大课题，为世界各国走向社会主义提供了重要经验，也是对 21 世纪
马克思主义的发展，回答了"马克思主义经典作家之问"。

三、世界历史进程中欠发展国家可以实现现代化

就整个世界来讲，所有社会主义国家都愿致力于解决一个具有政治意义、
全球意义的根本性问题，即在世界历史进程中，欠发展国家通过跨越式发展

1　"自我辩护"，就是改革开放之初，因我国社会生产力不发达，人民生活水平不是很高，我们相对注重
为中国特色社会主义辩护，论证其历史必然性和价值合理性；中国共产党人具有战略清醒和定力，坚定不移走
中国特色社会主义道路，确立了道路问题上的"中国主体"性；中国特色社会主义进入新时代，中国特色社会主
义道路、理论、制度、文化不断发展，为解决人类重大问题贡献了中国智慧、中国方案、中国力量，这就是"影
响世界"。

2　《十八大以来重要文献选编》(上)，中央文献出版社，2014，第 548 页。

赶上世界发展先进水平，实现现代化。19 世纪的马克思主义通过对资本和市场之历史逻辑的分析，揭示了一国交往向世界交往历史转化的一般规律，这就是由一国历史向世界历史转变，把一国历史融入世界历史进程中，使世界各国历史日益成为世界历史，进而使各国彼此相互影响。其中有一个重要前提，就是资本流动、市场扩大和民族交往的世界化。

新中国成立至改革开放前的中国，既没有所谓的资本市场，也没有所谓的市场经济，对世界不够开放，相对封闭。这意味着当今中国必须解决好两个重大问题：一是在社会主义制度确立之后，如何解决解放和发展社会生产力的问题，为加入经济全球化提供强大的物质基础；二是如何解决中国跨越式发展，以追赶世界现代化潮流和世界发展先进水平问题。马克思、恩格斯在实践上未直接遇到这两个问题，而第二个问题，需要 21 世纪马克思主义来回答。

首先是合理引进和利用资本、市场经济，即合理"利用生产要素驱动、投资规模驱动与世界技术、世界资本、世界市场"，来解放和发展中国社会生产力。其次是"在中国共产党集中统一领导下"，特别注重发挥中国的"制度优势""实现中国跨越式发展"，以"追赶世界现代化潮流、追赶世界先进水平"。具体说，就是我们中国能紧紧抓住经济全球化的历史机遇，发挥"坚持全国一盘棋，调动各方面积极性，集中力量办大事"的整体效能优势[1]，实现了跨越式发展，赶上了世界现代化发展潮流，缩小了与西方发达国家之间的差距，融入了世界历史进程，创造了世所罕见的经济快速发展奇迹和社会长期稳定奇迹。最后是中国特色社会主义进入新时代，以习近平同志为核心的党中央成功推进和拓展了中国式现代化，把实现社会主义现代化、实现中华民族伟大复兴作为中国特色社会主义总任务，坚持守正创新，坚持以人民为中心的发展思想，不断解放和发展社会生产力，实现全体人民共同富裕，促进人的全面发展，贯彻新发展理念，构建新发展格局，统筹推进"五位一体"总体布局、协调推进"四个全面"战略布局，坚持和完善中国特色社会主义制度、推进国家治理体系和治理能力现代化，积极实现由富起来到强起来的伟大飞跃，从而使中国大踏步赶上了时代。[2]

---

[1]　参见《中国共产党第十九届中央委员会第四次全体会议文件汇编》，人民出版社，2019，第 20 页。
[2]　参见《中国共产党第十九次全国代表大会文件汇编》，人民出版社，2017，第 16 页。

这就是在世界现代化发展进程中，我们党解决实现跨越式发展、实现社会主义现代化问题的内在逻辑和总体方案，解决了当年马克思主义经典作家未遇到，而邓小平同志却提出的一个重大问题，即欠发展的中国在世界历史进程中如何实现跨越式发展，如何实现现代化的问题，为推进 21 世纪马克思主义的创新发展奠定了坚实基础。

四、在"两制并存"格局中以中国式现代化和人类文明新形态发挥社会主义制度优越性

这一样本更是具有政治意义、全球意义上的"总体性"样本，回答"世界向何处去"的"世界之问"。

近代以来，西方资本主义借助市场、资本、科技、文化和军事五大优势掌握着世界话语权。自从 2008 年国际金融危机之后，西方资本主义社会却出现了所谓"西方困境"，集中体现为"全球增长动能不足，难以支撑世界经济持续稳定增长""全球经济治理滞后，难以适应世界经济新变化""全球发展失衡，难以满足人们对美好生活的期待"这三大总体性、根本性矛盾和难题。[1] 资本主导是导致上述困境的深层原因。资本主义道路、制度和文化的基因，决定西方资本主义国家必然遵循资本占有劳动并控制社会的逻辑。马克思、恩格斯在《共产党宣言》中指出，资产阶级在历史上曾经起到革命的积极作用，推动了历史进步，也创造了近代人类文明。[2]

然而，就其本质来讲，资本的内在本性是不断借助"流动""流通"来实现其价值增值，当在某一历史阶段或出现某种重大风险时，市场空间、流通渠道的红利被严重"限制"时，资本主义社会就会出现严重困境。集中体现在以下四个方面。

一是经济困境。在美国及欧洲一些国家，"虚拟"经济的发展与繁荣，在很大程度上挖空了实体产业的基础，而实体产业恰恰是生成和撑起中间阶层群体、中产阶级的重要经济基础。因此，资本家一旦真的变成"资本"家，资

1　参见习近平：《共担时代责任共促全球发展》（在世界经济论坛 2017 年年会开幕式上的主旨演讲），新华社，2017 年 1 月 18 日。

2　参见《马克思恩格斯文集》第 2 卷，人民出版社，2009，第 36、686 页。

本的梦想就会破灭。2008 年爆发的国际金融危机，就是西方中间阶层群体、中产阶级在资本市场中失败的结果。因此，市场和资本这两大优势就不复存在了。[1]

二是政治困境。当 2008 年国际金融危机所导致的自由市场体系红利削减，以及滥用霸权所导致的政治动荡向西方国家进行传导时，精英政治与大众政治间的平衡感就遭遇到了危机，这既体现在因政治依附资本和"否决政治"（Vetocracy）而使国家的组织力、动员力、凝聚力、执行力严重削弱[2]，也体现在因民粹主义兴起而使民众过度"自由"，进而陷入难以组织动员以及极端个人主义盛行的困境。由此，弱政府和散民众两大弱点便暴露出来。[3]

三是社会困境。极力强化的社会福利制度不仅使西方国家背负上了沉重的财政负担，也使许多民众的创业奋斗精神大大减弱，这便导致了西方国家的某种衰退。[4]

四是文化困境。西方国家在全世界不遗余力推广"自由、民主、平等、人权"，表面看是为全人类的自由而在全世界扩张市场，实则是为在全世界扩张市场而推销自由。当今关于西方种种意识形态的"神话"，思想根源都源于此。2008 年国际金融危机发生以后，这种"话语营销"和"话语神话"也被瓦解。西方文化有三大支柱：两极对立的世界观、西方中心论、自由主义。两极对立的世界观认为，整个世界可分为西方世界和非西方世界，非西方世界应接受西方世界主导、支配。这种两极对立的世界观蕴含"对立冲突"的基因。西方中心论以其世界观为哲学基础，认为西方文明是世界上最先进的文明，西方标准就是世界标准，非西方世界应向西方标准看齐，否则就要遭到围堵打压。其中蕴含着"排斥异己"的基因。自由主义认为，世界上最好的制度，就是尊重和倡导个人权利、自由与利益最大化。这显然蕴藏着功利主义的基因。这种对立冲突的基因、排斥异己的基因、功利主义的基因，必然导致共同体意

1　参见韩庆祥、黄相怀：《资本主导与西方困局》，《光明日报》2016 年 9 月 28 日。

2　否决政治，是福山提出的一个概念。美国民主政治的基础性制度安排，对防范政治腐败、平衡多元利益、增强决策审慎，发挥着积极作用。同时，这一制度安排需要以牺牲效率为代价。近年来，由于美国民主党与共和党在政治立场上发生分化，且总统职位和国会两院往往由不同政党控制，结果使这种政党对立传导到政府机构层面，进而出现了"否决政治"。

3　参见韩庆祥、黄相怀：《资本主导与西方困局》，《光明日报》2016 年 9 月 28 日。

4　同上。

识瓦解与奉献精神、团结合作精神、道义精神的丧失，也必然使西方所谓的文化优势不复存在。

当今世界正经历百年未有之大变局。其核心内涵，就是世界力量在转移、世界格局和体系在调整、世界话语在重构。[1] 实现中华民族伟大复兴是影响百年未有之大变局的关键变量，西方资本主义国家陷入某种困境是导致大变局的重要原因，这使世界发生了有利于社会主义的重大转变。[2] 但这种大变局依然是处在社会主义与资本主义长期并存（"两制并存"）格局中的大变局。如何在"两制并存""百年变局"中正确处理中国与世界的关系、社会主义与资本主义的关系，有效应对大变局中出现的世界性难题？这迫切需要具有世界意义的理论创新成果来指引，21 世纪是迫切需要理论而且一定能够产生理论的世纪。

世界向何处去？中国特色社会主义开创之初，着重解决国内解放和发展社会生产力从而使中国人民富起来的问题。随着新时代中国特色社会主义日益成长，它对解决"世界向何处去"的问题日益具有重要意义。习近平同志顺应世界大势和时代潮流，提出中国式现代化、人类文明新形态和构建人类命运共同体这种具有世界意义的中国方案。其要义是：强调世界既具有统一性又具有多样性，超越西方"一元主导"世界观；强调"人民至上"，超越"资本至上"的发展观；强调尊重其他国家根据本国国情自主选择其发展道路的"包容发展"的道路观，超越"西方模式论"的道路观；强调立足"社会化人类"构建人类共建共享共治共同体的世界大同观，超越基于"市民社会"以邻为壑的个人利益观；强调任何国家在主权、规则、机会上应当平等，体现"主主平等"的哲学思维，超越以"主统治客"为哲学基础的"国强必霸"的国家观；强调和平发展、合作共赢的"互利普惠"的义利观，超越"你输我赢"的义利观；强调"五大文明协调发展""文明互学互鉴"的文明观[3]，超越"文明冲突论"的文明观。上述"七观"，是世界维度的中国式现代化道路、人类文明新形态和构建人类命运共同体的哲学观，是以多样性、人民性、平等性、包容性、普惠性为本

1　参见韩庆祥、张艳涛：《论力量转移》，《哲学研究》2016 年第 1 期，第 12—20 页。

2　参见《中国共产党第十九届中央委员会第六次全体会议文件汇编》，人民出版社，2021，第 93 页。本书认为，民族复兴、世界困境、新兴国家、科技革命、全球疫情等，是导致"大变局"的主要变量。

3　"五大文明"，就是物质文明、精神文明、政治文明、社会文明、生态文明。

质特征的全要素文明和全球文明，是"两制并存"的 21 世纪，中国共产党人以中国式现代化、人类文明新形态超越资本主义历史局限，为参与全球治理体系改革和建设、推动国际秩序"由变到治"、解答"世界向何处去"所贡献的中国智慧和中国方案，为世界社会主义运动指明了方向。它关乎世界社会主义、马克思主义发展，也在重构世界格局，影响世界历史进程，是对 21 世纪马克思主义的创新发展。

归根结底，能破解上述根本问题的是中国特色社会主义道路。"道路问题是关系党的事业兴衰成败第一位的问题，道路就是党的生命。"[1]中国特色社会主义是党和人民历经千辛万苦、付出巨大代价取得的成就，是实现中华民族伟大复兴的正确道路。只要坚持走这条正确的道路，就一定能够把我国建设成富强民主文明和谐美丽的社会主义现代化强国。[2] 这些重要论述，充分表达了中国特色社会主义道路对破解上述根本问题具有关键作用。中国特色社会主义道路有领航、有目标、有方略、有动能，致力于解决主要矛盾和根本问题，是坚持中国共产党领导的道路，是坚持与时俱进、开拓创新的道路，是以人民为中心、不断解放和发展社会生产力、实现全体人民共同富裕、推进人的全面发展的道路，是以国家制度优势和治理效能解难题、办大事的道路，是物质文明和精神文明协调发展、人与自然和谐共生的道路，是坚持和平发展、合作共赢的道路。这样的道路底厚、基实、路宽、力足、行稳，具有开放、包容、创新、确定、能动、引领等本质特征，不仅使马克思主义以崭新形象展现于世界，而且具有破解世界社会主义发展历程中的重大难题、人类重大问题和世界困境的底气、智慧、方案和能力。这样的道路在世界社会主义发展史、马克思主义发展史上具有重大意义。

上述问题都具有时代性、总体性、世界性、根本性、前沿性，对上述问题的解答也具有不可替代性或唯一性，因而对这些问题的解答，为创新发展21 世纪马克思主义提供了典型的"中国样本"，回答了"世界向何处去"的"世界之问"。

1　《习近平谈治国理政》第 1 卷，外文出版社，2018，第 21 页。
2　参见《中国共产党第十九届中央委员会第六次全体会议文件汇编》，人民出版社，2021，第 98 页。

五、解决问题的方略及其世界贡献从总体和根本上提供了"中国样本"

如果说上述四个方面是从解决问题的角度来讲的，那么，这里则主要是从解决问题的总体和根本方略角度来讲的。解决问题与解决问题的总体、根本方略同等重要。

习近平新时代中国特色社会主义思想作为 21 世纪马克思主义，以中国特色社会主义道路、理论、制度、文化的不断发展作为解决上述问题的总体方略、根本方略，为世界作出了重要贡献。就是说，"中国道路、中国理论、中国制度、中国文化"是解决问题的根本方略。

"中国道路"是有效解决上述问题的一种根本路径和方式。这里的"中国道路"，主要指中国特色社会主义道路和中国式现代化道路。中国道路，可集中表达为统揽"进行伟大斗争、建设伟大工程、推进伟大事业、实现伟大梦想"。"四个伟大"相互贯通，相互作用，构成一个有机整体，既是解决把超越资本占有劳动并控制社会的逻辑变成现实、经济文化落后的国家如何建设社会主义、欠发展国家如何通过跨越式发展追赶世界发展先进水平、21 世纪的世界之矛盾难题等问题的一种根本路径，也是实现社会主义现代化、实现中华民族伟大复兴的总体方略：实现伟大梦想是奋斗目标；进行伟大斗争，是实现伟大梦想所需要的精神状态；推进伟大事业，是实现伟大梦想的必由之路；建设伟大工程，是实现伟大梦想的政治保证。由此可知，"四个伟大"是构成"中国道路"的精髓。中国道路具有本源意义，它是理解近代以来中国总体性问题的根本、根据和基础：马克思主义中国化时代化发展的历史逻辑，核心是围绕中国道路这一主线展开的；中国共产党历史发展的逻辑、新中国历史发展的逻辑，其本质、底色是对正确的中国道路的追寻；改革开放历史发展的逻辑，从根本上就是探究实现社会主义现代化之正确道路的逻辑；中国道路创造了世所罕见的中国奇迹；中国道路能够有效克服"后发劣势"，有助于破解中国特色社会主义发展进程中一系列矛盾难题、障碍阻力、风险挑战，有助于使科学社会主义在 21 世纪的中国焕发出强大生机活力，它拓展了发展中国家走向现代化的路径，为那些既希望加快发展而又希望保持自身独立性的国家和民族提供全新选择，为解决人类问题并为人类对美好制度的探索贡献中国智慧，它也终结了"西方中心论""历史终结论"。

"中国理论"是有效解决上述问题的第二种路径和方式。用中国道路破解中国问题，必然生长出中国理论，中国道路及其实践是中国理论之源。中国理论不是从哪些书本中生长、演绎出来的，而是从中国道路与生机勃勃的伟大的中国实践中产生出来的。我们确实具有伟大的"实践"，在此基础上，我们正在自觉主动建构起能够解释和引领新时代中国发展及其现实逻辑、中国问题的"中国理论"，用中国理论来解释中国问题乃至世界问题，进而逐渐掌握解释世界的话语权。"中国理论"所具有的世界意义，集中体现在其有力破解了西方理论的"神话"：（1）西方把用于维护自身"特殊利益"的理论说成是维护"全人类利益"的理论，把"特殊"装扮成普遍。西方所谓的"自由""民主""人权"与西方资本主义政治制度、经济制度并不具有内在本质联系，或者说并不是资本主义社会的专利。资本占有劳动并控制社会的逻辑能内生出"自由""民主""人权"？或者说这一逻辑具有"自由""民主""人权"的基因？只要深入研读《德意志意识形态》《共产党宣言》和《资本论》等就可看到，马克思、恩格斯曾一针见血地揭穿了这方面的谎言。西方国家归根到底是在维护有钱有权有势阶层的利益，而不是维护全世界各国人们的利益，就连本国底层劳动人民的利益也维护不了。美国的霸权主义、民族保护主义、种族主义就是如此。（2）西方把用于维护"西方利益"的价值观说成是维护"全人类利益"的普世价值。新自由主义所推崇的"自由、民主、人权"并不是世界人民的自由、民主、人权，也不是西方国家底层劳动人民的自由、民主、人权，实质上主要是西方资本家与掌握国家权力的人的自由、民主。其背后所支撑的思维方式是"主客对立"，即主体统治、主宰、支配客体，而不是"主主平等"的思维方式。这从其"选举政治""抗疫""用暴力干预其他国家内政"等事实，就可以看出来。它借所谓的自由、民主、人权指责其他国家不讲自由、民主、人权，然后鼓动民众起来推翻政府、颠覆政权，它们所谓的自由、民主、人权成了推翻他国政府、颠覆政权的思想武器。这样一种具有虚伪性的理论，却在整个世界具有较为广泛的影响，它就像病毒一样，侵蚀人们的思想、精神。物质的力量只能用物质的力量来摧毁，理论的力量也只能用理论的力量来摧毁。要摧毁这些带有"病毒"的理论，既需要练好"理论内功"，提升我们自身的"理论免疫力"，又需要为解释世界贡献我们中国自己的理论。"中国理论"不仅有助于破解上述我们所关切的"问题",而且有助于破除"西方理论"所谓的"神话",还有助于为解决人类或世界问题贡献中国智慧、中国方案和中国理论。比如作为 21 世纪马克思主义的习近平新时代中国特色社会主义思想,尤其是其中的"两个大局理论""民族复兴理论""中国式现代化理论""人类文明新形态理论""人类命运共同体理念",就是如此。这种理论有助于破除"西方理论"的"神话",也可以武装群众、指导实践、解释并改造世界。

"中国制度"是有效解决上述问题的第三种路径和方式。中国制度,是世界上独一无二的制度。这种制度彰显了"中国之治"之"优":优就优在党中央坚强有力的集中统一领导;优就优在价值导向,即以人民为中心,这种价值导向能赢得民心,得到人民的拥护,具有执政的最大底气;优就优在它具有战略谋划,能一张蓝图绘到底,它既有"总框架",具有感召力,也有"路线图",具有方向感,还能抓住"牛鼻子",有抓手,从而使夺取中国特色社会主义事业伟大胜利具有恒定力;优就优在执行力,这种制度注重团结奋斗汇聚全社会共识,凝聚全社会力量,集中一切力量抓落实,为实现奋斗目标注入强大能量;优就优在举国体制,集中力量解难题、办大事、加速度;优就优在组织体系,它具有上下贯通、运转高效、联系广泛的组织架构;优就优在坚持稳中求进的总基调,坚持动力、平衡和治理的统一,既注重防止大起大落和左右摇摆,又较好解决了经济社会发展的动力和平衡的统一问题,进而创造了经济快速发展奇迹和社会长期稳定奇迹;优就优在民族团结,特别注重全国各族人民的"共同体意识""共同团结奋斗""共同繁荣";优就优在治国方略,能自觉抓住社会主要矛盾,解决根本问题,把握工作重点。要言之,中国之所以能解难题、办大事、加速度并创造世所罕见的中国奇迹,就得益于上述制度优势,得益于"中国之治"。[1]"中国之治"的优势是在实践中提炼概括出来的,也是与其他制度比较出来的,是独一无二的。它可以为人类对美好制度的探索贡献中国智慧,这一智慧之核心,就是它通过推进国家治理现代化,把经济社会发展的动力机制、平衡机制和治理机制有机统一起来了。从"稳中求进"的总基调可窥见一斑。"稳中求进"的"进",强调的是经济社会发展的动力机制,"稳中求进"的"稳",注重的是经济社会发展的平衡

---

[1]　参见《中国共产党第十九届中央委员会第四次全体会议文件汇编》,人民出版社,2019。参见韩庆祥编著:《中国制度"优"在哪里》,广西人民出版社,2020。

机制，"稳中求进"的"求"，意味着要注重经济社会发展的治理机制，"稳"和"进"是"求"出来的。不仅如此，解决本书所提到的世界"三大矛盾难题"，解决发展中国家现代化建设问题，解决世界上一些国家希望把加快发展速度与保持社会稳定、民族独立统一问题，中国制度都可以提供智慧和方案。它打破了必须照搬西方模式才能成功的迷思，增强了其他国家走自主发展道路的信心，并为其他国家探寻其发展道路提供了借鉴，证明了制度只有符合本国实际且因地制宜，才能发挥效用。

"中国文化"是有效解决上述问题的第四种路径和方式。这里只强调新时代中国式现代化的文化形态对应对当今世界整体的不稳定不确定、新的动荡变革与系统性风险所具有的相对优势。可以运用需求与供给关系的分析框架来分析。如何有效应对和解决世界不稳定不确定，亦即世界"新的动荡变革"和系统性风险？新时代中国式现代化的文化形态有益于解决这一世界性问题。因为从哲学层面来讲，新时代中国式现代化的文化形态的基因能内生出注重人类的力量、整体的力量、集体的力量、人民的力量、团结合作的力量、集中力量办大事的力量。这些力量对整个世界的不稳定不确定与系统性风险具有显著优势，它能有效应对整个世界的不稳定不确定与系统性风险。而在应对整个世界的不稳定不确定与系统性风险面前，仅仅依靠单个个体的力量（甚至一个国家的力量）已显得捉襟见肘、力不从心了。新时代中国式现代化的文化形态在本质上强调的是世界大同、协和万邦、兼济天下、和而不同，强调合作共赢、和平发展、包容普惠。当今实践和事实证明：这种文化形态在应对世界的不稳定不确定与系统性风险方面，是独一无二的，是具有显著优势的。

中国哲学家梁漱溟、英国历史学家汤因比曾问：中国以什么贡献给世界？当今，中国共产党人带领中国人民走出了一条中国道路，创立了中国理论，确立了中国制度，弘扬了中国文化，从而在国内创造了世所罕见的中国奇迹[1]；在世界上作出了伟大的历史贡献。这种贡献使世界社会主义由低潮走向了高潮，使中国特色社会主义开启了中国走向世界的历史，使现代化建设由跟跑西方现代化到引领世界现代化发展进程，使中国发展成为世界历史发展

1　参见《中国共产党第十九届中央委员会第四次全体会议文件汇编》，人民出版社，2019，第 19 页。

的极为重要的组成部分,因而也使马克思主义发展成为 21 世纪马克思主义,使"中国样本"成为创新发展 21 世纪马克思主义的典型样本。

这就使我们想到了汤因比的惊世预言:21 世纪是中国的时代,人类未来的希望在东方,中华文明将成为世界主流,并引领世界。[1]

1　参见[日]山本新等编:《未来属于中国:汤因比的中国观》,吴栓友译,世界知识出版社,2018;白云先生:《世界是红的:看懂中国经济格局的一本书》,贵州人民出版社,2017;胡祖尧:《诺贝尔奖得主推崇孔子——悬案十五年终揭晓》,《国际先驱导报》2003 年 1 月 17 日(第 32 期)。

第 七 章

为发展 21 世纪马克思主义作出"原创性贡献"

"中国样本"是从实践维度讲新时代中国创新发展 21 世纪马克思主义的实践基础、实践路径和方式及其中国经验问题，本章所讲的为发展 21 世纪作出的"原创性贡献"，是一个核心问题，它在实质上是从创新维度且着重从理论和实践统一上谈论 21 世纪马克思主义的伟大意义和重大贡献，回答"创新何在"问题。

"原创性贡献"，就是说这一贡献具有唯一性、不可替代性。从学理来讲，它主要具有四层基本涵义：一是从无到有的开创性；二是与时俱进的发展性；三是补偏救弊的完善性；四是整合融通的集成性或整体性。"中国特色社会主义进入新时代，在中华人民共和国发展史上、中华民族发展史上具有重大意义，在世界社会主义发展史上、人类社会发展史上也具有重大意义"[1]，这段重要论述，实质上就是讲中国特色社会主义进入新时代所具有的原创性贡献，是讲 21 世纪马克思主义的原创性贡献，也是讲习近平新时代中国特色社会主义思想对创新发展 21 世纪马克思主义的原创性贡献。

这段重要论述，不仅确立了原创性贡献的本质属性，也向我们阐释了解读原创性贡献的思路和视角，即从马克思主义发展视角、马克思主义中国化时代化发展视角、中国特色社会主义发展视角、中国理论视角、中华文明视角，全方位阐释 21 世纪马克思主义的原创性贡献。

一、为发展马克思主义作出原创性贡献

这方面的贡献，主要体现在马克思主义发展史上，为发展马克思主义作

---

1 《习近平谈治国理政》第 3 卷，外文出版社，2020，第 10 页。

出了原创性贡献。可提炼概括为：在大力推进中国式现代化中，真正坚持以"人民中心论"，造就新的文化生命体，建构中国式现代化的文化形态，创造人类文明新形态，构建人类命运共同体，真正把马克思、恩格斯的"超越资本逻辑"并"实现人本逻辑"变成现实，为发展马克思主义作出了原创性贡献。概言之，它以"中国式现代化理论"解构并超越"西方中心论"，以"人民至上论"批判并超越了"资本至上论"。

如前所述，马克思、恩格斯毕生关切并研究的总问题，是资本占有劳动并控制社会的逻辑，其一生的至上追求，就是超越资本逻辑，实现人本逻辑。由于当时社会历史条件的限制，他们虽然提出了未来社会的理想目标，但并没有真正实现这一目标。在马克思、恩格斯以后的马克思主义发展过程中，社会主义国家一直致力于实现这一理想目标并迈出了决定性一步，但还没有把人本逻辑真正变成现实。

中国特色社会主义进入新时代，中华民族迎来了从站起来、富起来到强起来的伟大飞跃。也就是说，自从马克思列宁主义传播到中国以后，以毛泽东同志为代表的第一代中国共产党人主要解决了使中华民族、中国人民站起来的问题，以邓小平同志为代表的第二代中国共产党人主要解决了使中华民族、中国人民富起来的问题，而以习近平同志为核心的党中央正致力于解决并实现使中华民族、中国人民强起来的问题。具体来讲，中国共产党人的"中国式现代化理论"和"人民至上论"主要体现在：党的十八大以来，党中央在总体上大力推进和拓展中国式现代化，造就新的文化生命体，建构中国式现代化的文化形态，建设中华民族现代文明，创造人类文明新形态，构建人类命运共同体，建构中国自主的知识体系，创新发展21世纪马克思主义，确立并巩固中华民族的文化主体性，超越了西方现代化，破解了"西方中心论"和"古今中西之争"，从而使科学社会主义在中国焕发出强大生机活力，在世界高高举起中国特色社会主义伟大旗帜，使中国式现代化走向世界，为解决人类问题贡献了中国智慧和中国方案，为人类实现现代化提供了新的选择；在经济领域整体上解决了"精准脱贫"问题；在政治领域坚持人民至上，把人民对美好生活的向往作为奋斗目标；在文化领域致力于丰富人民精神世界、增强人民精神力量；在社会领域坚持以人民为中心的发展思想，致力于解决人民日益增长的美好生活需要和不平衡不充分发展之间的矛盾；在生态文明建设领域真正把生态看作最大最普惠的民生福祉;在公共卫生领域,坚持人民至上、生命至上;在改革领域注重使全体人民共享发展成果;在总体性上,把人民当作主体,坚持一切依靠人民,把人民当作目的,坚持一切为了人民,把人民当作尺度,坚持人民至上。这就从理论和实践的统一上超越了资本占有劳动并控制社会的"资本逻辑",真正确立并逐步实现了以人民为中心的"人民至上"的逻辑。

这些表明,在马克思主义发展过程中,一直把实现人类解放、无产阶级解放和每个人自由全面发展作为至上的不懈追求,而以习近平同志为核心的党中央继承并集成了马克思主义关于人的解放和全面发展的思想精髓,真正用"中国式现代化"和"人民至上"的逻辑超越资本至上的逻辑并变成了现实,这具有唯一性或不可取代性,属于原创性贡献。[1]

二、为推进马克思主义中国化时代化作出原创性贡献

这方面的贡献,主要体现在马克思主义中国化时代化发展史上,对马克思主义中国化时代化作出了原创性贡献。可简要概括为:以实现强起来的"强国理论",以"两个结合"为理论创新的基本规律和根本路径,为迎来从富起来到强起来的伟大飞跃提供理论支撑,为推进马克思主义中国化时代化作出了原创性贡献。

恩格斯指出,理论"是一种历史的产物,它在不同的时代具有完全不同的形式,同时具有完全不同的内容"[2]。党的十八大以来,我国站在了发展起来以后使大国成为强国即实现强起来的新的历史起点上,中国特色社会主义事业进入了新的发展阶段。马克思曾经指出,每个时代总有属于它自己的问题,而所谓问题,"就是公开的、无畏的、左右一切个人的时代声音。问题就是时代的口号,是它表现自己精神状态的最实际的呼声"[3]。每个时代只能提出它所能解决的问题、确定它能完成的任务。中国特色社会主义进入新时代,治

---

1 本书所讲的"集成",就是继承、整合、融合马克思主义发展进程包括马克思主义中国化进程中形成的思想精髓。

2 《马克思恩格斯选集》第 3 卷,人民出版社,2012,第 873 页。

3 《马克思恩格斯全集》第 40 卷,人民出版社,1982,第 289—290 页。

国理政所集中解决的社会主要矛盾，就是人民日益增长的美好生活需要和不平衡不充分的发展之间的矛盾，据此，所要解决的根本问题，就是人民生活"好不好"、国家或民族"强不强"、中国共产党自身"硬不硬"的问题。社会主要矛盾的历史性转化及其"好不好""强不强""硬不硬"的问题，根本上是对"有没有"问题的一种新的飞跃[1]，实质上也是由"欠发展"到"发展起来以后"、由富起来到强起来的伟大飞跃。反映这种飞跃的习近平新时代中国特色社会主义思想，实质上就是一种关于"我国发展起来"以后"使大国成为强国"即"实现强起来"的"强国理论"。

"强国理论"揭示了大国成为强国这一质的新飞跃的内在逻辑，为实现强起来提供了理论支撑，也实现了马克思主义中国化时代化的又一次新飞跃，对推进马克思主义中国化时代化作出了开创性贡献。马克思主义中国化，即马克思主义基本原理同中国具体实际的第一次结合，是在新民主主义革命时期，其实质是寻求中国革命的正确道路问题。中国共产党人最关切的，是采取什么样的革命道路才能实现民族独立、人民解放。中国共产党人最终选择了农村包围城市、武装夺取政权的革命道路，解决了"站起来"的问题，实现了马克思主义中国化的第一次飞跃，其成果是毛泽东思想。马克思主义基本原理同中国具体实际真正意义上的"第二次"结合之历史节点，是 1978 年十一届三中全会后我国开启的改革开放。这种结合就是把马克思主义基本原理同中国改革开放具体实际相结合，其成果就是在我国"欠发展"历史方位为实现"富起来"而创立的中国特色社会主义理论体系。这里的"第二次"结合及其创立的中国特色社会主义理论体系，其实质就是开创并拓展、完善中国特色社会主义道路，它实现了马克思主义中国化的第二次飞跃。[2]

马克思主义基本原理同中国具体实际的第三次结合是在中国特色社会主义进入新时代进行的，其实质就是寻求实现强起来的中国式现代化道路。在新时代提出的"两个结合"，为推进马克思主义中国化时代化作出了原创性贡献。马克思主义基本原理同新时代中国具体实际相结合、同中华优秀传统文

1　习近平指出："以前我们要解决'有没有'的问题，现在则要解决'好不好'的问题。"（《习近平谈治国理政》第 3 卷，外文出版社，2020，第 133 页）

2　参见韩庆祥：《中国道路及其本源意义》，中国社会科学出版社，2019，第 37—39 页。

化相结合，实现了马克思主义中国化时代化新的飞跃。从总体上讲，强调这一新的飞跃，就在于党的十九大报告所讲的，它在中华人民共和国发展史上，在中华民族发展史上，在世界社会主义发展史上，在人类社会发展史上，具有重大意义。这里讲的在"发展史"上的重大意义，意味着"中国特色社会主义进入新时代"具有里程碑意义且载入史册，因而具有标识性、代表性，在本质上蕴含着实现马克思主义中国化时代化新的飞跃。其主要理由，我在《中国道路及其本源意义》一书中，分别从"历史方位不同""社会主要矛盾不同""历史使命（历史任务、奋斗目标）不同""道路的历史内涵不同""主线不同""现代化阶段不同""中国特色社会主义的发展阶段不同""中国在世界中的地位不同"八个方面，展开了较为详尽的充分论证和阐释。[1]

通过上述分析可得出结论：21 世纪马克思主义以实现强起来的"两个结合理论"和"强国理论"，为迎来从富起来到强起来的新的伟大飞跃提供了理论支撑，为推进马克思主义中国化作出了开创性贡献。这是唯一的、不可取代的。

三、为中国特色社会主义发展作出原创性贡献

这方面的贡献，主要体现在中国特色社会主义发展史上，对中国特色社会主义理论体系作出了原创性贡献。这一原创性贡献可提炼概括为：习近平新时代中国特色社会主义思想谱写了新时代中国特色社会主义新篇章，致力于完成中国社会主义实践"后半程"的主要历史任务（"中国特色社会主义制度建设"和推进"国家治理现代化"等），使科学社会主义在 21 世纪中国焕发强大生机活力，使中国特色社会主义走向新时代和世界（世界历史）并彰显超越资本主义的显著优势，在世界高高举起中国特色社会主义伟大旗帜，为解决人类问题贡献了中国理论，为中国特色社会主义发展乃至世界社会主义发展、人类社会历史发展作出了原创性贡献。

中国特色社会主义进入了新时代，意味着要谱写新时代中国特色社会主义新篇章。[2] 这一新篇章，既是开启中国发展起来以后使大国成为强国即实现

1 参见韩庆祥：《中国道路及其本源意义》，中国社会科学出版社，2019，第 35—71 页。
2 参见《习近平谈治国理政》第 3 卷，外文出版社，2020，第 59 页。

强起来的新篇章，也是开启中国特色社会主义真正进入世界历史并开创新的世界历史的新篇章。习近平新时代中国特色社会主义思想，就是"谱写新时代中国特色社会主义新篇章"的一种科学理论体系，它为中国特色社会主义乃至世界社会主义发展、人类社会历史发展作出了发展性贡献。这是唯一的、不可取代的。这里着重分析它对中国特色社会主义理论体系的原创性贡献。

总体讲，基于以下原因，习近平新时代中国特色社会主义思想成为21世纪马克思主义核心的理论形态。[1]

第一，中国是世界上最具典型特征的国家。中国是一个具有悠久历史的国家，一个文化文明悠久的国家，一个多民族的国家，一个人口众多的国家，一个具有强大政党的国家，一个胸怀天下的国家。在这样的国家彰显新时代中国特色社会主义的世界意义，就有底气使习近平新时代中国特色社会主义思想成为21世纪马克思主义。

第二，21世纪是"两个大局"交织互动的时代。实现中华民族伟大复兴战略全局必然影响着世界百年未有之大变局，世界百年未有之大变局也必然影响实现中华民族伟大复兴战略全局，二者交织互动、相互激荡，便使中国问题具有世界意义，使世界问题具有中国意义。习近平新时代中国特色社会主义思想直面"两个大局"，主动反映世界和时代发展需要，是在对21世纪世界社会主义运动发展的深入思考基础上创立的，既是实现中华民族伟大复兴的行动指南，又为引领世界百年未有之大变局提供智慧和方案。

第三，背靠伟大国家、扎根伟大时代的习近平新时代中国特色社会主义思想，是立足中国、放眼世界、面向未来、引领时代的科学理论体系，具有反思现代、立足中国、放眼世界、面向未来、解释世界、引领时代的本质功能；它定义并引领着新时代马克思主义中国化的走向，在21世纪持续深入推进马克思主义中国化就是发展21世纪马克思主义，也定义并引领着21世纪马克思主义的发展，所提出的中国式现代化、人类文明新形态、构建人类命运共同体，使其成为21世纪马克思主义核心的理论形态，且有底气引领世界社

---

[1]   所谓"核心的理论形态"，不排除邓小平理论、"三个代表"重要思想、科学发展观，也不排除世界其他国家，对发展21世纪马克思主义作出的重要历史贡献，而习近平新时代中国特色社会主义思想在集成中国化马克思主义一切理论成果的基础上，对发展21世纪马克思主义作出了核心性贡献，具有主导性。中国化马克思主义是马克思主义中国化历史进程中结出的理论成果。

会主义和 21 世纪马克思主义的发展。

可以从"条""块""层"三个方面来分析。

(一)从条条来看，习近平新时代中国特色社会主义思想从十个根本方面，创新发展了中国特色社会主义理论体系

从学理上深化习近平新时代中国特色社会主义思想研究，需要抓住"纲"，做到"纲举目张"，即从其"基本观点"中提炼出"根本观点"。提炼其根本观点，首先需要确定一种具有前提性意义的方法论，即习近平治国理政实践的总框架。

习近平治国理政首先要确定中国特色社会主义与我国发展所处的历史方位。只有如此，才能搞清楚治国理政"由何而来""现在何处""走向何方"。党的十八大以来，我国站在了发展起来以后使大国成为强国这一新的历史起点上。在习近平治国理政实践中，新的历史方位所实现的奋斗目标，就是为中国人民谋幸福、为中华民族谋复兴。要实现奋斗目标，既需要采取行之有效的总体方略，又需要提供全面保障，也需要找到根本抓手，还需要具有强大的政治领导力量。这样，一种提炼其根本观点的方法论，就是治国理政的"历史方位—奋斗目标—总体方略—全面保障—根本抓手—领导力量"。这六个维度环环相扣、步步深入，构成一个逻辑严密的有机整体。

基于这一方法论，可以提炼出习近平新时代中国特色社会主义思想的十大根本观点，且它们之间具有严密的内在逻辑，构成一个有机整体和科学体系：从"历史方位"维度可以提炼出"历史方位论"；从"奋斗目标"维度可以提炼出"民族复兴论""人民中心论"(含中国式现代化论)；从"总体方略"维度可以提炼出"发展理念论""两大布局论""战略步骤论"；从"全面保障"维度可以提炼出"总体国家安全观""命运共同论"(含人类文明新形态论)；从"根本抓手"维度可提炼出"国家治理论"；从政治"领导力量"维度可提炼出"强大政党论"。当然，这十大根本观点是最为"根本"的，是"纲"，"纲"中蕴含一些"目"，即一些基本观点。

这十大根本观点具有严密的逻辑，创新发展了中国特色社会主义理论体系。习近平新时代中国特色社会主义思想创立的历史方位是什么？党的十九大报告已经给出明确的答案："经过长期努力，中国特色社会主义进入了新时代，这是我国发展新的历史方位。"[1]党的十九大报告的第一部分，核心讲的就是习近平新时代中国特色社会主义思想创立的历史方位，首次提出了中国特色社会主义进入了新时代，亦即我国发展新的历史方位，这是实现强起来的历史方位，此为"历史方位论"[2]，其实质是要书写新时代、新的历史方位中国特色社会主义新篇章，夺取新时代中国特色社会主义伟大胜利。[3] 历史方位论，是习近平新时代中国特色社会主义思想的"立论基石"，只有理解和读懂"历史方位"，才能真正理解和读懂习近平新时代中国特色社会主义思想。显然，"历史方位论"是习近平新时代中国特色社会主义思想的第一个根本观点。这一观点具有原创性，把中国特色社会主义新时代看作社会主义初级阶段、中国特色社会主义发展阶段中的一个新阶段，把对我国历史方位及其阶段性特征的认识提升到一个新层次，发展了中国特色社会主义的历史阶段论。

在什么样的历史方位，就必然确定什么样的奋斗目标。党的十九大报告所确定的新时代、新的历史方位，是迎来从"富起来"到"强起来"的伟大飞跃，党的二十大强调新时代新征程的使命任务，是全面建成社会主义现代化强国，以中国式现代化全面推进中华民族伟大复兴。显然，在这一新时代、新的历史方位，我们党新的奋斗目标就是实现中华民族伟大复兴，包括全面建成社会主义现代化强国。按照这种逻辑，党的十九大报告第二部分的核心内容，就是首次阐述了"新时代中国共产党的历史使命"，党的二十大报告第三部分的核心内容，就是强调以中国式现代化全面推进中华民族伟大复兴，全面建成社会主义现代化强国，其实质就是"民族复兴论"。党的十八大以来，以习近平同志为核心的党中央治国理政紧紧围绕实现中华民族伟大复兴即实现"强起来"这一核心主线，坚持和发展中国特色社会主义，形成了一系列新理念新思想新战略。所以，"民族复兴论"逻辑地连接"历史方位论"，是习近平新时代中国特色社会主义思想的第二个根本观点。这一思想具有原创性，既继承又发展了中国特色社会主义的"两个一百年"奋斗目标，在治国理政的目标和使命上实现了新的升级，即实现中华民族伟大复兴，是在继承以往中国共产党人"三步走"战略基础上的升级版，把对奋斗目标、历史使命的认识提

1　《习近平谈治国理政》第3卷，外文出版社，2020，第8页。
2　同上书，第2—10页。
3　同上书，第59页。

升到一个新水平，发展了中国特色社会主义的历史目的论。实现中华民族伟大复兴中国梦，归根结底是中国人民的梦，其归宿和目的就是使中国人民幸福。所以，我们党把"不忘初心、牢记使命"并提。

党的十八大以后，习近平同志当选中国共产党的总书记之时面对中外记者发表演讲，主题即人民对美好生活的向往就是我们的奋斗目标。之后，每当在最重要的场景、最关键的时刻，习近平同志大都强调坚持人民至上、坚持以人民为中心的发展思想。以人民为中心高于以人为本的地方在于：以人为本只有落实到政治上，其意义和价值才能彰显出来，也才能真正实现，以人民为中心，实质上就是以人为本在政治上的具体要求和集中体现。要言之，高就高在其政治性、具体性、实效性与感召力。以人民为中心，可称为"人民中心论"。"人民中心论"是习近平新时代中国特色社会主义思想的第三个根本观点。它赋予"人民观"以新的时代内涵，发展了以人为本思想，发展了中国特色社会主义的历史目的论和历史动力论。

在这一新的历史方位，要实现中华民族伟大复兴，使人民过上美好生活，就必须确立新的发展理念。这一新的发展理念，就是创新、协调、绿色、开放、共享。新发展理念是新时代我国发展壮大的必由之路，是实现社会主义现代化、实现中华民族伟大复兴，进而使大国成为强国即实现"强起来"的根本之道。可以把新发展理念称为"发展理念论"，理应成为习近平新时代中国特色社会主义思想的第四个根本观点。相对于"要素驱动""投资驱动"，首次提出的新发展理念是一种集成性创新，是在整合和集成我们党关于发展的思想的基础上，在我国发展起来以后使大国成为强国即实现强起来的新的历史方位，才提出来的，可称之为实现强起来的根本之"道"。它标志着我们党对社会主义建设规律的认识达到了新境界，发展了中国特色社会主义的发展思想。

如何实现"强起来"？这需要在新发展理念指引下，从"术"上作出战略谋划。首次提出的统筹推进"五位一体"总体布局、协调推进"四个全面"战略布局，即"两大布局"，就是对实现"强起来"的战略谋划。这一战略谋划构成习近平新时代中国特色社会主义思想的第五个根本观点。这就把我们党对治国理政的认识提高到一个新格局，发展了中国特色社会主义的总体布局论。

如果说新发展理念是实现"强起来"的根本之"道"，"两大布局"是实现"强起来"的关键之"术"，那么，接下来的逻辑，就是必须确立实现"强起来"的战略步骤，此谓"行"之范畴。这里的"行"，实际上就是战略步骤，就是对实现强起来的实践新征程作出的战略安排。这一实践新征程，就是党的十九大报告首次提出的、党的二十大报告又进一步强调的"两步走"战略安排[1]，可称之为"战略安排论"，它构成习近平新时代中国特色社会主义思想的第六个根本观点，发展了中国特色社会主义战略步骤论。发展理念论、"两大布局"论和战略步骤论，是分别从"道""术""行"上首次确定的新时代中国特色社会主义建设的总体方略，共同发展了中国特色社会主义的总体方略论。

接下来的逻辑，就是要注重实现"强起来"的全面保障。这种保障主要有三个方面："总体国家安全观""命运共同论""国家治理论"。它们分别构成习近平新时代中国特色社会主义思想的第七、第八、第九个根本观点。"总体国家安全观"统筹国内发展和安全，注重构建国家安全体系和推进国家安全能力现代化，开辟了国家安全理论的新境界，发展了中国特色社会主义的安全观。"命运共同论"注重为中华民族谋复兴、为世界谋大同，使中国国际战略思想站在了引领人类社会发展前景的全新高度，发展了中国特色社会主义的世界历史论、世界交往论与国际战略论、全球治理论。"国家治理论"则发展了中国特色社会主义的国家观。

中国共产党领导是中国特色社会主义最本质的特征，是中国特色社会主义制度最大的优势，是最高政治领导力量，实现中华民族伟大复兴即实现"强起来"，中国共产党是起决定性作用的力量。由此，在谈完上述内容之后，就必然在逻辑上进一步讲党的领导力量。习近平同志关于党的建设的系列重要论述之原创性贡献，就是要使中国共产党由大党成为强党，注重强党建设。这可称之为"强大政党论"，它构成习近平新时代中国特色社会主义思想的最后一个根本观点。它解决了如何使大党成为强党的问题，提出了强党建设理论，把党的建设伟大工程推向了一个新的历史阶段，发展了中国特色社会主义政党建设学说。[2]

1　"两步走"，即第一步，从 2020 年到 2035 年，再奋斗 15 年，基本实现社会主义现代化；第二步，从 2035 年到本世纪中叶，再奋斗 15 年，把我国建成富强民主文明和谐美丽的社会主义现代化强国，实现中华民族伟大复兴。

2　参见《中国共产党第十九次全国代表大会文件汇编》，人民出版社，2017，第 14 页。

下面，需要展开具体深入的分析和阐述。

1. 历史方位论

历史方位论，标识着实现强起来的历史方位。

党的十九大报告提出了一个非常重大的政治论断："经过长期努力，中国特色社会主义进入了新时代，这是我国发展新的历史方位。"这个论断是党的十九大报告中所有论断的立论基础，它为我们提供了三个重大信号：第一，"经过长期努力"，讲的是进入新时代的根据。第二，"中国特色社会主义进入了新时代"，讲的是进入新时代的主题。习近平同志强调：不是别的什么进入新时代，而是中国特色社会主义进入了新时代。第三，对新时代有一个界定，即是我国发展新的历史方位，我们要从新的历史方位来把握这个新时代。

"新的历史方位"概念尤为重要，需要把这个概念讲清楚。邓小平同志曾经指出：发展起来以后的问题不比不发展时少。这话很朴实，道理很深刻。深刻在哪里？按照经济社会发展水平的标准，依据邓小平同志的论述，整个社会主义初级阶段大致可以划分为两大历史方位——"欠发展"的历史方位和"发展起来"的历史方位。党的十八大召开之前一段历史区间，我国总体上处于"欠发展"的历史方位，其主要历史任务是做大"蛋糕"，积累财富，解放和发展社会生产力，解决人民日益增长的物质文化需要和落后的社会生产之间的矛盾。无论邓小平理论所解答的"什么是社会主义，怎样建设社会主义"，还是"三个代表"重要思想所解答的"建设一个什么样的党，怎么建设党"，还是科学发展观所解答的"实现什么样的发展，怎样实现发展"，都是通过对时代课题的回答，来更好地解决发展问题和"富起来"的问题。经过长期努力，党的十八大以后，我国正式步入了发展起来以后的历史方位。从党的十九大报告中可以看出，党的十八大以后，在我国发展起来以后这一新的历史方位，如何使大国成为强国即实现"强起来"，就成为新时代的历史使命和任务。这里的"强国"，不是名词是动词，不是完成时而是进行时。时代是思想之母，实践是理论之源，强国时代需要强国理论。习近平新时代中国特色社会主义思想到底是一个什么样的理论？可以用大众化的语言明确回答：就是一种强国理论，是关于我国发展起来以后使大国成为强国即实现强起来的强国理论。所以，如何理解新时代、新的历史方位，就显得至关重要。党的十九大报告第一个部分的核心内容，讲的就是新时代即我国发展新的历史方位。其主要是从三个方面来讲：一是进入新的历史方位的根据，回答新的历史方位由何而来；二是进入新的历史方位的标志，回答新的历史方位从何出发；三是进入新的历史方位的目标，回答新的历史方位走向何方。这里我们着重阐述第一个方面。

进入新的历史方位有三大根据，即历史性成就、历史性变革、历史性转化。

第一个根据，是历史性成就。党的十九大报告所讲的历史性成就分两块。第一，在大的历史长河中所取得历史性成就，可用两个"前所未有"来概括："党的面貌、国家的面貌、人民的面貌、军队的面貌、中华民族的面貌发生了前所未有的变化"；"我国的国际地位得到了前所未有的提升"。第二，党的十八大以来这五年，是极不平凡的五年。所谓"极不平凡"，就在于它"解决了许多长期想解决而没有解决的难题，办成了许多过去想办而没有办成的大事"。解决难题、办成大事，党的十九大报告从十个方面加以阐述，从这十个方面可以看出，这一历史性成就是全方位的、开创性的。党的二十大报告从十六个方面总结概括了过去五年的工作和新时代十年伟大变革所取得的历史性成就，进一步印证了我国发展进入新的历史方位所发生的历史性变革。

第二个根据，是历史性变革。历史性变革是深层次、根本性的。其主要体现在从生产力到生产关系，从经济基础到上层建筑全方位展开了。比如，在生产力方面，由要素驱动、投资规模驱动转向更加注重创新驱动；在生产关系方面，由过去让一部分人和一部分地区先富起来，走向今天坚持走共同富裕道路，逐步实现全体人民共同富裕，让全体人民共享发展成果，拥有更多的获得感。

第三个根据，是历史性转化。历史性成就、历史性变革必然会产生历史性影响。这个历史性影响最根本、最聚焦、最鲜明的，就体现在促进社会主要矛盾发生了历史性转化，这是进入新的历史方位最直接、最根本、最核心的依据。进入新时代的标志，就是党的十九大报告第一个部分所讲的"三个意味着"。第一个"意味着"具有根本性、总体性：久经磨难的中华民族迎来了从站起来、富起来到强起来的伟大飞跃。党的十八大以后，中华民族站在了实现"强起来"新的历史起点上。实现强起来，是我们进入新的历史方位的具有根本性、总体性的标志。党的十九大报告作出了一个重大判断：中国特色社会主义进入新时代,我国社会主要矛盾已经历史性地转化为人民日益增长的美好生活需要和不平衡不充分的发展之间的矛盾。"新社会主要矛盾论"的提出,开辟了马克思主义关于社会主义矛盾理论的新境界。社会主要矛盾的变化,是关系我国发展全局和根本的历史性变化,它决定着治国理政所要解决的根本问题、工作重点与发展趋势,对党和国家的各项工作提出了全新要求,因而需要进行深入分析。

关于社会主要矛盾,在 19 世纪的欧洲,马克思、恩格斯主要抓住了其中的"劳资关系"矛盾。1956 年,党的八大报告指出:"我们国内的主要矛盾,已经是人民对于建立先进的工业国的要求同落后的农业国的现实之间的矛盾,已经是人民对于经济文化迅速发展的需要同当前经济文化不能满足人民需要的状况之间的矛盾。"[1]1979 年,在中央召开的理论务虚会上又明确了这个问题:"我们的生产力发展水平很低,远远不能满足人民和国家的需要,这就是我们目前时期的主要矛盾。"[2]1981 年,党的十一届六中全会又重新强调,在现阶段,我国社会的主要矛盾是人民日益增长的物质文化需要同落后的社会生产之间的矛盾。这个主要矛盾,贯穿于我国社会主义初级阶段的整个过程和社会生活的各个方面,决定了我们的根本任务是集中力量发展社会生产力。只有牢牢抓住这个主要矛盾,才能清醒地观察和把握社会矛盾的全局,有效地促进各种社会矛盾的解决。1987 年,党的十三大报告指出:"我国正处在社会主义初级阶段",并指出"我们在现阶段所面临的主要矛盾,是人民日益增长的物质文化需要同落后的社会生产之间的矛盾"[3]。1997 年,党的十五大报告再次强调,我国社会主义社会仍处在初级阶段。社会主义初级阶段"社会的主要矛盾是人民日益增长的物质文化需要同落后的社会生产之间的矛盾,这个主要矛盾贯穿我国社会主义初级阶段的整个过程和社会生活的各个方面"[4]。2002 年,党的十六大报告指出,我国正处于并将长期处于社会主义初级阶段,现在达到的小康还是低水平的、不全面的、发展很不平衡的小康,人民日益增长的物质文化需要同落后的社会生产之间的矛盾仍然是我国社会的主要矛

1 《建国以来重要文献选编》第 9 册,中央文献出版社,1994,第 341 页。
2 《邓小平文选》第 2 卷,人民出版社,1994,第 182 页。
3 《中国共产党第十三次全国代表大会文件汇编》,人民出版社,1987,第 12 页。
4 《中国共产党第十五次全国代表大会文件汇编》,人民出版社,1997,第 17 页。

盾。2007 年，党的十七大报告重申，我国仍处于并将长期处于社会主义初级
阶段的基本国情没有变，人民日益增长的物质文化需要同落后的社会生产之
间的这一社会主要矛盾没有变。2010 年，"十二五"规划还提出，建立和谐社
会主义，并且提出在今后相当长一段时间内，要努力平衡人民过快增长的物
质文化需求与社会生产之间的关系。党的十九大报告首次提出"人民日益增长
的美好生活需要和不平衡不充分的发展之间的矛盾"。这显然是一个具有创造
性的重大论断，在社会主要矛盾的前一方面，它把主要关注人民经济物质层
面的需要扩展为总体上的美好生活需要，在社会主要矛盾的后一方面，把落
后生产转化为不平衡不充分的发展。

那么，如何理解"新社会主要矛盾论"这一个崭新的论断？可以从理论维
度、历史维度、现实维度理解把握社会主要矛盾的历史性转化。

从理论维度来理解和把握。从理论来讲有两个概念，即社会基本矛盾、
社会主要矛盾。社会基本矛盾，讲的是生产力和生产关系、经济基础和上层
建筑之间的矛盾，社会基本矛盾关乎社会的性质。社会主要矛盾，主要讲的
是人类活动的两个最基本方面之间的矛盾，一个是需求方，一个是供给方，
是讲一个社会的需求和供给之间的矛盾。比如说，过去我们讲的人民日益增
长的物质文化需要同落后的社会生产之间的矛盾，前半句是需求方，后半句
是供给方。人类活动有很多方面，但最根本的，一个是归结为需求方面，一
个是归结为供给方面。打个比方，此时此刻大家在读我写的书，读者暂时是
需求方，我写的书就是供给方。人的一生的一切活动最终都可以归结为需求
方和供给方这两个最根本的原点，它们之间的矛盾，就是社会主要矛盾的核
心内容。这有唯物史观所提供的理论基础。恩格斯是马克思的学生和战友，
对马克思的思想了如指掌。恩格斯在马克思墓前的一篇讲话，盖棺定论说，
马克思一生有两大发现——唯物史观和剩余价值学说。这里主要讲唯物史观。
唯物史观的发现主要是围绕这两个方面来展开的：一个是生活，一个是生产。
生产代表供给方，生活代表需求方。怎么来理解呢？人这一生最基本的需要，
就是衣食住行、吃喝住穿，这叫作人的肉体组织的需要。人要活下去，首先
要生活，这讲的是人的需求。人的生活需要如何满足呢？人和动物不同，动
物靠本能、靠自然界的恩赐就可以了，而人则必须通过自己的物质资料的生
产劳动来满足人的生活需要，这里的生产就是供给方。由此出发，马克思又

进一步研究物质资料生产过程中的两个最根本方面：一个是在生产过程中人和自然界所发生的根本关系，可用生产力来概括；另一个是在生产过程中人和人发生的根本关系，可用生产关系来概括。所以，马克思又进一步去研究生产力和生产关系的内在矛盾运动过程，发现了人类历史发展的一般规律，进而创立了唯物史观。唯物史观就是通过研究生活和生产、需求和供给的内在矛盾运动过程发现的。这就意味着人类社会历史是人类活动的历史，而人类活动有两个基本方面——需求和供给，这两个方面的状况反映着一个社会发展的整体状况。所以党的十九大报告讲我国社会主要矛盾的历史性转化，这实际上意味着会对我们党和国家事业发展的全局提出根本要求。

从历史维度来理解和把握。社会基本矛盾关乎社会性质，社会主要矛盾关乎历史发展水平，也就是说，随着历史方位的转换，必然促进社会主要矛盾发生转化。邓小平同志讲的一句话对我们很有启发，即发展起来以后遇到的问题并不比不发展时候少。这句话里面有两个核心概念：不发展和发展起来以后。如前所述，整个社会主义初级阶段按照经济社会发展水平这个标准，大致可以划分为两大历史方位，欠发展的历史方位和发展起来以后的历史方位。在欠发展的历史方位，社会主要矛盾就是人民日益增长的物质文化需要同落后的社会生产之间的矛盾。这一社会主要矛盾的需求方和供给方都体现了不发展或欠发展。自从 2010 年我国成为世界第二大经济体以后，尤其是党的十八大以后，我国正式步入了发展起来以后的历史方位，在这个历史方位，主要就是使大国成为强国。在大国成为强国的历史进程中，我们所要集中解决的社会主要矛盾，是人民日益增长的美好生活需要和不平衡不充分的发展之间的矛盾。所以，随着历史方位的转换，必然与时俱进地推进社会主要矛盾发生历史性转化，这叫作与时俱进、实事求是、从实际出发。

从现实维度来理解和把握。党的十八大以来，无论是供给方还是需求方都发生了质的变化。先看看需求方。新时代人民的需求的外延拓展了，不仅仅限于物质和文化，还包括公平、正义、民主、法治、安全、环境。而且其内涵也升级了，即新时代人民对物质文化的需要升级了：物质方面，要住得好、穿得好、吃得好、行得好，具有高质量的生活品质；文化方面，要建设文化强国、建设中华民族现代文明。再看看供给方，供给方也在发生质的变化。新时代，就全国总体来讲，落后的社会生产这个问题已总体解决了，新时代制约需求满足的问题，制约大国成为强国的问题，主要聚焦到发展不平衡、发展不充分。所谓发展不平衡，主要体现在四个方面：区域发展不平衡，领域发展不平衡，产业发展不平衡，部门之间发展不平衡。比如说区域，东部与西部、南方与北方发展就不平衡。比如说领域，经济发展和社会发展就不平衡，一说我们的经济发展，成就巨大，然而我们的社会发展，比如说民生保障、社会治理、均等化服务，一定程度上还是个短板。经济发展和文化发展这个领域也不平衡，一讲我们的经济发展，总量属于世界第二大经济体，但在文化领域，我们的思想观念跟不上，文明素养也跟不上。比如说我们讲以人民为中心，天天讲、月月讲，但在一些人身上，一旦遇到要解决的问题，就把以人民为中心放到一边。发展不充分主要体现在两个方面：一是中国制造世界领先，但中国创造与世界发达国家还有不少差距；二是论规模速度应当说不错，但论质量效益还不是很高。所以从现实来看，无论是需求方还是供给方都发生了质的变化。

基于历史性成就、历史性变革、历史性转化（社会主要矛盾），我们提出了新时代、新的历史方位，且确定这是我国发展起来以后使大国成为强国即实现强起来的历史方位，它创新发展了中国特色社会主义的历史发展阶段论。

2. 民族复兴论

这是实现强起来的历史使命。民族复兴论从根本上关乎中国式现代化理论。可以从四个方面来理解和把握。

第一，从历史方位把握民族复兴。党的十八大以后，我们步入了发展起来以后使大国成为强国、实现强起来的新的历史方位。在新时代这一新的历史方位，中国共产党所肩负的历史使命，就是实现中华民族伟大复兴。

第二，从紧迫感、责任感与使命意识、担当意识理解民族复兴。党的十八大以后，每当习近平同志谈到民族复兴这个问题时，表达出的都是一种紧迫感、责任感与使命意识、担当意识。如他三番五次强调：实现中华民族伟大复兴是中华民族近代以来最伟大的梦想，今天我们比历史上任何时期都更接近、更有信心和能力实现这个目标。

第三，从"四个伟大"把握民族复兴。党的十九大报告第二个部分有一段重要论述很精彩：实现中华民族伟大复兴，绝不是轻轻松松、敲锣打鼓就能实现的。实现伟大梦想，必须进行伟大斗争，必须建设伟大工程，必须推进伟大事业。习近平同志明确讲，这"四个伟大""相互贯通、相互作用"，是一个有机整体。这告诉我们，在理解这"四个伟大"中的每一个"伟大"的时候，不能把另外三个"伟大"忘了，一定要置于"四个伟大"的总体框架中来理解和把握。

第四，从中国式现代化把握民族复兴。中国式现代化是实现中华民族伟大复兴的根本路径，新时代新征程，中国共产党的使命（中心）任务，就是以中国式现代化全面推进中华民族伟大复兴。

基于新的历史方位即我国发展起来以后使大国成为强国、实现强起来的历史方位，在我国全面建成小康社会的基础上，伴随着实现社会主义现代化进程，便提出了新时代中国共产党新的历史使命，从"全面建成小康社会"到"实现民族复兴"，创新发展了中国特色社会主义的奋斗目标论和历史使命论。

3. 人民中心论

这是实现强起来的价值取向。可以从五个方面来理解和把握。

第一，从中国共产党的初心来理解和把握以人民为中心。中国共产党的初心就是一句话："为中国人民谋幸福。"《共产党宣言》中有一句话："无产阶级的运动是绝大多数人的，为绝大多数人谋利益的独立的运动。"[1]这是《共产党宣言》的基因，也是"为中国人民谋幸福"这一初心的基因。

第二，从民族复兴的价值取向来理解和把握以人民为中心。民族复兴的本质内涵，就是国家富强、民族振兴、人民幸福。国家富强、民族振兴是基础和前提，人民幸福是归宿和目的。在这个意义上，习近平同志说的中国梦，归根结底是"人民幸福"的梦。

第三，从习近平总书记系列重要讲话来理解和把握以人民为中心。在习近平总书记系列重要讲话中，出现频率最高的概念是"人民"，他在关键时候讲的最多的还是"人民"。2012 年 11 月 15 日，习近平同志当选中共中央总书记后，面对中外记者发表演讲，演讲的主题即"人民对美好生活的向往，就是我们的奋斗目标"[2]。在庆祝中国共产党成立 100 周年大会上发表的重要讲话中，习近平同志 86 次提到"人民"，在党的二十大报告中，"人民"二字出现次数更是高达 177 次。

1　《马克思恩格斯选集》第 1 卷，人民出版社，2012，第 411 页。
2　《习近平关于社会主义社会建设论述摘编》，中央文献出版社，2017，第 4 页。

第四，从本质内涵理解和把握以人民为中心。以人民为中心的本质内涵可以提炼概括为四大要义：把人民当作主体，一切依靠人民；把人民当作目的，一切为了人民；把人民当作尺度，人民至上；把人民当作根基，牢牢扎根于人民。第一要义强调的是主体，第二要义强调的是目的，第三要义强调的是尺度，第四要义注重的是根基。只有把人民当作血脉和根基，牢牢扎根于人民，才会具有人民情怀，进而才能真正做到把人民当作主体、把人民当作目的、把人民当作尺度，且使三者有效落地落实；不仅如此，把人民当作尺度，是以把人民当作主体、把人民当作目的为基础的，但同时又是高于把人民当作主体、把人民当作目的的。这四个内涵具有启发意义：我们做好工作，最根本的依靠力量是人民；我们做好工作的目的很多，归根到底是为了使人民过上幸福美好生活；衡量工作成败得失的标准很多，而人民的根本利益则是根本标准。

第五，从历史发展过程理解和把握以人民为中心。中国共产党人在不断推进马克思主义中国化时代化历史进程中，不断自觉地确立人民群众的历史主体地位。这一进程主要经历三大阶段，即从人民解放到以人为本再到以人民为中心。

人民解放，主要是推翻"三座大山"，实现民族独立、人民解放。

以人为本，主要针对的是以物为本，着眼的是使全体人民共享发展成果。随着物质生产力水平和人民物质生活水平的不断提高，以及社会物质财富的不断积累，人民温饱问题总体上得到了解决。但与此同时，一些新情况新问题也暴露出来，如在人和自然的关系上，片面追求 GDP 的经济增长方式，便导致了环境污染、资源浪费、生态失衡等，自然环境遭到一定程度上的破坏，人与自然之间的关系出现紧张。为解决这一问题，我们党立足于中国发展的新情况，提出全面建设小康社会的目标，实施可持续发展战略，坚持树立以人为本的科学发展观，建设社会主义和谐社会等。

以人民为中心，主要的目的就是使人民过上美好幸福生活。这是中国共产党人在发展马克思主义的过程中提出的一个重大论断。以人民为中心，是习近平总书记系列重要讲话的精髓和灵魂。新时代的人民中心论，同马克思主义人民主体论，既一脉相承又与时俱进。习近平同志指出，实现中华民族伟大复兴，是近代以来中华民族最伟大的梦想。中国梦的基本内涵，就是实现国家富强、民族振兴、人民幸福。在党的十八届中央政治局常委同中外记者见面时的讲话中，习近平同志特别强调，人民是历史的创造者，群众是真正的英雄，人民群众是我们力量的源泉，我们一定要始终与人民心心相印、与人民同甘共苦、与人民团结奋斗，夙夜在公，勤勉工作，努力向历史、向人民交出一份合格的答卷。这里就鲜明地体现出习近平同志思考问题时，始终站在人民的立场上，以人民的根本利益为前提和出发点。习近平同志在对中国梦的阐释中，这种代表人民根本利益、为人民立言的立场体现得更为鲜明："中国梦归根到底是人民的梦，必须紧紧依靠人民来实现，必须不断为人民造福。"[1]"生活在我们伟大祖国和伟大时代的中国人民，共同享有人生出彩的机会，共同享有梦想成真的机会，共同享有同祖国和时代一起成长与进步的机会。"[2]习近平同志还把人民立场提升到执政理念的高度。在索契接受俄罗斯电视台专访时，习近平同志明确指出："我的执政理念，概括起来说就是：为人民服务，担当起该担当的责任。"[3]

党的十八大以来，顺应时代发展要求和思想引领需求，以习近平同志为核心的党中央从理论和实践结合上，系统回答了新时代坚持和发展什么样的中国特色社会主义、怎样坚持和发展中国特色社会主义等重大时代课题，创立了习近平新时代中国特色社会主义思想。习近平新时代中国特色社会主义思想的"十个明确""十四个坚持"和"十三个方面成就"，是习近平新时代中国特色社会主义思想的主要内容。这"十个明确"和"十四个坚持"中都鲜明强调：坚持人民主体地位，尊重人民首创精神，注重从人民群众中汲取智慧和力量，坚持把人民对美好生活的向往作为奋斗目标，把满足人民的需求作为全部工作的出发点和落脚点。这里饱含着深厚的人民情怀。

从"中国人民站起来"，经"中国人民富起来"，再到"中国人民强起来"，发展了中国特色社会主义的根本立场论和价值取向论。

4. 发展理念论

创新、协调、绿色、开放、共享新发展理念是我国发展壮大的必由之路，是大国成为强国即实现强起来的根本之道。我们可从三个方面把握发展理

1 《习近平谈治国理政》第 1 卷，外文出版社，2018，第 40 页。
2 同上书，第 40 页。
3 《习近平关于社会主义社会建设论述摘编》，中央文献出版社，2017，第 8 页。

念论。

第一，从时代背景把握新发展理念。新发展理念，是在我国发展起来以后，在大国成为强国的新的历史方位中，为解决"强起来"的问题才提出来的，在党的十八大以前的欠发展历史方位中，不可能完整地提出来，因为在"欠发展"的历史方位，相对注重通过要素驱动、投资规模驱动而"富起来"，从历史来看，这两种驱动在当时功不可没。在我国步入发展起来以后新的历史方位，要寻求发展的再生之路，这就需要更加注重创新驱动或创新发展。在"欠发展"的历史方位，我们相对注重经济发展，注重让一部分地区和一部分人通过诚实劳动、合法经营先发展起来、先富起来，而我国发展起来以后，就要更加注重协调发展和共享发展。在"欠发展"的历史方位，一些地方为尽快解决发展问题而破坏了自然环境，在我国发展起来以后，要使我国发展壮大即实现强起来，就必须绿色发展，即促进人与自然和谐共生。

第二，从实质把握新发展理念。新发展理念是经济发展新常态这一大逻辑中，为解决人民日益增长的高质量需求与供给粗放之间的矛盾，进而通过推动高质量发展来推进供给侧结构性改革这一根本问题而开出的药方。新发展理念的实质是推动高质量发展，高质量发展的实质是推进供给侧结构性改革，推进供给侧结构性改革的实质，是解决人民日益增长的高质量需求和供给粗放之间的矛盾。所谓高质量发展，就是包括创新发展、协调发展、绿色发展、开放发展、共享发展在内的发展。不仅如此，新发展理念也是大国成为强国的根本之道。

第三，从贯彻落实把握新发展理念。我们可从三点切入。一是新发展理念关乎我国发展根本。创新关乎我国发展动力，协调关乎我国发展方式，绿色关乎我国发展基础，开放关乎我国发展空间，共享关乎我国发展目标。二是新发展理念关乎我国发展命运。这五个方面的发展状况决定我国发展的命运。三是新发展理念也揭示了我国发展的短板。由此，"强弱项，补短板"，就是关乎我国发展全局的一场深刻变革。党的十九届五中全会提出，在新发展阶段，应积极自觉地运用新发展理念，构建新发展格局，集中解决人民日益增长的美好生活需要和不平衡不充分发展之间的社会主要矛盾，进而解决高质量发展的问题。

第一次系统提出发展理念论，明确新发展理念是在我国发展起来以后使大国成为强国的历史方位提出来的，揭示新发展理念的本质内涵是为推动高质量发展、推进供给侧结构性改革、构建新发展格局开出的药方，且从用发展解决富起来到以新发展理念解决强起来，就创新发展了中国特色社会主义的发展思想。

5. 两大布局论

这是实现强起来的总体方略。

总体布局和战略布局简称"两大布局"。怎样有效统筹推进"五位一体"总体布局？对这一问题的回答，中央提出了协调推进"四个全面"战略布局。总体布局和战略布局之间的关系，就是全面和重点的关系，就是整体和核心的关系，就是全方位和"牛鼻子"的关系。"四个全面"战略布局既管眼前，它是党中央治国理政的"施政纲领"，也管长远，它是实现中华民族伟大复兴的总体方略。这里着重分析一下"四个全面"战略布局。习近平同志提出的协调推进"四个全面"战略布局，立足治国理政的全局和根本，着眼于全面建设社会主义现代化国家和全面推进中华民族伟大复兴长远，确立了新形势下党和国家各项工作的战略方向、重点领域、主攻目标。强调协调推进"四个全面"战略布局，意在把人们的无谓之争引导到集中解决"四个全面"战略布局中的主要矛盾和根本问题上来，把一些人的短视、碎片化、满足于枝节的倾向引导到关注我国长远发展、全局发展、根本发展问题上来，把我们党治国理政的思路引导到破解难题（全面深化改革）、建构秩序（全面依法治国、全面从严治党）、唱响中国（全面建成小康社会进而全面建设社会主义现代化国家）上来。协调推进"四个全面"战略布局，体现了马克思主义与新时代中国实际的紧密结合，深化了对共产党执政规律、社会主义建设规律、人类社会发展规律的认识。

把"两大布局"确定为实现强起来的总体方略，看作中国特色社会主义的总布局，并揭示"两大布局"之间的辩证关系，注重治国理政的整体性、系统性和战略性，发展了中国特色社会主义的战略布局论。

在"两大布局论"中，蕴含着习近平经济思想、习近平文化思想、习近平生态文明思想、习近平法治思想。

6. 战略步骤论

这讲的是实现强起来的战略安排。

我们党治国理政有一条经验，就是善于做战略谋划和战略安排，比如"三步走"战略、五年规划等。党的十九大报告第四个部分，以党的十九大为历史起点，对之后的 33 年作出了战略安排，可以概括为"一个决胜期，两步走战略"。一个决胜期，就是决胜全面建成小康社会，从 2018 年到 2020 年，打好防范风险、精准脱贫、污染防治三大攻坚战。然后，有"两步走"的战略步骤和战略安排：第一步，从 2020 年到 2035 年，再奋斗 15 年，基本实现社会主义现代化。这 15 年，最关键的是要通过贯彻落实新发展理念，集中解决人民日益增长的美好生活需要和不平衡不充分的发展之间的矛盾。第二步，从 2035 年到本世纪中叶，再奋斗 15 年，把我国建成富强、民主、文明、和谐、美丽的社会主义现代化强国。这两个战略，都讲了再奋斗 15 年，意在强调精神状态的重要性。习近平同志所强调的"撸起袖子加油干""幸福都是奋斗出来的""永不懈怠的精神状态""一往无前的奋斗姿态"等，都意在如此。党的二十大报告也提出了全面建成社会主义现代化强国的"两步走"的总体战略安排。

从实现社会主义现代化、实现中华民族伟大复兴及其与奋斗的本质关系入手，对未来 30 年左右的发展步骤作出战略安排，发展了中国特色社会主义的战略谋划论。

7. 总体国家安全观

这是为实现民族复兴提供安全的国内环境。

习近平同志是在着眼发展和安全的关系并为实现强起来提供安全的国内环境的高度，提出总体国家安全观的，构建了国家安全体系的主体框架，形成了国家安全理论体系，完善了国家安全战略体系，其目标就是推进国家安全体系和能力现代化，维护国家安全和社会稳定。在全面维护国家安全的基础上，习近平同志从中提炼概括出三大更为重要的安全，即坚持人民安全、政治安全、国家利益至上有机统一，强调人民安全是国家安全的宗旨，政治安全是国家安全的根本，国家利益至上是国家安全的准则。

习近平同志还特别强调军强才能国安，提出了强军战略。强军战略，是实现强起来的军事保障。可从三个方面理解和把握强军战略论，其中蕴含着习近平强军思想。

第一，强国必须强军，富国必须强兵。

第二，全面从严治军的核心要义。即加强党对人民军队的绝对领导；形成"军委管总、战区主战、军种主建"的新格局；科技强军，主要装备现代化军事武器，信息化技术、电子化技术很关键；依法治军，依靠法律管理军队。

这里着重阐述、分析加强党对人民军队的绝对领导这一重大问题。

党的十八大以来，面对国内外形势深刻复杂变化，以及国防和军队建设存在的问题，以习近平同志为核心的党中央提出：要全面实施政治建军、改革强军、科技强军、依法治军战略，坚定不移走中国特色强军之路。党对军队的绝对领导，既是我们党建军的根本原则，也是一项基本军事制度。习近平同志又指出，党对人民军队的绝对领导是中国特色社会主义的本质特征，是党和国家的重要政治优势，是人民军队的建军之本、强军之魂。[1] 党的十八大以来，习近平同志又进一步鲜明地提出党在新形势下的强军目标。2013 年 3 月，在十二届全国人大一次会议解放军代表团全体会议上，他明确指出，建设一支听党指挥、能打胜仗、作风优良的人民军队，是党在新形势下的强军目标，并强调全军要准确把握这一强军目标，用以统领军队建设、改革和军事斗争准备，努力把国防和军队建设提高到一个新水平。这一目标，回答了新时代为什么要强军、强军目标是什么、怎样走中国特色强军之路等重大时代课题，是我们党在新形势下建军治军的总方略。

新时代，坚持和完善党对人民军队的绝对领导制度，关键要做到"三个必须"。

一是坚持和完善党对人民军队的绝对领导制度，确保人民军队忠实履行新时代使命任务，就必须坚持人民军队最高领导权和指挥权属于党中央。《中共中央关于坚持和完善中国特色社会主义制度、推进国家治理体系和治理能力现代化若干重大问题的决定》明确提出：中央军委实行主席负责制是坚持党对人民军队绝对领导的根本实现形式。这里的关键，就是在军队对党绝对忠诚、坚决听党指挥的基础上，完善贯彻军委主席负责制的体制机制。此外，尤为重要的是，要严明政治纪律和政治规矩，坚决维护党中央、中央军委权威，确保政令军令畅通无阻。

二是坚持和完善党对人民军队的绝对领导制度，确保人民军队忠实履行新时代使命任务，就必须健全人民军队党的建设制度体系。其中首要的，是全面贯彻政治建军的诸项要求：在政治上，要坚持正确的政治方向；在思想上，突出抓好军魂培育，发扬优良传统，传承红色基因，坚决抵制一些错误

---

[1]　参见《〈中共中央关于坚持和完善中国特色社会主义制度、推进国家治理体系和治理能力现代化若干重大问题的决定〉辅导读本》，人民出版社，2019，第 48 页。

观点；在组织上，坚持党委制、政治委员制、政治机关制，坚持党委统一的集体领导下的首长分工负责制，坚持把支部建在连上，完善党领导军队的组织体系；在干部队伍上，建设高素质专业化干部队伍，确保枪杆子永远掌握在忠于党的可靠的人手中；完善军队党的作风纪律建设制度。

三是坚持和完善党对人民军队的绝对领导制度，确保人民军队忠实履行新时代使命任务，就必须把党对人民军队的绝对领导贯彻到军队建设各领域全过程。这里关键在于围绕能打仗、打胜仗进行军队诸项建设，全面推进国防和军队现代化，强固全民的国防意识。既要深刻理解和把握坚持党对人民军队绝对领导的唯一性、彻底性、无条件性，又要把建立健全军事政策制度体系作为坚持党对人民军队绝对领导的重要保障，还要着力提高坚持党对人民军队绝对领导的政治自觉和实际能力。

从历史来看，坚持党对人民军队绝对领导，形象地说就是"党指挥枪"。党对人民军队的绝对领导的制度，发端于南昌起义，奠基于三湾改编，定型于古田会议，丰富发展于党领导人民军队革命、建设和改革的伟大实践。党指挥枪、党对军队的绝对领导，在我党我军的历史中一再显示其优势，体现在党领导我军发展壮大、通过武装斗争夺取和巩固国家政权等一系列过程之中。西方一些敌对势力极力鼓吹"军队非党化、非政治化"和"军队国家化"等论调。还有些人提出：军队是党的军队，也是国家的军队，党对军队的领导与国家对军队的领导是一致的，为什么还要强调党对军队的绝对领导？应当看到，党指挥枪、党对军队的绝对领导，历经实践和历史的检验，党和军队不断发展壮大，成功捍卫了国家利益，创造了一个又一个军事奇迹。如此显著的优势，就是对这些问题最好的回答。

从理论来讲，马克思主义基本原理强调国家和军队主要是阶级统治的工具。军队是统治阶级维护其阶级统治的一种工具，军队的性质取决于它所服务的国家的阶级属性。马克思在总结巴黎公社的经验教训时指出：无产阶级专政的首要条件就是无产阶级的大军。[1] 毛泽东同志指出："从马克思主义关于国家学说的观点看来，军队是国家政权的主要成分。谁想夺取国家政权，并想保持它，谁就应有强大的军队。"[2] 这里就简要地阐明了军队、国家政权和

---

[1] 参见《马克思恩格斯文集》第 3 卷，人民出版社，2009，第 619 页。
[2] 《毛泽东选集》第 2 卷，人民出版社，1991，第 547 页。

政党的关系。在制度设计上，我党历代领导人都强调把马克思主义关于国家、政党和军队的学说与中国实际相结合，坚持党对军队的绝对领导。邓小平同志指出，军队要始终不渝地坚持"党的军队，人民的军队，社会主义国家的军队"的性质。[1] 江泽民同志提出："坚持党对军队的绝对领导这一根本政治原则，是我们军队的军魂，任何时候都不能动摇。"[2] 胡锦涛同志强调："党对军队的绝对领导，是我军建军的根本原则和永远不变的军魂，是我国的基本军事制度和中国特色社会主义政治制度的重要组成部分，是党和国家的重要政治优势。"[3]

那么，究竟如何理解党对人民军队的绝对领导，它主要包括哪些内容？简要说就是：我国宪法明确，中央军委领导全国武装力量，中央军委实行主席负责制。全国人大制定通过的军事基本法《中华人民共和国国防法》明确规定：中华人民共和国的武装力量受中国共产党领导。党对人民军队绝对领导的根本原则，基本内容包括：军队必须无条件地置于中国共产党的领导之下，在思想上政治上行动上始终同党中央、中央军委保持高度一致，坚决维护党中央、中央军委权威，任何时候任何情况下都坚决听从党中央、中央军委指挥。党对人民军队的绝对领导有一整套制度作保证，其主要包括：军委主席负责制，党委制、政治委员制、政治机关制，党委统一的集体领导下的首长分工负责制，支部建在连上。[4] "我军必须完全地无条件地置于党的领导之下，无论发生什么样的情况，都毫不动摇地坚持党指挥枪的原则，一切行动听从党中央和中央军委的指挥；决不允许向党闹独立性，不允许其他政党在军队建立组织和进行活动，也不允许任何个人向党争夺兵权；未经党中央和中央军委授权，任何人不得插手军队，更不得擅自调动和指挥军队。"[5]

第三，军民融合，主要是技术、产品、人才等方面的军民融合。

第一次提出并系统阐释总体国家安全观及强军战略，创新发展了中国特色社会主义国家安全理论和军事理论。

1　参见《邓小平文选》第 3 卷，人民出版社，1993，第 334 页。

2　江泽民：《论军队和国防建设》，解放军出版社，2003，第 309 页。

3　《国防和军队建设贯彻落实科学发展观重要论述选编》，解放军出版社，2010，第 201 页。

4　参见《中共中央关于坚持和完善中国特色社会主义制度、推进国家治理体系和治理能力现代化若干重大问题的决定〉辅导读本》，人民出版社，2019，第 49 页。

5　《当代革命军人核心价值观学习读本》，解放军出版社，2009，第 24 页。

8. 命运共同论

这是实现强起来所需要的和平国际环境。

构建人类命运共同体，联结着建设中华民族现代文明、创造人类文明新形态。

习近平同志提出构建人类命运共同体理念（即积极携手构建人类命运共同体），其主要是为了解决 2008 年国际金融危机以后所出现的世界难题，为了应对世界百年未有之大变局，并为解决人类问题贡献中国智慧和中国方案而提出的。21 世纪的世界面临三大世界性难题：全球经济增长动能不足、全球治理滞后、全球发展失衡。构建人类命运共同体理念的核心要义及其功能，如前所述可概括为五大要点：第一，世界多样，要以多样化的观念看世界，这是世界观；第二，国家平等，世界各国不论强弱大小，在主权、机会、规则上是平等的，这是国家观；第三，文明互鉴，各种文明可互学互鉴，这是文明观；第四，包容发展，尊重世界各国根据自己的国情、历史、文化、传统自主选择其发展道路，这是发展观；第五，互利普惠，即合作共赢、和平发展，这是义利观。上述"五观"，构成命运共同论的哲学基础。

具体来说，从世界历史发展进程看，构建人类命运共同体理念的提出具有历史必然性和价值必要性。

在工业革命时代，马克思、恩格斯重视历史向世界历史的转变，强调加强世界性交往对于每一个国家发展的重要性。马克思的世界历史理论认为，生产力的普遍发展和与此相关的世界交往，是历史向世界历史转变的基础；由封闭的民族国家向广泛性深刻性的世界性交往转变，是人的解放的必要条件；资本主义的"世界历史性存在"是暂时的，只有在共产主义条件下，才能真正实现人的解放；共产主义代替资本主义，是人类社会发展的必然趋势。

新中国的外交关系，始终坚持从客观实际出发，在延续中开拓，又在开拓创新中延续。新中国成立以来，这种实践关系主要经历了从"支持世界革命"转向"服务社会主义现代化建设""坚持和平发展、促进民族复兴"。

1949 年 10 月 1 日，中华人民共和国宣告成立。全国人民渴望已久的国家独立和统一终于得以实现，新中国成立，以一个崭新的面貌出现在国际舞台上。中国人民首要的迫切要求自然是摆脱过去一切不平等的关系，在独立自主的基础上重建外交关系。自新中国成立时起，就确定了独立自主的外交政策，并始终不渝地奉行这一政策。毛泽东同志在 1957 年作出这样的分析："第一次世界大战以后，出了一个苏联，两亿人口。第二次世界大战以后，出了一个社会主义阵营，一共九亿人口。如果帝国主义者一定要发动第三次世界大战，可以断定，其结果必定又要有多少亿人口转到社会主义方面，帝国主义剩下的地盘就不多了，也有可能整个帝国主义制度全部崩溃。"[1] 基于对世界形势的这种分析，中国共产党人继承了马克思主义"危机和战争引起革命"的思路，并奉行支援世界革命的政策。到 60 年代，毛泽东同志提出了"不是战争引起革命，就是革命制止战争"的著名论断，对支持世界革命更加重视。回顾这段时期的外交工作，毛泽东同志先后提出"另起炉灶""打扫干净屋子再请客"和"一边倒"三条方针。这三条方针构成了新中国外交政策的框架，并基本奠定了初期"一边倒"的外交格局。整个 60 年代，"反两霸"是中国外交的主旋律和对外关系格局的主要特点。70 年代是新中国外交发展的第三阶段。虽然"文化大革命"尚未结束，但毛泽东同志通过启动中美关系正常化进程，成功地改变了中国的外交格局。在探索和实践中，尽管遭遇过一些挫折，在处理某些问题时或许付出了过大代价，但从整体上看，新中国外交还是取得了巨大成就。中国外交格局先后经历了"一边倒""反两霸"和"一条线"三个阶段。在这三个阶段，党和国家领导人都高度重视并成功维护了国家的独立和安全。不可否认的是，新中国正是以这样的方式在美苏对立的两极世界中逐渐成为国际舞台上一支公认的独立力量，并最终取得了相对主动的战略地位。总体来看，新中国在伸张正义、主持公道，支持民族解放和殖民地独立运动，以及人类进步事业上，在国际社会特别是亚非拉国家中，赢得了广泛的赞扬和支持，结交了不少真朋友。种善因得善果，70 年代，中国被亚非拉发展中国家"抬入"联合国。

　　改革开放，标识着中国外交在延续中的开拓与创新。党的十一届三中全会前夕，依据新的历史阶段，邓小平同志在外交上作出两个决断：一是签订中日和平友好条约；二是实现中美建交。邓小平同志成功解决了"历史遗留问题"[2]，为外交工作打开了新的局面。1977 年邓小平同志访问新加坡时，李光耀当面

1　《毛泽东文集》第 7 卷，人民出版社，1999，第 238—239 页。
2　所谓"历史遗留问题"，主要是指"文化大革命"期间遗留下来的支持东南亚一些国家共产党开展武装斗争的问题。

向其提出要解决这个"历史遗留问题"。邓小平同志出访回国后，中国共产党加速调整了同东南亚共产党关系的步伐。1982年9月，党的十二大强调"革命决不能输出"，随后加快调整了支持东南亚国家共产党武装斗争的政策，经过协商和细致耐心的工作，终于使问题得到妥善解决。"历史遗留问题"的妥善解决，是我党对外工作指导思想由"支援世界革命"转向"为国内社会主义现代化服务"的重要一环。这一时期的对外工作，还要处理历史遗留的国际共运"大论战"和"九评"问题。60年代的国际共运"大论战"实际上包括了两个不同性质的问题：一是党和国家关系上反对"老子党"和"指挥棒"的问题，二是意识形态上的争论问题。在前一个问题上，总的说来我们是对的。对后一个问题，邓小平同志则基本持否定态度。邓小平同志以"回头看"方式进行了总结，深刻指明了我们党的经验教训和主要错误。邓小平同志指出："一个党评论外国兄弟党的是非，往往根据的是已有的公式或者某些定型的方案，事实证明这是行不通的。"[1]至于中国共产党在其中的经验教训问题，邓小平同志也是有明确态度的。他说："我们的真正错误是根据中国自己的经验和实践来论断和评价国际共运的是非，因此有些东西不符合唯物主义和辩证法的原则。主要是这个问题。"[2]关于意识形态争论问题，邓小平同志认为对"九评"不能肯定。1989年邓小平对戈尔巴乔夫说："经过二十多年的实践，回过头来看，双方都讲了许多空话。马克思去世以后一百多年，究竟发生了什么变化，在变化的条件下，如何认识和发展马克思主义，没有搞清楚。"[3]这就等于否定了过去给"大论战"所作的"定性"，因为既然连"如何认识和发展马克思主义"都没有搞清楚，就不能说那场论战是"马克思主义反对修正主义"性质的论战。

从整体外交政策来看，党的十一届三中全会首先改变了过去一直认为"战争不可避免，而且迫在眉睫"的看法，强调要放下心来专门搞国内各方面的建设；二是我们的对外政策，改变了过去一段时间针对苏联霸权主义搞的"一条线"的战略，转变到"奉行独立自主的正确的外交路线和对外政策"，强调谁搞霸权就反对谁，谁搞战争就反对谁，谁干涉他国内政就反对谁；三是党的对外工作，也发生了由"支持世界革命"向"为国内现代化经济建设服务"的转变。

1　《邓小平年谱（1975—1997）》（上），中央文献出版社，2004，第642页。
2　《邓小平年谱（1975—1997）》（下），中央文献出版社，2004，第944页。
3　同上书，第1276页。

1980 年 1 月 16 日, 邓小平同志在《目前的形势和任务》中提出: "我们的对外政策, 就本国来说, 是要寻求一个和平的环境来实现四个现代化。这不是假话, 是真话。这不仅是符合中国人民的利益, 也是符合世界人民利益的一件大事。"[1] 1982 年 9 月, 党的十二大强调"革命决不能输出"。在这次大会的政治报告中提到, 革命决不能输出, 它只能是各国人民自己选择的结果。正是基于这样的认识, 我们始终坚持和平共处五项原则。1985 年 3 月 4 日, 邓小平同志在会见日本客人时提出: "现在世界上真正大的问题, 带全球性的战略问题, 一个是和平问题, 一个是经济问题或者说发展问题。和平问题是东西问题, 发展问题是南北问题。概括起来, 就是东西南北四个字。"[2] 实际上, 在外交格局中, 我国已经完全用服务国内发展取代了支援世界革命。自从独立自主的方针确立以后, 不管时势如何转变, 我们都始终不渝地坚持着。

今天, 面对世界百年未有之大变局, 基于实践与历史经验、历史规律, 我们坚持一切从客观实际出发, 既要积极思考和应对"变", 也要牢牢坚持"不变"。尤其是对于世界力量转移、世界格局调整和世界权力重构, 要有清醒的认识。唯物史观中的世界历史理论, 是分析当今经济全球化问题的理论框架。世界百年未有之大变局中, 最关键的变量是世界上主要国家之间力量的对比。其中的一些重要因素包括: 发展中国家的群体性崛起; 超级大国美国的制度式微; 中国能够越来越主动地参与世界格局与国际秩序的塑造, 中美关系最近几年进入质变期; 科技进步影响深远并伴随众多不确定性, 新一轮科技革命和产业革命加快重塑世界。第二次世界大战后, 美元主导的国际货币体系正在接近十字路口。总体而言, 现行国际秩序开始进入瓦解与重构期。2015 年 9 月 28 日, 习近平主席在第七十届联合国大会一般性辩论时的讲话中提出, 和平、发展、公平、正义、民主、自由, 是全人类的共同价值, 也是联合国的崇高目标。2022 年 10 月, 在党的二十大报告中, 习近平同志指出, 世界各国要弘扬和平、发展、公平、正义、民主、自由的全人类共同价值, 共同应对各种全球性挑战。这是中国参与全球治理应该秉持的基本价值理念。习近平同志提出的构建人类命运共同体理念, 是在我国发展起来但还不够发达、不够强大的历史方位中提出的一种具有原创性和标识性且能为世界作出

---

1 《邓小平文选》第 2 卷, 人民出版社, 1994, 第 241 页。
2 《邓小平文选》第 3 卷, 人民出版社, 1993, 第 105 页。

贡献的中国理论。人类命运共同体论，强调世界既具有多样性又具有统一性，超越了西方的"一元论"，是解决中国和世界难题的立论基础；人类命运共同体论坚持共识，建设价值共同体，坚持共建，建设行动共同体，坚持共进，建设发展共同体，坚持共治，建设安全共同体，坚持共享，建设利益合作共同体，因而构成了一个较为严密的体系，其实质是追求包容普惠；人类命运共同体论，实质上就是新时代中国为人类和世界作出重大贡献的一种中华民族文明，是人类文明新形态的根本实践方式。无论是古代历史上的"华夏中心论"，还是近代以来的"西方中心论"，都不符合时代发展趋势，都无益于人类永续发展和世界持续繁荣。习近平同志构建人类命运共同体理念的世界意义，在于它辩证扬弃中华传统文明，超越西方文明，开创了人类文明新形态。

首次提出的构建人类命运共同体理念所解决的人类问题、世界问题，所蕴含的哲学观，所贡献的中国智慧和中国方案等，丰富和发展了中国特色社会主义世界交往理论、国际战略理论，其中也蕴含着习近平外交思想。

9. 国家治理论

这是为创造世所罕见的经济快速发展奇迹和社会长期稳定奇迹提供的制度和治理支撑。

国家治理之实质，就是"中国之治"。根据党的十九届四中全会精神，国家的制度优势和治理效能是创造经济快速发展和社会长期稳定之中国奇迹的根本密码。中国之治具有三种基本涵义：充分发挥国家制度和国家治理体系的显著优势；补齐国家治理能力现代化的某些短板；把制度优势更好地转化为国家治理效能。依据习近平总书记系列重要讲话，中国之治在中国社会主义建设与治理中具有十分重要的地位。中国社会主义实践可以分为前半程与后半程。[1] 前半程的主要历史任务，是在社会主义基本制度的基础之上进行改革；后半程的主要历史任务，是全面治理社会主义社会。如何全面治理社会主义社会，马克思、恩格斯没有遇到这一重大课题。列宁试图破解这一课题，但由于逝世过早，也未能解决这一课题。中国共产党人遇到并致力于这一课题，积累了一些经验，但与实现社会主义现代化、实现中华民族伟大复兴的根本要求还有较大差距。现在是需要破解这一课题的关键时候了。所以，党

1　参见《习近平关于社会主义政治建设论述摘编》，中央文献出版社，2017，第 6 页。

的十八届三中全会、十九届四中全会共有的主题，就是用制度优势和治理效能全面治理社会主义社会，从而使社会主义制度的优越性得到充分发挥，使国家长治久安，使人民过上幸福美好生活，使社会安定有序。这意味着中国共产党人还要继续创造中国之治奇迹。中国之治或国家治理，是以习近平同志为核心的党中央治国理政的根本抓手。我们完全可以围绕"中国之治"，来理解和把握党的十八大以来，以习近平同志为核心的党中央所推进的实践创新和理论创新。

其中涉及全面深化改革问题。全面深化改革是实现强起来的强大动力，其总目标就是坚持和完善中国特色社会主义制度，推进国家治理体系和治理能力现代化。学习研究习近平同志关于全面深化改革的重要论述具有现实意义。第一，改革的根据。习近平同志说，"发展出题目，改革做文章""问题倒逼改革"。什么意思？改革主要是为解决发展进程中出现的问题进而促进发展而存在的，这是改革的根据。第二，改革的作用。习近平同志说："改革是决定当代中国命运的关键一招。""改革是强国之路"。改革是为了解决问题的，有一般性的问题，也有影响中国发展命运的根本性问题。其中主要有三个根本问题：经济社会发展的动力；经济社会发展的平衡；经济社会发展中的治理。这三大根本问题解决好了，就会有好的发展命运。第三，改革的方向。既不走封闭僵化的老路，也不走改旗易帜的邪路，要坚定不移地走中国特色社会主义道路。第四，改革的目标。既使制度更加成熟定型、国家治理更加现代化，又促进公平正义、增进人民福祉。第五，改革的主体。改革是在中国共产党领导下，紧紧依靠人民推进改革。

首次提出国家治理论，建立起国家治理与中国奇迹的内在本质联系，丰富中国之治的内涵，把国家治理置于中国社会主义实践建设的全过程加以理解和把握，就创新发展了中国特色社会主义的国家理论和改革开放理论。

10. 强大政党论[1]

这是实现强起来的领导力量。

没有中国共产党的领导，什么都干不成。习近平同志关于党的建设的重要思想之实质，就是把大党建设成为强党。可从六个方面完整把握习近平关

---

[1]　这里所说的"强大政党论"，是学理化概念，用中央权威文献的话语来讲，就是习近平总书记关于党的建设的重要思想。

于党的建设重要思想的丰富内涵。

第一，强党建设总思路。即是围绕"打铁必须自身硬"展开的。中国共产党人是在改造旧世界中建立新世界的。这个新世界，在新时代，就是全面建成社会主义现代化强国。要把这个新世界建立起来，就必须化解矛盾，破解难题，应对挑战，抵御风险。要做好这些，就必须以伟大斗争的精神状态推进社会革命，而这就是块坚硬的"铁"。要把这块坚硬的"铁"打好，打铁的主体即中国共产党人自身必须要硬。为此，就必须勇于自我革命，改造主观世界。所以，习近平关于党的建设的重要思想，是在客观世界和主观世界的关系、社会革命和自我革命的关系、坚硬的"铁"和"自身硬"的关系、客体和主体的关系中建构起来的。

第二，强党建设总框架。即从"四个伟大"总体框架来理解强党建设。加强和改进党的建设属于新的"伟大工程"，要把建设新的伟大工程放在进行伟大斗争、推进伟大事业、实现伟大梦想这一总体框架中来理解和把握。

第三，从主体维度理解强党建设。千言万语一句话："党政军民学，东西南北中，党是领导一切的。"[1]这是"十四个坚持"的第一个坚持。党领导一切不是包揽一切，而是总揽全局、协调各方。党的领导，主要是政治领导、思想领导和组织领导。

第四，从客体维度理解强党建设。也是千言万语一句话：全面从严治党。这是"十四个坚持"的最后一个坚持。党领导一切有一个前提，即党必须把一切领导好，党只有把一切领导好，党领导一切的根本政治原则才能真正立得住。党要把一切领导好，党就要管党，首先要把自身治理好，这就是要全面从严治党。

第五，强党建设的落脚点。这里，习近平同志讲了三句话："毫不动摇把党建设得更加坚强有力。""中国共产党是世界上最大的政党。大就要有大的样子。""要把中国共产党建设成世界上最强大的政党。"这充分表达了习近平同志的政党自信，这是道路自信、理论自信、制度自信、文化自信"四个自信"的基础，"四个自信"要建立在政党自信的基础上，缺乏政党自信，"四个自信"就自信不起来。

1　《习近平谈治国理政》第3卷，外文出版社，2020，第16页。

第六，强党建设的重要贡献。归纳起来，其一，它坚持中国共产党集中统一领导，注重集中力量办大事这一制度优势，注重生产要素驱动、投资规模驱动和创新驱动，解决了世界历史进程中中国实现跨越式发展并追赶世界现代化潮流、追赶世界发展先进水平的问题，提出了跨越式发展理论与"站起来、富起来、强起来"理论，丰富和发展了马克思主义世界历史理论。其二，它坚持党领导一切和全面从严治党有机统一，解决了社会主义初级阶段大党如何成为强党的问题，提出了强党建设理论，提出"建设世界上最强大政党"这一崭新命题，丰富和发展了马克思主义政党建设学说。其三，它原创性提出"新时代中国共产党人的历史使命"。习近平同志指出："实现中华民族伟大复兴是近代以来中华民族最伟大的梦想。中国共产党一经成立，就把实现共产主义作为党的最高理想和最终目标"，并强调实现伟大梦想，必须进行伟大斗争，必须建设伟大工程，必须推进伟大事业。历史和实践充分证明，中国共产党人是"为中国人民谋幸福、为中华民族谋复兴"的合格担当者。[1]

《共产党宣言》发表以来一百七十多年的实践证明，揭示了人类历史发展趋势的马克思主义，一旦同具体国情相结合、与时代发展同进步、与人民群众共命运，就能焕发出强大的生命力、创造力和感召力。追求人民幸福和民族复兴，是近代以来中国人民的美好理想，也是无数仁人志士奋不顾身前仆后继的炽热追求。历经无数次的失败和抗争，历史和人民把这一接力棒传递到了中国共产党人这里。对于中国共产党人的初心和使命，党的十九大报告明确概括为"为中国人民谋幸福，为中华民族谋复兴"。这一初心和使命，是激励中国共产党人不断前进的重要动力。

从初心来看，中国共产党人坚持马克思主义的指导地位，从党成立时就把为共产主义、社会主义而奋斗确定为自己的纲领。中国共产党人是马克思主义的忠实继承者和丰富发展者，马克思主义所揭示的人类社会发展趋势及其规律成为中国共产党人始终不渝的遵循和奋斗指向。坚信"凡是历史性产生的终将历史性地灭亡"的信念，坚决同一切背离人民幸福和违反历史发展规律的现象进行斗争的胆识，以及遇到任何困难毫不畏惧不怕牺牲的大无畏的乐观精神，逐渐沉淀和铸就了中国共产党人的胸襟、气魄和情怀。同时，中

1　参见《习近平谈治国理政》第 3 卷，外文出版社，2020，第 11 页。

国共产党人也是中华优秀传统文化的忠实传承者和发扬光大者。中国传统文化的精华薪火相传，成为流淌在共产党人身上的鲜血和沉淀在灵魂深处的基因。

从使命来看，2012 年 11 月 29 日，中共中央总书记、中央军委主席习近平和中央政治局常委李克强等人参观了《复兴之路》展览，提出"实现中华民族伟大复兴，就是中华民族近代以来最伟大的梦想"[1]，到党的十九大报告明确提出"中国共产党一经成立，就把实现共产主义作为党的最高理想和最终目标"[2]，中国共产党人就明确宣示了对肩负使命的历史自觉意识和勇于担当精神。2017 年 10 月 31 日，党的十九大闭幕后仅一周，习近平同志和新一届中央政治局常委李克强等人，专程来到上海和浙江嘉兴，追寻我们党的基因和根脉。习近平同志曾以"开天辟地、敢为人先的首创精神，坚定理想、百折不挠的奋斗精神，立党为公、忠诚为民的奉献精神"[3]，高度概括了象征共产党人初心和使命的"红船精神"。兴业路的小楼和南湖上的红船，寄托着共产党人的初心，承载着共产党人的使命，是中国共产党人的精神家园和精神支柱。有了这样的初心自觉和使命担当，中国共产党人接过历史接力棒，并经受住了历史和人民的检验。

从对大党的关切到对强党建设的强调，发展了马克思主义党的建设学说。

上述十大要义具有十分严密的内在逻辑，构成了一个有机整体和科学体系：历史方位论是立论基石层面；民族复兴论、人民中心论是奋斗目标层面；发展理念论、两大布局论、战略步骤论是总体方略层面；总体国家安全观、命运共同论是全面保障层面；强大政党论是领导力量层面。它从十个方面创新发展了中国特色社会主义理论体系。

（二）从块块来说，习近平新时代中国特色社会主义思想从哲学、政治经济学、科学社会主义三大板块，创新发展了中国特色社会主义理论体系

这里讲的"块块"，主要指马克思主义的三个组成部分，即马克思主义哲学、马克思主义政治经济学和科学社会主义。

1　《十八大以来重要文献选编》（上），中央文献出版社，2014，第 84 页。
2　习近平：《决胜全面建成小康社会　夺取新时代中国特色社会主义伟大胜利——在中国共产党第十九次全国代表大会上的报告》，人民出版社，2017，第 13 页。
3　习近平：《弘扬"红船精神"走在时代前列》，《光明日报》2005 年 6 月 21 日。

1. 从哲学方法论上创新发展了中国特色社会主义理论体系

总体来说，它运用马克思主义的系统辩证法[1]，来思考分析"新时代""大变局"背景下改革开放与中国特色社会主义建设、社会主义现代化建设实践中的一系列具有根本性、全局性、长远性与系统性、总体性的战略问题，分析处理一系列具有战略意义的全球性问题，提出了战略思维、历史思维、辩证思维、系统思维、创新思维、法治思维、底线思维，为解决大国成为强国即实现强起来这一战略性问题提供了系统辩证法的哲学方法论，从哲学方法论上发展了中国特色社会主义理论体系。

回顾马克思主义哲学发展史，正是由于不同时空的现实世界、现实逻辑所产生的根本问题及其不断转换，推动着马克思主义哲学研究重心的转移；正是自觉的问题意识和明确的问题导向，促进了马克思主义哲学的发展。

正是出于对时代问题的洞彻和执着，马克思、恩格斯毕生致力于从政治、学理、大众的统一，运用"历史辩证法"，探索资本占有劳动并控制社会的逻辑，并为实现无产阶级解放与人的自由全面发展开辟路径、创造条件。其中，历史唯物主义方法论即历史辩证法，就成为这一探索的哲学方法。

十月革命的胜利，使社会主义由科学开始变成实践。马克思、恩格斯只是阐明了这一理论由科学变成现实的必然性和一般规律，不可能解决实现这种转变的具体途径和方法。如何结合俄国国情，探索和开创落后国家走向社会主义的道路，成为十月革命后列宁面临的重大时代课题。列宁把对这一课题的探索比作"攀登一座还没有探测过的非常险峻的高山"，其艰巨性和历史意义不亚于十月革命，二者一起共同构成了列宁一生的两大贡献。列宁哲学所思考的总问题或主题，一是俄国如何实现社会主义革命的胜利，二是落后俄国如何走向社会主义的道路。列宁运用"认识辩证法"分析问题，为实现社会主义革命胜利并走向社会主义道路提供了哲学方法论。其代表作就是《唯物主义和经验批判主义》和《哲学笔记》，前者主要讲认识论，后者主要讲辩证法。

毛泽东同志面临的主要问题，是如何实现新民主主义革命的胜利，以及

---

1 系统辩证法，是指把系统论（系统思维）和辩证法（辩证思维）有机结合起来，在系统中注重辩证法，在辩证法中注重系统论。它既注重发挥系统中每一个要素的地位和作用；又注重系统各要素之间的顺序、比例、辩证关系即结构；也注重使各要素服从服务于整体功能的发挥；还注重系统内部各要素之间的辩证关系、部分与整体之间的辩证关系、系统内外部之间的辩证关系。方法取决于问题的本性。中国特色社会主义进入新时代，所面临的问题都具有综合性、整体性和系统性，系统性的问题需要运用系统辩证法来分析解决。

如何在一个农民占大多数的贫穷落后国家建设社会主义。毛泽东同志研究哲学的主要目的是为分析解决这样的"中国问题"提供哲学方法论,也为中国共产党领导中国革命和社会主义建设提供哲学方法,为广大人民群众认识世界和改造世界提供思想武器。体现毛泽东哲学思想的哲学代表作,就是《实践论》《矛盾论》和《关于正确处理人民内部矛盾的问题》,贯穿三者之中的是"实践辩证法"。

改革开放和社会主义现代化建设新时期,当代中国马克思主义哲学也主要是围绕分析解答"中国问题"而发展起来的。在和平与发展成为时代主题的前提下,以邓小平理论为开山之作的中国特色社会主义理论体系等重要成果,集中回答的是"什么是社会主义、怎样建设社会主义""建设什么样的党、怎样建设党""实现什么样的发展、怎样发展"等重大时代课题或首要基本问题(即这一时期的"中国问题")。以习近平同志为核心的党中央治国理政所思考的根本问题,是人民生活"美好不美好"、国家或民族"强不强"、世界"和平不和平"、中国共产党自身"硬不硬"、马克思主义是否具有"生机活力"等。习近平治国理政具有鲜明的问题意识,坚持问题导向。他强调,要有强烈的问题意识,以重大问题为导向,抓住关键问题进一步研究思考,着力推动解决我国发展面临的一系列突出矛盾和问题。我们中国共产党人干革命、搞建设、抓改革,从来都是为了解决中国的现实问题。可以说,改革是由问题倒逼而产生,又在不断解决问题中得以深化。围绕上述总的"中国问题",习近平同志注重运用马克思主义世界观和方法论,运用辩证唯物主义和历史唯物主义基本原理和方法论,尤其运用"系统辩证法"(含"战略辩证法")的哲学方法,去思考、分析、解决中国特色社会主义领域中的根本问题,可称之为"系统为基的战略辩证法"。

坚持系统观念,是习近平治国理政的具有基础性的方法,也是建设中国特色社会主义需要遵循的方法。这是习近平同志在强调对新时代党和国家各项事业,尤其是中国特色社会主义建设伟大事业进行战略谋划时提出的,是谋划各领域工作和中国特色社会主义建设的基础性思想和工作方法。他指出:"系统观念是具有基础性的思想和工作方法。""必须从系统观念出发加以谋划和解决,全面协调推动各领域工作和社会主义现代化建设。"[1]

---

[1] 《中共中央关于制定国民经济和社会发展第十四个五年规划和二〇三五年远景目标的建议》,人民出版社,2020,第56页。

系统观念具有丰富的理论内涵。界定系统观念的理论内涵，是坚持系统观念的前提。唯物主义辩证法认为，任何事物都处在各种各样的普遍联系当中，事物及事物各要素交互作用、相互影响、相互制约，构成一种具有稳定结构和特定功能的有机整体，就是系统。对客观存在的系统的认识反映在人们头脑中，就形成系统观念。坚持系统观念蕴含着存在论、认识论、方法论和实践论，具有丰富的理论内涵：

（1）系统观念是一种基础观念。表面看，似乎任何事物杂乱无章。运用哲学理性思维看待事物，会发现任何事物都是由各种要素构成的。在揭示事物要素基础上，系统观念进一步要求揭示其中的根本要素，并运用其根本要素分析事物。面对复杂的社会历史，马克思抓住了其中的生产力、生产关系、经济基础、上层建筑四大根本要素，运用这四大根本要素分析社会历史。

（2）系统观念是一种结构观念。在揭示构成事物的根本要素基础上，系统观念进一步要求分析这些根本要素之间的关系、顺序、比例，即结构。事物内部的结构至关重要，影响事物的整体功能及其发挥，事物的结构是什么样的，其功能就是什么样的。结构性观念是系统观念的根本。要发挥好事物的功能，首要在于调整好结构。马克思、恩格斯认为，生产力决定生产关系，经济基础决定上层建筑，其中，生产力起最终决定作用；同时，这四大要素的合力或交互作用也推动社会历史发展。

（3）系统观念是一种整体观念。坚持系统观念，既要揭示事物的根本要素，又要调整理顺根本要素之间的关系、顺序、比例，使其相互配合，构成最佳的合理结构，其目的是充分发挥事物的整体功能，实现整体效应最大化，事物的各个根本要素最终是服务于事物整体功能发挥的。整体性观念是系统观念的核心。由此，要把事物各部分根本要素置于事物的整体框架中进行谋划。

（4）系统观念是一种战略观念。系统观念强调"要素观念"，系统内部各要素，都是影响中国长远发展命运的根本要素，具有战略性。系统观念强调以整体眼光看事物。事物的整体性是在时间、空间、环境中呈现出来的。时间上，系统观念要求跳出眼前从长远看眼前，正确看待眼前和长远的关系，从事物发展的历史长河中把握其完整性；空间上，系统观念要求跳出局部从全局看局部，把握好局部和全局的关系，从事物的全局上把握其完整性；外部环境上，系统观念要求跳出事物自身，把事物置于更为宽广的外部大环境中来把握，把握好事物自身与外部大环境的关系，从事物与外部大环境关系上把握其完整性。

（5）系统观念也是一种辩证观念。辩证法是把握事物之关系的一种根本方法。每一种事物作为一个系统，处在各种各样的关系中，诸如系统各要素之间的关系，系统的部分和整体的关系，事物发展的目前和长远的关系，事物之局部和全局的关系，事物和外部大环境的关系，等等，由此需要运用辩证思维来理解，用发展的眼光看待系统内部各要素，避免孤立、静止、片面地看问题。

（6）系统观念也是一种秩序观念。事物内部的结构及其形成的整体不是杂乱无章的，而是通过内在合理的关系、顺序、比例表达出来的，这就呈现为一种秩序。其实，社会秩序的根基在于事物的合理结构形成的秩序。

系统观念是具有基础性的思想和工作方法。坚持系统观念是马克思主义科学世界观和方法论的必然要求，是破解难题、推动事业发展的现实需要。作为世界观，它围绕思维和存在的关系，着力回答"世界存在着什么""世界是什么存在""世界如何存在"意义上的问题。作为方法论，就是它基于世界观，着力回答"怎么看、怎么办"的问题。从世界观来看，世界上任何事物都以系统的方式存在。由此，人们就应当以系统观念看待和对待事物，把系统观念作为一种分析解决问题与推动事业发展的思想和工作方法。这样，系统观念就是马克思主义科学世界观和方法论的体现。思想方法是人们分析问题、认识事物的方法，工作方法是人们解决问题、做好工作的方法。系统观念是具有基础性的思想和工作方法，是其他思想和工作方法的基础。习近平总书记常讲的思想和工作方法有战略思维、历史思维、辩证思维、创新思维、法治思维、底线思维等，这些方法都以系统观念（系统思维）为基础。发挥科学思维的指引作用，不断提升运用系统观念和系统方法的能力，就能够行之有效地化解全面建设社会主义现代化强国中的各种风险挑战。系统观念要求树立战略思维、辩证思维，它要求运用战略思维、辩证思维正确处理系统内各个要素及其现象和本质、眼前和长远、局部和全局、部分和整体之间的关系，也要求运用战略思维、辩证思维正确处理系统内外的关系。系统观念要求树立创新思维。把系统各要素构成一个合理结构是创新，调整好系统内各要素之间的结构并使其发挥好整体功能是一种创新，对系统作出新的战略谋划也是创新。系统观念要求树立法治思维，它需要法治保证一种系统能规范运行，保证系统的战略有规范实施。系统观念也要求树立底线思维，积极主动和有效应对系统所面对的各种系统性风险和挑战，要求凡事从坏处准备，积极主动应对，努力争取最好结果，牢牢掌握主动权。

习近平治国理政坚持系统观念，强调建设中国特色社会主义也需要坚持系统观念。他强调："党的十八大以来，党中央坚持系统谋划、统筹推进党和国家各项事业，根据新的实践需要，形成一系列新布局和新方略，带领全党全国各族人民取得了历史性成就。在这个过程中，系统观念是具有基础性的思想和工作方法。"

由上可以看出，系统观念就是系统辩证法，系统辩证法又内含战略思维或战略辩证法，系统观念是战略思维或战略辩证法的基础，所以可称之为系统为基的战略辩证法。

系统为基的战略辩证法是一种哲学方法，它是习近平新时代中国特色社会主义思想对马克思主义哲学的一种方法论上的原创性贡献。这种原创性贡献，在本书的相关章节会展开分析、阐述，这里只作简要提及。它主要体现在：习近平治国理政与推进中国特色社会主义伟大事业所回答的"中国之问""世界之问""人民之问""时代之问"，从根本上面对的是"哲学问题"，具有作出原创性哲学贡献的前提；解决哲学意义上的问题需要以系统为基础作出战略谋划，由此便形成"系统为基的战略辩证法"的哲学方法；系统为基的战略辩证法创新发展了马克思主义具有总体性的"辩证哲学"；习近平新时代中国特色社会主义思想，及其蕴含的系统为基的战略辩证法要求确立新的"哲学思维"；习近平新时代中国特色社会主义思想及其系统为基的战略辩证法蕴含治国理政的"哲学智慧"；习近平新时代中国特色社会主义思想彰显了人民至上的"哲学理念"，它由物本逻辑走向人民至上逻辑。

综上，习近平新时代中国特色社会主义思想从哲学上创新发展了中国特色社会主义理论体系，对于马克思、恩格斯相对注重"历史"领域的辩证法（历史辩证法）、列宁相对注重"认识"领域的辩证法（认识辩证法）、毛泽东相对注重"实践"领域的辩证法（实践辩证法）而言，它基于"系统视域""战略视域"相对注重"中国特色社会主义建设"领域的辩证法（系统为基的战略辩证法），这就是哲学辩证法问题上的创新。这是对中国特色社会主义哲学的一个原创性贡献。

2. 从政治经济学上创新发展了中国特色社会主义理论体系

自从习近平同志提出构建中国特色社会主义政治经济学这一重大命题之后，党的十九大报告从政治的六个层面，对这一重大命题进行了系统阐释；理论界、学术界也为构建中国特色社会主义政治经济学，从提出背景、总体框架、理论体系、严密逻辑、原创性贡献、历史地位、重大意义、本质特征等方面，都进行了系统的分析、论证和阐述，基本上勾画出了中国特色社会主义政治经济学的完整系统的理论体系和理论框架。虽然理论界、学术界对中国特色社会主义政治经济学这一理论体系和理论框架还有研究的广阔空间，但从总体框架和理论体系上基本上已经定型。其核心要义就是：以坚持以人民为中心的发展思想和新发展理念为指导原则；以实施高质量发展、发展新质生产力为主题；以推进供给侧结构性改革为主线；以构建新发展格局为突破口和重要抓手；坚持和完善社会主义基本经济制度；致力于解决我国经济发展方式转变、经济结构调整等重大问题，进而解决经济效率和公平正义统一问题。这本身就是一种原创性贡献。

3. 从横向和纵向上发展了中国特色社会主义的科学社会主义

简要来讲，首先，从横向上讲，揭示了中国特色社会主义的历史必然性和价值合理性，回答"从哪里来"的问题[1]；从中国共产党领导、坚持社会主义基本经济制度、以人民为中心、实现共同富裕方面，阐释"中国特色"，回答中国特色社会主义"特在哪里"的问题；亮明人民至上的根本政治立场，回答中国特色社会主义的"本质"问题；鲜明强调坚持中国共产党领导是中国特色社会主义最本质的特征和最大优势，揭示了中国特色社会主义的"本质属性"；强调中国特色社会主义的制度优势，为坚定中国特色社会主义道路自信、理论自信、制度自信、文化自信提供了基本依据；从总依据总布局总目标三个方面，概括了中国特色社会主义的"核心内容"；从统揽推进"伟大斗争、伟大工程、伟大事业、伟大梦想"上，谱写了新时代中国特色社会主义"新篇章"；从积极构建人类命运共同体方面，揭示了中国特色社会主义的"世界向度和世

1　参见习近平：《关于坚持和发展中国特色社会主义的几个问题》，《思想政治工作研究》2019 年第 5 期，第 15—19 页。

界意义";从中国特色社会主义的成功,揭示了科学社会主义在 21 世纪的中国焕发强大的生机活力的"本源"。

其次,从纵向来讲,在奋斗目标上,它由"解决温饱"经"全面小康"再到"全面建成社会主义现代化强国、实现中华民族伟大复兴";在改革上,从"杀出血路"到"重点外围改革"再到"顶层设计全面深化改革";在现代化建设上,由"追赶现代化"到"中国式现代化新道路"再到"为人类实现现代化提供新的选择";在发展进程上,由"经济高速增长"到"科学发展"再到以人民为中心的"新发展理念";在国际战略上,由"韬光养晦、决不当头"到"回应挑战"再到"积极参与全球治理体系改革和建设、构建人类命运共同体","为人类实现现代化提供新的选择";在经济社会发展实践进程上,由"欠发展初期相对注重经济社会发展的动力"到"推进发展时期注重经济社会发展平衡和谐"再到"发展起来以后整体转型升级时期致力于推进国家治理现代化";在价值追求上,由"为人民物质富裕"到"以人为本使全体人民共享发展成果"再到"新时代以人民为中心使人民过上美好幸福生活";从理论逻辑上,由"实现富起来的理论"到"实现富起来理论的深化发展"再到"实现强起来的强国理论";在中国特色社会主义发展的"世界化"进程上,由"基于国情实际的追跑与理论辩护阶段",到"主体自觉且形成北京共识的并跑与理论阐释阶段",再到"为解决人类问题贡献中国智慧的领跑与理论引领阶段";在文明发展史上,由"中华文明占主导"到"西方文明占主导"再到"为 21 世纪的世界贡献中华民族现代文明、创造人类文明新形态";等等。上述表明:习近平新时代中国特色社会主义思想开辟了新时代中国特色社会主义发展新境界,发展了中国特色社会主义的科学社会主义。

(三)从层面分析,习近平新时代中国特色社会主义思想从实践、理论、历史三大维度,创新发展了中国特色社会主义理论体系

1. 从实践看习近平新时代中国特色社会主义思想原创性贡献的根据

历史方位,是理解习近平新时代中国特色社会主义思想原创性贡献的逻辑起点,是第一个根据。不理清其逻辑起点,就难以真正理解其原创性贡献。《中共中央关于党的百年奋斗重大成就和历史经验的决议》(以下简称《决议》)第四部分阐述了中国特色社会主义新时代这一我国发展新的历史方位,也是习近平新时代中国特色社会主义思想所处的历史方位。简要说,历史方位的核心，就是全面建设社会主义现代化强国，实现中华民族伟大复兴，为人类作出更大贡献。这是实现强起来的新的历史方位，是习近平新时代中国特色社会主义思想的逻辑起点和立论基石。时代背景，是理解习近平新时代中国特色社会主义思想原创性贡献的第二个根据。历史方位是从纵向讲的，时代背景是从横向讲的。时代背景，就是"两个大局"（实现中华民族伟大复兴战略全局、世界百年未有之大变局）交织互动、相互激荡，这是最为鲜明的时代标识。习近平新时代中国特色社会主义思想，是在迎来从富起来到强起来伟大飞跃的时代背景中创立的，是全党全国人民为实现中华民族伟大复兴而奋斗的行动指南。[1] 时代课题，是理解习近平新时代中国特色社会主义思想原创性贡献的第三个根据。《决议》提出的三大时代课题，是这一思想需要破解的新的核心论题。习近平同志就"三大时代课题"提出一系列原创性的治国理政新理念新思想新战略，也为世界社会主义发展提供了中国智慧。社会主要矛盾，蕴含习近平新时代中国特色社会主义思想所解决的根本问题，是理解其原创性贡献的第四个根据。社会主要矛盾，是人民日益增长的美好生活需要和不平衡不充分的发展之间的矛盾。这一矛盾蕴含解决人民生活"美好不美好"、国家或民族"强不强"的问题。全面建设社会主义现代化强国，需破解的根本问题是"大而不强"。当今世界面临的总问题，是世界和平发展、合作共赢诉求与霸权主义、单边主义的矛盾，需要解决的根本问题是世界"和平不和平"。解决人民生活"美好不美好"、国家或民族"强不强"、世界"和平不和平"问题，要求中国共产党自身必须硬，这实质是解决中国共产党自身"硬不硬"的问题。

这样，习近平新时代中国特色社会主义思想主要是解决人民生活"好不好"、国家或民族"强不强"、世界"和平不和平"、政党"硬不硬"等根本问题。解决这些根本问题，就成为习近平新时代中国特色社会主义思想创立的动力和源泉。习近平同志指出："一种理论的产生，源泉只能是丰富生动的现实生活，动力只能是解决社会矛盾和问题的现实要求。"[2]

2. 从理论阐释习近平新时代中国特色社会主义思想的原创性贡献

《决议》按照"纲举目张"的思路，从"八个明确、十四个坚持"中，进一步提炼出习近平新时代中国特色社会主义思想的"十个明确"。党的二十大报告

---

1 参见《习近平谈治国理政》第3卷，外文出版社，2020，第16页。
2 同上书，第63页。

把"十个明确"也列为习近平新时代中国特色社会主义思想的首要内容。总体来讲，习近平新时代中国特色社会主义思想的原创性贡献体现在"十个明确"之中。其中有三方面的原创性贡献可作进一步分析。

第一，明确坚持中国共产党领导。党的十八大以来，习近平同志在坚持中国共产党领导上的原创性贡献体现为：（1）第一次强调把大党建设成为强党。党的十八大之前，我们党已是世界上的大党。习近平同志围绕"打铁必须自身硬"，提出大党就有大的样子，力求把大党建设成强党。他强调要把中国共产党建设得更加坚强有力，建设成世界上最强大的政党。（2）第一次在"四个伟大"框架中阐述中国共产党领导，将其置于"进行伟大斗争、建设伟大工程、推进伟大事业、实现伟大梦想"的框架中加以认识，实现党的领导与奋斗目标、精神状态和正确道路有机统一，突出了党在实现伟大梦想中的决定性意义，这在过去未曾提及。[1]（3）第一次把坚持党的集中统一领导确定为"根本制度"，要求全党增强"四个意识"，坚定"四个自信"，做到"两个维护"。（4）第一次把党的领导地位和作用提到前所未有的认识高度。强调中国共产党领导是中国特色社会主义最本质的特征，是中国特色社会主义制度的最大优势，是党和国家的根本所在、命脉所在，是全国各族人民的利益所系、命运所系，党是最高政治领导力量。（5）第一次把坚持党的全面领导和全面从严治党统一起来，强调党对自身建设的领导，突出解决好"历史周期率"问题，强调勇于自我革命。（6）第一次就党的政治建设进行系统阐述。从政治领导、政治能力、政治意识、政治生活、政治文化、政治生态等方面，全方位加强党的政治建设。[2]

第二，坚持和完善社会主义基本经济制度，贯彻新发展理念，构建新发展格局，推动高质量发展。党的十八大以来，习近平同志站在我国发展新的历史方位，为解决新的社会主要矛盾，全面建设社会主义现代化强国、实现中华民族伟大复兴，集成前人关于发展的理论成果，首次提出新发展理念，强调用新发展理念推动高质量发展，用高质量发展解决供给侧结构性改革，坚持以高质量发展为主题，以供给侧结构性改革为主线，致力于构建新发展格局，建设现代化经济体系，正在进行关系我国发展全局的一场深刻变革：

1　参见《习近平谈治国理政》第 3 卷，外文出版社，2020，第 12—13 页。

2　参见《中国共产党第十九届中央委员会第六次全体会议文件汇编》，人民出版社，2021，第 50—52 页。

推动经济发展质量变革、效率变革、动力变革，使经济迈上更高质量、更有效率、更加公平、更可持续、更为安全的发展之路。[1]

第三，关于中国特色大国外交。党的十八大以来，习近平同志对中国特色大国外交作出战略谋划，推进和完善全方位、多层次、立体化外交布局，推动建设新型国际关系，推动构建人类命运共同体，坚守和平、发展、公平、正义、民主、自由的全人类共同价值，引领人类进步；首次强调积极参与全球治理体系改革和建设，开创中国外交新局面，在世界大变局中开创新局，我国国际影响力、感召力、塑造力显著提升，构建人类命运共同体理念已成为引领时代潮流和人类前进方向的鲜明旗帜。[2] 其中蕴含"主主平等"的哲学理念。

3. 从历史把握习近平新时代中国特色社会主义思想原创性贡献的历史地位

(1)中国式现代化、人类文明新形态蕴含的"人民至上"逻辑超越了"资本主导"逻辑，为发展马克思主义作出原创性贡献。如前所述，马克思曾提出人的发展"三形态"理论，即从"人的依赖"到"物的依赖"再到"自由个性"。"人的依赖"，是前资本主义社会人的发展形态，表现为人对血缘关系、血缘共同体及其权力的依赖。"物的依赖"，是资本主义商品经济社会人的发展形态，体现为人对货币、资本的依赖，即物对人的统治。"自由个性"，是未来理想社会人的发展形态，体现为社会生产能力成为个人的社会财富基础上的个人全面发展和创造能力的充分发挥。

近代资本主义社会呈现的是"资本现代性"，资本逻辑占主导。马克思、恩格斯的至上追求，就是超越物的依赖蕴含的"资本逻辑"，实现自由个性所彰显的"人本逻辑"。受当时历史条件限制，他们提出的未来社会理想目标未在实践上真正实现。在马克思、恩格斯以后的马克思主义发展过程中，一些社会主义国家致力于实现这一理想目标并迈出重要一步，但未把人本逻辑真正变成现实。自从马克思列宁主义传播到中国以后，以毛泽东同志为主要代表的中国共产党人解决了使中国人民站起来的问题，以邓小平同志等为主要代表的中国共产党人开创了中国特色社会主义道路，以江泽民、胡锦涛为主

1　参见《中国共产党第十九届中央委员会第六次全体会议文件汇编》，人民出版社，2021，第58—61页。
2　同上书，第88—90页。

要代表的中国共产党人又坚持和捍卫、拓展和发展了中国特色社会主义道路，在解放和发展社会生产力的基础上，致力于解决使中国人民富起来的问题。

党的十八大以来，中国特色社会主义进入创造人民美好生活的新时代。这是超越"物的依赖"不断推进人的全面发展新时代，是在实践上坚持以人民为中心的新时代。基于以人民为中心的发展思想，习近平同志建构起"人民至上"理论：在总体上，致力于解决人民日益增长的美好生活需要和不平衡不充分发展之间的矛盾，解决人民生活"好不好"的问题，建构"人民至上"理论的总框架：把人民当作主体，一切依靠人民；把人民当作目的，一切为了人民，让全体人民共享发展成果，在推进人的全面发展、全体人民共同富裕上迈出实质性一步；把人民当作尺度，坚持人民至上；把人民当作根基，牢牢扎根于人民。

（2）强国时代蕴含的"强国逻辑"，为推进马克思主义中国化作出原创性贡献。恩格斯指出：理论"是一种历史的产物，它在不同的时代具有完全不同的形式，同时具有完全不同的内容"[1]。马克思指出：每个时代总有属于它自己的问题，所谓问题，"就是公开的、无畏的、左右一切个人的时代声音。问题就是时代的口号，是它表现自己精神状态的最实际的呼声"[2]。每个时代只能提出它能解决的问题、确定它能完成的任务。在推进马克思主义中国化历程中，马克思列宁主义基本原理同中国具体实际的第一次结合，是在新民主主义革命时期，实质上是探寻中国革命道路问题。在社会主义革命和建设时期，毛泽东同志提出把马克思列宁主义基本原理同中国具体实际的"第二次结合"[3]。这两次结合之理论创新成果，就是创立并丰富、发展了毛泽东思想，解决了中华民族、中国人民"站起来"的问题，实现了马克思主义中国化第一次历史性飞跃。改革开放和社会主义现代化建设新时期，党面临的主要任务是，继续探索中国建设社会主义的正确道路，解放和发展社会生产力，使人民摆脱贫困、尽快富起来，创立了邓小平理论，形成了"三个代表"重要思想和科学发展观，创立了中国特色社会主义理论体系，从总体上解决了中国人民"富起来"的问题，实现了马克思主义中国化新的飞跃。

1　《马克思恩格斯文集》第 9 卷，人民出版社，2009，第 436 页。
2　《马克思恩格斯全集》第 40 卷，人民出版社，1982，第 289—290 页。
3　《中国共产党第十九届中央委员会第六次全体会议文件汇编》，人民出版社，2021，第 32 页。

中国特色社会主义进入新时代，我国站在全面建设社会主义现代化强国、夺取中国特色社会主义伟大胜利新的历史起点上，迎来了从富起来到"强起来"伟大飞跃的新时代[1]，其实质就是强国时代。习近平新时代中国特色社会主义思想需破解的一个时代课题，就是全面建设社会主义现代化强国，当今已踏上全面建设社会主义现代化强国新征程。强国时代要揭示和研究大国成为强国的强国逻辑。这一逻辑主要体现为解决关于实现强起来伟大飞跃的四大根本问题，即人民生活"好不好"、国家或民族"强不强"、世界"和平不和平"、政党"硬不硬"。作为马克思主义中国化时代化最新理论成果的习近平新时代中国特色社会主义思想，实质上就是立足强国时代、基于强国逻辑的关于"迎来从富起来到强起来伟大飞跃"的"强国理论"，实现了马克思主义中国化时代化新的飞跃，对推进马克思主义中国化时代化作出了开创性贡献，具有划时代、里程碑意义。[2]

四、为构建具有中国自主知识体系的"中国理论"作出原创性贡献

这方面的贡献，主要体现在构建中国特色哲学社会科学、建构中国自主的知识体系与掌握理论话语权上。

(一)21 世纪"两个大局"交织互动及其导致的世界走向

21 世纪，是一个具有非常典型特征的世纪。首先从存在论谈起。21 世纪的世界究竟是一个什么样的存在？解答这个问题的逻辑起点，是"两个大局"交织互动、相互激荡。

实现中华民族伟大复兴战略全局，是影响世界百年未有之大变局的重要变量；世界百年未有之大变局，对实现中华民族伟大复兴战略全局也有重大影响。这"两个大局"交织互动、相互激荡，构成 21 世纪世界的本质特征或时代特征。"新的动荡变革""不确定""系统性风险"，是"两个大局"交织互动历

---

1 从富起来到强起来，具体来说，就是从有到好、从大到强、从全面建成小康社会到全面建成社会主义现代化强国、从落后时代到跟上时代再到引领时代、从"世界失我"到"世界有我"再到"世界向我"的伟大跨越。

2 其理由，笔者分别从"历史方位及其解决社会主要矛盾不同""历史使命不同""道路的历史内涵不同""主线不同""现代化阶段不同""中国特色社会主义在人们心中的地位不同""中国在世界中的地位不同"七个方面，展开了较为详尽的论证和阐释。参见韩庆祥：《中国道路及其本源意义》，中国社会科学出版社，2019，第 37—39 页。

史进程中必然出现的世界景观。可以用"两个大局"交织互动这一框架，来解释这种"大发展大变革大调整""新的动荡变革""不确定""系统性风险"。这表明 21 世纪的世界已经成为一个具有"形态"性质的世界，即一个在整体上以"两个大局"交织互动、"新的动荡变革""不确定""系统性风险""重构"为本质特征或时代形态的百年未有之大变局的世界，破解"两个大局"交织互动、"新的动荡变革""不确定"和"系统性风险"，就成为重大的时代课题。其中的"不确定"，是最为本质的。

对于"不确定"，前有所述，这里在新的语境中再做进一步全面深入的阐释。当我们在分析国内外发展态势与时代特征的时候，经常使用一个概念，那就是"不确定"。"不确定"到底是如何发生的，其生成的逻辑究竟是什么？具有哪些本质特征？

一是世界变化越来越复杂。这是"大发展"或"大流动"，需要从"变与不变"的关系来解释。任何事物都具有"变与不变"两个方面。当今世界具有相对静止的所谓"不变"的一面，一时还难以在微观上给出精准的理解和把握，当然可以在宏观上给出大致描述，而"变"的一面却变得太快、太大、太深。首先，影响世界变化的因素多而大。比如 2008 年发生的国际金融危机、实现中华民族伟大复兴战略全局导致的力量转移、2020 年新冠病毒感染疫情全球大流行、世界正在进行的科技革命和产业革命、近来出现的逆经济全球化力量等，都会对整个世界产生广泛而深刻的影响。出乎意料的是，一场突如其来的新冠病毒感染疫情，打乱了全人类进入 21 世纪第三个 10 年之际的发展进程和一切预期；又出乎意料的是，一股保护主义、单边主义、民粹主义思潮及其掀起的逆经济全球化浪潮，给世界带来更大的不确定。由此而来的广大人民的生命、财产以及各国经济社会、生产生活之大灾难大破坏，已成为 20 世纪 80 年代世界进入和平与发展为主题的时代以来一次最剧烈的大灾难大破坏，这叫作"变中生变，变上加变"。其次，影响世界变化的因素本身也是多变的，如科技革命和产业革命。再次，世界变化越来越快速。现在的知识更新速度越来越快，科技发明越来越多，因而影响世界变化的速度、广度、深度前所未有。在当今世界历史发展进程中，各国历史已经成为世界历史，各国日趋卷入经济全球化的历史进程中。所谓全球化，就是一个国家的发展变化，尤其是大国的发展变化，会很快影响整个世界历史进程。这意味着世界的"流动性"

在加快。我们所说的"蝴蝶效应"，描述的就是这样一种情景。在一个动力系统中，初始条件的微小变化，能快速带动整个系统的长期的巨大的连锁反应。世界发展变化太快、太大、太深，若治理跟不上，就会出现某些不稳定、不确定。

二是世界变革越来越激烈。这是"大变革"，需要从"稳与进"的关系来阐释。世界会持续发生变革，世界变革既需要"进"，也需要"稳"，即具有"稳与进"两个方面，这叫作"稳中求进"。中国就是稳定平衡世界的重要力量。然而，在当今世界百年未有之大变局的历史进程中，这种变革更加剧烈，正在全方位、深层次地展开。美国正在改变和调整原有的一些世界规则；欧洲一些国家正在"脱欧"；发展起来的中国积极参与全球治理体系改革和建设，力求改变霸权及缺乏公平正义的不合理的世界格局，积极发挥平衡世界秩序的作用，积极携手构建人类命运共同体；"金砖国家"也积极参与新的世界格局的构建，力求在世界体系中发挥积极作用；俄罗斯也在积极改变过去不利的局面；等等。然而，在这种"变革"的进程中，由于人们的把控能力跟不上，就会出现失控失衡的状况，其稳定性就得不到充分呈现。要言之，变革越快，若发展失衡，其不稳定性、不确定性就必然会越来越大，世界便陷入了"新的动荡变革期"。

三是世界分化越来越深刻。这是"大调整"，需要从"分化与整合""统一与多样"的关系来理解。任何事物都具有"分化与整合""统一与多样"两个方面。当今世界正在进行大调整，即世界力量在转移，世界格局在调整，世界权力在重构，世界规则在变化，世界秩序在重建。这种大调整，也具有朝着整合、共识、统一方向调整的追求与努力，然而大多是越来越趋于分化，统一性越来越被割断，即国家之间的利益越来越分化，利益分化必然带来国家之间、人们之间在制度和价值观等方面的分歧越来越大。面对这些分歧，全世界若找不到最大公约数，难以画出最大同心圆，就会出现认同危机，于是其整合难度就会越来越大，这必然会导致不稳定、不确定。

四是世界发展方向越来越多变。这是"大变数"，需要从"原因与结果""定数与变数"的关系来阐释。任何事物都具有"原因与结果"两个方面，任何事物发展也存在着定数与变数。本来事物发展的轨迹及结果是有规律可循的，同时也会存在不可测的变数。从宏观看，整个世界依然遵循人类历史发展规律、世界历史发展规律在前行，这是无可置疑的。然而，当今世界发展的方向及其结果日趋呈现非线性状态，出现多样化或许多变数。就是说，要么是"一因多果"，要么是"一果多因"，而且其因其果也复杂化，难以精准理解和把握。由此，我们对未来发展方向与变动结果即"定数"就难以做出精准的预测、预料与把控，它呈现为一种混沌现象，比如世界大国之间的关系就是如此。然而，当今世界受制于人类认知的局限性，在事物发展的方向与结果上，其深不可测的变数越来越突出，这必然导致不稳定、不确定。

五是世界变动的偶然性越来越突出。这是"大变幻"，需要从"必然与偶然"的关系来说明。任何事物都具有"必然与偶然"两个方面，偶然性的背后是必然性，要透过偶然性来把握必然性。必然性不能被否定。然而，当今世界发展变化的偶然性越来越大，大量的偶然性遮蔽了我们对必然性的把握，我们透过偶然性来把握必然性的难度越来越大，世界也越来越变幻莫测。比如，突如其来的新冠病毒感染疫情全球大流行就是如此。此病毒必有"源"和"宿主"，这是必然性。但是，"毒源""零号病人""病毒传播"等问题深不可测。新冠病毒感染疫情全球大流行究竟给人类或世界产生哪些影响？对这些问题，人类还没有真正了解和掌握，所以我们称之为"突如其来"。当许许多多的偶然汇聚起来，不确定性就会呈现出来。

六是世界未知范围越来越广大。这是"大黑洞"，需要从"已知与未知"的关系来分析。任何事物都具有"已知与未知"两个方面。当今，人类对"已知"的领域与范围拓展日益加大。然而，由于世界变化太快，其变化也越来越大，所以世界上的未知领域越来越多、越来越大。比如，中国在实现中华民族伟大复兴的历史进程中，究竟会遇到哪些矛盾难题、障碍阻力、风险挑战？在世界百年未有之大变局进程中，究竟会发生哪些突如其来的全球性重大事件？新科技究竟会给人类带来哪些重大灾难？"灰犀牛""黑天鹅"事件究竟会在哪里发生，以什么方式出现？世界大国关系究竟会呈现什么样的格局？这些都属于"未知"领域，一时难以给出确定的答案。未知领域越来越多、越来越大，人们就越来越感到不确定，进而不安全感日益加剧。

七是世界博弈导致越来越失去信任。这是"大博弈"，需要从"信任与失信"的关系来把握。任何事物都具有"信与不信"两个方面。当今世界，由于各自维护国家核心利益的需要，国家之间的博弈日趋激烈，比如中美之间、美俄之间、中日之间、中欧之间、中国与周边国家之间，以及世界大国在西亚、北非、中东问题上，等等，亦是如此。国家之间博弈越激烈，国家之间、人们之间的分歧就会越来越大，这会进一步导致国家之间、人们之间越来越不信任，也越来越难以达成共识，即出现了"信任赤字"。不信任，就增加了不确定。

八是人类的迷茫感无力感越来越凸显。这是"大流动""大赤字"，需要从"主体与客体"的关系来解析。任何事物都具有"主体与客体"两个方面。不稳定、不确定，一定意义上属于人的感知能力范畴。在一定程度、一定意义上，人类利用科技提升自己的生存与发展空间的能力越来越强。然而，当今世界出现双重的"大流动"。第一，客观上的世界"大流动"。当今世界"流动"变化得越来越快，越来越大，越来越复杂，越来越失衡和失序，也越来越变幻莫测，就像沙漠中的"流沙"。第二，主观上人的心理世界的"大流动"。世界变得越来越不稳定、不确定，一定意义上也与认识主体、实践主体的认知能力、治理局限有关。由于人类理性的局限、认识能力的局限（比如，由于所掌握的知识、数据、技术的不足，人们对因果关系的认知变得越来越难），更是由于治理能力的局限（即治理赤字），人类面对这个"流动剧烈"的变幻莫测的世界，会感到其生存也像建立在"流沙"之上，没有任何相对确定性、可预期感、可大致把握的框架，因而其心理世界摇晃不定，没有秩序，感到十分迷茫。客观世界和主观世界的双重"流动不稳"，会使人类更加感觉不稳定、不确定，深感焦虑和恐惧。

（二）建构合理解释21世纪的中国理论

面对"两个大局"交织互动、相互激荡及其新的动荡变革的世界，尤其是"不确定"和"重构"的时代特征，给出合理有效的哲学理论解释，就显得尤为迫切和重要了。正如习近平同志所讲的："这是一个需要理论而且一定能够产生理论的时代，这是一个需要思想而且一定能够产生思想的时代。我们不能辜负了这个时代。"[1]同理，这是一个需要理论而且一定能够产生理论的世纪。21世纪的世界每时每刻都在发生变化，21世纪的世界可以成为世纪性、世界性理论创新的金矿，迫切需要给出哲学解释。

马克思在其新世界观天才萌芽的第一个文献即《关于费尔巴哈的提纲》中

1　习近平：《在哲学社会科学工作座谈会上的讲话》，人民出版社，2016，第8页。

指出："哲学家们只是用不同的方式解释世界，而问题在于改变世界。"[1]也就是说，在马克思那里，哲学的本质功能既是认识世界前提下的解释世界，但更重要的是改变世界。他之前的哲学家们大多运用形而上学解释世界，不大关切如何改变世界的问题。马克思所处的时代，批判超越具有形而上学性质的资本占有劳动并控制社会的资本逻辑，改变资本主义统治的旧世界，实现人类解放和无产阶级解放，建立一个每个人自由而全面发展的新世界，是首要而紧迫的。时代观决定哲学观。由此，马克思的哲学力求在科学解释世界的前提下，更注重改变世界，以求构建一种以改变世界为己任的新的哲学或新世界观。他的唯物主义辩证法、现代唯物主义世界观和唯物主义历史观注重为改变世界提供哲学基础，他的实践的唯物主义则更加注重改变世界。马克思、恩格斯指出："实践的唯物主义……使现存世界革命化……并改变现存的事物。"[2]

　　然而，在一般意义上，解释世界仍是改变世界的前提。先把脉后开方。脉把得不准，开的方必是错的，病也治不好。对世界给出偏颇或错误的解释，对时代和现实判断、决策失误，必然导致实践上的失败。在所有解释世界的理论中，具体科学也从特有的具体科学知识角度认识世界进而解释世界。在近代西方，处在所谓的"搜集资料"阶段，人们大多注重对事物作分门别类研究，结果形成了形而上学或机械唯物主义的思维方式。[3]这种思维方式，尤其是形而上学往往抽象地、静止地、非历史地看待事物，对完整的事物进行抽象的、孤立的、静止的、非历史的解释，阻碍了对事物或世界的鲜活的、完整的理解和把握。在解释世界问题上，哲学占据最高、最核心的位置，而且其解释世界的特质最为鲜明。马克思、恩格斯所处的时代，已进入"整理资料"阶段[4]，它内在地要求从系统整体上，基于世界的总体联系、矛盾运动、生成过程和发展规律来解释世界，于是就形成了马克思、恩格斯的唯物主义辩证法，这种辩证法克服了各门具体科学从其"部分"解释世界的片面性弊端，具有总体性。换言之，马克思、恩格斯的唯物辩证法克服了形而上学解释世

1　《马克思恩格斯选集》第 1 卷，人民出版社，2012，第 140 页。
2　同上书，第 155 页。
3　参见《马克思恩格斯选集》第 4 卷，人民出版社，2012，第 251 页。
4　同上书，第 251—252 页。

界的历史局限，注重从总体和普遍联系上整合各门具体科学的知识，基于事物的普遍联系、矛盾运动、生成过程和发展规律，以辩证思维方式解释世界。这里，唯物主义辩证法对解释世界是最为有效的。从哲学层面讲，人类活动从根本上就是认识（解释）世界和改造世界，只有把周围世界认识进而解释清楚了，才能对时代和现实作出科学研判，才能作出科学决策，进而才能站在历史正确的一边，掌握历史主动权，选择正确的道路，做正确的事，从而使我们的事业取得成功。这叫作认识世界影响解释世界，解释世界影响改变世界。这里有一个认识世界、解释世界和改变世界的关系问题。认识世界是解释世界的前提，解释世界是改变世界的前提，认识不同，对世界的解释就不同，改变世界的结果也就不同。

一定意义上，哲学的本质就是为解释世界和改变世界提供一种解释框架。古希腊哲学把"水""火""数""原子""理念""实体"等元素作为"本体"来解释世界，是一种用形而上学本体论解释世界的框架，哲学的本体论形态为其本质特征。近代英国哲学和法国哲学为了给最高的"本体"、最后的"本原"提供可靠的知识体系，以论证"本体""本原"何以可能和可靠，相对注重认识论，要么用经验解释世界（英国唯物论），要么用理性解释世界（法国唯理论），这是一种经验论或唯理论的解释框架，以哲学的认识论形态呈现出来。德国古典哲学尤其是黑格尔哲学主要用所谓"绝对观念"的概念辩证法解释世界，是一种辩证法解释世界的框架，哲学的辩证法形态得以凸显。上述解释世界的哲学从总体上都具有形而上学性质，即把"本体""本原"看作至高无上的"一"或"同一性"。费尔巴哈用直观唯物主义解释世界，本质上是一种形而上学唯物主义的解释框架。马克思实现哲学革命，注重事物自身的辩证法即感性对象世界的辩证法，而感性的对象世界本质上是现实的人的感性实践活动，其展开就是人的实际生活过程即历史，因而马克思注重的便是人的感性实践活动辩证法、人的实际生活过程辩证法、历史辩证法。马克思用人的感性实践活动辩证法、人的实际生活过程辩证法、历史辩证法解释世界，用实践的唯物主义去改变世界，这主要是一种唯物主义辩证法的解释框架，这种辩证法具有总体性，可以内在生长出现代唯物主义世界观和唯物主义历史观。

在21世纪，正确解释世界显得尤为紧迫、重要和突出了。21世纪的世界在某种意义上已不同于19世纪、20世纪，它呈现为具有新的时代特征的世界,即时代课题发生了变化。21 世纪的世界,最应关切和解决的时代课题与根本问题就是:如何理解和把握社会主义和资本主义的发展命运?如何以中国式现代化、中国式现代化的文化形态、人类文明新形态和人类命运共同体走向世界,超越当代资本主义社会的制度性缺陷和结构性矛盾,充分展示中国特色社会主义制度的优越性,为人类发展展现出更加光明的前景?如何应对世界的"新的动荡变革"而重构新的世界格局?这意味着要与时俱进,在守正继承和创造转化以往所有解释世界的理论的前提下,创新性发展反映 21 世纪世界之时代特征的新的哲学理论,而且这种理论能观察时代、把握时代和引领时代。只有这样,我们才能站在历史正确的一边,掌握历史主动权,进而引领 21 世纪的时代与世界。

谁能给出合理解释 21 世纪世界的哲学理论,谁就能站在历史正确的一边,掌握历史主动权,进而掌握解释世界的理论话语权。话语权包括许多内容,其中硬实力基础上的软实力层面的话语权,当属建构一种能解释 21 世纪世界的哲学理论。21 世纪世界意识形态之争,最为关键、核心的,就是看谁能反映世界和时代发展趋势、要求,建构一种能观察时代、反映时代、引领时代的哲学理论。由此,对中国来讲,确实遇到了为解释 21 世纪世界贡献具有自主知识体系的哲学理论并掌握理论话语权的难得的机遇期,这个世纪特别需要一种新的哲学理论诞生。21 世纪,世界社会主义运动的中心正在历史性地转移到新时代的中国,新时代的中国已经成为 21 世纪马克思主义的主要实践发源地和理论策源地。当代中国共产党人应义无反顾地肩负起创新发展 21 世纪马克思主义的历史责任,为 21 世纪世界贡献具有中国自主知识体系的中国智慧、中国方案、中国理论。对此,我们要有高度的认识自觉、理论自觉和行动自觉,肩负起建构 21 世纪所需要的科学理论的神圣职责。19 世纪,马克思、恩格斯创立的马克思主义,站在当时的时代前列,在今天依然具有强大生命力。20 世纪,列宁、毛泽东发展了马克思主义,创立了列宁主义、毛泽东思想,引领世界社会主义运动,在今天依然具有当代价值。21 世纪,各种理论、思想、思潮纷纷登场。然而,还没有哪一种理论、思想能够引领时代潮流。创新能解释 21 世纪世界的哲学理论的使命和任务,就交给了当代中国共产党人、当代中国专家学者。这个理论,实际上就是 21 世纪马克思主义。我们要紧紧抓住 21 世纪的世界需要哲学理论解释的机遇,积极发展 21 世纪马克思主义，积极贡献具有自主知识体系的中国理论，尤其是中国哲学理论，真正掌握解释21世纪的世界的理论话语权。

当今我国学术理论界似乎还没有充分认识到这一问题的极端重要性，一定意义上缺乏应有的时代担当、世界担当、学术担当，缺乏解释21世纪世界的具有自主知识体系的科学知识体系、学术体系、理论体系，尤其是哲学体系，我国学术理论界的理论建构意识和理论创新水平还未达到21世纪世界、时代发展所要求的水平。这便使我们深刻领会到了2016年5月17日习近平同志在全国哲学社会科学工作座谈会上的讲话之深意。习近平同志的讲话特别强调中国应该为当今世界贡献中国学术、中国理论，呼唤要构建"学术中的中国""理论中的中国"[1]。

从过去的"理论依附"到新时代强调并注重建构中国特色哲学社会科学，再到注重进一步建构中国自主的知识体系，就是一种原创性贡献。

五、为整合古今中外文明性因素作出集成性贡献

如果19世纪马克思主义发展状况主要看西欧及英国、德国等，20世纪马克思主义主要看俄国和中国的话，那么21世纪马克思主义则主要看新时代的中国。大国风度、大国气象孕育着大国思想、大国精神。当代中国的马克思主义形态将拓展和成长为21世纪马克思主义的典型形态。

海纳百川，有容乃大。马克思注重汲取启蒙思想智慧。德国古典哲学、英国古典政治经济学和19世纪法国的空想社会主义学说，构成了马克思主义的基本思想来源。创新发展21世纪马克思主义，也离不开汲取时间上、空间上一切人类优秀文明成果。

总体来看，习近平新时代中国特色社会主义思想基于中国式现代化，坚持和发展中国特色社会主义，既不以中西为沟壑，也不以古今为壁垒，在汇通古今中西的精华中，为创新发展21世纪马克思主义作出了重要贡献。在经济全球化时代追求实现社会主义现代化的相对落后国家，面临着追赶和反思的双重任务。新时代的中国正在中国式现代化道路上实现社会主义现代化、

---

1   习近平：《在哲学社会科学工作座谈会上的讲话》，人民出版社，2016，第17页。

实现中华民族伟大复兴，既享受着现代化的积极成果，也会遭遇现代化的负面效应。作为现代化的本质根据和理论表达，现代性本身就带有反思的可能性和必要性。坚定走现代性的文明大道，既坚守本民族的主体性和独特性又不排斥一切人类优秀文明成果，并在深入反思和批判现代性实践中已然显示出的负效应的基础上，尽力摒弃可以避免的代价，是后发国家自觉建构人类文明新形态的应然之路。党的十八大以来，以习近平同志为核心的党中央在充分汲取现代性文明成果的同时，自觉反思和批判西方现代化的弊端，力求避免西方现代化进程中所出现的灾难性后果，坚定不移走中国式现代化道路，创造人类文明新形态，在坚持和发展中国特色社会主义进程中，全面建成社会主义现代化强国、全面推进中华民族伟大复兴。

　　基于历史经验和实践观察，世界各国的现代化历程在具有共同特征的同时也呈现出显著的差异。有的学者曾依据长期研究进行这样的概括：世界现代化首先表现出巨大的共性，即相似性，正是共性使"世界现代化"得以成立。然而，现代化在世界各国又有不同——道路不同、经历不同、模式不同、表现方式不同、成功与失败不同、经验与教训不同，这些都是现代化的特殊性。特殊性在不同国家和地区都可能表现，由于其文化背景不同，历史传统不同，置身于其中的当事人不同，时代与社会环境各不相同，主观与客观的因素相互交织，就演绎了世界现代化的多种途径，也就是人们所说的不同"模式"。[1]

　　回顾近代以来的世界历史，人类的现代化实践丰富多彩，各国现代化的"走法"也不一样，即走出的是形形色色的道路。有的学者按经济形态归纳了现代化的三大发展类型——资本主义类型、社会主义类型、混合类型，并提出每一类型都有多种发展模式，没有两个国家的发展进程是完全相同的，而趋于成熟状态的资本主义发展模式正日趋多样化。[2] 由于历史传统、文化禀赋、民族基因、历史境遇、生产方式、地理环境和现实条件的不同，自然会造成思想认识和制度道路设计上的差异。比如，同样坚持三权分立的原则和精神，但英法德美之间在具体制度设计、运行机制和实际程序上的差异就甚为明显。可以说，表面似乎一致的西方现代性，内部也充满着差异性和矛盾性。卡林内斯库曾用"两种现代性"反对"铁板一块"的现代性："有两种彼此冲

1　参见钱乘旦主编：《世界现代化历程·总论卷》，江苏人民出版社，2012，第 3 页。
2　参见罗荣渠：《现代化新论——世界与中国的现代化进程》，商务印书馆，2004，第 163—164 页。

突却又相互依存的现代性——一种从社会上讲是进步的、理性的、竞争的、技术的；另一种从文化上讲是批判与自我批判的，它致力于对前一种现代性的基本价值观念进行非神秘化。"[1]西方学者从各种维度不断对现代性进行反思，尤其是后现代主义者从诸多深层次问题上反思了所谓现代性的统一性和一元化。

现代性的生成是历史延续性和历史开拓性的统一。在西方漫长的中世纪和中国同样漫长的专制王朝循环的时代，现代性因素在缓慢地积累和发酵。近代以来，那些率先走上现代化的国家，对积累的现代性因素进行整合并不断附加上新的因素。西方国家各自传统的延续和现实的差异性环境，又使这些共性的现代性因素沾染上了特殊的色调。假如对基本实现现代化的国家进行结构性分析，英国＝A＋B＋C＋…美国＝A＋D＋E＋…德国＝A＋F＋G＋…法国＝A＋H＋I＋…那么，便不能认为后发现代化国家就应该走 A＋B＋C＋D＋E＋F＋G＋H＋I＋…的道路，而应该进行深入的辨别和认真的剥离，找到共性因素 A[2]，还要进一步判断其他因素与共性因素 A 的关系究竟是必然的还是偶然的。共性因素 A 以及与之有必然联系的因素，是后发现代化国家需要汲取和借鉴的。这里的剥离本身，就是对于现代性的一种前提性反思。现代性必然有普遍性的因素，但是英法美德等基本实现现代化的国家都不可避免地具有一定的特殊性。追求现代化的中国式现代化道路理应坚持普遍性和特殊性的统一。如果再考虑到，西方现代化是伴随着资本主义生产关系而乘风启航并破浪前进，属于典型的内生型现代化，而中国式现代化则是在率先走上现代化的西方国家的冲击和影响下，在刺激应变中艰难起步，属于典型的后发外生型，那么中国式现代化道路的特殊性无疑会更加明显。

因此，既不能简单套用西方的概念公式和分析框架以解释中国的实际，也不能割裂历史传承妄言现代化。党的十八大以来，以习近平同志为核心的党中央在制度的宏观设计上，注重古今中西的结合，取其精华去其糟粕。无论是基本经济制度的设计，还是政治制度的改革规划，都显示出一种海纳百川的气魄和胆识，因而所形成的"混合型结构"便显示出单一型结构所不具备

---

1   [美]马泰·卡林内斯库：《现代性的五副面孔》，顾爱彬、李瑞华译，商务印书馆，2002，第284页。
2   如研究现代化的学者大都认为英国现代化经验所体现的社会再生产扩大的普遍规律，即属于这里的"A"。

的优势。如今天所推进的国家治理现代化，既注重发挥地方积极性的优势，又注重发挥中央集中统一领导的优势；既要有适度的地方分权，发挥地方积极性，又要防止地方只考虑地区利益不顾整体利益，甚至出现一定的割据而导致的混乱；既发挥集中统一、集中力量办大事的显著优势，也汲取了传统中国因过度的中央集权所导致各种弊病的历史教训。如传统的政治道德化，有其弊病，也有一定的历史作用。今天我们中国共产党人也要汲取道德的力量，注重提升精神境界。

中国传统思维方式侧重把治理国家方式的好坏归诸道德、人心、世道之类精神性因素，而对社会其他因素的作用有所轻忽，甚至一切都被"道德化"，因此对各种政体的内在机制缺乏分析综合的眼光。今天，我们党在强调理想信念、党性修养、道德品质等重要性的同时，还注重推进国家治理体系和治理能力现代化。如传统中国的所谓政治学，强调"治术"和"治道"。前者为法家所创，历代君臣都藏诸内心的暗处，"只做不说"，后者则为儒家所创的"仁政（王道）"，但在政治实践里却事与愿违，大抵落入"只说不做"的套路。今天，我们既把握"治道"，即尊重、认识、运用共产党执政规律、社会主义建设规律、人类社会发展规律，并不断深化；又把握"治术"，推进国家治理现代化，通过明确的法治体系、国家制度体系、党内制度体系，解决了"只做不说"或"只说不做"的问题。尤其是"构建人类命运共同体"这一重大理念的提出，体现出打破中西壁垒、贯通古今的理想性追求，展示了中国共产党人把为中国人民谋幸福、为人类社会谋进步、为世界谋大同作为自觉的使命担当，显示了 21 世纪马克思主义的国际主义精神和世界性眼光。

第 八 章

21 世纪马克思主义的"理论标识"

上述所讲的为发展 21 世纪作出的"原创性贡献",主要是从创新维度谈论 21 世纪马克思主义的伟大意义和重大贡献,相对侧重于宏观把握;本章谈论创新发展 21 世纪马克思主义,需要在把握其"基本涵义""中心重镇""基本问题""中国样本""原创性贡献"的基础上,再进一步从"思想芯片"或"体系内核"维度谈谈 21 世纪马克思主义的"理论标识",即标识性范畴、原创性论断和主体性理论,以彰显 21 世纪马克思主义的"自主的知识体系"的特征,相对侧重于微观把握,回答"何为内核"的问题。

标识性范畴,是指一种理论学说、思想体系中具有基石地位、发挥支柱作用和彰显鲜明特性的核心概念,它是理解和把握这一理论学说、思想体系的基础、细胞和逻辑起点,也是凝聚核心理念的主题性范畴,它用于解释某一理论学说、思想体系的基本概念,具有自主性、创造性和主体性,通过这些标识性范畴,可以更好地理解和把握一种理论学说、思想体系的基石;原创性论断,是这一理论学说、思想体系中的核心论断,它是标识性范畴的进一步凝练,也是这一理论学说、思想体系的中轴;主体性理论,是基于标识性范畴,围绕原创性论断所展开的全面深入的理论阐释和逻辑论证,从而形成的一种具有严密逻辑的核心思想理论。[1] 21 世纪马克思主义具有自己的标识性范畴、原创性论断和主体性理论。

总体来谈,21 世纪马克思主义具有十大标识性范畴:中国特色社会主义新时代、"两个大局"(中华民族伟大复兴战略全局和世界百年未有之大变局)、"三个意味着"、中国式现代化、人类文明新形态、人类命运共同体、参与全

1　参见操奇:《发展 21 世纪马克思主义的三个维度》,《探索》2019 年第 6 期,第 25—33 页。

球治理体系改革和建设、人民至上、普惠哲学和文化主体性。原创性论断主要是"一基三柱"：中国特色社会主义进入新时代是基石，中国式现代化、人类文明新形态、人类命运共同体是三大支柱。习近平新时代中国特色社会主义思想是21世纪马克思主义，则是21世纪马克思主义的主体性理论，是21世纪马克思主义的"思想芯片"。

从十大标识性范畴、到"一基三柱"的原创性论断，再到习近平新时代中国特色社会主义思想这一21世纪马克思主义的主体性理论，由点到线再到面，形成了一个层层递进、融会贯通的有机整体，共同构成21世纪马克思主义理论体系的"四梁八柱"。当然，十大标识性范畴、"一基三柱"的原创性论断和习近平新时代中国特色社会主义思想是21世纪马克思主义的主体性理论会有交叉，我们则分别择其要者进行简要阐述。

一、标识性范畴

从总体和根本来讲，中国特色社会主义新时代、"两个大局"、"三个意味着"、中国式现代化、人类文明新形态、人类命运共同体、参与全球治理体系改革和建设、人民至上、普惠哲学和文化主体性，是21世纪马克思主义的十个标识性范畴，21世纪马克思主义一系列范畴，基本上是建立在这十个标识性范畴基础上的。

之所以将这十大范畴看作21世纪马克思主义的标识性范畴，是有根据的：第一，它们是21世纪马克思主义之所以成为21世纪马克思主义的主要根据、根本要素和关键支柱；第二，它们是把21世纪马克思主义同19世纪马克思主义、20世纪马克思主义区别开来的根本标志；第三，它们在解答时代课题上具有标识性。

整体看来，这十个标识性范畴彼此关联、有机统一，构成一个整体。它们的内在逻辑是：没有对中国特色社会主义进入新时代的深刻认知，就难以理解和把握实现中华民族伟大复兴战略全局和世界百年未有之大变局；没有"两个大局"，就难以提出"三个意味着"；没有"三个意味着"，就难以理解中国式现代化所具有的世界意义；没有中国式现代化，就难以理解人类文明新形态；没有人类文明新形态，就难以理解构建人类命运共同体；没有中国式现代化、人类文明新形态、构建人类命运共同体，就难以理解参与全球治理体系改革和建设；贯穿以上标识性范畴之中的核心理念和价值取向，是人民至上；其哲学根基，是普惠哲学；创立发展21世纪马克思主义，最为根本的，就是掌握解释21世纪世界的理论话语权，掌握文化主体性。因此，没有对中国特色社会主义新时代、中华民族伟大复兴战略全局和世界百年未有之大变局、"三个意味着"、中国式现代化、人类文明新形态、人类命运共同体、参与全球治理体系改革和建设、人民至上、普惠哲学和文化主体性的科学认知，就没有21世纪马克思主义。关于"三个意味着"和"人民至上"，本书相关地方已作阐述，关于中国式现代化、人类文明新形态、人类命运共同体将在后面展开论述，下面只简要阐释其中的六个标识性范畴。

（一）中国特色社会主义新时代

这是从"历史方位"角度提炼出的标识性范畴。

这是进入新时代以后才提出的一个新概念。理解和把握21世纪马克思主义，首先要理解和把握21世纪马克思主义所处的新的历史方位，这是理解和把握21世纪马克思主义的逻辑起点，也是其基础和前提。不搞清楚其逻辑起点与基础性、前提性问题，就难以真正深入理解和把握21世纪马克思主义的创立和形成的逻辑，也难以理解21世纪马克思主义的实践基础以及所解决的根本问题。

党的十九大报告第一部分和党的十九届六中全会通过的《中共中央关于党的百年奋斗重大成就和历史经验的决议》（以下简称《决议》）第四部分，阐释了中国特色社会主义新时代这一我国发展新的历史方位。这一新时代新的历史方位，实际上也是21世纪马克思主义所处的历史方位。《决议》从"夺取中国特色社会主义伟大胜利""全面建设社会主义现代化强国""创造人民美好生活、逐步实现全体人民共同富裕""实现中华民族伟大复兴""为人类作出更大贡献"五个方面，阐述了新时代新的历史方位的内涵。这五个方面，分别涉及"改革开放以来党的全部理论和实践的主题""党的'两个一百年'奋斗目标""党的执政理念""新时代的历史使命""人类担当"，分别指向中国特色社会主义、国家、人民、民族、人类五大主体，体现的是"一主四基"结构，即中国特色社会主义是"主题"，其他四个方面属于夺取中国特色社会主义伟大胜利的"四大基石"，其目标指向，就是实现强起来。因为民族复兴的本质内涵，就是国家富强、民族振兴、人民幸福，它把国家、民族、人民都包括进来。如果从世界维度谈论实现中华民族伟大复兴，还应谈到实现中华民族伟大复兴对人类作出的重大贡献。

基于上述简要分析可以说，新时代新历史方位的核心，就是以实现中华民族伟大复兴，来谱写新时代中国特色社会主义新篇章，夺取中国特色社会主义伟大胜利且实现强起来。概言之，新时代新的历史方位，就是我国发展起来以后使大国成为强国即实现强起来的历史方位。在这一新时代新的历史方位，夺取中国特色社会主义伟大胜利，目标就是为中国人民谋幸福、为中华民族谋复兴、为国家谋强大、为人类谋进步（或为世界谋大同）。

（二）"两个大局"

这是从"时代背景"角度提炼出的标识性范畴，是进入新时代以后才提出的一个新概念。

"两个大局"，就是实现中华民族伟大复兴"战略全局"和世界百年未有之大变局。这是创立和形成21世纪马克思主义的时代背景。离开"两个大局"，就难以理解和把握21世纪马克思主义创立和形成的时代依据。

1. 实现社会主义现代化、实现中华民族伟大复兴，是中国特色社会主义的总任务，也是创立和形成21世纪马克思主义的国内背景

中国共产党在马克思主义指导下带领中国人民进行革命、建设、改革和强国的历史，就是一部实现中华民族复兴的历史。实现中华民族伟大复兴，是党和人民不懈奋斗的根本主题，是推进社会主义现代化的目标取向，与"坚持和发展中国特色社会主义"这一根本主题内在契合。实现中华民族伟大复兴，关乎党和国家事业未来，关乎人民幸福生活，指引着中国式现代化建设，是21世纪马克思主义的标识性范畴。

2012年11月29日，习近平同志在参观《复兴之路》展览时指出："实现中华民族伟大复兴，就是中华民族近代以来最伟大的梦想。"[1] 在此基础上，习近平同志引用"雄关漫道真如铁""人间正道是沧桑""长风破浪会有时"三句诗句，从过去、现在、未来三个角度，"对中华民族昨天、今天、明天所经历

---

1 《习近平谈治国理政》第1卷，外文出版社，2018，第36页。

的寻梦、追梦、圆梦的奋斗历程进行了生动描绘"[1]。同时习近平同志也从宏观、中观、微观三个层面阐释了中国梦的丰富内涵,认为:在中国与世界的关系上,中国梦就是合作共赢之梦、和平发展之梦,其实质是得到世界认同;在国家、民族与人民的关系上,中国梦就是国家富强、民族振兴、人民幸福,其实质是得到人民认同;在个人与组织的关系上,中国梦就是个人在组织中能人生出彩、梦想成真,其实质是得到每一个中国人的认同。

实现中华民族伟大复兴,具有深刻的民族意义。实现中华民族伟大复兴中国梦,是国家情怀、民族情怀、人民情怀相统一的梦,是实现强起来的梦。实现这一梦想,意味着中国经济实力和综合国力、国际地位和国际影响力大大提升,意味着中华民族以更加昂扬向上、文明开放的姿态屹立于世界民族之林,意味着中国人民过上更加幸福安康的生活,这对于国家、民族、个人而言都是意义非凡的。

实现中华民族伟大复兴,具有广泛而深远的世界意义。一者,中国的发展本身就是对世界的伟大贡献。中国的事业是人类进步事业的一部分,中国的发展是世界发展的一部分。中国的发展是一条和平发展之路,中国通过自己的力量实现发展,为世界特别是广大发展中国家提供了一种可资借鉴的新范式,具有十分重要的示范效应。中国的发展使广大穷苦人民成功摆脱贫困,不论是脱贫的人数,还是脱贫的质量,都属世间罕见,这是对全人类的伟大贡献。中国作为全球经济引擎,在全球经济持续低迷、发展动力不足的情况下稳中行进,不断为全球经济发展注入活力,是全球经济复苏的强劲动力。

二者,中国的发展对于维护世界和平意义重大。中国的和平发展标志着世界上反对霸权主义和强权政治的力量进一步增长,世界舞台上维护和平的力量进一步壮大。中国对世界和平的贡献突出表现在具有中国智慧的中国特色大国外交上。自从成为世界第二大经济体,中国的外交就逐渐由"回应挑战式"外交,走向"提升国际话语权式"外交,在国际上进一步彰显出维护世界和平的中国智慧。

三者,中国的发展为破解人类共同难题提供了中国方案。当今世界发展正面临诸多难题,突出表现为治理赤字、信任赤字、和平赤字、发展赤字四

1　韩庆祥:《人民共创共享思想——党中央治国理政新思想的系统阐发》,《中共中央党校学报》2016 年第 1 期,第 15—27 页。

大挑战，中国倡导公正合理、互商互谅、同舟共济、互利共赢的理念，坚持共商共建共享的全球治理观，树立以义为先、义利兼顾的新型义利观，秉持共同、综合、合作、可持续的新安全观，倡导创新、协调、绿色、开放、共享的新发展理念，积极构建"人类命运共同体"，推动国际社会朝着稳定繁荣、普惠共赢的方向发展，从而为破解人类共同难题提供了中国方案。

2. 世界百年未有之大变局，是创立和形成21世纪马克思主义的国际背景

实现社会主义现代化、实现中华民族伟大复兴，使中国有基础、有底气、有自信应对世界百年未有之大变局，且在这种应对中使中国特色社会主义进一步走向世界，与世界互动。世界百年未有之大变局，是当今时代的基本特征，是中国和世界发展需要依据的时代条件，在大变局中把握大势、顺应潮流、积极作为，应是世界各国的共同选择。世界百年未有之大变局，是21世纪马克思主义对世界大势和时代特征的科学把握与正确回应，是21世纪马克思主义的标识性范畴。

习近平同志指出："世界正处于大发展大变革大调整时期，和平与发展仍然是时代主题。世界多极化、经济全球化、社会信息化、文化多样化深入发展，全球治理体系和国际秩序变革加速推进，各国相互联系和依存日益加深，国际力量对比更趋平衡，和平发展大势不可逆转。同时，世界面临的不稳定性不确定性突出，世界经济增长动能不足，贫富分化日益严重，地区热点问题此起彼伏，恐怖主义、网络安全、重大传染性疾病、气候变化等非传统安全威胁持续蔓延，人类面临许多共同挑战。"[1]可以说，当前世界正面临百年未有之大变局。世界百年未有之大变局，主要表现为以中国为代表的新兴国家的群体性崛起与西方发达国家的相对衰退。在这一背景下，发达国家与新兴国家的合作与竞争也会更趋复杂，未来大变局将主要体现在政治、经济、文化、安全等领域。

在政治领域，随着新兴国家的群体性崛起，国际社会中要求改革国际秩序的呼声越来越高，西方国家主导的世界秩序已难以为继。第二次世界大战以来的世界秩序是西方发达国家主导的自由主义国际秩序，即在美国主导下

---

1 《十九大以来重要文献选编》(上)，中央文献出版社，2019，第41页。

建立的联合国、世界银行、国际货币基金组织等国际政治经济秩序，以及以北约为基础的国际安全秩序。随着新兴国家的崛起，维护世界和平、反对霸权主义和强权政治的力量增强，改革国际秩序已经成为大势所趋。

在经济领域，新兴大国的群体性崛起成为国际经济秩序的突出特点，西方国家主导的国际经济秩序亟须变革。2008 年国际金融危机客观上加快了世界经济秩序改革的大趋势。一方面，随着新兴经济体的迅速崛起，西方国家在全球经济总量中的比重有所下降；另一方面，经济全球化与区域经济一体化迅速发展，发展中国家的总体实力不断增强，正在成为推动世界经济秩序变革的重要力量。此外，新一轮科技革命和产业革命正在孕育，这给人类社会发展带来了新的机遇，同时也提出了前所未有的挑战，大力发展科学技术，积极抢占科技的制高点，日益成为各国之间竞争的焦点，成为引领当今国际经济秩序变革的决定性条件。

在文化领域，文化已经成为综合国力的重要组成部分，同时也渗透到国际关系的各个方面，无时无刻不在影响着国际关系的进程与结果。长期以来，西方国家宣扬西方式的自由民主价值观的优越性，尤其是冷战的结束，使得西方国家认为西方制度的优越性得到了永久性胜利。中国始终依据本国国情坚持社会主义核心价值观和以此为基础的政治体制，始终弘扬全人类共同价值，并且走出了一条与西方国家不同的发展道路，客观上发展了现代化政治构建的理论与实践。

在安全领域，传统安全威胁与非传统安全威胁相互交织，国际安全形势不容乐观。冷战结束后，国际社会中传统安全领域的威胁虽然继续存在，但是程度有所下降，非传统安全领域的安全威胁日益上升。冷战结束后，各国对军事力量的重视程度有所下降，经济因素越来越受到各国重视，单边主义与多边主义的斗争成为影响大国关系的重要因素。非传统安全领域的威胁具有跨国性、突发性、不稳定性，在经济全球化时代，国际社会需要团结合作应对非传统安全领域的挑战。

世界百年未有之大变局，对世界各国发展提出了新的挑战，提供了宝贵机遇。携手合作，积极应对，共同担当，是各国的必然选择。21 世纪马克思主义，要在应对世界百年未有之大变局中发展，要在解决人类面临的共同难题中发展，要在以新时代中国为代表的广大发展中国家的成长中发展。因此，要以习近平新时代中国特色社会主义思想为指导，积极应对世界百年未有之大变局，不断创新发展21世纪马克思主义。

如果说新时代新的历史方位是从纵向的历史时间来理解和把握21世纪马克思主义创立的实践基础的话，那么，实现中华民族伟大复兴战略全局和世界百年未有之大变局则是从横向的空间来理解和把握21世纪马克思主义产生的时代背景。21世纪马克思主义所产生的时代背景，就是习近平同志常讲的"胸怀两个大局"。任何事物都在一定时间和空间存在，这是事物的存在方式。21世纪马克思主义的创立，同样要考虑它所创立与存在的时间和空间。"两个大局"，以凝练方式概括了新时代中国的战略全局与当今世界的本质特征。实现中华民族伟大复兴，是新时代中国发展的"战略全局"，全国各个地区、各个单位、各个部门、各个领域、各项工作等，都要服务、服从于这个大局，紧紧围绕这个大局展开工作。这就用实现中华民族伟大复兴这一战略全局，把新时代中国的方方面面统领起来。21世纪马克思主义，就是在迎来从富起来到强起来伟大飞跃的时代背景中创立的，它是全党全国各族人民为实现中华民族伟大复兴而奋斗的行动指南。21世纪马克思主义，也是在世界百年未有之大变局的时代背景中创立的。

(三)全球治理体系改革和建设

这是从"改变世界"角度提炼出的标识性范畴，是进入新时代以后正式提出的一个新概念。

21世纪马克思主义具有解释世界和改变世界的基本功能，它要解释和改变21世纪的世界，最根本的就是必须应对世界百年未有之大变局，必须积极参与全球治理体系改革和建设。如何更好参与全球治理体系改革和建设，是世界百年未有之大变局提出的一个重大课题，是当代世界各国的共同使命，是中国应对百年未有之大变局，在与世界的有效互动中把握世界、引领世界的必然选择。21世纪马克思主义对全球治理问题作出了科学、系统的回答，是当代中国参与全球治理的思想指引。依托这一思想载体，"全球治理"便成为21世纪马克思主义的又一标识性范畴。离开"全球治理"，就难以理解21世纪马克思主义所具有的解释世界、改变世界的作用和方式。

积极参与全球治理体系改革和建设，推动全球治理体系朝着更加公正合理的方向发展，是当今时代的客观要求，是世界发展的大势所趋。"随着全球性挑战增多，加强全球治理、推进全球治理体制变革已是大势所趋。这不仅事关应对各种全球性挑战，而且事关给国际秩序和国际体系定规则、定方向；不仅事关对发展制高点的争夺，而且事关各国在国际秩序和国际体系长远制度性安排中的地位和作用。"[1] 推动全球治理体系改革和建设是国际社会的事，要坚持共商共建共享原则，使关于全球治理体系改革和建设的主张转化为各方共识，形成一致行动。

习近平同志指出："中国秉持共商共建共享的全球治理观，倡导国际关系民主化，坚持国家不分大小、强弱、贫富一律平等，支持联合国发挥积极作用，支持扩大发展中国家在国际事务中的代表性和发言权。"[2] 推进全球治理体系改革和建设并不是推倒重来，也不是另起炉灶，而是创新完善，使全球治理体系更好地反映国际格局的变化，更加平衡地反映大多数国家特别是新兴市场国家和发展中国家的意愿和利益。应当坚定维护以《联合国宪章》宗旨和原则为核心的国际秩序和国际体系，维护和巩固第二次世界大战胜利成果，积极维护开放型世界经济体制，提高《国际法》在全球治理中的地位和作用，推动建设和完善区域合作机制，加强国际社会在应对资源能源安全、粮食安全、网络安全领域的合作，提高应对气候变化、打击恐怖主义、防范重大传染性疾病等全球性挑战的能力。

全球经济治理，是全球治理体系改革和建设的重要内容。如今，全球经济增长动力不足，贫富差距、南北差距问题更加突出，改革全球经济治理体系是大势所趋。必须坚持与时俱进，建设公正合理的全球经济治理模式。要以平等为基础，更好反映世界经济格局新现实，增加新兴市场国家和发展中国家代表性和发言权，确保各国在国际经济合作中权利平等、机会平等、规则平等。要以开放为导向，坚持理念、政策、机制开放，适应形势变化，广纳良言，充分听取社会各界建议和诉求，鼓励各方积极参与和融入，不搞排他性安排，防止治理机制封闭化和规则碎片化。要以合作为动力，加强沟通和协调，照顾彼此利益关切，共商规则，共建机制，共赢挑战。要以共享为目标，提倡所有人参与，所有人受益，不搞一家独大或者赢者通吃，而是寻求利益共享，实现共赢目标。

1　习近平：《论坚持推动构建人类命运共同体》，中央文献出版社，2018，第260页。
2　《十九大以来重要文献选编》(上)，中央文献出版社，2019，第42页。

中国是现行国际体系的参与者、建设者、贡献者，是国际合作的倡导者和国际多边主义的积极参与者。推动全球治理理念创新发展，积极发掘中华文化中积极的处世之道、治理理念同当今时代的共鸣点，努力为完善全球治理贡献中国智慧、中国力量，是中国的必然选择。必须坚持从我国国情出发，坚持权利和义务相平衡，既积极参与全球治理体系改革和建设，主动承担国际责任，也要尽力而为，量力而行。要提高我国参与全球治理的能力，着力增强规则制定能力、议程设置能力、舆论宣传能力、统筹协调能力。要加强全球治理人才队伍建设，培养熟悉党和国家方针政策、了解我国国情、具有全球视野、熟练运用外语、通晓国际规则、精通国际谈判的专业人才，为我国参与全球治理体系改革和建设提供有力人才支撑。

21世纪马克思主义要对全球治理体系改革和建设问题进行科学系统的回答。21世纪马克思主义的发展，必然要以发展中国家参与全球治理体系改革和建设的实践和国际治理体系的变革为重要基础和现实关照。要在积极参与全球治理体系改革和建设的实践中，不断发展21世纪马克思主义。

(四)人民至上

这是从"价值取向"角度提炼出的标识性范畴，是进入新时代以后从理论和实践的统一上鲜明且坚定地提出的一个新概念。

21世纪马克思主义的根本价值取向，就是坚持人民至上，实现人本身的全面发展。21世纪、21世纪的世界，时代和历史发展的必然性，就把坚持人民至上与推进人本身的全面发展推到了前台，成为时代和历史的主题，也成为21世纪马克思主义的标识性范畴。离开"人民至上""人本身的全面发展"，就难以理解和把握21世纪马克思主义的根本价值取向，难以理解它对19世纪马克思主义、20世纪马克思主义的发展。

在本书相关处曾零散地谈到了人民至上，这里再集中加以全面而深入的阐述和分析。

其一，人民至上具有整合性。人民至上整合了以往中国共产党人关于人民主体的思想资源，既与为人民服务一脉相承，又与时俱进丰富发展了为人民服务的内涵。"全心全意为人民服务"作为对马克思主义立场追求的简明概括，是中国共产党人一以贯之的根本宗旨和矢志不渝的价值追求。"共产党就是要奋斗，就是要全心全意为人民服务，不要半心半意或者三分之二的心三分之二的意为人民服务。"[1]无论是革命、建设还是改革的各个历史时期，中国共产党人无不赋予人民群众以最高主体地位。党的十八大以来，以习近平同志为核心的党中央在秉持和传承党的人民主体思想的基础上，把坚持人民至上作为治国理政的核心价值，并在各个实践领域、各项工作中提出坚持以人民为中心的发展思想。党的十八大报告明确指出，必须坚持人民主体地位，中国特色社会主义是亿万人民自己的事业，要发挥人民主人翁精神。党的十八届五中全会提出"创新、协调、绿色、开放、共享"新发展理念，把"坚持人民主体地位"确立为实现全面建成小康社会奋斗目标、推动经济社会持续健康发展的首要原则，并强调必须坚持以人民为中心的发展思想，把增进人民福祉、促进人的全面发展作为发展的出发点和落脚点，注重发展人民民主，维护社会公平正义，保障人民平等参与、平等发展权利，充分调动人民积极性、主动性、创造性。党的十九大报告强调指出：新时代我国社会主要矛盾是人民日益增长的美好生活需要和不平衡不充分的发展之间的矛盾，解决这一矛盾，必须坚持以人民为中心的发展思想，不断促进人的全面发展，实现全体人民共同富裕。党的二十大报告，把必须坚持人民至上作为新时代中国特色社会主义思想的世界观和方法论的一个核心内容，强调全面建设社会主义现代化国家必须坚持以人民为中心的发展思想，实现全体人民共同富裕，以中国式现代化全面推进中华民族伟大复兴。

人民至上不仅深刻表达了中国共产党人的人民情怀，而且生动体现了新时代中国特色社会主义和21世纪马克思主义的鲜明特征。在新时代的历史方位上，中国共产党人要真正做到为人民服务，就必须不断满足人民日益增长的美好生活需要，坚持人民至上，既要依靠人民共创发展成果，又要确保人民共享发展成果，还要使人民参与国家事务和社会事务的治理，共同推进国家治理现代化。

其二，人民至上具有根本性。以何为本推进或实现发展，涉及发展的本质与目的问题，体现着对待发展的根本立场与根本态度，决定着治国理政的方式、方向与思路、战略。党的十八大以来，中国共产党把人民至上作为治国理政的核心理念和根本出发点。马克思主义首次把以人为本的思想建立于

1　《毛泽东文集》第7卷，人民出版社，1999，第285页。

历史唯物主义基础之上，把人民至上作为指导无产阶级改造世界的一项重要思想原则、价值取向。这一思想原则、价值取向要求既尊重人民群众创造历史、推动历史前进与创造社会财富的实践主体地位，又尊重其实现自身利益、共享发展成果的价值主体地位。人民至上的思想源于以人为本、以民为本的思想理念，又高于该思想理念。这是因为，只有在政治上真正确立人民至上的理念，才能真正实现以人为本，离开政治上所讲的人民至上，以人为本就是抽象的、空洞的。我国是工人阶级领导的、以工农联盟为基础的人民民主专政的社会主义国家，国家的一切权力属于人民。我们党始终把人民立场作为根本政治立场，通过宪法和法律规定赋予人民充分的公民权利，保证人民当家作主。人民依照法律规定，通过各种途径和形式管理国家和社会事务、管理经济和文化事业，从而真正成为国家的主人。在新时代新的历史方位，习近平同志强调指出："我们要依法保障全体公民享有广泛的权利，保障公民的人身权、财产权、基本政治权利等各项权利不受侵犯，保证公民的经济、文化、社会等各方面权利得到落实，努力维护最广大人民根本利益，保障人民群众对美好生活的向往和追求。"[1]这就明确了要通过法治保障公民权利，进而实现人民群众各方面正当利益需求的重要性。

其三，人民至上具有总体性和统领性。人民至上，就是把实现人民对美好生活的向往作为中国共产党治国理政的根本立场、价值取向和评价尺度，把坚持人民至上理念贯穿到治国理政的方方面面，贯穿到 21 世纪马克思主义的方方面面。21 世纪马克思主义超越了资本至上或以资为本的资本主导逻辑，把坚持人民至上、坚持以人民为中心的发展思想与推进人本身的全面发展真正推到了时代和历史的前台与中心，且成为目的本身。

人民至上意味着要把人民当作主体，依靠人民，亦即承认人民群众是历史的创造者和历史发展的动力，注重充分发挥人的自主性、积极性和创造性，充分发挥亿万人民的创造伟力。按照马克思主义的基本原理，人类社会生活和社会历史过程都是由人类的实践活动尤其是物质生产实践创造和推动的，没有物质实践活动，就没有社会的一切，也就没有人类历史，而人民群众是实践活动、历史活动的主体，是创造社会历史的决定力量。新时代，在党的

1　《习近平谈治国理政》第 1 卷，外文出版社，2018，第 141 页。

坚强领导下，我国正致力于全面建成社会主义现代化强国，全面推进中华民族伟大复兴，迎来从富起来到强起来的伟大飞跃。在这种情境下，如何充分发挥亿万人民的创造伟力，如何推进人的全面发展，就显得尤为重要了。特别是进入高科技竞争时代，人力资源尤其是人才资源日益成为经济社会发展的第一资源，个人能力的充分发展将成为最大的生产力。这就要牢固树立依靠人民而发展的思想，坚持一切依靠人民，把"坚持人民主体地位"作为推动经济社会持续健康发展必须遵循的首要原则，充分激发潜藏于 14 亿多民众之中的磅礴智慧和无穷力量。

人民至上意味着要把人民看作目的，为了人民，不断满足人民群众的利益需要，切实维护人民的权益，努力增进人民福祉，不断推进人的自由全面发展，把人民对美好生活的向往作为奋斗目标，把实现人的全面发展作为目的本身，且推到历史发展的前台和中心。中国共产党人没有自己的私利，它所追求的是人类解放、无产阶级解放、每个人自由而全面发展。党的十八大以来，习近平同志多次强调中国共产党人要始终把人民放在心中最高的位置，始终全心全意为人民服务，始终为人民利益和幸福而努力奋斗，并结合新时代新实践新征程及其新要求，对"全心全意为人民服务"作出体现时代要求的创新性诠释："我们的人民热爱生活，期盼有更好的教育、更稳定的工作、更满意的收入、更可靠的社会保障、更高水平的医疗卫生服务、更舒适的居住条件、更优美的环境，期盼孩子们能成长得更好、工作得更好、生活得更好。人民对美好生活的向往，就是我们的奋斗目标。"[1]"我们要随时随刻倾听人民呼声、回应人民期待，保证人民平等参与、平等发展权利，维护社会公平正义，在学有所教、劳有所得、病有所医、老有所养、住有所居上持续取得新进展，不断实现好、维护好、发展好最广大人民根本利益，使发展成果更多更公平惠及全体人民，在经济社会不断发展的基础上，朝着共同富裕方向稳步前进。"[2]在新时代新的历史方位上，我们要始终把实现好、维护好最广大人民根本利益作为党和国家一切工作的出发点和落脚点，把推进人的全面发展作为历史发展的目的本身，尊重人民首创精神，保障人民各项权益，不断在实现发展成果由人民共享、促进人的全面发展上取得新成效。

1　《习近平谈治国理政》第 1 卷，外文出版社，2018，第 4 页。
2　同上书，第 41 页。

人民至上意味着要把人民当作尺度，尊重人民，亦即从现实的人出发，了解民情民意，把实现好维护好发展好最广大人民的根本利益作为党和国家一切工作的出发点和落脚点，把满足人民群众的切身利益与人民对美好生活的"真实切身感受"作为衡量一切工作的根本尺度。人民群众所具有的鲜活生活体验和"切身感受"，其权利主张与利益需要，往往最直接、最真实地反映社会历史发展状况和政府作为状况。就此而言，要真正坚持人民至上，就必须切实从现实的人出发，深入把握人民群众的实际利益需求与价值诉求，深入了解人民群众的"感受"度。在一定意义上可以说，"客观存在就是被人民群众所感受"。只有深入了解现实社会的生产发展和分工状况，了解社会公众的现实需求与愿望，了解与生产发展相对应的各个阶层或群体的性质、特点及力量状况，了解整个社会结构状况，了解人民群众的"感受"状况，才能在实践中有效地制定政策，有所为有所不为，我们的思想才不会僵化。把人民当作尺度，不仅要深入实践进行调查研究，同时也要善于从群众的评判中知得失，把人民的评价作为检验自己工作的"晴雨表"，把人民群众的"感受度"作为评判工作的标准。

人民至上意味着把人民当作根基，牢牢扎根于人民。"我们党来自人民、植根人民、服务人民，党的根基在人民、血脉在人民、力量在人民。失去了人民的拥护和支持，党的事业和工作就无从谈起。"[1]党要继续经受住执政考验、改革开放考验、市场经济考验、外部环境考验，就必须始终密切联系群众。在任何时候任何情况下，与人民同呼吸共命运的立场不能变，全心全意为人民服务的宗旨不能忘，群众是真正英雄的历史唯物主义观点不能丢，始终坚持立党为公、执政为民。只有牢牢扎根于人民，具有人民情怀，依靠人民、为了人民才能真正落到实处，而不至于仅仅成为一种口号、一种概念。

（五）普惠哲学

这是从"哲学根基"角度提炼出的标识性范畴，是进入新时代以后，依据习近平同志相关重要论述，而提炼概括的一个具有鲜明学理性的新概念。

21 世纪马克思主义应具有自己的哲学基础或根基，离开哲学基础，21 世纪马克思主义就显得无"根"，难以"立"起来。贯穿于 21 世纪马克思主义的哲

1　《深入学习习近平同志系列讲话精神》，人民出版社，2013，第 127 页。

学基础或根基，是"普惠哲学"，离开"普惠哲学"，就难以真正且彻底理解和把握 21 世纪马克思主义。"普惠哲学"，也是 21 世纪马克思主义的一个标识性范畴。

这需要从现代化的哲学根基来谈起，因为 21 世纪马克思主义也是与"现代化"直接相关的范畴。

谈现代化，首先需要谈西方现代化，因为现代化运动首先是西方开启的，它把整个世界都卷入其中，实现现代化是世界各国共同的命运。

哲学是时代精神的精华。考察西方现代化时代、实践和理论三大逻辑的历史演进可以看出，它注重用"一"的理性思维法则为现实物质世界建构"同质性"的秩序。在世界历史进程和全球版图中，世界现代化的核心理念和实践运动肇始于西方特别是美欧是一个不争的事实，现代化成为文明标识和经典话语，也与西方现代化所创造的历史贡献、文明成果密不可分，现代化成为世界潮流与各国的共同命运乃至首要选择更是不容否认。然而，"先发"并不意味着唯一正确，更不意味着绝对真理；"先天优势"也不代表不需要反思，更不代表人间正道。西方现代化的哲学基础或范式，是"主客对立"，它宣称该范式具有"唯一性""普遍性""普适性"；或者说，西方现代化凭依的是西方哲学特别是近代西方哲学"万能理性"或"绝对精神"生长出来的"主客对立"的思维逻辑。这是导致世界对立、冲突、分裂并陷入困境的深层根源。

"世界向何处去？"这需要寻求世界发展的再生之路。于是，习近平同志发出感慨："世界怎么了，我们怎么办？"伴随人类社会进入 21 世纪，特别是西方现代化模式带来的"西方之乱"与中国式现代化带来的"中国之治"的鲜明对比，中国式现代化已经逐渐成为世界现代化体系和格局的新锐力量、新的趋向和新的话语。从中，我们中国找到了答案，那就是大力推进中国式现代化，造就新的文化生命体，建构中国式现代化的文化形态，创造人类文明新形态，积极构建人类命运共同体。针对西方现代化"主客二元对立"的哲学基础，推进中国式现代化，造就新的文化生命体，建构中国式现代化的文化形态，建设中华民族现代文明，创造人类文明新形态之哲学基础或根基，就是强调主体发展、平等发展、和谐发展、全面发展、共同发展，它凭依的是马克思的"真正的共同体""自由人联合体"与中华优秀传统文化"天下大同""大同社会"生长出来的"主主平等""共建共享"的思维逻辑，立足的是 21 世纪人类所追求也是习近平同志所强调的主体发展、平等发展、包容普惠发展。

进一步展开来说，基于对人类实现现代化和人类文明历史演进的深刻洞悉，围绕正确理解、系统把握中国式现代化的理论形态所蕴含的世界观和方法论，习近平同志强调："中国式现代化，深深植根于中华优秀传统文化，体现科学社会主义的先进本质，借鉴吸收一切人类优秀文明成果，代表人类文明进步的发展方向，展现了不同于西方现代化模式的新图景，是一种全新的人类文明形态。"[1] 这表明，在哲学根基上，中华优秀传统文化特别是中国哲学，可以称之为一种"有机整体主义"，它认为宇宙的一切都是相互依存、相互联系的，每一事物都是在与他物的关系中显现其存在和价值，因而，人与自然、人与人、文化与文化之间应当建立起和谐共生关系。[2] 在中国式现代化的魂脉层面，科学社会主义的先进本质源于马克思主义哲学。马克思主义哲学在对西方现代化的"主客二元对立"哲学根基及其思维逻辑展开深刻批判的同时进行革命性改造，致力于构建"真正的共同体"或"自由人联合体"。其崇高的历史使命和价值追求，就是批判和颠覆理性形而上学而走向唯物主义历史观，批判和破除资本逻辑而走向人民至上逻辑，促进人在精神和物质上的双重解放，将全人类解放、无产阶级解放和每个人自由而全面发展写在自己的旗帜上。从马克思主义哲学到当代中国马克思主义哲学，都注重为新时代中国现实社会建构一种良性秩序，为其确定作为根基的哲学基础。在中国式现代化的文明层面，西方文明固然对推进世界历史发展和人类文明进步产生重大影响、作出历史贡献，但奠基于"西方中心论"理论体系和话语体系之上的西方现代化，必然遵循"主客二元对立""主统治客"的思维逻辑和行动逻辑，进而它往往以"文明"之名对他者所谓"不文明"的民族或国家堂而皇之地进行殖民扩张，或武装干涉，或颠覆政权。中国式现代化、新的文化生命体，中国式现代化的文化形态，人类文明新形态、人类命运共同体，以开放包容的文明心态、共建共享的行动姿态，注重借鉴吸收一切人类优秀文明成果。在本质要求上，全体人民共同富裕的现代化彰显着"共享发展成果上的主主平等"，应当从权利和制度上保证每个人都能享有发展成果；物质文明和精神文

1　《习近平在学习贯彻党的二十大精神研讨班开班式上发表重要讲话强调正确理解和大力推进中国式现代化》，《人民日报》2023年2月8日。

2　参见陈来：《中国文明的哲学根基》，《中国民族博览》2021年第24期，第37—39页。

明相协调的现代化意味着二者"在发展机会和内容上的主主平等",应当从布局上保证人的身心和谐;人与自然和谐共生的现代化昭示着人与自然在"物质、能量交换上的主主平等",应当从交换上保证人与自然的和谐共生;走和平发展道路的现代化标志着世界各国不论强弱大小,应在"发展权利、机会和规则上的主主平等",应当从规则上保证每个国家和民族都享有发展主权和机会。显然,蕴含其中的哲学根基,是"主主平等普惠",亦即是"普惠哲学"。[1]

哲学根基或哲学范式不同,不仅决定了现代化的理论形态和理论体系的本质差别,也决定了两种现代化模式的现实运动、实践道路及其历史命运之别。"主主平等普惠"之哲学范式,既反映了中国特色社会主义发展的历史逻辑,又体现了中国式现代化、新的文化生命体,中国式现代化的文化形态,人类文明新形态、构建人类命运共同体注重主体性、平等性、普惠性的现实逻辑,还彰显了 21 世纪马克思主义的理论逻辑,这一理论逻辑之哲学根基,就是系统为基的"主主平等普惠"之哲学范式。因为从哲学根基上,21 世纪马克思主义就是致力于实现每个人自由平等全面发展,就是把每个人都看作创造并共享财富的平等主体,看作人人都能平等地获得发展成果的主体。

(六)文化主体性

这是从"话语权"角度提炼出的标识性范畴,是进入新时代以后才提出的一个新概念。

创立发展 21 世纪马克思主义,其根本目的之一,就是为 21 世纪世界的发展贡献"中国样本""中国方案""中国理论",进而掌握解释 21 世纪世界的理论话语权,掌握文化主体性。离开为 21 世纪世界的发展贡献"中国样本""中国方案""中国理论",离开掌握解释 21 世纪世界的理论话语权、掌握文化主体性,就难以理解和把握创立 21 世纪马克思主义的世界意义。所以,"文化主体性",也是 21 世纪马克思主义的一个标识性范畴。

习近平同志在文化传承发展座谈会上的讲话特别强调:"'第二个结合',是我们党对马克思主义中国化时代化历史经验的深刻总结,是对中华文明发展规律的深刻把握,表明我们党对中国道路、理论、制度的认识达到了新高度,表明我们党的历史自信、文化自信达到了新高度,表明我们党在传承中

1　普惠,是习近平同志在外交场合发表演讲时常用的一个重要概念。

华优秀传统文化中推进文化创新的自觉性达到了新高度。"[1]"第二个结合"遵循各个环节层层递进的演化逻辑，发挥着巩固文化主体性和文化领导权的功用效果和价值意义，充分彰显了21世纪马克思主义的思想伟力。

第一个环节：新时代的中国具体实际充分彰显了中华民族传统文化的时代价值和世界意义。习近平同志援引了拿破仑的名言："世上有两种力量：利剑和思想；从长而论，利剑总是败在思想手下。"[2]其深意是表达思想、文化的重要性。文化作为思想的主要表现形式，蕴藏着不容忽视的能量。首先，新时代强国建设、民族复兴的成就充分彰显了中华优秀传统文化的独特力量。文化强国建设、文化复兴是新时代强国建设、民族复兴不可或缺的一环。建设文化强国、推动文化复兴必须坚定文化自信，在创造性转化和创新性发展中，使中华优秀传统文化焕发新的生机活力，使之契合强国建设和民族复兴的需要。其次，新时代和平发展、合作共赢的倡议，充分表征了中华优秀传统文化的世界意义。和平发展、合作共赢是中国具体实际的国际延展。中华优秀传统文化蕴含极为丰富的"协和万邦、兼济天下、世界大同、亲仁善邻"思想资源，为"和平发展、合作共赢"提供了坚实的思想支撑和理论论证。最后，新时代在丰富人民精神世界、增强人民精神力量方面的实践，充分体现了中华优秀传统文化的时代价值。中国式现代化始终强调物质文明和精神文明相协调，精神文明建设是现代化建设的重要方面。中华优秀传统文化中蕴含的仁义礼智信温良恭俭让、修身齐家治国平天下等伦理原则，建构出中国人民精神世界的秩序，充分彰显出其在"丰富人民精神世界、增强人民精神力量"方面的当代价值。

第二个环节：两"脉"并提。即马克思主义的"魂脉"和中华优秀传统文化的"根脉"。习近平同志强调："马克思主义中国化时代化这个重大命题本身就决定，我们决不能抛弃马克思主义这个魂脉，决不能抛弃中华优秀传统文化这个根脉。"[3]"根脉"和"魂脉"是理论创新必须坚守的阵地，也是深刻理解"两个结合"思想必须把握的脉络。首先，马克思主义是我们立党立国、兴党兴国的根本指导思想。可以说，中国共产党的历史，就是一部不断推进马克思主

1　习近平：《在文化传承发展座谈会上的讲话》，《求是》2023年第17期。

2　习近平：《文明交流互鉴是推动人类文明进步和世界和平发展的重要动力》，《求是》2019年第9期。

3　习近平：《开辟马克思主义中国化时代化新境界》，《求是》2023年第20期。

义中国化时代化的历史。马克思主义是我们党历经百年沧桑奋斗得出的颠扑不破的真理，是中国共产党人之"魂"，也是中国式现代化建设之"魂"。中国共产党为什么能，中国特色社会主义为什么好，归根到底在于马克思主义行、中国化时代化的马克思主义行。其次，"根脉"具有根基、根本的意义，根深才能叶茂。将中华优秀传统文化从新时代的中国具体实际中相对独立出来，将其定义为根脉，与马克思主义并提，其意是在坚持马克思主义指导地位的前提下，重估并提升了中华优秀传统文化的时代价值，克服过去"重马轻中""厚今薄古"的倾向，因此也彰显并提升了中华优秀传统文化的时代价值。

第三个环节：两"脉"有机结合产生一种复杂的化学反应，造就一个有机统一的新的文化生命体。深入理解"新的文化生命体"这个概念，需要重点把握以下几个方面。首先，"新的文化生命体"是一个具有标识性、总体性、根本性、全局性、战略性的新概念。新的文化生命体的"新"，体现在它既具有马克思主义"魂脉"基因，又具有中华优秀传统文化"根脉"基因，是马克思主义基本原理同中华优秀传统文化相结合的新的产物。其次，"新的文化生命体"是一种文化形态，具有与经济形态、政治形态、社会形态、生态形态相区别的边界性和领域性。它鼓励不同文化之间的交流和融合，注重对人类文明和文化的反思与借鉴，主张在不同文化体系之间形成一种相互补充、彼此共生的关系，以文化新形态推动构建人类文明新形态，从而为人类文明的发展注入新的活力和动力。再次，"新的文化生命体"具有"生命"特征。这一生命体在吐故纳新中不断彰显不断成长的青春活力，进而实现文化生命的自我更新。这里的生命是一个哲学范畴，生命意味着成长，生命意味着充满青春活力，生命意味着意义重大，它能够持续不断推动文化自身的创新发展，并以其自身旺盛的生命力和体系的独特性，为世界文化的交流牵线搭桥。最后，"新的文化生命体"的"体"，是系统整体。其中，马克思主义是"魂"，中华优秀传统文化是"根"，新时代中国具体实际是"基"，革命文化和社会主义先进文化是"源"，人类一切优秀文明成果是"鉴"；习近平文化思想是其科学体现。它是不忘本来、吸收外来、面向未来之"体"，是坚持包容、守正、创新之"体"。

第四个环节：明体达用。这里的"体"，即指习近平文化思想及其中国式现代化的文化形态。在此基础之上，可进一步构建起中国式现代化的理论体系和话语体系。同时，这个"体"还得达"用"，这个"用"，包含理论之用和实践之用：首先，这一"文化生命体"有理论之用。它用其建构起中国式现代化的理论体系和话语体系，并创新发展 21 世纪马克思主义，打开了中国理论和思想文化的创新空间，以此解构"西方中心论"的理论体系和话语体系，进而破解"古今中西之争"和"文化虚无主义"，确立并掌握思想文化的主体性。其次，这一"文化生命体"还有实践之用。没有中华文化的繁荣兴盛，就没有中华民族的伟大复兴。"文化生命体"以其独特的文化形态和内涵，为强国建设、民族复兴奠定了深厚的文化根基，为和平发展、合作共赢提供了丰厚的文化供给，为丰富人民精神世界、增强人民精神力量提供了厚重的文化滋养。

第五个环节：新的文化使命。这一新的文化使命作为一个整体性概念，其内部存在着逐渐递进的、逐渐提升的逻辑关系，是新的文化使命从微观到中观再到宏观层面的渐进展开。推进文化繁荣是建设文化强国的基础性工程，没有文化繁荣，就没有文化强国；推进文化繁荣的目标是建设文化强国，没有建设文化强国目标导向作用的发挥，文化的繁荣和发展就会迷航和失重。

第六个环节：巩固文化主体性，继而掌握文化领导权。在意识形态领域，一切争论的核心是"主体性之争"。"任何文化要立得住、行得远，要有引领力、凝聚力、塑造力、辐射力，就必须有自己的主体性。"[1] 新时代中国共产党人在道路自信、理论自信、制度自信的基础上增加了文化自信，并将文化自信上升到"四个自信"中"最本质的自信"这一战略高度，充分表征我们党对马克思主义和中华优秀传统文化坚定的文化自信。文化自信，来自我们的文化主体性及由此伴生的文化领导权。对于文化主体性和文化领导权，我们可以从以下六个方面来把握。一是"合"，即通过"第二个结合"，造就一个新的文化生命体。二是"立"，即新的文化生命体并非凭空生成，而是中国共产党带领中国人民在中国大地上的具体实践中建立起来的，拥有雄厚的实践根基和鲜明的实践特征。如此，才能让这一文化主体性立得住、立得稳。三是"破"，即破除对西方现代化和"西方中心论"的迷思，超越"东方从属于西方"的框架。四是"体"，即"新的文化生命体"不是简单的排列组合和机械拼凑，而是一个有机统一的系统整体，它有基、有根、有干、有枝，是具有旺盛生命力和强

---

1 习近平：《在文化传承发展座谈会上的讲话》，《求是》2023 年第 17 期。

大创新力的"生命体"。五是"用",即明体达用,具有实践之用和理论之用,有助于解决中国具体实际面临的时代课题和具体问题。六是"权",文化主体性最终需落脚到文化领导权上,有了文化主体性,文化自信就有了根本依托,中国共产党就有了引领时代的强大文化力量。文化领导权主要包括产权、定级权、使用权、评价权、主导权、话语权等。

这里需要进一步深入说明的是,通过"第二个结合"所造就的新的文化生命体,其中一个特别重要的理论之用,就是有助于创新发展 21 世纪马克思主义,因为新的文化生命体蕴含中国式现代化的理论形态,这是创新发展 21 世纪马克思主义的重要基石。在这一基石之上创立发展的 21 世纪马克思主义立得住、行得远,具有引领力、凝聚力、塑造力、辐射力,更具有引领时代的强大文化力量、思想伟力。

二、原创性论断

21 世纪马克思主义的原创性论断主要是"一基三柱":中国特色社会主义进入新时代是立论"基础",中国式现代化、人类文明新形态、人类命运共同体是从总体上所谓的"三大支柱"。

"原创性论断"是"标识性范畴"的进一步凝聚、提升和概括,它源于"标识性范畴",又高于"标识性范畴"。

关于中国特色社会主义进入新时代,前已有论述。这里着重就中国式现代化、人类文明新形态、人类命运共同体与 21 世纪马克思主义的关系进行分析和论述。

从哲学上看,许多世纪的人文社会科学的学术问题,总体上大都是围绕现代化、人类文明和人类命运问题展开的,它具有总体性、涵盖性,与发展21 世纪马克思主义具有本质联系。习近平同志提出的"创造中国式现代化新道路、创造人类文明新形态"具有重大意义,引起理论界广泛关注。如何理解中国式现代化、人类文明新形态和人类命运共同体及其内在逻辑?"西方中心论"理论体系、话语体系是如何建构的?如何基于中国式现代化、人类文明新形态和人类命运共同体构建 21 世纪马克思主义理论体系和话语体系?这里基于马克思主义中国化的学科框架,核心观点是:中国式现代化是新时代我党理论和实践的立足点，中国式现代化可以开创人类文明新形态，人类文明新形态是构建人类命运共同体的总体性基础，三者是逐步递进且彼此理解的逻辑关系，是发展 21 世纪马克思主义的基石；"西方中心论"理论体系、话语体系本质上是从对现代化和文明解释开始的，21 世纪马克思主义理论体系和话语体系应在中国式现代化、人类文明新形态和人类命运共同体的基础上建构起来。

(一)在世界现代化进程中开创中国式现代化

现代化与现代性密切相关又有区别。现代化是现代社会的客观的历史运动，是现代性问题的社会历史背景，侧重于"历史维度"及其描述性，相对强调历史发展的连续性，主要是"历史学话语叙事"，是历史过程概念；现代性则是对现代化发展历程的根本属性、本质特征、呈现状态、价值理念、深远意义的哲学反思和规范评价，旨在对西方现代社会变迁给以引导，侧重于"价值维度"及其价值评价，相对注重历史发展的"断裂性"，展示社会的结构转型和文化转型，是"哲学话语叙事"，具有规范性和反思性。[1] 可基于现代化发展历程，主要从现代性维度揭示文艺复兴、启蒙运动开启的西方现代化之旅。

西方现代化运动主要是从启蒙运动走出来的，工业革命和政治民主等，是西方开启现代化运动的标志。马丁·贝尔纳(Martin Bernal)在《黑色雅典娜》中指出："基督教欧洲孕育了文艺复兴、启蒙运动以及随之出现的政治民主和工业革命。而工业革命夹杂着民主，反过来催生了象征生命、自由与追逐幸福权利的美国。"[2] 格奥尔格·伊格尔斯(Geoeg Iggers)把启蒙运动看作现代化的逻辑起点："以启蒙形式呈现的进步思想代表了第一个现代化理论。"[3]

西方现代化从启蒙现代性开启，之后演进的逻辑，便是从经典现代性，经资本现代性批判和反思现代性，最后走向后现代主义。"现代性"之共同点，是具有强烈的历史意识和时间意识。"启蒙现代性"呈现在启蒙运动历史时期，诞生于资本主义工业化初期。其根基是人的主体性、理性和个人自由，理性

1　参见任剑涛：《现代性、历史断裂与中国社会文化转型》，《厦门大学学报(哲学社会科学版)》2001 年第 1 期，第 57—66 页。
2　转引自[澳]布雷特·鲍登：《文明的帝国：帝国观念的演化》，杜富祥、季澄、王程译，社会科学文献出版社，2020，第 280—281 页。
3　同上书，第 86 页。

逻辑是核心[1]，它以人的主体性反对"神性"[2]，以理性反对蒙昧，以个人自由反对宗教禁锢，在摆脱"神性"且培育"人的独立性"上发挥了历史进步作用。启蒙现代性在高扬理性主义的同时，也使理性走向膨胀，使经验理性超验化，使有限理性无限化，使属人理性实体化。"经典现代性"呈现于资本主义工业化时期，是对 18 世纪工业革命以来西方国家现代化进程——传统社会向现代社会转型——的理论阐释，18 世纪法国启蒙运动是其体现。它扬弃启蒙现代性的理性和自由，立足现代工业文明阐释现代性。经典现代性以理性人为起点，以合理性为目标(具有语言、认识和行为能力的人获得和使用知识，获取物质财富)，它使理性日益工具化、世俗化和物化，成为工具理性和世俗理性。线性历史观、物质主义至上的单向度发展观、自由主义和工具理性是其鲜明标识，理性逻辑和物化逻辑是其内核。经典现代性强调现代化模式的唯一性和普遍性，认为后发国家实现现代化须遵循它所设定的现代化模式。这就为"特殊"披上"普遍"的外衣，蕴含西方中心论的基因。这种现代性导致的后果，是人被物化基础上的人与自然疏离、人与社会疏离、人与人疏离，人的身心疏离。之后，马克思从资本批判和理性批判展开"资本现代性批判"。马克思对物化的批判集中体现为对资本的批判，对资本的批判主要是对资本占有劳动并具有控制社会权力的资本逻辑的批判；理性批判主要是遏制理性主义膨胀，矫正工具理性和科技理性。马克思所处的资本主义社会及其现代性基础，是资本扩张的逻辑，资本是处在特定社会关系中的物，具有独立性和个性，是统治社会的力量，成为资本主义社会的"最后本体""终极实在""最高主宰"，具有万物归一的最高统一性和终极解释性，把整个社会和人都卷入资本主导逻辑之中，受资本"同一性""总体性"控制。资本具有投资、经营、扩张、统治、寄生的本性，具有增值、自由、掠夺、操纵、功利和恶的基因，这种本性和基因内生出的线性历史观、单向度发展观、理性主义和自由主义，是为资本主导逻辑辩护的，同时也作为资本形而上学，与注重"同一性"的理性形而上学"结盟"，是理性形而上学的"一"在资本主义社会的集中体现。马克思毕生的使命就是从根本上瓦解资本逻辑、颠覆理性形而上学，实现社会主义和人在思想、现实中的双重解放。其实质就是对经典现代性的批判和超

1　理性的本质性含义，主要是外化于物、精确计算、精细分析、确定知识、制定标准、统一控制等。

2　"人的依赖"，马克思用语，主要是前资本主义社会人对"血缘""血缘共同体""权力"的依赖。

越，由资本逻辑走向人本逻辑。"反思现代性"，则注重对经典现代性及其负效应的反思、批判和修正，实质是重建西方现代社会新的现代性。"后现代主义"产生于后工业社会，从哲学上关切信息社会的现代性问题，注重对以理性为基础的现代性的全面颠覆。马克思走向人本逻辑，后现代主义走向经典现代性的反题即多元逻辑，哲学标志就是从整体上终结理性形而上学，颠覆机械决定论世界观，构建新的哲学范式及其逻辑，即否定理性、超验性、一元性、同质性、统一性、整体性、线性、确定性、精确性、普遍性、连续性、决定论、可控性、预测性、均衡性、永恒性和宏大叙事，注重感性、经验性、多元性、异质性、独特性、个体性、多线性、不确定性、模糊性、差异性、断裂性、非决定论、批判精神、不可预见性、非均衡性、突变性和微观叙事。概言之，它告别启蒙运动关于人性解放、唯心主义关于精神目的论、历史主义关于意义阐释的神话，告别注重主体、本质和中心的世界观，坚持注重感性、"多元论""非决定论"的世界观，本质上是对"不确定时代"的概括，动摇了"西方中心论"的哲学根基。

现代化运动是一种世界潮流，把世界各国卷入其中，实现现代化是世界各国的共同命运。西方现代化潮流对清朝末年的中国产生强烈冲击，中国开始一次次被动防御性的回应。第一次是洋务运动，主要是晚清内部部分官僚在"器物"层面的回应。第二次是戊戌变法，主要是资产阶级在"制度"层面的回应。第三次是"辛亥革命"，主要是通过资产阶级民主革命全面推翻封建君主专制制度。第四次是五四运动，主要是一些知识分子在"文化"层面的回应。五四运动表明：解决中国现代化问题最为关键的，一是必须有科学思想引领，二是必须有强有力的领导组织。罗斯托（Walt Rostow）认为：在现代化起飞阶段，需要"出现一个政治力量强大的团体，它将经济现代化视为严肃、高度有序的政治事务"[1]。第五次回应是中国共产党诞生。这种回应，围绕"民族复兴"这一主题，首先在"文化"上积极推进马克思主义中国化，把马克思列宁主义基本原理同中国具体实际相结合，拥有先进思想引领；更在"领导组织"上，马克思列宁主义同中国工人运动相结合产生了中国共产党，具有先进组织领导；还建立起马克思主义中国化同"中国道路"的本质联系，探索解决中国问

1 ［澳］布雷特·鲍登：《文明的帝国：帝国观念的演化》，杜富祥、季澄、王程译，社会科学文献出版社，2020，第87页。

题、实现民族复兴的中国道路。中国共产党诞生使得中国对西方现代化潮流的被动防御变为主动应对，对中国实现现代化具有开天辟地的历史转折和决定性意义，它从指导思想、领导力量、中国道路三个根本方面掌握了历史主动。[1] 中国共产党百年奋斗彰显出对实现社会主义现代化的不懈追求。我们先从中国工业化，后到四个现代化，经社会主义现代化，再到国家治理现代化，体现了从生产力现代化，到社会主义全面现代化，再到国家治理体系和治理能力现代化的历史演进。

在这种演进中，道路问题是贯穿我们党搞革命、搞建设、搞改革中的根本问题。[2] 2021 年以来，习近平同志先后提出"走自己的路""中国特色社会主义道路""创造了中国式现代化新道路""中国式现代化"四个重要概念或论断。[3] 在学术讨论中，人们较少关注这四者间的逻辑关系，有的学者把中国式现代化新道路看作开创中国特色社会主义道路的同义表达。若精准研读相关重要文献便发现，这四大概念或论断是沿着历史逻辑、理论逻辑、实践逻辑一一出场的，是历史逻辑步步递进提升，理论逻辑和实践逻辑不断推进拓展的关系，既在历史逻辑上一脉相承，不能割裂，也有理论逻辑和实践逻辑上与时俱进的推进拓展，不能完全等同。

最早提出的是"走自己的路"，它是其后提出的中国特色社会主义道路、中国式现代化新道路、中国式现代化的共有特征。它有两种意蕴：一是从"破"上，破除对西方式现代化道路和传统"苏联模式"的路径依赖，是开启走"自己的路"的前提；二是从"立"上，确立实现现代化"道路"问题的中国"自主性"，是走"自己的"路的基础。这是一种前提性、基础性突破，用学术话语讲就是推进中国实现现代化的"自主性成长"。

"中国特色社会主义道路"，是走自己的路在改革开放和社会主义现代化建设新时期的具体体现，它又源于创造性推进拓展了走自己的路，赋予走自己的路以新的具体内涵。一是把"自己的"转换为"中国特色社会主义"。既走的是"中国特色"之路，又走的是"社会主义"道路。二是确定其基本内涵，即坚持"一个中心、两个基本点"，坚持自主自立。三是坚持中国特色社会主义

1　参见《中国共产党第十九届中央委员会第六次全体会议文件汇编》，人民出版社，2021，第 91—97 页。

2　参见习近平：《关于坚持和发展中国特色社会主义的几个问题》，《求是》2019 年第 7 期。

3　参见习近平：《在庆祝中国共产党成立 100 周年大会上的讲话》，人民出版社，2021，第 13—14 页。

道路既要坚定不移又要守正创新。用学术话语讲就是中国特色社会主义道路推进中国实现现代化的"内涵式成长"。

其后，我们又提出"中国式现代化新道路"。它源于并推进拓展了中国特色社会主义道路。"源于"，是说中国特色社会主义道路本质上就是实现社会主义现代化道路，中国式现代化新道路是从中国特色社会主义道路"走"出来的；推进拓展是说：

(1)把"中国特色"创造性地转换、提升为"中国式"。"中国特色"表达的是蕴含中华文化，体现中国国情，具有中国特点，"中国式"则把这种中华文化、中国特色、中国特点提升为一种中国范式，是相对于西方现代化范式而言的。这是一种更为规范的表述，表达的是世界现代化的另一种类型，具有类型学意义；它可以与西方现代化处在同一主题上进行对话，具有对话和传播意义；它表明在世界现代化进程中"有我"的存在及其世界意义，增强了我们在现代化问题上的自信。

(2)把"社会主义"凝练为"现代化"。西方质疑中国特色社会主义是国家资本主义、权贵资本主义，否认中国特色社会主义与现代化的本质联系。对此我们澄明，中国特色社会主义本质上就是实现社会主义现代化的根本道路，可直接用中国式"现代化"这一话语，建立起"中国式现代化"与社会主义现代化的本质联系。这表明：中国式现代化首要是社会主义现代化，既区别又高于西方资本主义现代化，也遵循现代化一般规律。

(3)"新"在一定场景有其独立存在的意义和创新价值。多数人认为中国式现代化新道路是相对于西方式现代化道路而言的。这是主要的，但不仅如此，中国式现代化新道路的"新"是相对于三方面而言的。

一是相对于西方现代化而言的新，它为人类实现现代化开辟出一种新的范式或类型。对此，学界基本达成共识，不再赘述。

二是相对于我国改革开放之初"中国式的现代化道路"而言与时俱进意义上的新。这一点被一些人忽视了。一些学者认为中国式现代化新道路就是中国式现代化道路，不必突出"新"。其实，这里的"新"确有"新"之特指和意义。改革开放之初，邓小平同志在比较西方现代化发展成就，总结我国社会主义建设经验教训后提出："现在搞建设，也要适合中国情况，走出一条中国式的现代化道路。"他讲的现代化有两个涵义：适合中国情况，建成小康社会。[1]习近平同志所讲的"中国式现代化新道路"，是在邓小平同志提出的"中国式的现代化道路"基础上推进拓展出来的，是明确对接"新时代"的，目标是指向全面建成社会主义现代化强国、全面推进中华民族伟大复兴。"中国式现代化新道路"从五方面推进、拓展了中国式的现代化道路：改革开放之初，我国总体上还处于"欠发展"时期，社会生产力不发达，综合国力不强，相对强调让一部分地区、一部分人通过诚实劳动、合法经营先富起来，先富带动后富，新时代的现代化是全体人民共同富裕的现代化，要求推动全体人民共同富裕取得更为明显的实质性进展，发展了改革开放之初所讲的"让一部分地区、一部分人先富起来"；改革开放之初，由于历史发展的必然性，我们在实践上相对注重人民基本需求满足与物质生产、经济增长，发展的不协调性问题相对突出，新时代的现代化是物质文明和精神文明相协调的现代化，更加注重发展的全面性、协调性，这是一种推进；新时代的现代化是人与自然和谐共生的现代化，超越了改革开放之初一些地方那种以牺牲环境为代价发展经济的发展模式；新时代的现代化是走和平发展道路的现代化，强调以中国的新发展为世界提供新机遇，注入新动力，强调参与全球治理体系改革和建设，以中国发展贡献于世界，这对改革开放之初相对注重在"维护世界和平中谋求国内发展"来说，是一种推进；新时代的现代化致力于解决"强起来"问题，这对改革开放之初注重解决"富起来"问题是一种推进。

三是相对于中国现代化发展在世界现代化发展进程中的地位而言的新。这未引起学界关切。在世界现代化发展进程中，过去我国曾存在邓小平所说的"被开除球籍的危险"，用学理话语表达，就是"世界失我"；在总结社会主义现代化建设经验教训基础上，我们"确立自我"，中国在实现现代化问题上具有了中国的自主性，坚定不移走中国特色社会主义道路，这条路走得通、走得稳、走得好，使中国大踏步赶上了时代[2]，这意味着"世界有我"；中国特色社会主义进入新时代，进一步创造了中国式现代化新道路，为人类实现现

---

[1] 参见《邓小平文选》第2卷，人民出版社，1994，第163页。
[2] 参见《习近平总书记在出席庆祝中华人民共和国成立70周年系列活动时的讲话》，人民出版社，2019，第5页。

代化提供了新的选择，为世界实现现代化开辟了一条具有光明前景的新路。[1]这表明：中国式现代化新道路打破了世界现代化问题上的"话语霸权"，也蕴含"世界向我"的趋向。从"世界失我"到"世界有我"再到"世界向我"，表明中国式现代化新道路在世界现代化发展历程中不断彰显其步步提升的新地位，用学术话语讲，也推进中国实现现代化的"世界性成长"。

党的二十大报告又提出"中国式现代化"，进一步推进、拓展和提升了中国式现代化新道路。党的十八大以来，我们党在理论和实践上的创新突破，可聚焦为成功推进和拓展了中国式现代化。既体现在跳出仅从道路来谈中国式现代化，拓展为从更为广阔的道路、理论、制度、文化等维度来把握中国式现代化；又体现在把新中国成立、改革开放，尤其是党的十八大以来中国实现现代化的实践经验上升到理论建构，从创新突破、中心任务、性质方向、共同特征、中国特色、本质要求、重大原则等方面，总体上建构起中国式现代化的理论体系和话语体系；也体现在我国由过去在现代化问题上的"话语依赖"走向新时代的"话语自主"，掌握了中国在实现现代化问题上的话语权。用学术话语讲就是推进了中国实现现代化的"理论性成长"。

在中国实现现代化实践历程中，我们党从"自主性成长"，经"内涵式成长"，到"世界性成长"，再到"理论性成长"，这一连串的创造性、创新性推进拓展，就集中体现为成功创造和建构起了中国式现代化。

一个值得寻味的问题是，中国为什么未掉入西方现代化模式的强大"旋涡"，却创造出中国式现代化？其有三个原因。一是中国共产党具有决定性作用，科学处理了普遍和特殊的辩证关系。中国共产党诞生是马克思主义与中国工人运动相结合的结晶，中国共产党人为改变旧中国接受了马克思主义，马克思主义的内在本性要求把马克思主义基本原理同中国具体实际相结合、同中华优秀传统文化相结合，而西方式现代化与马克思主义、中华优秀传统文化是相悖的。二是近代以来中国历史和实践表明，只有适合中国历史文化传统、基本国情并有助于实现奋斗目标的道路，才能在中国根深叶茂。西方现代化模式不适合中国历史文化传统和基本国情，难以实现我们的奋斗目标，还存在霸权主义等诸多弊端，这正是中国式现代化所避免的。三是在新民主

1　参见《习近平谈治国理政》第3卷，外文出版社，2020，第8—9页。

主义革命时期，中国深受"三座大山"压迫，导致中国落后，历史教训告诫我们不能沿袭西方现代化模式，必须走自己的路。

（二）中国式现代化可以开创人类文明新形态

自近代西方开启现代化运动以来，自民族历史转化为世界历史，现代化就与文明直接且本质相关，它意味着要走出封建专制社会的野蛮而走向文明。当讲西方现代化时，就会直接从本质上讲西方文明。中国式现代化可以开创人类文明新形态，具有生成"人类文明"新形态的基因。中国式现代化的根本意义是全面推进中华民族伟大复兴，就世界而言的最高成果就是开创人类文明新形态，它把"中国式现代化"提升到"人类文明"高度。

1. 文明观的理论阐释

我在其他论著中曾对文明观进行阐释，这里再进一步加以阐述和论证。

文明，是一个较难把握的概念，国内外相关论著都有所涉及。鲍登的《文明的帝国》对文明概念及其内涵、起源和意义作了较为详细的语言学、解释学考察。这些著作对文明并未给出一个明确界定和确切解释。沃尔夫·舍费尔（Wolf Schafer）指出："社会学家、人类学家和历史学家都学会了规避'文明'一词，并以'文化'为参照来分析一切问题。"[1]"文明"这个概念承载太多的意义，为数众多的社会分析被归入文明范畴，以至于它往往缺失任何具体的或容易理解的涵义。[2] 克服国内学者对文明研究的不足，全面深入推进"文明研究"[3]，对文明概念和文明观给出明确界定、确切解释，是首要解决的具有重要学术价值的前提性问题。

尽管人们对文明概念未给出明确界定、确切解释，但基本涵义还是清晰的，即文明是整个人类追求发展进步从而走向"真善美"的过程及其积累起的积极成果。哲学是文明活的灵魂，对文明首先应从哲学上理解，确定其文明观。由于对发展进步与"真善美"的解释不同，便存在两种不同的文明观。

一种侧重于把文明解释为"事实判断"的描述性概念，认为文明即客观事实，描述的是整个人类发展进步的真实事实；发展进步是各个国家、民族为改变其现状而向前迈进的自我调节、自我超越、自我完善、自我发展、自我

---

1 ［澳］布雷特·鲍登：《文明的帝国：帝国观念的演化》，　　译，社会科学文献出版社，2020，第16页。
2 同上书，第16页。
3 同上书，第29页。

进步过程；它具有多样性、包容性、互鉴性、平等性和普惠性，是一种"复数"多元文明；对文明的"价值判断"应建立在"文明事实"基础上；其哲学基础是"多样统一""主主平等"的哲学观。

另一种侧重于把文明解释为"价值判断"的规范性概念，认为文明即价值，强调任何国家、民族都应沿着所确定的"同一道路"，朝着确定的具有"同一性的至善至美的理想目标"迈进；具有文明优越感的"高尚民族"站在了人类文明发展的制高点上，不仅具有掌握解释世界如何运转、历史如何进步的话语权，而且应当文明开化"野蛮、愚昧的非文明民族"，这是"他我"民族、国家裁定、改变"非文明国家、民族"的"教化"过程。这样的文明具有一元性、评判性、改变性和统治性，是具有同一性标准的普遍文明，是"单数"一元文明。这种对文明的解释具有意识形态性质，哲学基础是"主统治客"的哲学范式和线性史观。依据这种文明观，就会认为文明只属于欧洲民族，欧洲之外都处于"蒙昧、野蛮状态"。

我主张第一种文明观。基于这种对文明和文明观的总体理解，可从原体、关系、过程、结构、功能五个维度展开对文明之理论内涵的具体阐释。

从原体维度理解文明，它是具有本源意义的范畴。人是万物的尺度，万物为人而存在才有意义，人是理解一切与人有关的事物和对象的坐标。文明是为整个人类发展进步而存在的，需要以"人"为坐标或还原到"人"这个原点来理解本源意义上的文明。从哲学上，人作为人的最高最核心的"元"追求，就是"真善美"，"人类对真善美的追求"对理解文明具有本源意义。这样，文明就是针对愚昧、野蛮、丑恶而言的，是整个人类、社会与国家、民族超越蒙昧、野蛮、丑恶，对至真至善至美境界的不懈追求及其积累起的积极成果，这就是人性的进步，即"对人之愚昧的开化"（真），对人之野蛮的规制（善），对人性之丑恶的教化（美），进而推动整个人类、社会与国家、民族的历史进步。这种文明具有四大要素：（1）对创新动力、创新能力、创新活力的不懈追求及其积累起的积极成果；（2）对平衡、和谐的不懈追求及其积累起的积极成果；（3）以德治、法治使世界与国家、社会得到有效治理；（4）对人类、群体、个人与世界、国家或民族、社会等发展进步的追求且达至共生共进共享进而井然有序，使人人过上美好生活。基佐强调：文明的基本涵义就是事物的发展进步过程，包括人的发展和社会的发展[1]，文明的根源是秩序的必要性。[2]
亨廷顿认为：文明的概念是由 18 世纪法国思想家相对于"野蛮状态"提出，"文明化为善，非文明化为恶"[3]。就此而言，文明的本质是"化人为善"并"利他"（它），它注重集体、德性（善）、仁和，实质是构建基于主主平等普惠规则的秩序。这种文明之结果，是自我完善、民惟邦本、天下为公、世界大同、协和共生、普惠共赢。文明与否，根本的评判标准，就要看是否有利于促进人性进步及其所推进的人的发展（包括类、群体、个人）、世界各国或民族发展，看是促使前进且使人得到自我完善，还是促使倒退且引人走上邪恶。[4] 亚里士多德说："美好的生活是文明的终点或目的。"[5]斯宾塞强调："文明可看作在需要充分展现所有人个性所需的人与社会构成方面取得的进步。"[6]伯里也指出，文明"是人们最终将享受一种普遍幸福的状态，而这将证明整个文明进程的合理性"[7]。

从关系维度理解文明，它是关系规定。任何事物都处在各种关系中，文明需要在与文化的关系中加以理解。文明和文化都是难以释清的概念，二者有着直接和复杂的关系，人们时而将二者等同，时而也把二者对立。其实，二者既有联系也有区别。文化和文明有相通之处，都与"人"有关，是"人化"的产物，也都"化人"。文明和文化也有区别，厘清二者区别，不仅有助于深化对文化和文明问题的研究，而且有助于在文化和文明问题研究上实现新的突破。

哲学是文明活的灵魂。我们不仅可以从考古学、文字学方面推进文明探源工程，也可以从哲学入手探究文明的本质。从哲学意义上讲，文明和文化具有重要的区别。

一是所在相对不同。如中华文化存在一万年，而中华文明存在是五千年。

二是所界相对不同。文化是一个宽泛的概念，世界上对文化的定义不下

1　参见［澳］布雷特·鲍登：《文明的帝国：帝国观念的演化》，杜富祥、季澄、王程译，社会科学文献出版社，2020，第 55 页。

2　参见［法］基佐：《欧洲文明史》，程洪逵、沅芷译，商务印书馆，2021，第 46 页。

3　［澳］布雷特·鲍登：《文明的帝国：帝国观念的演化》，杜富祥、季澄、王程译，社会科学文献出版社，2020，第 30 页。

4　参见［法］基佐：《欧洲文明史》，程洪逵、沅芷译，商务印书馆，2021，第 67 页。

5　参见［澳］布雷特·鲍登：《文明的帝国：帝国观念的演化》，杜富祥、季澄、王程译，社会科学文献出版社，2020，第 51 页。

6　同上书，第 41 页。

7　同上书，第 62 页。

200多种。雷蒙·威廉斯（Reymond Willams）在其备受推崇的《关键词》（*Key Words*）中指出，文化是英语中最为复杂的两三个词之一。虽然人们对文明也有诸多理解，但它有相对界限，对文明与否有着基本的共识，认为文明就是"人类"追求人性和人的发展"进步"的事实、过程及其积累起来的积极成果。

三是相对性不同。文化主要是相对于未经人的活动外化的"原始自然"而言的，讲的是"人化自然""人化事物"，是人的内在本质力量的对象化。就此而言，它定义了文化涵义的基本走向。文明则是相对于未经开化的"野蛮""丑恶"而言的，说的是人类追求真善美的"发展进步"过程和结果。就此而言，它定义了文明涵义的基本走向。正像鲍登在《文明的帝国：帝国观念的演化》一书中所说："传统上，文明的对立面是野蛮。"[1]

四是哲学基础相对不同。文化的哲学基础是知识论，主要与认识世界相关。它相对侧重于人和物的关系框架中的"人化"事物或"人化为物"，相对注重掌握文化知识、技术技能以"化人"，再运用文化知识、技术技能做事"化事"，注重外化于事物，主要坚持事物尺度。"理性""知识""技艺""科学技术""社会财富"，是其常用范畴。文化也有"化人"之义，即注重使"自然人"掌握文化知识和技术技能进而适应社会，把"自然人"化为"社会人"。然而，文化之"化人"和"人化"有积极和消极两个方面，积极的方面是通过把文化转化为文明而化人和化物。教育的功能在于"化人"，既化为"文化人"，又化为"文明人"，然而，当今我们的教育重"文化人"有余而重"文明人"不足。文明的哲学基础主要是价值哲学和道德哲学，主要与改造世界和对人教化相关。它相对侧重于人和人关系框架中的"化人"，即使人成其为"人"的积极成果（由自然人到社会人再到具有健全人格的人），是一种人类"开化""教化"性的自我约束、自我完善、自我进步，相对注重化人做人且为他，注重内化于人、化人为善，主要坚持人的尺度。"德性""德行天下""善治""伦理道德""民主法治""公平正义"，是其常用范畴。它也有"人化"因素，但它是人化过程中因人性进步而注重"为他"的发展进步的积极成果。这里，文化不完全等于文明，文明也不完全等于文化，文化中蕴含文明但不都是文明，文明中有文化但不等于所有的文化，即文明是"文化之善""文以明道"，是文化成果中有益于人性进步且化

1　参见[澳]布雷特·鲍登：《文明的帝国：帝国观念的演化》，杜富祥、季澄、王程译，社会科学文献出版社，2020，第16页。

人为"善"的进步方面；文化是文明的前提，文明又高于文化，因为西方文化在一定意义上会异化为野蛮，而文明特指化人为善、利他进步的事实。福泽谕吉就指出："在未开化的野蛮时代，支配人们关系的，唯有道德。"[1]

五是侧重点相对不同。文化是基于民族性和地域性的一个概念，相对强调民族自我、民族特质、民族差异和民族认同，它看重传统，注重边界。人们常说的欧洲文化、中国文化、印度文化便是如此。文明当然也会呈现民族特色及其独特性，但从整个人类发展进步来讲，它更加注重民族之间的统一性、交融性、互鉴性，注重民族或地域文明所具有的世界意义，它超越边界，看重人性进步和人类进步。一定意义上所讲的农业文明、工业文明、生态文明，就是如此。

六是作用相对不同。文化有先进落后、好坏优劣之分，落后的坏劣的文化会阻碍人类与国家、社会的发展进步包括文明进步。我们过去讲的"代表中国先进文化的前进方向"，就表明文化有"先进"和"落后"之分。基于事实且作为描述性概念的文明，是人类发展和文化发展之演进中沉淀下来的有助于人性进步、人类进步、国家进步、社会进步的积极成果，是文化中的先进方面和状态，适合整个人类共用，它只有特色不同，没有优劣之分。习近平同志指出：各种文明也各有不足，世界上不存在十全十美的文明，也不存在一无是处的文明[2]，但"文明没有高下、优劣之分，只有特色、地域之别"[3]。尼采也认为：文明"无非是精神纪律、自我克制；相反，文化则可以同社会颓废现象密切联系在一起"[4]。

七是存在方式相对不同。文化之本，是一定地域的人的生产方式、生活方式、行为方式、思维方式的呈现，是一个国家、民族的存在样式，不可复制，如中华文化等。文明之本，则是一个国家、民族之生产方式、生活方式、行为方式、思维方式，以及存在样式的"形象"呈现，是一个国家、民族发展进步事实的积极呈现状态，如政治文明。

从过程维度理解文明，它具有过程规定。它随着历史、时代、实践的发

1　[日]福泽谕吉：《文明论概略》，北京编译社译，商务印书馆，1959，第108页。

2　参见习近平：《习近平在联合国教科文组织总部的演讲》，《人民日报》2014年3月28日。

3　习近平：《在中华人民共和国恢复联合国合法席位50周年纪念会议上的讲话》，人民出版社，2021，第5页。

4　[澳]布雷特·鲍登：《文明的帝国：帝国观念的演化》，杜富祥、季澄、王程译，社会科学文献出版社，2020，第47页。

展而发展。从哲学理解文明发展过程，侧重于人类交往范式的历史变迁[1]，即由前资本主义社会基于"人的依赖"的"主客混体"文明范式，经资本主义工业社会基于"物的依赖"的"主客二分"文明范式，再走向社会主义、共产主义社会基于"每个人自由全面发展"的"主主平等"文明范式。

从结构维度理解文明，它是结构性概念。任何事物都由各种结构性要素构成，文明同样如此。需要把"人性进步"的"善念"融入人与外部世界的关系结构来理解文明。在人和物关系中，文明就是物质文明，是君子爱财取之有道，是人的创造能力得到充分发挥的社会生产和公平交换，进而实现共同富裕；在人和人关系中，文明就是人际文明，把人当作目的，人们之间尊重他者、仁义礼智、讲信修睦、亲仁善邻、团结合作；在人的身心关系中，文明就是精神文明，是身心和谐、心理健康、人格健全、积极向上；在人和自然关系中，文明就是生态文明，是人与自然和谐共生；在人和社会关系中，文明就是社会文明，是公平正义、社会善治；在人和国家关系中，文明就是政治文明，是国家得以德法并治、人民享有民主。上述内容就是常讲的物质文明、精神文明、政治文明、社会文明、生态文明。这里还讲到人际文明，它甚至是本来意义上的文明，应对"五大文明"予以补充和发展。

从功能维度理解文明，它是功能性概念，可理解为引领人类、国家、社会的进步。由此，需要确立人类文明进步评价标准的同一化（不是"双标"）、评价主体的公正化（避免话语垄断）、评价方式的正义化（利于人类进步）、评价话语的共识化（不是唯我独尊），防止借话语权而把文明异化为野蛮，反对借主导"文明标准"的制定而演化为帝国殖民扩张。[2] 鲍登指出："'文明'……是一个既可以描述现实又能塑造现实的概念"，"'文明'这一术语的力量相当之大，既可以用于赞扬，亦可用于谴责"[3]。

由以上对文明的总体理解与具体理解可以看出，文明从"根"和"元"的意义上，描述的是整个人类"化人为善"的利他性发展进步的客观事实。

2. 西方式现代化开不出人类文明

我们一点也不否认西方现代化、西方文明的重大历史性贡献。对此马克

1　[澳]布雷特·鲍登：《文明的帝国：帝国观念的演化》，杜富祥、季澄、王程译，社会科学文献出版社，2020，第233页。

2　同上书，第15页。

3　同上书，第9—10页。

思、恩格斯在《德意志意识形态》《共产党宣言》中作了大量描述。然而，西方式现代化以理性、自由、资本主导、西方中心论为支柱，以"主客二元对立"为哲学根基，开不出"人类"文明，只能生长出西方资本型文化、单向度文化、殖民扩张式文化，进而导致世界的对立、冲突、分裂、暴力和战争。应当充分肯定，西方文化对推进世界历史发展和人类文明进步具有重大历史贡献。然而，正是基于这种贡献，西方国家在西方文化演进中，却逐渐将其转化为帝国"文明"，并建构起"西方中心论"的理论体系和话语体系[1]；在这种建构中，蕴含着使帝国"文明"异化为野蛮的基因和逻辑。西方中心论理论体系和话语体系的逻辑起点是西方现代化道路，其建构逻辑包括以下环环相扣、步步递进、逻辑严密的几个环节与核心要素。

线性道路——强调西方现代化道路及其现代性具有强烈的历史意识和时间意识，内蕴历史的连续性、进步性与时间的不可逆性，以及历史发展道路的单线性；西方通过宗教批判削弱教会权威获得解放，通过政治批判削弱贵族和君主权威获得解放，通过经济学批判确立了市民社会中平民的地位，一些平民通过从事工商业且拥有土地等私有财产后成为资本家，资本家经营需要"市场""自由"，资本家之间需要平等相处且维护私有财产，由此要求"民主"；西方现代化道路蕴含的理性和解放、自由和民主、工业和市场、市民社会和个人利益等，是现代化历史和文明历史上最大的进步，西方现代化道路及其蕴含的文明具有唯一性、标准性和普遍性，因而把"西方现代化道路"解释成"世界现代化的唯一道路"，把"地域文明"解释成"普遍文明"，否认后发国家之道路和文明的独特性，强调后发国家须完全遵循西方设定的"现代化道路"和"文明模式"。卡林内斯库说："只有在一种特定的时间意识，即线性、不可逆的、无法阻止地流逝的历史性时间意识的框架中，现代性这个概念才

---

1 "西方中心论"，是伴随近代西方工业化、现代化、全球化与殖民扩张而提出的一个概念，是西方文艺复兴后资本主义凭借其所谓经济、政治、文化优势而向全球扩张的产物，它建立在种族、文化、文明、宗教、环境等所谓优越性基础之上；它以古希腊罗马哲学、基督教普世价值论和文艺复兴为思想来源，以工业化、现代化、全球化与殖民扩张为现实支柱，是近代西欧通过文艺复兴、工业革命、宗教改革与殖民主义扩张而形成的思想体系；它萌发于古希腊罗马哲学、基督教普世价值论和文艺复兴，产生于18世纪中后期，发展于19世纪；黑格尔、兰克、孔德、韦伯等是西方中心论的倡导者，黑格尔哲学为西方中心论作了最为精致的哲学论证，使其成为一种完备的哲学理论形态，他将历史视为人类自由意识的进步，把普鲁士帝国看作真正自由与文化的代表；西方中心论的理论基础主要是现代化理论、种族主义、地理环境决定论、文明一元论、线性历史进步观、整体世界史观和形而上学一元本体论，西方中心论主要有四种表现形式，即普世价值论、文明冲突论、殖民主义、霸权主义和强权政治，其实质是为西方资产阶级主宰世界制造历史合法性的意识形态论证。

能被构想出来。"[1]这实质上是推崇线性历史进步观和唯"西"世界史观,是西方中心论的"道路存在"。

单数文明——西方文明是建立在以理性和解放、自由和民主、工业和市场、市民社会和个人利益为核心理念的线性历史进步观和唯"西"世界史观基础上的,后者是西方文明的立足点。西方坚持"单数"一元文明观,常常罔顾事实,由他们作为单一主体来解释文明,把他们所解释的文明当作最高的、绝对的"唯一",其实质就是"西方中心论"的帝国"文明"观,具有把"文明"异化为野蛮的逻辑和基因,是西方中心论的"文明存在"。

种族优越——西方中心论蕴含西方"种族主义"。既然理性和解放、自由和民主、工业和市场是世界文明史上的最大进步,西方就会进一步认为作为西方文明主体承担着的西方种族就是世界上最文明、最先进、最优秀的种族,具有充分的文明"优越感",高于非西方民族,由此就推行"西方中心论",把世界划分为西方世界和非西方世界,强调西方世界的民族是"主",非西方世界的民族是"客",属于蒙昧、野蛮、未开化的民族,主必须统治客。借此,以求确立西方在整个世界体系中的主宰地位。这实质上是唯"西"民族优越观,是西方中心论的"民族存在"。

为我人性——为把理性和解放、自由和民主、工业和市场解释为世界文明史上的最大进步,就进一步为此提供人性论证,强调人之实体就是个人;作为实体个人的本性,就是追求个人为我的物质利益与自由、民主,这是天赋人权,符合自然秩序,也最符合人性,私有财产是神圣不可侵犯的;个人作为实体性、主体性的为我存在,在追求物质财富中,在私有财产占有中,能找到自我价值,因而应确立为我的物质利益与个人自由、民主的至高无上性。于是,关于人的本性是"自私""自保"等理论就纷纷出场。这可称为"天赋人权观",是西方中心论的"人性存在"。

社会进化——认为自由民主、社会竞争是普遍适用的社会治理原则,西方现代性模式作为文明理念,需全面贯彻到社会一切领域和现实的世俗化进程中。在工业化过程中,经济领域是自由市场竞争(或资本)的存在并主导;政治领域是世俗政治权力的确立及其合法化,以及民主的存在;文化领域是

1　[美]马泰·卡林内斯库:《现代性的五副面孔》,顾爱彬、李瑞华译,商务印书馆,2002,第18页。

宗教衰微与功利、自由文化的兴起；社会领域是世俗化、城市化。这称之为"社会进化观"，是西方中心论的"社会存在"。

理性标准——西方中心论强调的个人主体性、自由、民主都要聚焦到理性上，认为理性是统一社会模式和秩序的维护者，缺乏理性，其他都无从实现。强调理性是最高尺度，一切都要到理性的审判台加以评判。理性具有本质性、逻辑性、同一性、唯一性、普遍性、至上性、永恒性、绝对性、主体性、否定性，西方国家可依据理性制定具有控制世界最高权力的"世界标准"，如现代性标准、人权标准、价值标准等，应当用这些世界标准裁量其他国家和民族，非西方国家、民族唯有实行西方文明模式才能实现现代化。这是把现代化、文明化等于西方化，可称之为"理性尺度观"，是西方中心论的"理性存在"。

普世价值——把理性尺度理念化，就会形成并提出普世价值。普世价值不仅是一种哲学价值观念，而且在实际上成为西方推行其西方中心论主张的一种资产阶级意识形态。普世价值是一种二元对立、"主客二分"式的思维方式，即它在本质上是以"我"为"主"，将"他者"当作纯粹的"客"，而且是与"我"不平等的"客"，甚至是与"我"根本对立的"客"。因而，普世价值时常在一种以"我"（西方）为"主"、以"我"（西方）为"中心"的"自我优越感"中，不加掩饰甚至毫无遮掩地利用强制手段推行自己的价值理念。

更为鲜明的是，这种二元对立的思维方式奉行的是"单边主义""双重标准"，正如有的学者所指出的，"它们总以'救世主'、'人权恩赐者'自居，动辄以'人权状况'制裁甚至侵略他国，而对自己不光彩的人权记录却讳莫如深，毫不悔改，甚至极霸道地让别人闭嘴"。普世价值的底层逻辑是，西方是普世价值的确定者；普世价值的具体内容是依据资本家、资产阶级的根本利益来设置的；它凭借抽象普遍性的外表，向全世界输出和推广普世价值；在输出和推广普世价值的过程中，掌握着定义和解释普世价值的话语权、裁定权；如果西方认为其他国家违背了普世价值，就凭借"美丽的神话"或"抽象的道义"对其进行围堵打压，甚至发动战争；其意图，就是凭借所谓的抽象的"普遍性"而获取其特殊利益。普世价值实质上是资产阶级意识形态，其本质的理论主张，一是要反对和否定甚至消解马克思主义、共产主义，以达到资本主义一统天下的局面，因而是资本"同一性"逻辑支配世界的观念工具。二是为西方中心论、历史终结论服务的，认为西方文明是人类文明发展的制高点，从而"唯我独尊"、排斥多元，认为其他"落后"国家或地区都应该走西方的发展道路。

普世价值具有很强的意识形态性，它本来是西方近代文明的产物，是近代西方资产阶级反对封建统治的武器，虽然在历史上起过一定的积极作用，但后来却被宣扬成甚至自诩为适合全人类的、具有普世性的"永恒"理论。甚至，它还企图垄断国际话语权，强迫其他国家或民族接受其价值观，并否定其他文明之价值存在的正当权利。这实质上是打着"普遍性"的旗号贩卖其"特殊性"，是一种典型的意识形态欺骗，而且是"强制性"欺骗，这其实是"用'普世'价值掩盖其价值'观'的本质"，且在实际的交往中往往"以牺牲他国利益来获取自身利益"[1]。普世价值的这种本质特点，在当今世界应当是有目共睹的了。

普世价值在实践上导致了西方的霸权主义和强权政治，导致了西方某些强国的殖民主义，导致了西方一些国家的掠夺性扩张行为，给世界许多国家和地区的人民带来了灾难性后果。

普世价值，是西方中心论的"价值存在"。

开化使命——否定非西方国家、民族，认为西方文明就是世界上最先进的文明，具有普遍性，非西方国家、民族要么野蛮，要么蒙昧，要么半开化，西方世界需要行使上帝旨意的"文明开化使命"[2]，如输出普世价值，实行殖民扩张，甚至诉诸暴力或战争，认为这些具有合法性即"正当性"。[3] 以"文明开化"为名，"一直是欧洲国家体系扩张的首选武器"[4]，数个世纪至今，西方一直用文明和野蛮等强制性话语来为自身帝国式的"文明开化"辩护。[5] 这可称为"开化使命观"[6]，是西方中心论的"合法存在"。

美丽神话——西方的"自由民主""单数文明""民族优越""西方中心""唯西独尊""天赋人权""资本主导""理性尺度""世界主宰""开化使命"等，一定意义上蕴含着利己、对立、扩张和冲突的基因，由此西方的帝国"文明"已异化为

1　[澳]布雷特·鲍登：《文明的帝国：帝国观念的演化》，杜富祥、季澄、王程译，社会科学文献出版社，2020，第18页。

2　同上书，第95—96页。

3　同上书，第57页。

4　同上书，第100页。

5　同上书，第288页。

6　同上书，第288页。

"野蛮"。为遮蔽这种"野蛮"，就制造出诸多"美丽神话"为"西方中心论"提供意识形态辩护，认为西方所做的一切都是世界上最文明的，其所作所为都是在行使"文明开化使命"。这可称为"意识形态神话观"，是西方中心论的"意识形态存在"。

唯"一"哲学——它们进一步为西方中心论提供哲学根基。从古希腊哲学到德国古典哲学，都注重用思维法则为现实物质世界建构"同质性"的秩序，确定作为最后本源、最高权威、最高目的的形而上学的最高的"一"，用"一"解释"多"。这就是近代西方哲学所强调的"万能理性"或"绝对精神"，认为它具有最高的"普遍性"，是同化"多"的最高"同一性"、主宰"多"的最权威的"主宰者"，是统治现实世界的绝对的"终极存在"，具有操控一切并使一切发生变化的魔力，决定着社会生活的基本面貌，主导着现实物质世界。其实质，就是证明"同一性"的"目的"和"意义"。"同一性思维"之特质，就是强调一高于多、独断高于宽容、独白高于对话、强力高于平等[1]，因而，西方传统的理性形而上学大都以"主统治客"的"主客对立"范式来为"西方中心论"作哲学论证。这可称为唯"一"哲学观或理性形而上学世界观，是西方中心论的"哲学存在"。

以上十个环节也是近代西方知识体系的内核、"芯片"。其总逻辑是：其手法是把世界唯"西"化→把西方唯"一"化→把唯一"统一"化→把统一"统治"化→若不服从统治就"打压"。其实质就是"把进步化为中心—把特殊说成普遍—把西方当成世界—把文化等同文明—把现代化等于西方化"，这就是西方所谓的"基于规则的秩序"。由上看出，以近代西方工业化、市场化、资本化为基石，以理性和解放、自由和民主、市民社会和个人利益为核心理念的西方式现代化从基因上开不出"人类"文明，只能内生出"物化文化""资本型文化""单向度文化""殖民扩张式文化"，这种"文化"在结果上因注重绝对一元又内生出为我、单赢、掠夺、扩张、冲突和暴力，并异化为"野蛮"，最后就是以"恶"护"恶"。对此，威廉斯说："欧洲殖民国家和殖民扩张的衍生国家背后都有一个中心思想作支撑，即西方世界的文明、知识比非西方民族优越。这种优越感让西方世界产生救赎的使命感，一厢情愿地将自我理解的事实强加

---

[1]　参见白刚：《瓦解资本的逻辑》，中国社会科学出版社，2009，第76页。

给非西方民族。"[1] 斯塔罗宾说："一旦文明一词不再表示有待判断的事实，而成为一种颠扑不破的价值，它就把以文明之名要求做出至高牺牲变成一件合情合理的事情。这意味着在某些情况下促进文明或捍卫文明可以诉诸暴力的理由。"于是，就出现了世界上那些"文明的"民族或国家以"文明"之名时常对所谓"不文明"的民族或国家采取极端措施，做出令人发指之事，如殖民扩张或充斥暴力。[2] 而这，在结果及其实质上就是反文明的野蛮，是远离"至善"的恶。

3. 中国式现代化能内生人类文明新形态

我在《中国式现代化开创人类文明新形态》一书中论述过这一观点，这里在新的问题域和新的语境且根据其内在需要，再进一步谈论这一观点。

现代文明发源于现代化进程，中国式现代化的世界意义就是创造人类文明新形态这样一种文明范式。这意味着需要把中国式现代化提升到人类文明新形态层面来探究。中国特色社会主义"扬弃"传统中西文明，所创造的中国式现代化能内生人类文明新形态。

这需要分析中国式现代化内生人类文明新形态的学理逻辑和机理。

(1)中国式现代化体现了人类文明演进的一般规律，具有历史逻辑。其中具有总体性的规律，就是马克思讲的人类发展"三形态"：前资本主义社会，人的发展呈现为"人的依赖"；资本主义社会，人的发展呈现为"物的依赖基础上的人的独立"；未来理想社会，人的发展将呈现为社会生产力全面发展和人的全面发展基础上的"自由个性"。马克思毕生批判资本主义社会的总问题，就是资本占有劳动并控制社会的逻辑，实现人类解放、无产阶级解放和每个人自由全面发展。这一总问题既涉及社会主义文明取代资本主义文明的历史必然性，也是不同历史时期马克思主义者致力于解决的带有规律性的问题——人类文明的历史走向。马克思从理论上为解决这一问题提供了路径，需要后人从实践上去破解。中国特色社会主义进入新时代，我们党致力于从总体和实践上破解这一问题，这主要是通过创造中国式现代化来实现的。中国式现代化，既超越了中华传统以家庭伦理为基点的"伦理型文明"，也超越了西方立足于市民社会的"物的依赖"基础上的"资本文明"，开启并推进、拓展了立

1 [澳]布雷特·鲍登：《文明的帝国：帝国观念的演化》，杜富祥、季澄、王程译，社会科学文献出版社，2020，第130页。
2 同上书，第56页。

足于社会生产力全面发展和人的全面发展的以人民为中心的"民本文明"。

（2）中国式现代化是创造人类文明新形态的本源和基础，具有现实逻辑和哲学逻辑。习近平同志在《在庆祝中国共产党成立 100 周年大会上的讲话》中指出："我们坚持和发展中国特色社会主义，推动物质文明、政治文明、精神文明、社会文明、生态文明协调发展，创造了中国式现代化新道路，创造了人类文明新形态。"[1]这段重要论述的文本逻辑是："坚持和发展中国特色社会主义→物质文明、政治文明、精神文明、社会文明、生态文明协调发展→创造中国式现代化新道路，创造人类文明新形态。"这实际上体现的是"因果关系"的现实逻辑：坚持和发展中国特色社会主义的创新成果就是成功推进和拓展了中国式现代化→中国式现代化推动着物质文明、政治文明、精神文明、社会文明、生态文明协调发展→推动物质文明、政治文明、精神文明、社会文明、生态文明协调发展，便直接创造了人类文明新形态。这里，中国式现代化具有内生人类文明的基因，不宜离开中国现代化进程来谈论人类文明新形态。之后，习近平同志所讲的中国式现代化，是"全体人民共同富裕的现代化""物质文明和精神文明相协调的现代化""人与自然和谐共生的现代化""走和平发展道路的现代化"[2]，这从哲理上讲，也超越了以"主客对立"为哲学范式的所谓"资本文明"，确立了以"主主平等"为哲学范式的新文明，这种哲学范式因注重主主平等普惠，能开创出人类文明新形态。

（3）现代化发展从根本上就是人类文明形态演进的过程，是文明发展、转型的过程，具有生成逻辑。从学理上讲，中国式现代化是人类文明新形态的一种实现方式。一般通过特殊实现，特殊蕴含一般。走向人类文明的方式是多样的，中国式现代化可理解为创造人类文明新形态的中国方式，对走向人类文明能作出具有世界意义的贡献，甚至一定意义上引领人类文明的走向。

基于上述学理分析，窃以为中国式现代化能创造具有世界意义和人类文明意义的中国特色社会主义"人本文明"，它包含"主主平等"的多元共赢文明、全要素文明、社会主义民本文明、类本文明。从应然正在走向实然的意义上，它从本质上区别并高于资本文明，充分彰显人类文明元素，属于人类文明"新

1　习近平：《在庆祝中国共产党成立 100 周年大会上的讲话》，人民出版社，2021，第 13—14 页。

2　习近平：《高举中国特色社会主义伟大旗帜　为全面建设社会主义现代化国家而团结奋斗——在中国共产党第二十次全国代表大会上的报告》，人民出版社，2022，第 22—23 页。

形态"。

中国式现代化创造的正是这种意义上的人类文明，为创造人类文明新形态作出了独特贡献。

从哲学维度讲，创造的是以"多样统一""主主平等"为哲学范式的多元共赢文明，区别于西方那种"主客对立"的一元文明。中国式现代化的哲学基础是坚持"多样统一""主主平等"，强调世界现代化和人类文明的多样性与平等性，注重世界各国都要遵循现代化发展和人类文明发展一般规律，注重世界各国在现代化道路选择和人类文明发展问题上的自主性、平等性和互鉴性。这是人类文明新形态在哲学范式上的体现，关乎人类存在和交往方式，属于本源性的人类文明新形态。

从历史维度讲，创造的是以新发展理念为指导原则来全面建成社会主义现代化强国，进而注重物质文明、政治文明、精神文明、社会文明、生态文明相协调的全要素文明。即以实现高质量发展为核心的物质文明、以发展全过程人民民主为核心的政治文明、以丰富人民精神世界为核心的精神文明、以实现全体人民共同富裕为核心的社会文明、以促进人与自然和谐共生为核心的生态文明[1]，它区别于西方工业化进程中那种物质主义膨胀的单向度文明。这是人类文明新形态在历史维度上体现出的全要素文明。

从关系维度讲，创造的是坚持人民至上的民本文明。它区别于资本主义社会资本至上、两极分化的资本文明。这是人类文明新形态在关系维度上体现出的社会主义民本文明。

从空间维度讲，创造的是坚持走和平发展道路，高举和平、发展、合作、共赢旗帜，携手共建人类命运共同体的类本文明（人类和合文明）。它区别于西方中心论、狭隘民族主义、殖民扩张的地域性文明。中国式现代化是中国在与世界交织互动中开创出来的，也会进一步推动中国与世界的交织互动，能彰显出人类文明元素。当今世界正面临百年未有之大变局，也遭遇前所未有的困境。习近平同志为寻求人类发展的再生之路，坚持走和平发展道路，秉持构建人类命运共同体理念。话语的背后是道。从道理学理哲理来讲，它可以被看作以人类为主体，以世界多样性统一为现实根基，以坚持系统观念、

1　参见习近平：《高举中国特色社会主义伟大旗帜　为全面建设社会主义现代化国家而团结奋斗——在中国共产党第二十次全国代表大会上的报告》，人民出版社，2022，第23—24页。

坚持胸怀天下为世界观方法论，以和平、发展、公平、正义、民主、自由为全人类共同价值，以建设利益共同体、价值共同体、安全共同体、合作共同体等为核心内容，着力建设以构建人类命运共同体为标识的类本文明。这是人类文明新形态在空间维度或人类维度上的体现。

总之，既要从人类文明新形态来把握中国式现代化及其世界意义，也应基于中国式现代化来理解人类文明新形态的根基。

（三）人类文明新形态是构建人类命运共同体的基本前提和人文基础

从对文明之理论内涵的具体阐释进而从生成逻辑来看，人类文明新形态可理解为构建人类命运共同体的基本前提和人文基础，这需要从学理上加以深入分析；当然，从创造人类文明新形态和构建人类命运共同体是一个有机的系统整体进而从理论逻辑而言，二者也可理解为彼此相互理解的关系。

这里首先要厘清什么是人类命运共同体。

习近平同志指出："人类命运共同体，顾名思义，就是每个民族、每个国家的前途命运都紧紧联系在一起，应该风雨同舟，荣辱与共，努力把我们生于斯、长于斯的这个星球建成一个和睦的大家庭，把世界各国人民对美好生活的向往变成现实。"[1]完整且简要来讲，人类命运共同体具有五个方面的要义，其实质是为世界谋大同。一是坚持共识，建设价值共同体。价值关乎共识，没有共识，难以形成共同体，构建人类命运共同体须在价值观上达至共识。二是坚持共建，建设行动共同体。在达成共识的基础上需要共建。构建人类命运共同体，不是哪一个国家的事，最终需要各国共同付诸实践行动，共同为构建人类命运共同体而努力。三是坚持共进，建设发展共同体。在共建的基础上需要进一步促进发展。发展是第一要务，适用于各国。各国要坚持创新发展、协调发展、开放发展、和平发展、共同发展，更好地实现发展目标。四是坚持共治，建设安全共同体。要发展，也要安全，二者相辅相成。五是坚持共享，建设利益合作共同体。共识、共建、共进、共治的基础和根本是利益。命运共同体首先是一个利益共同体，各国之间具有共同利益，要实现利益上的共享共惠。

人类命运共同体，以西方困局、世界博弈、不确定性和挑战性为基本依

1　《十九大以来重要文献选编》（上），中央文献出版社，2019，第110页。

据，以辩证思维、共同体理念、主权平等和敢于担当为思想方法，以国家富强、民族振兴、人民幸福为根本立场，以世界多样性统一为根本前提，以包容普惠、合作共赢、和平发展为核心理念，以建设价值共同体、行动共同体、发展共同体、安全共同体、合作共同体、利益共同体为核心内容，构成一个较为严密的科学体系。它站在人类真理和道义的制高点上，是新自由主义和保护主义的解毒剂，是化解世界矛盾和冲突、管控国家之间分歧的"定海神针"，是引导经济全球化走向、构建人类命运共同体的中国方案，是积极开展中国特色大国外交必须贯彻落实的核心思想，为解决人类发展问题贡献了中国智慧，为推进人类发展贡献了"中国理论"和"中华新文明"。这种新文明，扬弃了西方文明，与时俱进地反映了世界发展总趋势，其核心内容是"世界多样、国家平等、文明互鉴、包容发展、互利普惠"。它是对西方中心、主客对立、文明冲突、依附发展和赢者通吃的批判和超越，代表着世界发展潮流，其实质就是人类文明新形态。这是当代中国对世界人类发展作出的最大贡献，因为它为世界人类发展指点了迷津，指明了方向，找到了道路，贡献了智慧，共享了成果。

构建人类命运共同体，就是要"建设持久和平、普遍安全、共同繁荣、开放包容、清洁美丽的世界"[1]。第一，政治上要相互尊重、平等协商，坚决摒弃冷战思维和强权政治，走对话而不对抗、结伴而不结盟的国与国交往新路。第二，安全上要坚持以对话解决争端、以协商化解分歧，统筹应对传统和非传统安全威胁，反对一切形式的恐怖主义。第三，经济上要同舟共济，促进贸易和投资自由化便利化，推动经济全球化朝着更加开放、包容、普惠、平衡、共赢的方向发展。第四，文化上要尊重世界文明多样性，以文明交流超越文明隔阂、文明互鉴超越文明冲突、文明共存超越文明优越。第五，生态上要坚持环境友好，合作应对气候变化，保护好人类赖以生存的地球家园。要积极推动构建人类命运共同体，不断为世界文明进步贡献中国智慧和中国方案，不断推进马克思主义理论创新和世界社会主义运动，使马克思主义在21世纪展现出更大生机与活力。

由以上简要论述可以看出，人类命运共同体与人类文明新形态有着内在

---

[1]《十九大以来重要文献选编》(上)，中央文献出版社，2019，第41页。

本质联系，二者都具有原创性。这需要作进一步深入的分析和说明。

　　首先，中国式现代化可以提升到人类文明新形态的世界意义高度，且有助于构建人类命运共同体，它所创造的多元共赢文明、全要素文明、类本文明本质上是指向构建人类命运共同体的，它在人类实践上的使命和诉求，就是致力于构建人类命运共同体，后者本质上就是人类文明新形态在当今的总体实践形式，这是基本前提。世界各国的现代化，有的如西方国家的现代化构建不起人类命运共同体，因为它的以一元文明观为根基的"文明冲突论"与人类命运共同体理念是相悖的，构建人类命运共同体缺乏文明根基；而中国式现代化能构建起人类命运共同体，因为它所创造的人类文明新形态注重不同文明的多样统一、平等相待、包容交流、互学互鉴，这既为构建人类命运共同体提供了前提，又为推动构建人类命运共同体注入了动力，也增强了世界各国构建人类命运共同体的责任担当，使其自觉参与到推动构建人类命运共同体的实践中。这里，有一个从中国式现代化向人类文明的转换和提升。

　　其次，人类命运共同体扎根于人类文明新形态之中，人类文明新形态所注重的"人类""共同性""共同体"有助于夯实构建人类命运共同体的文明根基，它是构建人类命运共同体的人文基础。正如习近平同志所指出的："文明因多样而交流，因交流而互鉴，因互鉴而发展。我们要加强世界上不同国家、不同民族、不同文化的交流互鉴，夯实共建亚洲命运共同体、人类命运共同体的人文基础。"[1]这里，习近平同志显然是非常鲜明地把"文明"交流互鉴直接作为构建"人类命运共同体"的人文基础。展开说：

　　(1)人类文明新形态与人类发展进步本质相关，与人类命运直接相连，与人类共同体息息相通，适合整个人类共用，有助于在实践上为构建人类命运共同体奠定"人类"基础。作为"事实判断"的文明描述的是整个"人类"发展进步的客观事实，是任何追求"人类"共同发展进步的国家、民族都坚持的文明观。人类文明新形态本质上追求的就是整个"人类"的发展进步，它注重人类间的统一性、平等性、包容性、互鉴性、普惠性，强调民族或地域文明所具有的人类意义。这样的文明是"复数"多元文明，哲学基础是各国家、民族间的"主主平等""多样统一"。

1　《习近平谈治国理政》第 3 卷，外文出版社，2020，第 468 页。

（2）人类文明新形态注重"你中有我、我中有你"的"共同命运"，有助于在实践上为构建人类命运共同体奠定"共同命运"基础。人类文明新形态注重人类作为类的"共同性"，包括全人类的共同利益、共同价值、共同安全、共同合作、共建共享。它秉持人类主义立场，坚持多边主义行为准则，致力于实现全人类共同利益，超越了西方中心主义、单边主义、霸权主义和文明冲突论，与追求全人类的共同利益、共同安全具有本质一致性；它是走和平发展道路并强调世界大同、和平发展、合作共赢的类本文明，是实现全体人民共同富裕、促进人的全面发展的民本文明，是注重"多样统一""主主平等"的多元共赢文明，是注重物质文明、政治文明、精神文明、社会文明、生态文明相协调的全要素文明，与"和平、发展、公平、正义、民主、自由"这些全人类共同价值，与追求全人类的共同繁荣、共同合作具有本质一致性。

（3）人类文明新形态主张"世界多样"的世界观、"国家平等"的国家观、"互学互鉴"的文明观、"包容发展"的发展观、"合作共赢"的义利观，这些"观"与构建人类命运共同体具有本质一致性，为构建人类命运共同体奠定了"共同体"基础。从哲学看，人类文明新形态在人类实践上追求的是"共同体"，它是以构建人类命运共同体来避免"文明冲突论"的文明。[1]　人类、国家、民族的共同命运需要构建"共同体"来实现，这种"共同体"是实现"共同命运"的路径、方式、平台。构建这种共同体需要以"对话协商、共建共享、合作共赢、交流互鉴"与共同利益、共同价值、共同繁荣、共同安全、共同行动来支撑[2]，人类文明新形态为构建这种共同体提供了人文支撑。

最后，人类文明新形态注重寻求世界各国间的共同点，这可看作构建人类命运共同体的直接依据。马克思所讲的"真正共同体"（自由人联合体）是在消灭"阶级对立"前提下以实现"每个人""自由全面发展"为基本原则的"社会形态"，与此既有联系又有区别的人类命运共同体，则是在"两制并存"[3]格局中"世界各国"追求"和平发展、合作共赢、利益共享、和谐共处"的时代理念和中国方案，它在承认各国差异乃至根本差异前提下更注重寻求共同之处，人类文明新形态有助于减弱人类命运共同体中的差异并彰显其共同性，因而既

1　参见安维复：《人类文明新形态的学理性考察》，《学术前沿》2022年6月合刊，第4—11页。
2　参见习近平：《共同构建人类命运共同体》，《求是》2021年第1期。
3　"两制并存"，即社会主义和资本主义两种具有本质区别的根本制度和意识形态并存。

有助于构建人类命运共同体，也有助于推动人类命运共同体逐步走向"真正共同体"。

（四）基于中国式现代化、人类文明新形态和构建人类命运共同体创新发展21世纪马克思主义

我曾说过，21世纪的世界处在新的动荡变革期，是以"变革与重构"为时代特征的"不确定"的世界，是"两个大局"交织互动的世界，因而是迫切需要理论解释的世界。面对百年未有之大变局中的"新的动荡""变革重构""不确定"的整个世界，自由主义出现话语解释困境[1]；正在实现强起来的中国也需要中国理论强起来，能为解决21世纪的世界问题贡献中国理论，并掌握解释21世纪的世界之理论话语权。发展21世纪马克思主义，就是与解释和引领21世纪的世界相关的命题，它就是为观察时代、把握时代、引领时代并解释21世纪的世界发展起来的科学理论体系。[2] 发展21世纪马克思主义是历史、时代和世界发展的迫切需要，也是世界马克思主义研究的一个最前沿、最前瞻、最具潜力的理论建构性重大问题，从学理逻辑上，可基于中国式现代化、人类文明新形态和构建人类命运共同体，创新发展21世纪马克思主义，它是创新发展21世纪马克思主义的"立论基石"。

从中国式现代化经人类文明新形态到人类命运共同体，是环环递进、层层提升、逻辑严密的有机整体。

从中国式现代化到人类文明新形态，是从范式、内容、空间的因果提升，它把"中国范式"提升为"人类范式"，把"现代化"发展提升为对人类、社会与国家、民族进步的不懈追求及其积累起来的积极"文明"成果，这是哲学思维的上升过程。就此而言，西方现代化表面上似乎具有人类普遍性，实质上却体现的是西方特殊性，中国式现代化表面看来具有中国特殊性，但深入且从实质看，却因它注重主主、平等、普惠而蕴含人类文明的基因和逻辑，且具有世界意义。

从创造人类文明新形态到构建人类命运共同体，是从人类文明形态到人类实践形态的一种转化，构建人类命运共同体实质上就是人类文明新形态的一种人类实践方式。

1　参见韩庆祥：《21世纪马克思主义的基础性问题》，《中国社会科学》2022年第4期，第4—23页。
2　同上。

由此看，中国式现代化、人类文明新形态和构建人类命运共同体是本质相关、步步递进、逻辑上升关系，当然也是彼此理解的关系。以往相关研究成果未揭示三者的关系，弱化了对这三者关系之学理价值和重大意义的理解。

首先，中国式现代化可成为创新发展 21 世纪马克思主义的立足点。

马克思主义中国化时代化的根本路径，是马克思主义基本原理同中国具体实际相结合、同中华优秀传统文化相结合，其实践上的核心问题就是在中国实现社会主义现代化。1956 年，毛泽东同志把在新中国建设社会主义的道路问题提到议事日程。他强调："应该把马列主义的基本原理同中国社会主义革命和建设的具体实际结合起来，探索在我们国家里建设社会主义的道路了。"[1] 此时他最关切的根本问题，就是农民人口占大多数的中国应如何建设社会主义现代化。在改革开放和社会主义建设新时期，邓小平等所关注的根本问题是"如何建设"社会主义，其实质就是通过中国特色社会主义道路实现社会主义现代化。中国特色社会主义进入新时代，习近平同志最强调的具有战略全局的根本问题，就是如何以中国式现代化全面推进中华民族伟大复兴。吴晓明认为："以五四新文化运动为起点，中国道路的百年探索可用两个关键词概括，就是现代化与马克思主义中国化。"[2]

中国式现代化可看作发展 21 世纪马克思主义的首要基点。

从理论和实践看，发展 21 世纪马克思主义，本质上就是与现代化相关的命题，它是在深刻反思西方式现代化与成功创造中国式现代化基础上发展起来的。21 世纪马克思主义既要超越以资本至上为主导逻辑的西方式现代化话语体系，更要建构起坚持人民至上的中国式现代化话语体系。[3] 习近平同志指出："走自己的路，是党的全部理论和实践立足点。"[4] 这是全称判断，具有广泛涵盖性，是习近平同志总结党百年奋斗重大成就和历史经验而得出的具有重大理论价值和实践意义的结论，表明中国道路对党的理论和实践具有本源意义，是建立在"走自己的路"基石上的。同理，发展 21 世纪马克思主义也可以理解为是建立在中国式现代化基点上的。21 世纪马克思主义以中国式现代

1 《毛泽东年谱》第 2 卷，中央文献出版社，2013，第 550 页。
2 吴晓明：《世界历史与中国道路的百年探索》，《中国社会科学》2021 年第 6 期，第 30—48 页。
3 参见韩庆祥：《深刻把握"中国式现代化新道路"丰富内涵》，《学习时报》2021 年 8 月 30 日。
4 习近平：《在庆祝中国共产党成立 100 周年大会上的讲话》，人民出版社，2021，第 13 页。

化为立足点，把中国式现代化看作 21 世纪马克思主义发展中的根本问题，认为中国式现代化是立足中国、放眼世界，使 21 世纪马克思主义放射出真理光芒的道路。因此，习近平把道路问题看作我们党的"第一位问题"，是决定"党的生命""国家命运"的问题。

从历史发展规律看，中国式现代化的不断发展，促使中国特色社会主义进入了新时代，进而使发展 21 世纪马克思主义的重镇转移到新时代的中国。世界社会主义运动中心历史性地转移到新时代中国，"两个大局"交织互动，中国式现代化、人类文明新形态和构建人类命运共同体，窃以为是发展 21 世纪马克思主义的三大标志性历史性事件。新时代中国特色社会主义在引领 21世纪世界社会主义运动和发展，它也将引领 21 世纪马克思主义的发展。在这个意义上，习近平同志强调："发展 21 世纪马克思主义、当代中国马克思主义，是当代中国共产党人责无旁贷的历史责任。"[1]

其次，人类文明新形态可看作创新发展 21 世纪马克思主义的根本支点。马克思主义本质上是与人类文明相关的范畴，从来没有脱离人类文明发展大道，它是在汲取人类文明一切优秀成果基础上发展起来的。发展 21 世纪马克思主义，就要汲取人类文明一切优秀成果，超越西方"主客对立""主统治客"的文明范式，走向"主主平等"的文明范式；超越"资本文明"范式，走向"人本文明"范式；超越"地域文明"范式，走向"人类文明"范式；超越"单向度文明"范式，走向"全要素文明"范式；超越"单数文明"范式，走向"复数文明"范式；超越"掠夺—单赢文明"范式，走向"和合—共赢文明"范式；超越"西方中心论文明"范式，走向"多元文明互鉴"范式，进而为人类文明发展指明方向。因此，人类文明新形态蕴含发展 21 世纪马克思主义的要素，离开人类文明新形态，就无法真正理解 21 世纪马克思主义。

再次，构建人类命运共同体可理解为创新发展 21 世纪马克思主义的根本支柱。

"两个大局"交织互动，意味着中国深度融入并影响世界，世界深度融入并影响中国，中国发展离不开世界，世界繁荣也需要中国，这便使中国问题成为世界问题，使世界问题成为中国问题，也必然使实现中华民族伟大复兴

1　习近平：《在庆祝改革开放 40 周年大会上的讲话》，人民出版社，2018，第 26 页。

超出中国界限进而影响世界历史进程。在这种背景下，中国如何站在历史正确的一边，以胸怀天下眼光把握人类命运与资本主义、社会主义的命运？如何坚定不移地以中国式现代化、人类文明新形态、构建人类命运共同体超越资本主义历史局限，充分展示社会主义制度优越性？如何从人类发展大潮流、世界变化大格局、中国发展大历史正确认识和有效应对大变局中出现的世界性难题，为解答"世界向何处去"（和平还是战争？发展还是衰退？开放还是封闭？合作还是对抗？）这一"时代之问"[1]贡献中国智慧、中国方案？[2] 这需要具有世界意义的理论指引，21世纪是需要理论且一定能够产生理论的世纪。

一些学者常把构建人类命运共同体限定在外交领域，直接看确实如此。同时，习近平同志又跳出外交领域，在世界或人类层面，把它看作解决"人类重大问题"所贡献的中国智慧、中国方案。党的十九届六中全会通过的决议指出："党推动构建人类命运共同体，为解决人类重大问题""贡献了中国智慧、中国方案、中国力量，成为推动人类发展进步的重要力量"[3]。随着新时代中国特色社会主义不断发展，它对解决"人类命运"问题也日益显示出其重要意义。习近平同志胸怀天下，顺应世界之变、时代之变、历史之变，继承马克思主义关切人类解放传统，提出构建人类命运共同体这种具有世界意义的理念，为解决中国和世界的关系、社会主义和资本主义的关系、当今世界和未来世界的关系贡献了中国理念、中国智慧、中国方案，为发展21世纪马克思主义奠定了基石。

第一，有助于正确处理中国和世界的关系。它表明中国在与世界关系上所采取的立场和取向：坚持"世界既具有统一性又具有多样性"的世界观，超越西方"一元主导"的世界观；坚持立足"人类社会"构建人类共建共享共治共同体的世界大同观，超越西方基于"市民社会"的以邻为壑的个人利益观；坚持任何国家在主权、规则、机会上应当平等的国家观，超越西方以"主统治客"为哲学基础的"国强必霸"的国家观；坚持和平发展、合作共赢的"互利普惠"义利观，超越西方"你输我赢"的义利观。构建人类命运共同体以多样统

1　《习近平出席金砖国家工商论坛开幕式并发表主旨演讲》，《人民日报》2022年6月23日。

2　参见习近平：《决胜全面建成小康社会　夺取新时代中国特色社会主义伟大胜利——在中国共产党第十九次全国代表大会上的报告》，人民出版社，2017，第10页。

3　《中国共产党第十九届中央委员会第六次全体会议文件汇编》，人民出版社，2021，第93页。

一、世界大同、国家平等、合作共赢的理念和智慧，为正确处理中国和世界的关系指明了方向。

第二，有助于正确处理社会主义和资本主义的关系。中国坚持"人民至上"的发展观，超越"资本至上"的发展观；坚持尊重其他国家根据本国国情自主选择发展道路的"包容发展"的道路观，超越"西方中心论"的道路观；坚持"五大文明协调发展""文明互学互鉴"的文明观[1]，超越"文明冲突论"的文明观。构建人类命运共同体以人民至上、包容发展、协调发展、互学互鉴的理念和智慧，正确处理社会主义和资本主义的关系，彰显社会主义制度的优越性，超越资本主义的历史局限，为掌握社会主义发展命运指明了正确方向。

第三，为解决未来"世界向何处去"问题开辟了正确道路。构建人类命运共同体所蕴含的世界观、大同观、国家观、义利观、发展观、道路观、文明观，是构建人类命运共同体的哲学观，它是以多样性、人民性、平等性、包容性、普惠性为本质特征的中国理念和智慧，是中国共产党人以构建人类命运共同体，为参与全球治理体系改革和建设、推动国际秩序"由变到治"、解答"世界向何处去"贡献的中国智慧和中国方案，为世界社会主义运动指明了正确方向。概言之，构建人类命运共同体关乎世界社会主义、马克思主义的发展，成为发展21世纪马克思主义的根本支柱。

最后，从总体讲，马克思主义发展始终与现代化、文明、人类命运联系在一起，从中国式现代化经人类文明新形态到构建人类命运共同体是一个逻辑严密的有机整体，且对发展21世纪马克思主义具有奠基意义，它们彰显了21世纪马克思主义的时代特征，呈现了21世纪马克思主义的时代主题，凸显了21世纪马克思主义所解决的根本问题，表明新时代中国具有发展21世纪马克思主义的能力。

三、主体性理论

主体性理论，是从"标识性范畴""创新性论断"进一步聚焦、提升、概括出来的。这一主体性理论是21世纪马克思主义的"体系主干"或"主体形态"。

1　"五大文明"，就是物质文明、精神文明、政治文明、社会文明、生态文明。

21世纪马克思主义有其主体性理论。其中最核心的理论——习近平新时代中国特色社会主义思想，就是21世纪马克思主义的主体性理论。深刻理解这一理论的本质，首先需要厘清如下几对关系，从其关系中来定位"主体性"特征。尽管这些关系我们曾经谈过，不过还需要在新的语境和新的问题域中来看待这些关系。

一是就与19世纪马克思主义、20世纪马克思主义的关系而言，作为21世纪马克思主义的习近平新时代中国特色社会主义思想，以新版本传承了马克思主义的"理论谱系"，它以马克思列宁主义、毛泽东思想、中国特色社会主义理论体系为理论渊源，它是在对毛泽东思想、中国特色社会主义理论体系的三大理论成果进行系统整合的基础上，逐步形成并发展起来的，同属于马克思主义、中国特色社会主义理论谱系。一种思想体系归属于何种理论谱系，不是看它是否"形似貌合"，而是看它同这一理论谱系是否"志同道合"，是否有着一致的"初心"。从这个意义上，习近平新时代中国特色社会主义思想归属于马克思主义、中国特色社会主义理论体系、当代中国马克思主义这个"理论谱系"。中国特色社会主义是一棵大树，习近平新时代中国特色社会主义思想是由这棵大树生长、发展出来的，二者在理论渊源上一脉相承，都坚持以马克思主义为指导；在理论主题上一脉相承，都坚持为建设和发展中国特色社会主义、实现中华民族伟大复兴而奋斗；在理论品质上一脉相承，都坚持中国共产党领导地位，坚持解放思想、实事求是、与时俱进；在理论基点上一脉相承，都坚持中国特色社会主义总依据总布局总任务；在理论目标上一脉相承，都坚持人民至上，坚持共产主义远大理想，把实现好、维护好、发展好最广大人民群众的根本利益作为全部理论的出发点和落脚点。习近平新时代中国特色社会主义思想坚持公有制的主体地位，坚持人民主体地位，坚持共同富裕的价值目标，坚持共产主义的远大理想，坚持四项基本原则。

同时，习近平新时代中国特色社会主义思想又以"世纪"为标识，立足中国、放眼世界、面向未来，与时俱进地发展了19世纪马克思主义、20世纪马克思主义，把马克思主义发展到21世纪世界、时代发展所要求的水平。党的十八大以来，习近平同志站在我国发展起来整体转型升级这一新的历史起点上，立足当代中国实践发展新要求，返本开新，进一步突破性地发展了马克思主义尤其是中国特色社会主义理论体系、当代中国马克思主义，写出了科学社会主义的"新版本"，写出了中国特色社会主义理论体系、当代中国马克思主义的"新篇章"：如前所述，它进一步强调中国特色社会主义是科学社会主义理论逻辑和中国社会发展历史逻辑的辩证统一，是根植于中国大地、反映中国人民意愿、适应中国和时代发展进步要求的科学社会主义，是在世界人口最多的国家成功开辟出具有高度现实性和可行性的正确道路的科学社会主义，回答了中国特色社会主义"从哪里来"的问题；进一步对中国特色社会主义的"中国特色"给出了阐释，回答了中国特色社会主义"特"在哪里的问题；进一步亮明了我们党坚定的政治立场，旗帜鲜明地强调中国特色社会主义首先是社会主义而不是其他什么主义，要毫不动摇地坚持中国特色社会主义方向，决不能在根本性问题上出现颠覆性错误，回答了中国特色社会主义的"本质"问题；进一步鲜明强调中国特色社会主义的本质属性，指出中国特色社会主义最本质的特征是坚持中国共产党领导，中国特色社会主义制度的最大优势是中国共产党领导，回答了中国特色社会主义的"根本特征和独特优势"问题；第一次强调坚定中国特色社会主义的道路自信、理论自信、制度自信、文化自信，不断夺取中国特色社会主义伟大胜利，是当代中国共产党人的核心使命，回答当代中国共产党人的"核心使命是什么"的问题；进一步强调中国特色社会主义是全面发展的社会主义，对坚持和发展中国特色社会主义具有决定性意义，回答了"如何继续书写"中国特色社会主义的问题；进一步阐明了中国特色社会主义共同理想和实现共产主义远大理想之间的关系，指出坚持中国特色社会主义共同理想，就是为实现共产主义远大理想奠定坚实的现实基础，中国特色社会主义的发展方向就是实现共产主义远大理想，党员干部要把践行中国特色社会主义共同理想和坚定共产主义远大理想统一起来，始终做"两个理想"的坚定信仰者和忠实践行者，这就回答了中国特色社会主义"向何处去"的问题。

二是就当代中国马克思主义和21世纪马克思主义关系而言，当代中国马克思主义、21世纪马克思主义是习近平新时代中国特色社会主义思想在时空上相对不同的表达。对这一问题，本书在其他地方有所论述。这里需要进一步强调的是，习近平新时代中国特色社会主义思想作为当代中国马克思主义，是改革开放以来创立发展起来的中国特色社会主义理论体系之集大成，侧重于马克思主义中国化，关乎实现中华民族伟大复兴的前途命运；习近平新时代中国特色社会主义思想作为21世纪马克思主义，指导中国特色社会主义进入新时代，实现了马克思主义中国化时代化新的飞跃，同时在以大历史观全面把握"两个大局"的基础上开启了其世界向度和未来向度，侧重于中国特色社会主义、当代中国马克思主义的世界化、时代化向度，关乎新时代中国特色社会主义的世界意义和世界社会主义的发展前景。[1] 也就是说，习近平新时代中国特色社会主义思想既是当代中国马克思主义，是马克思主义中国化的最新理论创新成果，是当代中国马克思主义的最新理论创新成果，因而具有"中国意义"；同时又是21世纪马克思主义，是当代中国马克思主义世界化、时代化的最新理论创新成果，具有"世界意义"。

三是就整个世界而言，21世纪的马克思主义包括21世纪的中国马克思主义和21世纪的国外马克思主义。习近平新时代中国特色社会主义思想是21世纪的中国马克思主义的主体性理论形态，同时又是21世纪的世界马克思主义的核心理论形态。

四是就21世纪马克思主义本身而言，习近平新时代中国特色社会主义思想，就其中心重镇、实践基础、时代特征、时代课题、理论自觉、历史贡献、世界影响而言，它是21世纪马克思主义的核心理论形态。习近平新时代中国特色社会主义思想基于新时代中国是21世纪马克思主义的实践创新地和理论策源地这一基础，反映"两个大局"交织互动、相互激荡及其不确定的"时代特征"，以高度的理论自觉致力于解决"两个大局"背景下社会主义和资本主义的关系，深刻回答"世界向何处去"这一时代课题，其提出的中国式现代化、人类文明新形态和构建人类命运共同体理念，为解决人类重大问题贡献了中国智慧、中国方案、中国理论，深刻影响着世界历史进程，因而能成为21世纪马克思主义的核心理论形态，引领21世纪马克思主义的发展。

五是就习近平新时代中国特色社会主义思想和一切人类优秀文明成果的关系而言，习近平新时代中国特色社会主义思想具有海纳百川的开放意识，十分注重吸收借鉴一切人类优秀文明成果，它是在中国与世界深度交往互动中、在中国日益走近世界舞台中央的趋势中、在综合创新中，形成发展起来

1　参见中共中央宣传部：《习近平新时代中国特色社会主义思想学习问答》，学习出版社、人民出版社，2021，第7页。

的，它力求通过研究"世界百年未有之大变局"与"新形态资本主义批判"（即金融资本主义批判、数字资本主义批判、生物资本主义批判）等根本性战略性问题，来创新发展21世纪马克思主义。一方面，习近平新时代中国特色社会主义思想十分注重对一切人类优秀文明成果的吸收借鉴，是在中国与世界的深度互动中形成发展起来的，得到世人的广泛理解和认同。中国是世界的一部分，中国的发展离不开世界。特别是在中国综合国力显著增强、对外开放程度不断加深的情况下，在中国影响日益扩大的情况下，中国的社会主义现代化之路、中华民族的复兴之路更是同人类命运紧密联系在一起，更是作为人类文明发展的重要方面呈现在世人面前。这成为当代中国发展一个新的显著特征，也是习近平新时代中国特色社会主义思想形成的更为恢弘的时空背景。习近平新时代中国特色社会主义思想秉持兼容并蓄、文明互鉴、协和万邦的文明发展观，体现了开放的品格、自信的胸襟。习近平同志指出："我们应该推动不同文明相互尊重、和谐共处，让文明交流互鉴成为增进各国人民友谊的桥梁、推动人类社会进步的动力、维护世界和平的纽带。我们应该从不同文明中寻求智慧、汲取营养，为人们提供精神支撑和心灵慰藉，携手解决人类共同面临的各种挑战。"[1]"我们要虚心学习借鉴人类社会创造的一切文明成果。"[2]"不同文明凝聚着不同民族的智慧和贡献，没有高低之别，更无优劣之分。文明之间要对话，不要排斥；要交流，不要取代。"[3]社会主义核心价值观所强调的自由、平等、民主、公正、文明等理念，就是在吸收了一切人类优秀文明成果的基础上产生的。

另一方面，习近平新时代中国特色社会主义思想以历史唯物主义视野对当今社会主义与资本主义发展的现状，对人类社会发展的历史趋势作出了科学的分析判断。习近平同志强调，马克思、恩格斯关于资本主义社会基本矛盾的分析没有过时，关于资本主义必然消亡、社会主义必然胜利的历史唯物主义观点也没有过时。这是社会历史发展不可逆转的总趋势，但道路是曲折的。资本主义最终消亡、社会主义最终胜利，必然是一个很长的历史过程。我们要深刻认识资本主义社会的自我调节能力，充分估计到西方发达国家在

1　《习近平谈治国理政》第1卷，外文出版社，2018，第262页。
2　《十八大以来重要文献选编》（上），中央文献出版社，2014，第699—700页。
3　习近平：《携手构建合作共赢新伙伴，同心打造人类命运共同体》，《人民日报》2015年9月29日。

经济科技军事方面长期占据优势的客观现实，认真做好两种社会制度长期合作和斗争的各方面准备。这一重要判断是对马克思主义"两个必然"和"两个决不会"论断的坚持和发展，体现了高度的自信。习近平同志进而指出，在相当长时期内，初级阶段的社会主义还必须同生产力更发达的资本主义长期合作和斗争，还必须认真学习和借鉴资本主义创造的有益文明成果，甚至必须面对被人们用西方发达国家的长处来比较我国社会主义发展中的不足并加以指责的现实。我们必须有很强大的战略定力，坚决抵制抛弃社会主义的各种错误主张，自觉纠正超越阶段的错误观念。最重要的，还是要集中精力办好自己的事情，不断壮大我们的综合国力，不断改善我们人民的生活，不断建设对资本主义具有优越性的社会主义，不断为我们赢得主动、赢得优势、赢得未来打下更加坚实的基础。"随着中国特色社会主义不断发展，我们的制度必将越来越成熟，我国社会主义制度的优越性必将进一步显现，我们的道路必将越走越宽广。"[1]改革开放特别是党的十八大以来中国所发生的巨大历史性变革、所取得的历史性成就，使世界资本主义与世界社会主义的力量对比发生深刻变化，使中国特色社会主义成为代表世界社会主义运动的主流方向。习近平同志关于坚持和发展社会主义的一系列富有时代特征的新思想、新观点，实际上已成为引领世界社会主义发展的思想旗帜。

六是就习近平新时代中国特色社会主义思想和未来发展的关系而言，它"面向未来"，具有马克思主义的世界眼光、宽广视界和人类情怀。习近平新时代中国特色社会主义思想自觉关切中国未来、世界未来和人类未来，始终在坚持改革开放中守正创新并超越自己、完善自己。无论是"本来"还是"外来"，都有一个在继承或吸纳中更好发展的问题，这直接决定思想理论的创新价值，也是开辟"未来"道路的核心所在。习近平新时代中国特色社会主义思想并没有停留在对"本来"和"外来"的一般性阐发和运用上，而是在继承或吸纳的基础上，更加注重立足新的实践开辟马克思主义发展新境界，注重对中华优秀传统文化的创造性转化、创新性发展，注重在扬弃结合中推动人类文明发展。尤其是对中国共产党执政规律、社会主义建设规律、人类社会发展规律的一些重大问题的本质性把握、原理性揭示，有许多是在认识论、方法

1　《习近平谈治国理政》第1卷，外文出版社，2018，第22页。

论层面所实现的重要突破，这更表明这一新思想的原创性价值。例如，关于中国共产党领导是中国特色社会主义最本质特征的思想，关于社会主要矛盾发生历史性转化的思想，关于供给侧结构性改革的思想，关于党领导人民进行伟大社会革命和勇于进行自我革命辩证关系的思想，关于构建人类命运共同体和更加美好世界的思想等，都蕴含着许多对马克思主义基本范畴、基本原理的进一步揭示，而且是系统化的揭示。讲习近平新时代中国特色社会主义思想的原创性贡献，讲这一新思想是当代中国马克思主义、21世纪马克思主义，重要的就是体现在对一些重要问题的本质性把握、原理性揭示上。"我们要坚持用马克思主义观察时代、解读时代、引领时代，用鲜活丰富的当代中国实践来推动马克思主义发展，用宽广视野吸收人类创造的一切优秀文明成果，坚持在改革中守正出新、不断超越自己，在开放中博采众长、不断完善自己，不断深化对共产党执政规律、社会主义建设规律、人类社会发展规律的认识，不断开辟当代中国马克思主义、21世纪马克思主义新境界！"[1] 就此而言，这一思想站在时代前沿，是在中国特色社会主义进入新时代与世界百年未有之大变局的时代背景下生成并成长起来的，反映了世界历史的发展大势和时代精神，具有时代性、前沿性。

在"面向未来"中，习近平新时代中国特色社会主义思想的世界意义与人类意义尤其值得关注。当今世界面临的不稳定不确定不安全因素日益增多，发展鸿沟日益突出，金融危机阴云不散，地区冲突常常发生，恐怖主义等非传统安全威胁持续蔓延，强权政治和霸权主义异常活跃，世界进入政局动荡和国际冲突多发期，世界政坛充斥着极端化思维、冷战思维和保守主义、民粹主义言行，全球面临着"世界怎么了、我们怎么办"的普遍困惑。这就是"世界向何处去"的问题。"世界之乱"，呼唤有担当有作为的政治家战略家运用马克思主义的思想武器来拨乱反正。党的十八大以来，习近平同志致力于为世界问题提供中国方案，高瞻远瞩、深谋远虑，透过现象看实质、透过表象看本质、透过趋势看潮流，从中看到了当今世界百年未有之大变局，从中看到了一个新机遇新挑战层出不穷的世界，一个国际体系和国际秩序深度调整的世界，一个国际力量对比深刻变化并朝着有利于和平与发展方向变化的世界，

1　《习近平谈治国理政》第3卷，外文出版社，2020，第76页。

从中看到了滚滚向前的和平合作、开放融通、变革创新的历史潮流，也从中看到了世界存在的"和平赤字、发展赤字、治理赤字、信任赤字"，等等。立足于这样的战略眼光和战略思考，习近平同志呼吁秉持"和平、发展、公平、正义、民主、自由"的全人类共同价值，提出构建人类命运共同体理念，提出共商共建共享的全球治理观，倡导建设持久和平、普遍安全、共同繁荣、开放包容、清洁美丽的世界等。这些重要思想，为认识和解决事关人类前途命运的重大问题贡献了中国智慧和中国方案。可以说，这一思想立时代之潮头、发思想之先声、通古今之变化，它提出的"世界百年变局论""全球治理论""人类命运共同体理念"等，已经彰显并将越来越彰显其世界意义、人类意义，彰显其引领时代发展和世界潮流的真理力量和道义力量，习近平新时代中国特色社会主义思想是一种具有引领功能的世界性理论，是 21 世纪马克思主义的主体性理论。

第 九 章

发展 21 世纪马克思主义的"哲学方法"

上一章从"思想芯片"或"体系内核"维度谈谈 21 世纪马克思主义的"理论标识"，按照叙述的逻辑，本章从"哲学方法"维度论述 21 世纪马克思主义所彰显的哲学范式，回答"何以为根"的问题。

这里所讲的"哲学方法"，既指的是哲学范式，又指的是以"思想方法和工作方法"为核心内容的哲学方法论，它蕴含着哲学思维。

马克思主义哲学是科学的世界观和方法论，是整个马克思主义的哲学基础。中国共产党是马克思主义政党，在治国理政过程中，党要巩固其执政的理论基础，就必须毫不动摇地坚持马克思主义在意识形态领域的指导地位。从根本上说，无论是 19 世纪创立的马克思主义的经典形态、20 世纪发展的马克思主义的发展形态，还是与时俱进的 21 世纪马克思主义的创新形态，都贯穿着马克思主义哲学的科学方法论。如果说 19 世纪创立的马克思主义的哲学方法是历史辩证法、20 世纪发展着的马克思主义的哲学方法是认识辩证法、实践辩证法，那么，21 世纪马克思主义的哲学方法就是系统为基的战略辩证法。关于这一观点，前面已经有所阐述，这里再从学理上作进一步全面深入的分析和论证。

系统为基的战略辩证法，要求我们关注历史发展，注重社会历史发展的整体性、协调性；关注战略谋划，注重抓全局、抓长远、抓根本；关注系统思维，注重系统各要素之间的关系、顺序、比例即结构；注重系统各要素所具有的战略意义；注重发挥系统各要素、核心要素及其合力的作用。

21 世纪马克思主义是一个科学体系，理解和把握这一科学体系，最为根本的就是要理解其中的哲学方法或哲学范式。这一哲学方法或哲学范式，可以表述为"系统为基的战略辩证法"。"系统为基的战略辩证法"本质上与系统辩证法是一致的。"系统为基的战略辩证法"面对 21 世纪的"哲学问题",形成了新的"哲学范式",创新发展了马克思主义"辩证哲学",确立了新的"哲学思维",彰显治国理政"哲学智慧"和人民至上"哲学理念",从而对马克思主义哲学作出了原创性贡献。

一、19 世纪经典马克思主义的哲学方法:"历史辩证法"

马克思、恩格斯最关切的是历史领域与历史科学,他们需要深刻揭示历史领域的本质和矛盾,这就需要把辩证法运用于历史领域。所谓历史辩证法,就是揭示历史发展规律和人的主体能动性辩证统一的辩证法,是揭示历史领域之本质和矛盾的辩证法,它强调把辩证法运用于历史领域,把历史原则贯彻到辩证法之中。这是符合马克思、恩格斯所创立的经典形态的马克思主义之本质特征的。

马克思、恩格斯所实现的哲学变革,主要是把"上半截"的唯物主义发展到"下半截"的唯物主义,这是在历史领域实现的。他们在继承唯物主义的前提下,主要把历史解释原则引入辩证法,也把辩证法的解释原则引入历史领域,引入唯物主义,注重历史辩证性及其历史性、生成性和实践性,认为一切事物都处在辩证的、历史的、实践的生成中,并在现实、历史和实践展开的运动发展过程中生成自身。这正是辩证唯物主义、历史唯物主义、实践唯物主义的实质所在和本质特征。马克思所实现的哲学变革,就是在继承唯物主义的前提下,把辩证原则、历史原则和实践原则引入唯物主义,实现了对唯物主义的哲学变革,其实质就是确立"历史辩证法"在哲学领域、历史领域的权威。就是说,马克思、恩格斯运用唯物辩证法揭示了历史领域的社会基本矛盾,发现了人类历史发展的一般规律。这种历史辩证法的实质,就是注重实践"生成性"、历史"生成性",尤其是辩证性"生成";这种辩证法的本质,在于它是批判的、革命的,它是在超越、否定现存事物中不断推进事物的发展和变化。"生成性"和"生成性思维",是历史辩证法的实质所在。

(一)"历史辩证法"对古典哲学辩证法的批判继承

辩证法并不是马克思、恩格斯的首创,传统哲学的辩证法是马克思主义历史辩证法的理论渊源,马克思主义历史辩证法是对古典哲学的唯心主义辩证法的批判继承的结果。众所周知，黑格尔提出了否定之否定的革命性辩证法，但因为其唯心主义体系的局限而注定需要加以改造。马克思、恩格斯历来就对黑格尔辩证法产生极大的兴趣，在《黑格尔法哲学批判》中，马克思在揭露黑格尔唯心主义国家观的同时，对其辩证法进行了批判与改造，指出黑格尔辩证法的伟大之处在于看到了矛盾普遍存在于事物之中，但黑格尔将经验现象界的矛盾理解为本质中的理念中的统一，因而主观任意地调和矛盾，取消对立面的斗争——比如，黑格尔认为市民社会和国家中的君主、行政、立法权处在矛盾之中，但仅仅通过等级要素和立法权等中介来调和彼此之间的对立，而没有看到矛盾的根源。

马克思则在指出市民社会决定政治国家的同时讲到，制度的改变总是旧去新来的结果，但是要建立新的国家制度，总要经过真正的革命。几乎在同一时期，恩格斯也意识到旧唯物主义和唯心主义的局限性，他在《政治经济学批判大纲》中指出："它只是把自然当作一种绝对的东西来代替基督教的上帝并把它和人类对立起来。"[1] 此时的恩格斯已经看到人在自然界中的主要作用，指出生产活动既包括客观的自然存在，也包括人的主观方面即劳动，并且劳动作为人的活动是生产的主要要素，并且"在一个超越于利益的分裂（正如同在经济学家那里利益是分裂的一样）的合理制度下，精神要素当然就会列入生产要素中，并且会在政治经济学的生产费用项目中找到自己的地位。到那时我们自然就会满意地看到科学领域中的工作也在物质上得到了报偿，看到仅仅詹姆斯·瓦特的蒸汽机这样一个科学成果，在它存在的头五十年中给世界带来的东西就比世界从一开始为发展科学所付的代价还要多。"[2] 可见在批判继承黑格尔辩证法及旧唯物主义、唯心主义的过程中，马克思、恩格斯正在酝酿自己的历史辩证法。

在巴黎手稿中，马克思在论述异化劳动理论的同时以历史生成的眼光对黑格尔辩证法进行了"革命性批判"。黑格尔认为，绝对精神是先于自然界和人类社会的最高存在，由于绝对精神自身也有着矛盾，就需要在矛盾运动中外化为自然界，这是第一个否定；一旦绝对精神最终意识到外部自然正是自身的异化的结果时，就扬弃了自然界而回复到自身，这是否定之否定。黑格

1　中国人民大学编：《马克思　恩格斯论人性、人道主义和异化》，人民出版社，1984，第 163 页。
2　《马克思恩格斯全集》第 1 卷，人民出版社，1956，第 607 页。

尔认为，人类的诞生和历史的发展同样适用于这个过程。马克思高度肯定了黑格尔的辩证法，否定之否定正是自然界的生成与人的自我实现的活动。于是，黑格尔的否定之否定的概念辩证法找到了对人类的生成、历史的发展过程的"抽象的、逻辑的、思辨的表达"，从而成为理解历史辩证法的一把钥匙。马克思评价道："黑格尔的《现象学》及其最后成果——辩证法，作为推动原则和创造原则的否定性——的伟大之处首先在于，黑格尔把人的自我产生看做一个过程，把对象化看做非对象化，看做外化和这种外化的扬弃；可见，他抓住了劳动的本质，把对象性的人、现实的因而是真正的人理解为人自己的劳动的结果。"[1] 在私有制的异化劳动之下，人一方面通过劳动能动地改造自然界，这是人的自由的有意识的活动的本质，另一方面把自己的"本质"对象化为一种外在于人并且异于人的力量来控制人，形成人与对象世界、主体和客体的对立，这也就是失去对象和外化，只有扬弃这种外化，人才能重新占有自己的本质。

　　因此，马克思指出，这种不断对象化、失去对象、扬弃外化的过程，也就是历史通过人的劳动而得以生成的历史辩证法过程。当然，黑格尔的辩证法是建立在唯心主义上的，是在"天上"游荡的抽象的概念辩证法，它把一切事物都精神化，把人、人的本质等同于自我意识、绝对精神。因此，人的本质的异化也就是自我意识和绝对精神的异化；扬弃异化的过程也是纯粹的思维活动过程而不是改造客观对象的实际的过程；因此，黑格尔把劳动看作人的本质，这是他的否定性辩证法的"伟大之处"。但是"黑格尔唯一知道并承认的劳动是抽象的精神劳动"，黑格尔的历史观也就是精神史，这些都注定要被马克思主义历史辩证法所抛弃。

(二)"历史辩证法"揭示人类历史发展的辩证运动规律

　　在蕴含新世界观的历史唯物主义中，马克思、恩格斯在肃清以往的旧唯物史观和唯心史观的同时，把从德国古典哲学拯救出来的辩证法改造成唯物主义辩证法，并运用于历史领域，把哲学由"天上"拉到"人间"，使哲学扎根于现实世界的基础上，系统地论证了社会历史发展的辩证性生成规律，指出了推动社会历史发展的动力——生产力与生产关系、经济基础与上层建筑的辩证运动规律，以及历史的创造者问题。

1　《马克思恩格斯文集》第 1 卷，人民出版社，2009，第 205 页。

第一，社会基本矛盾即生产力与生产关系的辩证运动推动历史发展。人类的物质资料生产劳动体现为两方面：一是改造自然的活动，表现为人和自然的关系，就是一定的生产力；二是人们在生产中是联合的、交往的，不是孤立的，在生产中会形成某种交往关系，从经济本质上说就是生产关系。所以，生产力和生产关系是构成人类生产方式的两个方面，也是社会历史得以发展的最基本的要素，人们只要进行生产，就离不开人和自然的关系与人和人的交往关系。因此，要从社会历史角度看待生产，要揭示出社会历史发展的辩证运动规律，就必须从生产力和生产关系的辩证关系来解释。马克思、恩格斯指出，生产力和生产关系之间的关系是辩证的。其一，生产力决定生产关系。历史上的不同所有制形式都是由生产力发展不同水平决定的。"私有财产是生产力发展一定阶段上必然的交往形式，这种交往形式在私有财产成为新出现的生产力的桎梏以前是不会消灭的，并且是直接的物质生活的生产所必不可少的条件。"[1] 其二，生产关系反作用于生产力，当生产关系适合生产力发展时，它是促进生产力发展的强大力量；当生产关系不适合生产力发展时，它阻碍生产力的发展，甚至破坏生产力，一旦生产关系不适应于生产力，就会发生变革原有生产关系的社会革命，借以建立新的适应生产力发展的生产关系。在社会历史形成与发展过程中，每个不同的历史时期的生产关系（交往形式）由于能够与生产力适应而得到确立，又渐渐地在生产力的发展过程中不适应生产力而被变革，因而它们在整个历史发展过程中构成了一个有联系的交往形式的序列。"交往形式的联系就在于：已成为桎梏的旧的交往形式被适应于比较发达的生产力，因而也适应于更进步的个人自主活动类型的新的交往形式所代替；新的交往形式（又）会变成桎梏并为别的交往形式所代替。"[2] 这就是生产力和生产关系矛盾运动、辩证运动的规律。这个规律作为最基本的规律贯穿于整个人类的历史，是历史发展的根本动力，是人类历史最深刻、最本质的规律。

第二，经济基础和上层建筑的辩证运动规律，同样也是推动历史发展的基本规律。生产关系的总和就是经济基础，在《德意志意识形态》中，马克思、恩格斯有时也将"市民社会""经济结构""生产关系的总和"这几个词混合使用，

1　《马克思恩格斯全集》第 3 卷，人民出版社，1960，第 410—411 页。
2　同上书，第 81 页。

但是不难发现他们所想表达的意思就是"经济基础"这个术语："受到迄今为止一切历史阶段的生产力制约同时又反过来制约生产力的交往形式，就是市民社会。""这个市民社会是全部历史的真正发源地和舞台。""市民社会这一名称始终标志着直接从生产和交往中发展起来的社会组织，这种社会组织在一切时代都构成国家的基础以及任何其他的观念的上层建筑的基础。"[1]这说明"市民社会"在《德意志意识形态》中就代指整个经济基础。马克思在之后写的《〈政治经济学批判〉序言》中，也用到了"生产关系的总和"这一个词："人们在自己生活的社会生产中发生一定的、必然的、不以他们的意志为转移的关系，即同他们的物质生产力的一定发展阶段相适合的生产关系。这些生产关系的总和构成社会的经济结构，即有法律的和政治的上层建筑竖立其上并有一定的社会意识形式与之相适应的现实基础。"[2]这也说明"生产关系的总和"实质上就代指"经济基础"。经济基础和上层建筑相互作用、辩证统一。上层建筑在一定经济基础上产生，反过来又为其服务。资产阶级国家"不外是资产者为了在国内外相互保障各自的财产和利益所必然要采取的一种组织形式"[3]。

在阶级社会中，生产力和生产关系、经济基础和上层建筑的矛盾运动就会导致不同的社会形态，这往往是通过阶级斗争、革命使政权从一个阶级转到另一个阶级手中来实现的。因此，马克思、恩格斯在对生产力和生产关系、经济基础和上层建筑辩证运动规律的论述中，揭示了社会形态及其发展规律。一定生产力发展水平上的经济基础和上层建筑的辩证统一就是社会形态，马克思、恩格斯把社会历史划分为部落所有制、古代所有制、封建所有制、资本主义所有制和共产主义所有制的五种由低级向高级发展的社会形态，在一个稳定的社会形态中，生产力与生产关系、经济基础与上层建筑相互适应，因此，在整个社会历史发展中，生产关系对生产力来说，是生产力借以发展的形式，而生产关系的总和又是构成国家等上层建筑的经济基础。生产力的发展直接导致生产关系的或快或慢的变化和上层建筑的变化。

此外，马克思在历史由谁创造这一问题上，从历史辩证法角度给出了全面解答。唯物史观认为，历史不是"上帝"和"神"创造的，不是由绝对精神或

1 《马克思恩格斯选集》第 1 卷，人民出版社，2012，第 167、211 页。
2 《马克思恩格斯选集》第 2 卷，人民出版社，2012，第 2 页。
3 《马克思恩格斯选集》第 1 卷，人民出版社，2012，第 212 页。

者自我意识所创造的，也不是由少数精英和英雄人物创造的，而作为社会大多数的人民群众，通过劳动、生产实践创造了历史。在《哲学的贫困》中，马克思就肯定了作为历史主体的人民群众的伟大力量："每一代人都利用前一代人所取得的生产力来为新的生产服务，这就形成了人们历史中的联系，形成人类的历史，而'最强大的一种生产力是革命阶级本身'"[1]，在历史的长河中，正是人民群众用自己的劳动，创造了全部财富。最普通、最广大的人民群众是推动社会发展和变革的决定力量，是社会历史的真正主体和创造者。

在《共产党宣言》中，马克思、恩格斯更是全面展现了历史辩证法的魅力和光辉。《共产党宣言》肯定了资本主义生产方式产生的历史必然性和历史合理性，指出这种生产方式所创造出来的生产力，比过去几百年间的生产力还要多、还要大；同时也用历史辩证法深刻揭示了资本主义从产生、发展到灭亡的客观规律和历史必然性，指出和历史发展的根源一样，资本主义的产生、发展、灭亡也是生产力和生产关系、经济基础和上层建筑矛盾运动的结果。资本主义的生产和交换方式，是在封建社会中酝酿的，当封建的生产关系束缚了生产力的发展，封建所有制就会被打破，资本主义所有制就应运而生。资本主义的发展是从行会到手工工场再到机器大工厂的过程，资产阶级在经济上取得的伟大成果导致其在政治上日益占据统治地位，因此，资本主义制度是历史的产物，是社会基本矛盾运动的结果，也必然被社会主义所取代。

历史辩证法也同样适用于资本主义自身的发展。《共产党宣言》指出："现在，我们眼前又进行着类似的运动……资产阶级的所有制关系，这个曾经仿佛用法术创造了如此庞大的生产资料和交换手段的现代资产阶级社会……不能再支配自己用法术呼唤出来的魔鬼了。……只要指出在周期性的重复中越来越危及整个资产阶级社会生存的商业危机就够了……资产阶级的关系已经太狭窄了，再容纳不了它本身所造成的财富了……资产阶级用来推翻封建制度的武器，现在却对准资产阶级自己了。"[2]资产阶级在社会基本矛盾中造就了自己，也造就了自己的对立面即无产阶级，还造就了无产阶级用以推翻资产阶级的工具。无产阶级推翻资产阶级的斗争是与无产阶级的诞生同时开始的，

1　中山大学哲学系主编：《马克思主义哲学史稿》，人民出版社，1981，第 77 页。
2　《马克思恩格斯选集》第 1 卷，人民出版社，2012，第 405—406 页。

在资本主义的发展之下，机器大工业迅速发展，工人阶级队伍不断壮大，斗争性、组织性、阶级性不断增强，经历了从自发到自觉的过程，工人阶级政党不断建立，阶级斗争从经济斗争日益演变为政治斗争。资本主义社会的生产力和生产关系、经济基础和上层建筑的矛盾运动必将导致无产阶级革命，推翻资本主义制度，建立共产主义制度，这是两个必然、两个不可避免，不以人的意志为转移，充分体现了历史辩证法。

(三)把自然的运动发展与历史解释原则引入对历史辩证法的思考

晚年的马克思、恩格斯十分重视探讨自然科学中的哲学问题，对自然界的辩证发展和人类社会历史的伟大飞跃有着系统的论述，极大地丰富和发展了历史辩证法。

历史辩证法充满了运动、发展、变化。在《自然辩证法》中，恩格斯从马克思主义哲学史的高度总结了自然界的发展和人们对自然界的认识发展过程，分析了自然界本身的产生和发展过程，指出物质形态从低级向高级、简单到复杂的运动、变化、发展特征，揭示了辩证法取代形而上学自然观的必然性。在此基础上，恩格斯系统性论述了物质的运动变化，运动是物质的运动，物质是运动着的物质，是绝对运动和相对静止的统一；物质运动形式包括机械的、物理的、化学的、生物的、社会的、思维的，各种运动形式可以相互转化，通过辩证的发展转化为更高级的运动形式，而更高级的运动形式又包含着低级运动形式的特征。在当时，自然科学领域产生了很多成果，包括地质学领域的新发现、能量守恒与转化原理、细胞学说、生物进化论等伟大发现，恩格斯正是利用这些自然科学的重大成果，考察了自然万物的运动、发展和转化过程，发现了自然界的永恒的、辩证的发展规律。"自然界是检验辩证法的试金石，而且我们必须说，现代自然科学为这种检验提供了极其丰富的、与日俱增的材料。"[1]自然界的一切运动、变化和发展都是辩证的。

而自然界最终会向人类社会过渡和飞跃，劳动在其中起着不可磨灭的作用。首先恩格斯指出，当地球上诞生第一个生命，就揭开了生命运动的序幕，直到人类出现。恩格斯在自然辩证法的基础上研究历史辩证法，揭示了从自然界到人类社会的转化的辩证过程，作出了劳动创造人的伟大论断，科学地

---

1 《马克思恩格斯选集》第 3 卷，人民出版社，2012，第 397 页。

解释了人类及其历史的诞生过程。在《劳动在从猿到人的转变中的作用》中，恩格斯指出，人起源于动物，是由猿转变过来的，直接导致从猿到人的转变的是劳动。"经过多少万年的努力，手脚的分化，直立行走，最后终于确定下来，于是人和猿区别开来，于是奠定了分音节的语言的发展和人脑的巨大发展的基础……手的专业化意味着工具的出现，而工具意味着人所特有的活动，意味着人对自然界进行改造的反作用，意味着生产。"[1]在此基础上，恩格斯高度概括历史辩证法，指出人的历史和动物的历史根本不同。"有了人，我们就开始有了历史。"动物只是自发地利用外部自然界，而人则通过自己的活动去有意识、有目地改造自然界，使自然界适应于人。恩格斯进一步论证，人类不能仅仅依靠认识去掌握和利用自然规律，"这还需要对我们现有的生产方式，以及和这种生产方式连在一起的我们今天的整个社会制度实行完全的变革"[2]。目前的人类仍旧处于各种奴役和束缚下，那么，在历史辩证法的视野下，只有推翻资本主义，建立社会主义，实现共产主义，才能够由必然王国飞跃到自由王国，人类才能够真正走出动物界，真正摆脱动物性，成为自然界和人类自身的主人。

二、20 世纪发展着的马克思主义的哲学方法：
"认识辩证法"和"实践辩证法"

20 世纪发展着的马克思主义的哲学方法，主要指列宁的认识辩证法和毛泽东的实践辩证法。

(一)列宁的"认识辩证法"

当时列宁最为关注的，就是如何全面准确深刻地认识俄国的国情，即主要是经济结构，要做到这一点，辩证法是最好的思想武器和认识武器，也是最切实有效的方法论。所以，列宁十分注重认识辩证法。他曾提出过"辩证法也就是马克思主义的认识论"这一著名论断。所谓认识辩证法，就是把辩证法运用于马克思主义认识论，在认识论中贯彻辩证法原则，强调辩证法就是马克思主义认识论。这是符合列宁主义的哲学思维或哲学特质的。

1　《马克思恩格斯选集》第 3 卷，人民出版社，2012，第 858—859 页。
2　《马克思恩格斯全集》第 20 卷，人民出版社，1971，第 374、521 页。

　　列宁在理论与实践上关注的总问题，是在帝国主义时代，小农经济占优势的落后俄国如何向社会主义过渡的问题。解决这一问题，有一个根本前提，就是不能照搬马克思、恩格斯关于社会主义的具体结论，要对完全不同于西欧社会的俄国国情与经济结构之本质及其矛盾作出科学研判。要做到这一点，首先要坚持唯物主义认识路线，从客观实际出发。列宁的《唯物主义和经验批判主义》这部代表性著作，就是解决这一问题的，所以它相对强调唯物主义认识论。列宁运用唯物主义认识论分析当时俄国国情与经济结构，得出这样一个认识和判断——当时俄国存在的是小农经济占绝对优势的经济结构：农村自然经济、城乡小商品经济、私人资本主义经济、国家资本主义经济、社会主义经济。然而，当时苏维埃政权所实现的目标，是向社会主义过渡，在落后俄国建设社会主义，而当时俄国农村的小农经济与社会主义经济之间存在着巨大差距。如何解决这一问题？列宁运用辩证法，集中分析研究小农经济占绝对优势的落后俄国向社会主义过渡的道路问题。

　　列宁《哲学笔记》这部代表性著作，就是为解决这一问题提供哲学方法的，所以它相对强调唯物辩证法。马克思、恩格斯只是阐明科学社会主义由理论变成实践的必然性和一般规律，未解决实现这种转变的具体途径和方法。列宁运用唯物辩证法的矛盾分析方法，分析研究了一般与特殊、对立与统一、"书本公式"与"生活公式"、书本结论与群众实践、统一性与多样性、资本主义与封建主义、社会主义与资本主义、前进与倒退的辩证法，来分析研究小农经济占绝对优势的落后俄国向社会主义过渡的道路问题，然后得出结论：小农经济占绝对优势的落后俄国，要通过国家资本主义而向社会主义过渡；俄国利用国家资本主义不会走向资本主义，苏维埃会运用国家政权驾驭好国家资本主义，使国家资本主义在苏维埃政权允许的范围内，用以改造小农经济，解放和发展生产力，从而为向社会主义过渡提供物质基础。由此，列宁提出两个关于认识论和辩证法关系的重大命题，即辩证法也就是马克思主义的认识论，逻辑学、辩证法、唯物主义认识论三者是"同一"的。[1]

　　列宁的两部哲学代表作，核心讲的就是认识辩证法。

　　1.《唯物主义和经验批判主义》相对注重辩证唯物主义认识论

　　第一，列宁从实践观点出发深化了马克思主义认识论。在《唯物主义和经

1　参见《列宁全集》第 55 卷，人民出版社，2017，第 308 页。

验批判主义》中，列宁具体讨论了辩证唯物主义认识论，指出"生活、实践的观点，应该是认识论的首要的和基本的观点"[1]。继此提出三个著名的认识论结论：物不依赖于我们的意识和感觉而存在于我们之外；在现象和自在之物之间没有任何原则的差别，差别只存在于已经认识的和未被认识的事物之间；认识不是不变的，应该去分析如何从不知到知、从不完全不确切的知到完全确切的知。可见，列宁分别从认识的前提、本质、过程具体解释了认识论。关于真理与实践标准，列宁指出："实践标准实质上决不能完全地证实或驳倒人类的任何表象。"[2] 它是不确定的，又是确定的。也就是说，由于实践标准的辩证变化，人的认识过程是不断由相对真理到绝对真理的运动过程。在认识论的基础上，列宁丰富了哲学基本问题理论和无产阶级党性原则理论。恩格斯指出，思维和存在何者为第一性的问题是划分唯物主义和唯心主义的标准，而列宁认为思维能否正确反映存在也是划分标准。在当时，苏联普遍流行一种以感觉经验和实证知识为基础的马赫主义，极大地损害了唯物主义原则。列宁则强调："从物到感觉和思想呢，还是从思想和感觉到物？恩格斯坚持第一条路线，即唯物主义的路线。马赫坚持第二条路线，即唯心主义的路线。"[3]

第二，列宁从认识辩证法的角度论述了自然科学和辩证唯物主义之间的密切联系。在 19 世纪末由于自然科学的突破，人们公认的许多原理受到了挑战：例如原子不再是不可分的了。质量不再守恒，质量似乎可以转化为能量，史称"物理学的危机"，古典物理学似乎已被彻底推翻了。在这样的环境下，部分唯心主义哲学家从中引出了哲学结论：物质消失了，唯物主义被推翻了，唯心主义才是正确的。自然科学不再是自然界的客观规律的真实反映，而是人们的单纯的约定，在这种思潮之下，马赫主义日益占据上风。列宁在《唯物主义和经验批判主义》中阐明了自然科学的正确观点，坚决捍卫辩证唯物主义。"现代物理学危机的实质就是：旧定律和基本原理被推翻，意识之外的客观实在被抛弃，这就是说，唯物主义被唯心主义和不可知论代替了。"[4] 这就是说，物理学的新发展在物理学家中引起了一股怀疑和否定唯物主义的唯心主

1　《列宁全集》第 18 卷，人民出版社，2017，第 144 页。
2　同上书，第 144 页。
3　同上书，第 35 页。
4　同上书，第 270 页。

义思潮，归根结底其实是哲学思维问题。其一，这不是说物理学成为唯心主义的了，因为物理学是一门自然科学，当然是唯物主义的，只是物理学家心中被唯心主义思潮控制；其二，也不是说唯物主义面临危机，真正发生危机的是古典物理学和旧唯物主义的形而上学局限性。

针对"物质消失了"这一观点，列宁指出对于"物质消失了"这个命题应该辩证看待：如果它指的只是原子的破裂，那么，它只是用语不当；如果它是一个哲学命题，那么，它就是唯心主义观点了。人类的认识极限越来越深远，人类的知识水平越来越高。因此，辩证唯物主义不能忽视自然科学与哲学的联系，唯物主义也必须与时俱进，必须随着自然科学的发展而发展；物理学之所以出现了所谓的危机，就是因为缺乏辩证唯物主义思维。

2.《哲学笔记》相对注重唯物辩证法

首先，列宁提出辩证唯物主义的基本原则和科学体系。列宁认为，辩证唯物主义体系和原则在于辩证法、认识论和逻辑学的有机结合，即辩证唯物主义有三个方面的涵义：一是宇宙观或世界观，即将辩证法作为世界的普遍原则；二是逻辑学，即它的范畴、原理成为一个逻辑的发展过程，符合思维规律，具体说，符合思维从抽象到具体、从简单到复杂的过程；三是认识论，即它的内容的逻辑顺序是同认识史一致的，是符合认识规律的。也就是坚持逻辑与历史相一致的研究方法和叙述方法。列宁认为，那些最基本、最一般的东西也应该是辩证唯物主义体系的逻辑起点，由此他把否定之否定作为辩证法的核心和最根本的规律，作为辩证唯物主义的根本原则。

在此基础上，列宁进一步把辩证法运用于认识论，深化了对辩证唯物主义认识论的理解。在《唯物主义和经验批判主义》的基础上，《哲学笔记》再一次丰富和发展了实践和认识的辩证关系理论。列宁指出，实践是认识的基础，认识是实践的产物，是实践的一部分，实践包含认识。列宁强调："实践高于（理论的）认识，因为它不仅具有普遍性的品格，而且还具有直接现实性的品格。"[1]实践和认识都是不可或缺的，但是，如果只是依靠认识还不能转化为现实的力量，将认识转化为现实的物质力量去改造世界的途径正是实践，但是实践离开正确认识的指导也无法正确地改造客观世界。列宁说："认识……发

---

[1] 《列宁全集》第 55 卷，人民出版社，2017，第 183 页。

现在自己面前真实存在着的东西就是不以主观意见(设定)为转移的现存的现实。人的意志、人的实践,本身之所以会妨碍达到自己的目的……就是由于把自己和认识分隔开来,由于不承认外部现实是真实存在着的东西(是客观真理)。必须把认识和实践结合起来。"[1]

其次,列宁对于马克思主义认识论最重要的发挥之一,在于他指出了认识过程可以区分为感性认识与理性认识两个阶段,并且认为感性认识和理性认识之间有着辩证关系。他认为,理性认识比感性认识有明显的优越之处,指出:"表象不能把握整个运动,例如它不能把握秒速为30万公里的运动,而思维则把握而且应当把握。""思维从具体的东西上升到抽象的东西时,不是离开——如果它是正确的……真理,而是接近真理。"[2]但是,只有先获得感性认识,才能够达到理性认识。"从经验开始理解、研究,从经验上升到一般。要学会游泳,就必须下水。"[3]

那么如何从感性认识上升到理性认识呢?这就需要实践与认识、感性认识与理性认识多次反复的过程,即反复以实践来检验认识并对其不断深化和改造。列宁指出:"人的实践经过亿万次的重复,在人的意识中以逻辑的式固定下来。这些式正是(而且只是)由于亿万次的重复才有着先入之见的巩固性和公理的性质。"[4]因此,这也是一个反复使用归纳与演绎、分析与综合的逻辑方法的过程,从抽象到具体、从知性认识到理性认识的过程。

在此基础上,列宁指出人的认识是一个辩证过程,"无限地近似于一串圆圈、近似于螺旋的曲线。这一曲线的任何一个片断、碎片、小段都能被变成(被片面地变成)独立的完整的直线……直线性和片面性,死板和僵化,主观主义和主观盲目性就是唯心主义的认识论根源。"[5]这无疑极大地丰富了认识论的辩证法。

最后,列宁看到,导致唯心主义认识论的根本原因在于其阶级根源。列宁在研究中观察到一个现象,很多唯心主义观点是明显错误和十分荒谬的,但是却仍然存在着,其中必有认识论以外的更深刻的原因,那就是阶级根源:

1 《列宁全集》第55卷,人民出版社,2017,第185页。
2 同上书,第197、142页。
3 同上书,第175页。
4 同上书,第186页。
5 同上书,第311页。

"在那里统治阶级的阶级利益就会把它巩固起来。"[1] 这就是唯心主义的阶级根源。可见，唯心主义之所以在一些社会中长期存在，根本原因在于统治阶级的利益。这样，列宁就把辩证唯物主义和历史唯物主义有机地结合起来，深化了认识论辩证法，丰富了马克思主义的辩证法思想。

3. 列宁运用认识辩证法分析俄国过渡到社会主义和建设社会主义的问题

在俄国十月革命以后的过渡时期和社会主义建设时期，列宁更加重视认识推动实践、实践反过来推动认识理论的作用，提出具体问题具体分析是马克思主义的精髓和活的灵魂。俄国之所以能够从战时共产主义政策过渡到新经济政策，完全是在具体问题具体分析的认识基础上推动了实践发展，从实践中反过来不断深化对社会主义建设的认识。从废除余粮收集制、允许农民一定程度上的贸易自由，到确认以市场和货币流通为基础的商业是必须全力抓住的环节；从对国家资本主义在苏维埃制度下特殊作用的分析，到要求做经济工作的同志跟资本家学会做经济工作……"只有这样，你们才能够建成共产主义共和国。"[2] 可见，列宁将认识辩证法深刻地、灵活地运用于实践中，用实践去检验认识的正确与否。"少争论些字眼吧……多积累一些各种各样的实际经验吧，多研究研究这些经验吧。"[3] 列宁运用认识辩证法，重新认识并吸收了马克思主义关于过渡时期的思想。马克思曾论述过如何由资本主义国家向社会主义过渡：运用无产阶级专政，建立公有制，剥夺剥夺者；建立计划经济；以按劳分配取代按资分配。在十月革命期间及成功之后的一段时间，俄国普遍实行战时共产主义政策，但是，社会很快就出现了危机，因为这种高度集中的体制不适用于生产力落后的俄国。因此，列宁提出的新经济政策挽救了俄国，实现了对俄国过渡时期和社会主义建设道路的探索。

第一，列宁运用认识辩证法，具体分析了经济文化落后的俄国在取得革命胜利后如何向社会主义过渡的问题。与马克思、恩格斯一样，列宁也十分重视无产阶级专政在过渡时期的重要性。但是，马克思、恩格斯分析的"过渡时期"是从发达的资本主义国家过渡，主要以西欧发达资本主义社会为背景，列宁讨论的过渡时期则是以多种经济成分并存的、资本主义发展落后的俄国

1　《列宁全集》第 55 卷，人民出版社，2017，第 311 页。

2　《列宁全集》第 42 卷，人民出版社，2017，第 204 页。

3　《列宁全集》第 41 卷，人民出版社，2017，第 221 页。

为背景。作为过渡理论的基础,列宁先分析了苏联的社会经济结构:"(1)宗法式的,即在很大程度上属于自然经济的农民经济;(2)小商品生产(这里包括大多数出卖粮食的农民);(3)私人资本主义;(4)国家资本主义;(5)社会主义。"[1]因此,对于完全禁止私人生产资料和商品交换是行不通的,过渡时期正是"衰亡着的资本主义与生长着的共产主义彼此斗争的时期"[2]。这个时期的主要任务是对普遍存在的小农经济和违背社会主义的资本主义经济进行过渡性改造,在实行社会主义公有制的同时,允许一定的私人生产资料存在和一定的私有化。在改造资本主义方面,列宁提出对资本主义企业进行和平赎买或者强制没收,在小农经济的问题上,列宁提出要通过合作社、实行合作社制度,"采取谨慎的逐步的办法,只能靠成功的实际例子"[3]来对普遍存在的小农经济进行改造。这两种改造策略,一方面可以兼顾资本家和小农的个人利益,另一方面又能够自然灵活地向社会主义过渡。

列宁关于过渡时期的理论,以一种实事求是和辩证法思想,对于俄国经济的发展、社会稳定起到了极大作用,也为世界范围内的无产阶级理论提供了新的指导思想和可能性。后来在很多社会主义国家,包括新中国成立初期,传统观点始终坚持在社会主义改造过程中求快、求纯,追求一种纯而又纯的公有制,进而遭受了严重的挫折,在现在看来,就是没有坚持一种辩证的思维。小农经济占绝对优势的落后俄国,只能以国家资本主义的中介环节而向社会主义过渡;俄国利用国家资本主义不会走向资本主义,苏维埃会运用国家政权驾驭好国家资本主义,使国家资本主义在苏维埃政权允许的范围内,用以改造小农经济,解放和发展生产力,从而为向社会主义过渡提供物质基础。

第二,列宁运用认识辩证法总结如何进行社会主义建设。列宁以一种辩证的眼光看待资本主义,指出经济文化落后的社会主义国家应在经济上学习和利用资本主义以发展社会主义社会的生产力。在分析苏联的国情的基础上,列宁明确指出,虽然无产阶级掌握了国家政权,但生产力发展水平很低,小农经济还普遍存在,多种经济成分并存,在这样的国情下建设社会主义,必

1　全国干部培训教材编审指导委员会编写:《马克思列宁主义基本问题》,人民出版社,2002,第295页。

2　《列宁论伟大的十月社会主义革命》,人民出版社,1957,第254页。

3　《列宁全集》第37卷,人民出版社,2017,第366页。

须实事求是，不能一步到位，必须以大力发展生产力为中心。因此，列宁提出，社会主义初级阶段的建设，并不是马上就完全铲除资本主义经济关系，不是马上建立纯粹的公有制，而是利用资本主义和小农经济、国外资本，不断学习其优越性和经验，加以借鉴，以壮大和发展公有制经济。总之，社会主义的建设应该紧紧围绕社会生产力的发展，社会主义也可以利用资本主义来建设和发展社会主义。这就是列宁在经济与社会建设中充分运用认识辩证法的典范。

(二)毛泽东的"实践辩证法"

在毛泽东同志那里，唯物主义辩证法具体呈现为实践辩证法。

毛泽东同志主要致力于解决农民占大多数的落后中国如何建设社会主义的问题，要解决这一根本问题，首先要把马克思主义基本原理同中国具体实际相结合。这涉及一般和个别、普遍和特殊、共性和个性之间的辩证关系，这需要辩证法。毛泽东把马克思主义基本原理同中国具体实际相结合，产生了中国化马克思主义这一理论创新成果，我们党用这一理论创新成果武装全党、教育人民、指导实践、解决问题、推进工作，这就涉及理论和实践的辩证关系。由此便有了毛泽东同志的《矛盾论》《实践论》两部哲学代表性著作。前者讲辩证法，后者讲实践论，二者的有机统一，就是"实践辩证法"。《矛盾论》主要解决对中国社会"特殊矛盾"的"知"的问题，而《实践论》则主要解决"行"的问题，《实践论》的副标题，就涉及知行合一的问题。

邓小平同志、江泽民同志、胡锦涛同志治国理政也特别注重唯物主义辩证法，同时在总体上也注重实践，注重正确处理中国特色社会主义建设实践中的各种辩证关系。由此，从总体上，也可以把他们治国理政的哲学思维归为实践辩证法。

三、21 世纪马克思主义创新形态的哲学方法："系统为基的战略辩证法"

中国共产党是马克思主义政党，马克思主义是其主导的意识形态。马克思主义哲学是科学的世界观和方法论。中国共产党治国理政，要巩固党执政的理论基础，就必须巩固马克思主义的指导地位，必须掌握马克思主义哲学的科学世界观和方法论。正是基于对这一逻辑的自觉认知，党的十八大以来，习近平同志强调各级领导干部要努力把马克思主义哲学作为自己的看家本领。[1] 党的十八大以来，以习近平同志为核心的党中央治国理政所运用的哲学方法，主要是系统为基的战略辩证法。系统为基的战略辩证法，也是 21 世纪马克思主义创新形态的哲学方法。

党的十八大以来，以习近平同志为核心的党中央治国理政所面临的问题，大都是我国发展起来以后使大国成为强国进程中所出现的总体性问题、整体性问题、系统性问题，治国理政特别需要坚持战略思维、系统思维和辩证思维；同时，要切实有效地解决这些总体性、整体性和系统性问题，必须运用辩证法来正确处理系统内外部的各种具有本质性的矛盾关系，这就需要系统为基的战略辩证法。系统为基的战略辩证法，从客观上主要包括主观符合客观的历史辩证法，从主观谋划上主要包括战略辩证法。

党的十八大以来，以习近平同志为核心的党中央反映时代和实践发展新要求，提出当代中国共产党人要责无旁贷地肩负起创新发展 21 世纪马克思主义这一神圣职责。习近平新时代中国特色社会主义思想就是 21 世纪马克思主义。作为 21 世纪马克思主义，首先要在哲学方法论上加以理解。这就要求我们首先从学术上深入探究习近平新时代中国特色社会主义思想的哲学方法。

(一)分析解决总体性、整体性、系统性、战略性问题需要确立一种正确的哲学方法

一个时代有一个时代的总问题，分析解决一个时代的总问题，需要确立一个时代的哲学方法。

马克思、恩格斯所处那个时代需要破解的总问题，是资本占有劳动并控制社会的逻辑。为破解这一总问题，马克思、恩格斯创立了唯物主义历史观，也开辟了实践唯物主义的哲学道路。马克思把哲学和经济学结合起来进行专门且集中研究的第一部著作，是《1844 年经济学哲学手稿》。在作为马克思新世界观转变之逻辑起点的《1844 年经济学哲学手稿》中，马克思破解的总问题是"异化劳动"。在作为唯物主义历史观创立或诞生标志的《德意志意识形态》中，马克思、恩格斯关注并研究的总问题，是如何以唯物主义历史观为引领，

1　参见中共中央宣传部：《习近平新时代中国特色社会主义思想学习纲要》，学习出版社、人民出版社，2019，第 241 页。

通过社会实践活动以改变事物的现状，使现存世界革命化。在作为马克思主义诞生标志的《共产党宣言》中，马克思、恩格斯关切并研究的总问题，是通过全世界无产者联合起来，消灭私有制和阶级剥削，消解资本占有劳动并控制社会的逻辑，解放无产阶级、解放全人类，实现每个人自由而全面发展。在《资本论》中，马克思破解的总问题，更是资本占有劳动并控制社会的逻辑。要解决这一总问题，只有通过无产阶级革命。其哲学基础，就是唯物主义历史观、实践的唯物主义。

中国特色社会主义进入新时代，我国发展步入新的历史方位，世界进入21 世纪，我们所面临的总问题需要从"两个大局"的时代背景中去揭示。

就实现中华民族伟大复兴战略全局而言，迫切需要破解的总问题，如前所述，是人民生活"好不好"、国家或民族"强不强"（或大而不强）、中国共产党自身"硬不硬"。[1] 具体说，就是运用新发展理念破解人民日益增长的美好生活需要和不平衡不充分的发展之间的社会主要矛盾，使中华民族迎来从富起来到强起来的伟大飞跃。在《习近平谈治国理政》第 3 卷中，习近平同志指出："以前我们要解决'有没有'的问题，现在则要解决'好不好'的问题。我们要着力提升发展质量和效益，更好满足人民多方面日益增长的需要，更好促进人的全面发展、全体人民共同富裕。"[2] 要解决这一问题，就必须解决好发展不平衡不充分这两大"约束性"因素问题，即大而不强的问题。迎来从富起来到强起来的伟大飞跃，这属于国家或民族"强不强"的问题。这里，"强不强"决定着"好不好"。换言之，我国发展起来以后，中国共产党的历史使命就是实现中华民族伟大复兴，亦即使大国成为强国，实现强起来的伟大飞跃。习近平同志指出，实现中华民族伟大复兴就是近代以来中华民族最伟大的梦想，现在，我们比历史上任何时期都更接近中华民族伟大复兴的目标，比历史上任何时期都更有信心、有能力实现这个目标，任何国家任何人都不能阻挡中华民族实现伟大复兴的历史步伐。这三句话具有实质性意义，也意味着实现中华民族伟大复兴关乎我国发展的战略全局，全国各地、各个部门与各个领域、各项工作都要聚焦于服务于这一战略全局。打铁必须自身硬。中国共产党人是解决"好不好""强不强"的领导主体，要解决"好不好""强不强"的问题，内

1　参见《十八大以来重要文献选编》（中），中央文献出版社，2016，第 458 页。

2　《习近平谈治国理政》第 3 卷，外文出版社，2020，第 133 页。

在要求中国共产党自身必须硬，其要害是要解决中国共产党自身"硬不硬"的问题。要解决好人民生活"好不好"、国家或民族"强不强"、中国共产党自身"硬不硬"这些总问题，需要确立一种正确的哲学方法。

就世界百年未有之大变局而言，需要破解的总问题，是在社会主义制度和资本主义制度并存的格局中，如何携手构建人类命运共同体，真正实现和平发展、合作共赢。在当今整个世界，所遇到的主要矛盾，是世界人民日益增长的和平发展、合作共赢的诉求同霸权主义、单边主义之间的矛盾。和平与发展依然是时代的主题，世界人民具有实现和平发展的强烈愿望。然而，有些国家历来倡导"西方中心论""国强必霸论""历史终结论"。为解决这一矛盾，习近平主席提出携手构建人类命运共同体理念。其要害，就是解决世界"和平不和平"的问题。携手构建人类命运共同体，解决世界"和平不和平"问题，是世界百年未有之大变局中的一个具有系统性、全局性、根本性、长远性、战略性的总问题。这里，不仅"携手构建"需要进行系统性的战略思考和谋划，而且所构建的"人类命运共同体"、所解决的世界"和平不和平"问题，也需要进行战略思考和系统谋划。问题是时代的格言，是表现时代自己内心状态的最实际的呼声，而哲学是时代精神的精华，思想是时代的声音。分析解决上述两个具有时代性的总问题，也首先需要21世纪马克思主义确立一种正确的哲学方法。也就是说，只有从哲学方法上回应上述具有时代性的总问题，才能抓住问题的根本，也才能真正理解和把握时代精神的精华，进而才能理解和把握体现时代精神的总问题的精髓。

(二)破解总体性、整体性、系统性、战略性问题的哲学方法是"系统为基的战略辩证法"

回应世界百年未有之大变局，回应中国特色社会主义进入新时代并开启全面建设社会主义现代化国家新征程，回应上述总问题，最具权威性、代表性的，当数习近平同志的相关重要论述。党的十九届五中全会是在由第一个百年奋斗目标向第二个百年奋斗目标转变的历史交汇点所召开的一次重要会议，是对新发展阶段作出战略谋划和战略安排的一次重要会议，是在"两个大局"背景下召开的一次重要会议，是在向社会主义现代化国家新征程奋进的一次重要会议，会议之意义重大是显而易见的。在党的十九届五中全会上，习近平同志指出："坚持系统观念。加强前瞻性思考，全局性谋划、战略性布局、整体性推进,统筹国内国际两个大局,办好发展安全两件大事,坚持全国一盘棋,更好发挥中央、地方和各方面积极性,着力固根基、扬优势、补短板、强弱项,注重防范化解重大风险挑战,实现发展、质量、结构、规模、速度、效益、安全相统一。"[1]由此可以说,习近平同志在这里所讲的坚持系统观念,既是对新发展阶段全面建设社会主义现代化国家所具有的总体性、整体性、系统性、战略性本质特征的哲学方法论提升,也是他治国理政经验和思想的全面性、根本性的凝练,其实质就是系统为基的战略辩证法。

方法取决于问题的本性。系统为基的战略辩证法本质是一种哲学观念,也是一种哲学方法论。之所以必须坚持系统为基的战略辩证法,既是由全面建设社会主义现代化国家的系统性战略性本性决定的,也是由习近平治国理政所面对的问题具有总体性、整体性、系统性、战略性决定的,还反映了中国特色社会主义的发展逻辑。

《中共中央关于制定国民经济和社会发展第十四个五年规划和二〇三五年远景目标的建议》强调坚持系统观念是有深意的。全面建设社会主义现代化国家本身就是一个系统,具有系统性特征。其目标是全面建成富强民主文明和谐美丽的社会主义现代化国家,这是目标系统;要全面建设社会主义现代化国家,需要运用新发展理念集中解决好人民日益增长的美好生活需要和不平衡不充分的发展之间的社会主要矛盾,它涉及发展方向、发展思路、发展方式、发展动力、发展质量、发展环境、发展基础、发展空间、发展着力点、发展目的等,这是导引系统;需要统筹推进"五位一体"总体布局、协调推进"四个全面"战略布局,这是方略系统;需要统筹发展和安全,把树立总体国家安全观与携手构建人类命运共同体结合起来,这是保障系统;需要既激发经济创新活力,又保持社会平衡和谐稳定,还要推进国家治理现代化,这是治理系统;需要整合党的领导力量、人民主体力量和市场配置力量,这是动力系统;需要全面解决并处理好方方面面的矛盾关系,这是解决问题的系统;全面建设社会主义现代化国家,最为关键的,是在新发展阶段,贯彻新发展理念,构建新发展格局,构建新发展格局需要实现发展、质量、结构、规模、速度、效益和安全有机统一,需要把创新发展、协调发展、绿色发展、开放

1 《中共中央关于制定国民经济和社会发展第十四个五年规划和二〇三五年远景目标的建议》,《人民日报》2020 年 11 月 4 日。

发展、共享发展统一起来，需要解决好需求与供给之间的关系，需要打通生产、分配、流通、消费之间的良性循环关系，需要加强前瞻性思考、全局性谋划、战略性布局、整体性推进，统筹国内国际两个大局，办好发展和安全两件大事，坚持全国一盘棋，更好发挥中央、地方和各方面积极性，这是应对系统。这些系统彰显出来的"总体性""整体性"就是系统性。为此，就必须坚持系统观念。以习近平同志为核心的党中央治国理政，理应体现全面建设社会主义现代化国家所具有的系统性特征，即坚持系统观念，坚持系统辩证法。

党的二十大报告强调必须坚持系统观念也是有深意的。党的二十大报告首次提出"中国式现代化"。大力推进中国式现代化是一项系统工程，需要战略思考、统筹兼顾、系统谋划、整体推进。为此，既要辩证地处理好推进中国式现代化进程中的系列重大战略性关系，也要系统思考、揭示和厘清中国式现代化的本质特征、本质要求、重大原则，还要为前瞻性思考、全局性谋划、整体性推进中国式现代化提供系统观念这一科学思想方法。在党的二十大报告所讲的"必须坚持系统观念"中，是把系统思维、战略思维、辩证思维作为一个有机整体来阐述的。因为系统也好、战略也好、辩证也好，都共同注重"整体性""全局性""长远性"，在本质上是共通的。

坚持系统观念，亦即坚持系统为基的战略辩证法，也反映和体现了中国特色社会主义的发展逻辑。

在改革开放和社会主义现代化建设之初，由于人民日益增长的物质文化需要同落后社会生产之间的社会主要矛盾使然，我国经济社会发展在实践上相对注重"重点突破"，强调党的工作重点转移，以经济建设为中心，注重解放和发展社会生产力，重点在经济领域进行改革。

2007年左右，我国经济社会发展的历史必然性，把"全面协调可持续"突出出来，注重"全面发展"。胡锦涛同志提出的科学发展观，就是在重点突破的基础上，把"全面发展"问题提了出来。

党的十八大以来，中国特色社会主义进入新时代，在注重全面发展基础上，习近平同志坚持系统观念，把我国经济社会发展置于实现中华民族伟大复兴战略全局和世界百年未有之大变局中进行"战略思考"和"系统谋划"，进一步强调统筹推进"五位一体"总体布局、协调推进"四个全面"战略布局，且注重对开启全面建设社会主义现代化国家新征程作出战略谋划，推动党和国家各个领域、各项事业取得了历史性成就，发生了历史性变革。他指出："党的十八届三中全会也是划时代的，开启了全面深化改革、系统整体设计推进改革的新时代，开创了我国改革开放的新局面。"全面深化改革之所以是"划时代"的，就在于它具有转折性与全局性、根本性、长远性，需从战略上进行"系统整体设计"。这就把从整体上进行"系统谋划"推到历史前台。需要进一步指出的是，我国发展起来以后的问题大都是系统性问题，牵一发而动全身，破解系统性问题需要系统辩证法。邓小平同志指出："发展起来以后的问题不比不发展时少。"[1]党的十八大以后，中国特色社会主义进入了新时代，我国发展步入了新的历史方位。这一新的历史方位，就是我国发展起来以后使大国成为强国的历史方位。在这一新的历史方位，不仅遭遇许许多多复杂的问题，而且所遭遇的问题大都具有总体性、整体性即系统性，是系统性问题。如坚持和发展中国特色社会主义，是改革开放以来我党全部理论与实践的主题，在新时代，要谱写坚持和发展中国特色社会主义新篇章。显然，这样的主题具有总体性、整体性即系统性，需要系统性解答；实现中华民族伟大复兴，是关乎我国发展的战略全局，作为战略全局，需要系统性应对；人民对美好生活的向往是我们党的奋斗目标，要实现这一目标，需要全党全国各族人民共同努力，需要作出全方位、整体性的系统性努力；我国发展起来以后使大国成为强国即实现强起来，需要对新的历史方位实现强起来的发展作出系统性的战略谋划；统筹推进"五位一体"总体布局、协调推进"四个全面"战略布局，本身就是一种具有总体性、战略性的系统，更需要作系统性推进；要真正贯彻新发展理念、构建新发展格局，必须坚持系统观念、系统思维，作出系统性的战略安排；树立和落实好总体国家安全观，更需要具有高度自觉的系统观念、系统思维，进行系统性贯彻；携手构建人类命运共同体，需要全世界各国共同努力、携手共建，这就内在要求树立系统观念、系统思维，进行系统性、战略性共建；全面加强和改进党的建设，是一种系统工程，系统工程需要进行系统性、战略性建设。

显然，回应体现时代精神的总体性、整体性、系统性、战略性问题，需

1　《邓小平年谱（一九七五——一九九七）》下卷，中央文献出版社，2004，第 1364 页。

要坚持系统观念，其哲学方法，就是坚持系统为基的战略辩证法。

(三)"系统为基的战略辩证法"的内涵及其实质

那么，究竟什么是系统为基的战略辩证法，其实质是什么，如何对系统为基的战略辩证法给出全面深入的理解和阐释？对此，前面有所涉及，这里还需要进一步展开集中且系统深入的阐述。

1. 系统为基的战略辩证法的丰富内涵

所谓系统为基的战略辩证法，总体来说，它是一种主客辩证法。这种主客辩证法体现在客体方面，它要求坚持历史辩证法，注重社会历史发展的整体性、协调性；它体现在主体方面，要求坚持战略辩证法，注重主体在认识和实践中抓全局、抓长远、抓根本，注重整体全局主导，同时注重发挥其他各方积极因素，注重处理好系统内外部各要素的辩证关系。

具体来说，系统为基的战略辩证法具有十分丰富的内涵。

一是注重发挥系统全要素的作用。系统是由各要素构成的，没有要素，何谈系统。这就好比人体的各种细胞。要有效发挥好系统全要素的作用，首先要尊重并发挥好系统全要素的作用，至少要发挥好系统内部大部分要素的作用。如果系统全要素或大部分要素的作用得不到有效发挥，就会在不同程度上且以不同方式影响系统整体功能的有效发挥。比如，人的身体是一个有机体，它是由各种器官构成的。如果其中某一个器官的功能不好，出现"病状"，就会影响其他器官作用的正常发挥，一个人的脾胃不好，就会影响肝脏和肾脏的功能。所以，讲系统为基的战略辩证法，其逻辑起点，是首先要讲系统的构成要素，注重发挥好系统全要素的作用。

二是发挥好系统全要素中核心要素的作用。在系统全要素中，总会有一种或几种要素属于核心性要素，这种核心要素在整个系统中起着十分重要乃至决定性作用。辩证法要求我们要抓住其中的核心要素。比如，在社会结构中，有生产力、生产关系、经济基础、上层建筑等各种基本的结构性要素，其中，生产力归根结底起决定性作用。所以，在一个社会有机体内，要充分发挥好生产力的决定性作用。对系统全要素"等量齐观""平分秋色"，就是对一个系统缺乏辩证思维，也就谈不上什么系统"辩证法"了。

三是注重系统全要素交互作用、形成合力，且共同发力或共同发挥作用。辩证法注重交互作用。系统之所以为系统，就在于系统各要素在系统内是同一个"家族"的，因而在尊重各自"个性"的同时，应注重全要素之间的"共性"；不仅如此，系统及其系统辩证法之所以称为系统及其系统辩证法，还在于它要求注重系统全要素之间的交互作用，以形成正向的合力，朝着整体目标共同发力，即共同发挥作用。系统全要素以共同发挥积极作用以形成合力来实现整体目标，是系统为基的战略辩证法的核心要义。

四是注重系统全要素所构成的结构。系统是由各个要素构成的。各个要素之间有一个顺序、比例、权重、关系的问题，这实际上就是结构。结构状况必然影响着系统之整体功能的状况，换言之，结构如何，整体的功能及其发挥就如何。要使事物的整体功能得到有效发挥，就必须调结构，即调整系统内部的顺序、比例、权重、关系。系统、结构、功能，是人们谈论系统常用的话语，也是系统中最根本的内核。谈论系统为基的战略辩证法，就特别需要谈论系统、结构和功能的辩证法。

五是注重协调全要素之间的畅通并构成良性循环。系统为基的战略辩证法内在要求注重系统全要素之间正向的交互作用，而且这种交互作用应是畅通的，能形成良性循环，而不是相互构成障碍和壁垒，起着消极作用，形成恶性循环。这既要发挥每个要素的积极作用，又要打通各要素之间的壁垒。如果各要素之间有壁垒，相互构成障碍，不能形成一个交互作用的良性循环，这就不是一个良性系统，就需要进行优化，从而使其形成一个良性循环。各要素之间的畅通并构成良性循环，是系统为基的战略辩证法区别于其他辩证法的一个本质特征。

六是注重系统全要素聚焦并服从服务于整体全局。系统以整体为大，它坚持整体首要，部分服从整体。这就要求系统各个要素要聚焦于整体，并服从服务于整体，部分利益要服从整体利益。系统之最大优势，就是整体优势，就是集中整体力量办大事的优势。辩证法本质是一种矛盾分析。系统之部分和整体是一种矛盾。系统辩证法从本质规定上，内在要求部分服从整体。这是系统为基的战略辩证法的核心要义和思想精髓，也是系统为基的战略辩证法的独到之处。

七是注重协调全要素共生共进共享。系统之所以为系统，还在于系统全要素是一个"家族"的，具有统一性，具有共同的命运，因而应相辅相成、相互促进、共生共进共享。虽然时有"牺牲"某些要素的情况，但在总体上且正常情境下，它注重合作、共赢、互利、普惠，注重系统全要素共享系统发展的成果。况且辩证法也强调矛盾双方具有相辅相成、相反相成、相互促进的一面。

八是既注重用"辩证法""战略思维"理解系统，也注重用"系统"理解战略思维和辩证法。用"辩证法""战略思维"理解系统，就是要用"辩证法"和"战略思维"来理解系统全要素之间的辩证关系及其战略意义，理解要素和系统整体之间的"辩证关系"和"战略意义"，理解部分和整体之间的"辩证关系"和"战略意义"，理解要素、结构和功能之间的"辩证关系"和"战略意义"，理解系统内和系统外之间的"辩证关系"和"战略意义"；用系统理解战略思维和辩证法，说的是既把各种具有战略意义的辩证关系作为一个系统来理解，又注重把各种矛盾看作一个整体系统，还要注重系统性矛盾、结构性矛盾、战略性矛盾。尤其重要的是，它在尊重全要素的前提下，更注重使各要素形成一种最佳结构与合力，并服从服务于系统整体功能，使系统的整体功能得到最大限度的发挥。显然，这里讲的辩证法是"系统"的战略辩证法，是系统中的战略辩证法，是与系统有关的战略辩证法；这里讲的系统是"辩证法"且具有战略意义的系统，是与辩证法有关的具有战略意义的系统。

2. 系统辩证法与总体性辩证法、战略辩证法

系统为基的战略辩证法是以系统观念为基础的，是以系统辩证法为前提的。为深入理解系统为基的战略辩证法，还要进一步把系统辩证法放在与历史辩证法、认识辩证法、实践辩证法、矛盾辩证法、否定辩证法、中道辩证法、具体辩证法、总体性辩证法、战略辩证法的比较中加以理解。这些辩证法之共性，都在于注重的是"在什么中的辩证法""关于什么的辩证法""什么性的辩证法""注重什么的辩证法"。但系统辩证法与其他辩证法在这方面也是有区别的，系统辩证法讲的是系统中的辩证法、关于系统的辩证法、系统性辩证法、注重系统的辩证法。这里，我们着重分析系统辩证法与总体性辩证法、战略辩证法的关系。

一是系统辩证法与总体性辩证法的关系。

卢卡奇在1923年出版的《历史与阶级意识》一书中，提出了"总体性辩证法"，且这一总体性辩证法是为反对经济决定论而出场的。他批判所谓的庸俗

唯物主义经济决定论及其对人的主体能动性的忽视，把马克思主义的本质确定为"以总体性为核心的历史辩证法"，以在理论上重塑马克思主义辩证法的权威性和革命性，在实践上致力于批判资本主义社会。[1] 卢卡奇的总体性辩证法对西方马克思主义产生了重要影响，成为西方马克思主义方法论的基石，成为西方马克思主义用以阐释社会批判理论的重要方法论基础。卢卡奇的总体性辩证法的内核，是强调整体的统治地位，整体优于部分，即整体对于各个部分的全面的、决定性的作用，认为整体是从它对于部分的关系中获得的规定性；总体性辩证法虽强调整体和部分、历史和自然、主体和客体、理论和实践的统一，但实际上卢卡奇相对注重整体、历史、主体、实践。[2] 卢卡奇的总体性辩证法之积极方面在于突出了马克思主义的方法论功能，注重历史发展的总体性，反对单因素决定论。然而，其理论缺陷主要在于他轻视马克思主义基本原理，否定经济决定论，一定意义上割裂了部分和整体、历史和自然、主体和客体、理论和实践的总体性辩证关系。他表面上是强调"总体性"，却在总体性的"内在关系"方面没有坚持"总体性"。

系统辩证法强调整体，乃至整体高于部分，以及不能仅仅注重单因素的决定作用，与卢卡奇的总体性辩证法具有一定的共同点。但是，系统辩证法与"总体性辩证法"有四大区别：第一，总体性辩证法轻视马克思主义基本原理，系统辩证法坚持马克思主义基本原理；第二，总体性辩证法相对忽视马克思主义中的本体论，系统辩证法却注重马克思主义哲学具有本体论，它强调社会存在、社会关系、社会实践活动、物质生活资料生产在历史发展中的决定性作用，强调主体辩证法是对客体辩证法的反映；第三，总体性辩证法轻视部分、客体、自然、理论，系统辩证法注重部分、客体、自然、理论；第四，总体性辩证法不大注重总体的"内在关系的辩证性"，系统辩证法较为注重系统内部各方面的辩证关系。

二是系统辩证法和战略辩证法的关系。

为深化理解系统辩证法，这里需要深入分析系统辩证法和战略辩证法之间的关系。

1　参见[匈]卢卡奇：《历史与阶级意识》，杜章智等译，商务印书馆，2009，第 7 页。

2　同上书，第 56 页。

系统辩证法和战略辩证法具有共性，即战略必须具备系统性，战略所讲的当前和长远的统一、局部和全局的统一、本质和现象的统一，实际上就具有系统性，要用系统或整体的眼光来看这三者的统一，更何况其中所讲的全局就是系统性的一种体现；同时，系统也必然具有战略性，因为系统注重前瞻性、全局性、整体性、统筹性，它内在蕴含前瞻性思考、全局性谋划、战略性布局、整体性推进。[1] 当然，系统辩证法和战略辩证法也有区别：系统辩证法相对侧重于辩证法的"系统性"，即总体性、整体性，而战略辩证法则相对侧重于辩证法的"战略性"，即长远性。这里，全面深入理解和把握战略辩证法，对全面深入理解和把握系统辩证法具有重要意义，所以需要对战略辩证法展开分析。

三是战略辩证法是对马克思主义辩证法的创新发展。

战略辩证法是一种战略性的辩证思维。战略辩证法，指的是在战略谋划和实践中运用辩证法，以一种辩证法的眼光来关照战略谋划和实践，在战略中有辩证法，在辩证法中有战略。战略辩证法既包括战略思维，又包括辩证思维。首先，战略思维，就是对具有根本性、全局性和长远性的问题、关系进行科学谋划的思维方式，"战略"就是以一种全局性、整体性思维指导的实践活动，既把握全局，又重视局部，坚持整体与部分相统一、系统与要素相结合的原则，把整体利益的最大化作为任何谋划和安排的出发点和落脚点，但同样能兼顾各个要素之间的价值实现；具体说来，坚持一种战略性思维，就是善于处理各个部分、各个阶段之间的有机统一关系，坚持两点论与重点论的统一，抓住关键，统筹兼顾，作出战略目标、战略布局、战略方法、战略指挥、战略重点、战略转移、战略平衡等一系列活动的安排，通过一种战略智慧，从全局上和局部上推动社会主义事业的蓬勃发展。辩证思维，就是一种辩证法的哲学，具体说来，就要注重矛盾关系的分析，注重创新与革命批判精神，注重整体与局部的关系，注重认识与实践的关系。可见，战略辩证法植根于马克思主义辩证法传统，是在新的历史阶段对于马克思主义辩证法的创新发展。

---

[1]   参见《中共中央关于制定国民经济和社会发展第十四个五年规划和二〇三五年远景目标的建议〉辅导读本》，人民出版社，2020，第22页。

四、习近平新时代中国特色社会主义思想的哲学方法：
"系统为基的战略辩证法"

　　21 世纪马克思主义的哲学方法是系统为基的战略辩证法，习近平新时代中国特色社会主义思想是 21 世纪马克思主义，其哲学方法也应当是"系统为基的战略辩证法"。

　　从学理上讲，理解习近平新时代中国特色社会主义思想的科学体系，最为根本的就是要理解其中的哲学方法及其蕴含的哲学范式，这一哲学方法及其哲学范式，当然是系统辩证法，进一步具体来说，窃以为是"系统为基的战略辩证法"。这一哲学方法也是习近平新时代中国特色社会主义思想对马克思主义哲学的一种具有方法论意义的原创性贡献。

(一)解决哲学意义上的问题形成了新的"哲学方法"

　　习近平治国理政所面对和解决的问题很多，但从哲学上，或具有哲学意义的问题，就是对中国特色社会主义进入新时代"由何而来""现在何处""走向何方"这一"新时代中国向何处去"问题，从根本上进行战略性思考、系统性谋划和整体性推进。

　　解决这一问题需要从哲学层面上进行，这就是以系统为基础作出战略谋划，由此便会形成"系统为基的战略辩证法"这样一种哲学范式或哲学方法。习近平同志强调：学哲学、用哲学，是我们党的一个好传统，也是我们党不断取得成功的一条经验，从中可以汲取哲学智慧的滋养，提高领导干部做好工作的看家本领。[1] 习近平治国理政善于运用哲学思维。若注重学理化阐释、学术化表达，那么，习近平新时代中国特色社会主义思想就蕴含着一种新的哲学范式或方法，这就是"系统为基的战略辩证法"，或者说，习近平新时代中国特色社会主义思想就是基于"系统为基的战略辩证法"形成发展起来的，"系统为基的战略辩证法"，构成习近平新时代中国特色社会主义思想的哲学方法。

　　第一，新的历史方位具有战略意蕴。习近平新时代中国特色社会主义思想所直面的是新时代新的历史方位，这是"承前启后、继往开来、在新的历史

1　参见《习近平谈治国理政》第 2 卷，外文出版社，2017，第 342、343 页。

条件下继续夺取中国特色社会主义伟大胜利的时代，是决胜全面建成小康社会、进而全面建设社会主义现代化强国的时代，是全国各族人民团结奋斗、不断创造美好生活、逐步实现全体人民共同富裕的时代，是全体中华儿女勠力同心、奋力实现中华民族伟大复兴中国梦的时代，是我国不断为人类作出更大贡献的时代"[1]。不言而喻，这里所谓的"五个时代"及其所讲的"夺取胜利""全面建设社会主义现代化强国""美好生活""全体人民共同富裕""实现中华民族伟大复兴"等，都具有"系统性""战略性"，具有战略意蕴或战略意义。不仅如此，习近平新时代中国特色社会主义思想也是在"两个大局"——实现中华民族伟大复兴战略全局、世界百年未有之大变局——的时代背景下产生的。实现中华民族伟大复兴是"战略全局"，世界百年未有之大变局是具有"战略意蕴"的大变局。习近平新时代中国特色社会主义思想就是在这样的历史方位和时代背景下形成发展起来的。具有战略意蕴的历史方位和时代背景需要战略思维来系统思考，需要战略辩证法来系统谋划，需要战略定力来系统实现。

第二，解答的时代课题具有战略意义。习近平新时代中国特色社会主义思想解答的时代课题，聚焦于新时代坚持和发展中国特色社会主义、全面建设社会主义现代化强国、建设长期执政的马克思主义政党，由此提出了一系列原创性的治国理政新理念、新思想、新战略。这三大时代课题都属于战略性课题，具有战略性，需要从系统上战略上来破解。[2]

第三，回答的根本问题属于战略性问题。习近平新时代中国特色社会主义思想主要是解决人民生活"美好不美好"、国家或民族"强不强"、世界"和平不和平"、中国共产党自身"硬不硬"、马克思主义如何具有"生机活力"等根本问题，解决这些问题都需要运用辩证思维从系统上进行战略谋划。习近平同志指出："面对快速变化的世界和中国，如果墨守成规、思想僵化，没有理论创新的勇气，不能科学回答中国之问、世界之问、人民之问、时代之问，不仅党和国家事业无法继续前进，马克思主义也会失去生命力、说服力。"[3] 中国之问，从根本上就是解决国家或民族"强不强"的问题，实质是为中华民族谋

---

1   《中国共产党第十九届中央委员会第六次全体会议文件汇编》，人民出版社，2021，第45页。

2   同上书，第48页。

3   《习近平在省部级主要领导干部学习贯彻党的十九届六中全会精神专题研讨班开班式上发表重要讲话》，《人民日报》2022年1月12日。

复兴；世界之问，从根本上就是解决世界"和平不和平"问题，实质是为世界谋大同；人民之问，从根本上就是解决人民生活"美好不美好"的问题，实质是为中国人民谋幸福；时代之问，从根本上就是解决党如何领导全国各族人民夺取中国特色社会主义伟大胜利，如何在资本主义制度和社会主义制度"两制并存"格局中充分发挥社会主义制度的优越性、克服资本主义制度的弊端，进而为人类开辟光明前景的问题，实质是要首先为中国共产党谋强大、进而为人类谋进步；解决上述问题从根本上影响到马克思主义的生机活力，其实质就是要为马克思主义谋生机。其实，习近平同志所讲的中国共产党百年奋斗的五大历史意义，即从根本上改变了中国人民的前途命运，开辟了实现中华民族伟大复兴的正确道路，展示了马克思主义的强大生命力，深刻影响了世界历史进程和锻造了走在时代前列的中国共产党[1]，就分别是解决人民生活"美好不美好"、国家或民族"强不强"、马克思主义如何具有"生机活力"、世界"太平不太平"和中国共产党自身"硬不硬"的根本性问题，其实质分别是为中国人民谋幸福、为中华民族谋复兴、为马克思主义谋生机、为世界谋大同、为中国共产党谋强大。显然，这些根本问题都是战略意义上的问题，需要运用系统辩证法从系统上进行战略谋划。

　　第四，习近平同志思考、谋划、解决治国理政中的系统性、战略性问题，运用的主要是系统为基的战略辩证法。他指出："战略问题是一个政党、一个国家的根本性问题。战略上判断得准确，战略上谋划得科学，战略上赢得主动，党和人民事业就大有希望。"[2]"我们是一个大党，领导的是一个大国，进行的是伟大的事业，要善于进行战略思维，善于从战略上看问题、想问题。"[3]其实，越是在历史重要关头，越要注重战略思维。习近平同志强调新时代治国理政更需要运用战略思维，在讲到战略思维、创新思维、辩证思维、法治思维、底线思维时，他把战略思维放在首位[4]，并强调大历史观，这是有深意的。

　　第五，习近平新时代中国特色社会主义思想具有系统性、战略性特质。其中的新发展理念、"五位一体"总体布局、"四个全面"战略布局、"两步走"

　　1　参见《中国共产党第十九届中央委员会第六次全体会议文件汇编》，人民出版社，2021，第 91—94 页。

　　2　《习近平谈治国理政》第 2 卷，外文出版社，2017，第 10 页。

　　3　《习近平在省部级主要领导干部学习贯彻党的十九届六中全会精神专题研讨班开班式上发表重要讲话》，《人民日报》2022 年 1 月 12 日。

　　4　参见《习近平谈治国理政》第 3 卷，外文出版社，2020，第 53 页。

的战略谋划、总体国家安全观、全面深化改革、推进国家治理体系和治理能力现代化、构建人类命运共同体、全人类共同价值、中国式现代化的中国特色和本质要求等系列重要论述，其经济思想、法治思想、生态文明思想、强军思想、外交思想等，不言自明，都坚持了系统观念，都体现了战略思维，都蕴含着战略辩证法。

第六，系统为基的战略辩证法在习近平新时代中国特色社会主义思想中具有鲜活生动的体现。以习近平同志为核心的党中央统筹把握实现中华民族伟大复兴战略全局和世界百年未有之大变局，对关系新时代党和国家事业发展一系列具有系统性、战略性和根本性的时代课题进行深邃思考和科学判断，提出了一系列治国理政新战略。其中，统筹中华民族伟大复兴战略全局和世界百年未有之大变局，构建以国内大循环为主体、国内国际双循环相互促进的新发展格局，改革国务院机构、推进国家治理体系和治理能力现代化，打赢脱贫攻坚战、全面建成小康社会，打好关键核心技术攻坚战、提高创新链整体效能，实施区域协调发展战略，注重军队组织构架和力量体系重塑等，都是"系统为基的战略辩证法"的具体体现。[1]

第七，习近平治国理政具有战略清醒、战略定力，并注重战略应对，强调决不能在根本性问题上出现颠覆性错误。在新时代，面对实现中华民族伟大复兴战略全局和世界百年未有之大变局，即"战略全局"和"百年变局"，都需要具有系统性的战略应对。上述所讲的三大"时代课题"，关乎全局、长远、根本，破解时代课题也需要具有战略定力。

总体来讲，"系统为基的战略辩证法"之哲学范式是一种全新的哲学方法，它以"系统""战略""质量""辩证法"为核心理念。在历史时间和事物外延上，它注重由重点走向全面、由部分走向整体、由发展不平衡走向协调平衡，注重系统性；在发展空间和格局上，它注重由局部走向全局、由中国走向世界，注重战略性；在发展内涵上，它注重由外延式增长走向内涵式发展、由快速发展走向高质量发展，注重质量性；在大国成为强国历史进程中，它注重运用战略辩证法思考和谋划系列重大问题，注重辩证性。

（二）"系统为基的战略辩证法"确立了新的哲学思维

习近平新时代中国特色社会主义思想及其蕴含的系统为基的战略辩证法

---

1 参见沈湘平主编：《读懂"坚持系统观念"》，党建读物出版社，2021。

具有基础性，它内在要求确立历史辩证法、实践辩证法、创新辩证法、系统辩证法和底线辩证法，或树立系统思维、战略思维、辩证思维、历史思维、创新思维、法治思维和底线思维。

系统为基的战略辩证法本身就体现着系统思维、战略思维、辩证思维。习近平同志关于"新发展理念""全面深化改革"的重要论述，关于"两个大局""两大布局"[1]"新发展格局""战略策略""构建人类命运共同体"的重要论述，关于"社会主要矛盾和中心任务的关系""自我革命和社会革命关系"的重要论述，就分别体现了系统思维、战略思维、辩证思维。

系统为基的战略辩证法也要求树立历史思维、实践思维、创新思维、法治思维和底线思维。换言之，历史思维、实践思维、创新思维、法治思维和底线思维都以系统为基的战略辩证法为基础，离开系统为基的战略辩证法，历史思维、实践思维、创新思维、法治思维和底线思维都无法得到真正彻底的理解。历史思维，就是要树立大历史观，把"系统""战略""辩证法"置于大历史观中进行思考，系统为基的战略辩证法就是大历史观中的辩证法，它既要求尊重历史发展的客观性及其本质，又要求符合历史发展逻辑、历史必然性和历史发展规律，还要求有效化解历史发展进程中的种种矛盾和关系，缺乏历史思维的系统为基战略辩证法是空洞的。习近平同志关于"新的历史方位""新发展阶段""实现民族伟大复兴战略全局、世界百年未有之大变局""坚持以人民为中心的发展思想""走在时代前列的中国共产党"等重要论述，都体现了历史思维。他关于"以中国式现代化推进中华民族伟大复兴"的重要论述，就是基于中国历史发展的"过去、现在和未来"，在战略上进行辩证思考且辩证处理各种矛盾关系的基础上提出来的。系统为基的战略辩证法要求树立创新思维。辩证法在本质上是批判的、革命的，它内在要求推进创新，它是在创新中实现的，对系统作出新的战略谋划也是创新，缺乏创新就无法实现战略目标。习近平同志关于"新发展理念""总体国家安全观""国家治理体系和治理能力现代化"等重要论述，就体现了集成创新。系统为基的战略辩证法要求树立法治思维，需要法治思维保证一种系统能规范地运行，保证战略有规范地实施。习近平同志关于"法治思想""全面深化改革""推进国家治理体系和治

1　两大布局，即统筹推进"五位一体"总体布局、协调推进"四个全面"战略布局。

理能力现代化"等重要论述，就体现了法治思维。系统为基战略辩证法也要求树立底线思维，即积极主动与有效应对各种挑战、风险和困难。凡属系统性的战略思维和辩证思维，都要求凡事从坏处准备，积极主动应对，努力争取最好结果；它要求树立问题意识、危机意识、效果意识和边界意识，遇事从容应对，牢牢掌握主动权。习近平同志关于"防范风险""伟大斗争""总体国家安全观""国家治理"等重要论述，就体现了底线思维。

（三）习近平新时代中国特色社会主义思想蕴含治国理政的哲学智慧

这一点并未引起我国理论界高度重视，也未给出专门深入的阐述。基于以往我的理解，现在依然认为，系统为基的战略辩证法蕴含着习近平治国理政的哲学智慧。[1]

一是坚持"实事求是—人民中心—知行合一"相统一。实事求是侧重于"客观""历史"维度，人民中心侧重于"主体""价值"维度，知行合一侧重于"实践"维度，三者是一个有机系统，具有辩证关系，也具有战略意义。运用辩证思维，对我国发展起来以后使大国成为强国进行系统性战略谋划，本质上就是实事求是地坚持历史思维的必然要求。道路决定命运。在大国成为强国即实现强起来新征程中，不走改旗易帜的邪路，也不走封闭僵化的老路，要坚定不移地走中国特色社会主义道路，这是坚持实事求是，从客观实际出发认识中国国情，把马克思主义基本原理同中国具体实际相结合、同中华优秀传统文化相结合必然得出的结论。这条道路是创造人民美好生活之路，是逐步实现全体人民共同富裕、不断促进人的全面发展之路，这是坚持以人民为中心。实事求是是中国道路的精髓和灵魂，以人民为中心是中国道路的立场和取向。只有坚持实事求是和以人民为中心的有机统一，才能达到对事物真正的"知"，而"知"的目的在于"行"。道路选择正确了，就要付诸实际行动，坚定不移地走下去。所以，走中国特色社会主义道路，是坚持知行合一的结果。

二是坚持"定位—定标—定法"相统一。夺取中国特色社会主义伟大胜利，全面建成社会主义现代化强国，实现中华民族伟大复兴，首先要明确"定位"，搞清楚"我在哪里"或"从何出发"，就是要确定好我国发展的历史方位，这是"定位"；历史方位确定之后，需要进一步确定特定历史方位中的奋斗目标，

1　参见韩庆祥：《中国共产党百年征程中的哲学智慧》，《西安交通大学学报（社会科学版）》2021年第4期，第1—12页。

这是"定标"；目标确定之后，就要进一步选择实现目标的路径和方法，这是"定法"。习近平同志指出，中国特色社会主义进入了新时代，这是我国发展新的历史方位，这就是对我国发展起来以后的历史方位进行"定位"；新时代中国共产党的历史使命是实现中华民族伟大复兴，这实际上是"定标"；要实现中华民族伟大复兴，在理论上必须以习近平新时代中国特色社会主义思想为行动指南，在实践上要在全面建成小康社会的基础上分两步走，在 21 世纪中叶全面建成社会主义现代化强国，这就是"定法"。"定位""定标""定法"三者是一个有机系统，具有辩证关系，也具有战略意义。

三是坚持"主要矛盾—根本问题—工作重点"相统一。社会主要矛盾是判断国情的主要依据之一，是判断一个社会整体发展状况的主要依据之一，是我们党制定路线方针政策的基本依据，是治国理政的基本遵循。社会主要矛盾蕴含习近平新时代中国特色社会主义思想所要解决的根本问题，解决这一根本问题就成为习近平新时代中国特色社会主义思想在实践上的工作重点或中心任务。习近平同志既注重把握新时代我国社会的主要矛盾，即人民日益增长的美好生活需要和不平衡不充分的发展之间的矛盾，又注重从中确定治国理政所解决的根本问题，即人民生活"好不好"、国家"强不强"的问题，并把解决根本问题作为他治国理政的工作重点或中心任务。习近平同志强调：党的百年奋斗历程告诉我们，党和人民事业能不能沿着正确方向前进，取决于我们能否准确认识和把握社会主要矛盾、确定中心任务。什么时候社会主要矛盾和中心任务判断准确，党和人民事业就顺利发展，否则党和人民事业就会遭受挫折。[1] 主要矛盾、根本问题和工作重点是一个有机系统，具有辩证关系，也具有战略意义。

四是坚持"动力—平衡—治理"相统一。习近平新时代中国特色社会主义思想蕴含"动力、平衡、治理"三种根本机制。习近平新时代中国特色社会主义思想强调坚持中国共产党领导。中国共产党既注重使中国经济社会发展具有动力与活力（解决发展不充分问题），又注重使中国经济社会发展达到平衡与和谐（解决发展不平衡问题），还注重通过对自身治理、国家治理、社会治理（解决国家治理现代化问题）等，来解决动能不足、发展失衡问题。习近平

1　参见《习近平在省部级主要领导干部学习贯彻党的十九届六中全会精神专题研讨班开班式上发表重要讲话》，《人民日报》2022 年 1 月 12 日。

新时代中国特色社会主义思想坚持以解放和发展社会生产力、逐步实现全体人民共同富裕、不断促进人的全面发展，来实现社会主义现代化、实现中华民族伟大复兴。这一深层战略目标，主要是从我国经济社会发展的动力、平衡、治理三个根本要素着眼的。解放和发展社会生产力，内在要求解决好经济社会发展的动力问题；逐步实现全体人民共同富裕，内在要求解决好经济社会发展的平衡问题；推进人的全面发展，包括推进人的需要、人的能力、人的关系、人的个性的全面发展，而人的能力和人的个性的全面发展，要求一个国家、一个社会建立健全良好的动力机制，人的需要、人的关系的全面发展，要求一个国家、一个社会建立健全良好的平衡机制。当一个国家、社会的动力机制和平衡机制出了问题，就必须加强治理机制建设，提升国家和社会的治理能力。此外，新发展理念中的创新发展、开放发展相对注重解决发展动力问题；协调发展、绿色发展、共享发展则相对注重解决发展平衡和谐问题。动力、平衡和治理是一个有机系统，具有辩证关系，也具有战略意义。

五是坚持"发挥比较优势—补齐发展短板—打牢根本支点"相统一。在改革开放初期，我国相对注重发挥经济社会发展中的比较优势，如注重让一部分地区、一部分人先富起来，建立经济特区等。我国发展起来以后，要使大国成为强国即实现强起来，既要补齐发展短板，也要打牢大国成为强国的根本支点。习近平同志多次强调要"强弱项、补短板"。他关于打好"三大攻坚战""推进国家治理能力现代化""推动全体人民共同富裕""促进人和自然和谐共生"等的论述，在一定意义上，就是致力于补齐发展进程中的短板。习近平同志提出的新发展理念，实际上就是致力于为大国成为强国提供根本支点。发挥比较优势、补齐发展短板和打牢根本支点也是一个有机系统，既具有辩证关系，也具有战略意义。

第 十 章

21世纪马克思主义建构的"总体框架"

本章从总体概括维度，旨在对上述各章的基本内容及其主要观点进行系统总结和凝练概括，回答"何以可能"或"何种框架"的问题。自然，前面所阐述的观点在结语中会进一步再现。

"发展21世纪马克思主义"，是马克思主义理论研究领域的一个具有总体性、根本性、长远性、全局性、前沿性的重大问题，需加强全面准确深入研究，进而构建起直面当代中国和世界发展逻辑的21世纪马克思主义的总体框架，直面"21世纪马克思主义何以可能"问题。

一、习近平提出发展21世纪马克思主义命题的逻辑脉络

首先需要理清习近平同志提出发展21世纪马克思主义命题的逻辑脉络及其实质，这是基础和前提。

如前所述，据相关权威文献进行统计，迄今为止，中央文献提出"发展21世纪马克思主义"的命题，有十多次。在阐释这些命题时所使用的关键词，是"作出努力""继续发展""开辟新境界""历史责任""观察时代、把握时代、引领时代""是"。"作出努力"同"历史责任"基本同义；"继续发展"与"开辟新境界"大致同理；"观察时代、把握时代、引领时代"有两个涵义，观察时代、把握时代讲的是"如何发展"，引领时代讲的是"功能意义"。所以，习近平提出"发展21世纪马克思主义"命题或论断的基本脉络就是，"历史责任—继续发展—如何发展—引领时代—'是'的判定"。"历史责任"强调的是责无旁贷，必须为发展21世纪马克思主义作出努力，回答"为什么"要发展21世纪马克思主义的问题；"继续发展"强调的是与时俱进，不断开辟21世纪马克思主义新境界，

把马克思主义发展到 21 世纪所要求的时代水平，回答发展 21 世纪马克思主义应采取"何种思路"的问题；"如何发展"强调的是用马克思主义观察时代、把握时代，回答"如何发展"21 世纪马克思主义的问题；"引领时代"强调的是发展 21 世纪马克思主义是为了引领时代，回答发展 21 世纪马克思主义具有"何种意义"的问题；"是"的判定强调的是习近平新时代中国特色社会主义思想具有重要历史地位和世界地位，回答习近平新时代中国特色社会主义思想具有"何种地位"的问题。

这种逻辑脉络直面当代中国和世界的发展逻辑，是从学理上研究 21 世纪马克思主义的基本遵循。

二、创新发展 21 世纪马克思主义的历史必然性和时代紧迫性

习近平同志提出创新发展 21 世纪马克思主义这一重大命题，有其历史必然性和时代紧迫性。[1]

在当今中国与世界，发展 21 世纪马克思主义既具有历史必然性，也具有时代紧迫性。认识并解释世界，首先要理解把握 21 世纪世界的总体图景。[2][3]21 世纪世界的总体图景，呈现为"两个大局"相互交织激荡。实现中华民族伟大复兴，是新时代中国发展的战略全局，当今世界正经历百年未有之大变局。这"两个大局"相互交织激荡，使世界进入"新的动荡变革期"，进而导致整个世界所谓的"不稳定不确定"，乃至一定意义上出现"系统性风险"。面对"百年变局""新的动荡变革""不确定""系统性风险"的世界发展逻辑，需要去认识并给出理论上的科学解释，谁能给出合理解释 21 世纪世界的科学理论体系，谁就能掌握解释 21 世纪世界的理论话语权。一个国家的强大也应是思想理论及其话语权的强大。因此，构建解释 21 世纪世界的科学理论体系并掌握话语权，就成为当今中国特色哲学社会科学，尤其是发展 21 世纪马克思主义迫切需要探究的一个重大理论课题。这是一个需要理论而且一定能够产生理论的世纪。

---

1   参见韩庆祥：《深刻把握"中国式现代化新道路"丰富内涵》，《学习时报》2021 年 8 月 30 日。

2   参见中共中央宣传部：《习近平新时代中国特色社会主义思想学习问答》，学习出版社、人民出版社，2021，第 331 页。

3   参见《习近平谈治国理政》第 2 卷，外文出版社，2017，第 346 页。

这意味着要在守正继承与创造扬弃以往解释世界的理论的前提下,创新性发展反映21世纪中国发展逻辑和世界发展逻辑与整体图景的新的解释世界的科学理论,而且这种理论能观察时代、把握时代和引领时代,有助于"重构"世界新格局。只有这样,我们才能站在历史正确一边,掌握历史主动,进而引领21世纪的中国、世界和时代。

新自由主义在世界上曾经拥有理论话语权。然而,面对整个世界"两个大局"相互交织激荡及其带来的"新的世界动荡变革""不确定""系统性风险",它显得力不从心。新自由主义的核心是坚持个人至上,实质强调的是个人的权利、自由与力量。个人正当权利和自由当然要受到尊重,但有其限度。具有"单子性"的个人面对整个世界"两个大局"相互交织激荡及其带来的"新的世界动荡变革""不确定""系统性风险",意味着这是个体应对整体、个人应对世界,这种应对显得捉襟见肘。21世纪马克思主义越来越显示出解释21世纪世界的相对优势,它能为解释"两个大局"相互交织激荡及其带来的"新的世界动荡变革""不确定世界""系统性风险",能为重构世界新格局,贡献一种科学理论体系。21世纪马克思主义本质上注重人类的团结合作,注重整体的力量、集体的力量、国家的力量、人民的力量,它以系统整体、团结合作应对"世界的不确定""系统性风险",显得较为有效。在全球抗疫中,我们中国之所以取得重大战略性成果,从一个方面表明:在科学解释21世纪世界和时代问题上,21世纪马克思主义更具解释力。

三、新时代中国是21世纪马克思主义的主要实践发源地和理论策源地

创新发展21世纪马克思主义不仅具有历史必然性和时代紧迫性,而且也具有深厚的实践基础和基本依据。这实际上讲的是发展21世纪马克思主义的实践基础、基本依据、所具能力和核心主体问题。

世界上一些专家学者为发展21世纪马克思主义作出了重要贡献,他们是发展马克思主义的重要主体。21世纪国外马克思主义这一概念是有存在意义和价值的。然而,这都属于"21世纪的马克思主义"范畴。[1]

---

1 "21世纪的马克思主义",是指在21世纪存在的各种马克思主义流派的集合,"21世纪马克思主义"则是指这种集合中的主流、主体,是在21世纪起主导和引领作用的主体性、核心性科学理论体系。

新时代中国是创新发展21世纪马克思主义的实践创新地和理论策源地，当代中国共产党人是发展21世纪马克思主义的核心主体，它属于"21世纪马克思主义"的范畴。

首先，党的十九大报告所讲的"三个意味着"，是世界社会主义运动中心转移到当代中国的根本标志，是21世纪马克思主义立足中国、走向世界的根本依据。

其次，中国共产党是世界上具有长远视野、世界眼光、战略思维、使命担当的最大的政党，它领导的是世界上人口最多的大国，其领导的中国特色社会主义是最伟大的事业，新时代中国特色社会主义已融入并影响着世界历史进程；它领导实现的中华民族伟大复兴是世界百年未有之大变局的重要组成部分，是影响这一变局前途和走向的关键变量；领导人民成功走出的中国式现代化新道路，创造了经济快速发展奇迹和社会长期稳定奇迹，创造了人类文明新形态，拓展了发展中国家走向现代化的途径，给世界上那些既希望加快发展又希望保持自身独立性的国家和民族提供了全新选择，也改变着世界现代化进程；积极推动的构建人类命运共同体，为解决人类重大问题贡献了中国智慧、中国方案、中国力量；中国共产党百年奋斗，使马克思主义的科学性和真理性在中国得到充分检验，马克思主义的人民性和实践性在中国得到充分贯彻，马克思主义的开放性和时代性在中国得到充分彰显，马克思主义中国化时代化的这种成功，使世界范围内社会主义和资本主义两种意识形态、两种社会制度的历史演进及其较量发生了有利于社会主义的重大转变。由此，新时代的中国自然成为21世纪马克思主义的主要实践创新地和理论策源地。

最后，当代中国共产党人是发展21世纪马克思主义的核心主体。进入21世纪，在世界上真正高举马克思主义旗帜并展示马克思主义强大生命力的主要是中国共产党人。中国共产党人把马克思主义作为指导思想，把马克思主义在意识形态领域的指导地位作为一种根本制度。习近平同志是21世纪马克思主义立足中国、放眼世界、面向未来和胸怀"两个大局"的积极推动者，其提出的"政党治理""国家治理""全球治理""人类命运共同体理念""中国式现代化新道路、人类文明新形态"，为世界提供了思想理论，为参与全球治理体系改革和建设贡献了中国智慧、中国方案。

四、21世纪马克思主义的研究对象

发展21世纪马克思主义之实质，就是继续推进马克思主义中国化时代化和世界化，继续加强21世纪马克思主义的学理化阐释与体系化建构，进而掌握解释21世纪世界的理论话语权。这就首先涉及如何真正理清和科学界定21世纪马克思主义的研究对象这一基础性问题。

任何科学的理论体系都有其特定研究对象，明确其研究对象，可为科学理论体系的建构提供学理支撑。从21世纪马克思主义的科学体系建构来讲，首要的就是理清21世纪马克思主义的研究对象。所谓研究对象，指的是一种科学理论体系在解析典型样本时所具有的边界性、范围性与总体性、根本性的主题、议题，即一种科学理论体系所致力于解答的具有时代性的根本问题。问题是时代的声音，是时代的格言。一种科学理论体系所要解决的具有时代性的根本问题亦即研究对象，与它所处时代的时代背景、时代特征、时代课题直接相关。由此，可以运用大历史观与马克思主义中国化时代化分析框架，在准确认识何谓"19世纪马克思主义""20世纪马克思主义"和"21世纪马克思主义"的基础上，进一步审视它们所面对的时代背景、时代特征和时代课题。要揭示21世纪马克思主义的研究对象，首先要从19世纪马克思主义、20世纪马克思主义之研究对象及其历史演进逻辑谈起。这是当前深化21世纪马克思主义研究的一个生长点和突破口，对"发展21世纪马克思主义"至关重要。

（一）19世纪创立的马克思主义之研究对象

1848年，马克思、恩格斯共同撰写的《共产党宣言》问世。这部闪耀着真理光辉的纲领性著作的出版，"向全世界公开说明自己的观点、自己的目的、自己的意图"[1]，成为人类思想史上影响深远的伟大历史事件，也正式标志着马克思主义的诞生。

作为一个学术概念，马克思、恩格斯在19世纪创立的马克思主义可以称之为"19世纪马克思主义"或"经典马克思主义"。将其冠以该称号，绝非仅仅由于它创立于19世纪，更重要的是由于其理论发源地和实践策源地是当时世

1　《马克思恩格斯选集》第1卷，人民出版社，2012，第399页。

界历史发展的中心地带，其关于社会基本矛盾原理、人类社会发展规律原理、人类解放和每个人自由而全面发展原理、人类历史发展必然走向社会主义和共产主义的科学预见等，在今天依然彰显出旺盛且强大的解释力和生命力，且其推动的革命实践也真切地"改变世界"。事实上，在 19 世纪世界上的其他地方，同样存在着马克思主义的思想，但由于这些马克思主义思想囿于科学性不强、体系化不够、实践效能不深、影响范围不广等，只能作为经典马克思主义的枝干、配角和补充，只能被统称为"19 世纪的马克思主义"。而经典马克思主义在科学"解释世界"的前提下有效地"改变世界"，时至今日仍然对世界历史进程发挥着重要影响和作用，当之无愧可以称之为"19 世纪马克思主义"。

回溯"19 世纪"的时代背景，正处于资本主义发展势头较为强劲的历史阶段。18 世纪开启的工业革命在 19 世纪得到进一步推进和发展，机器制造业几乎全面替代了传统手工业，社会生产力水平得到飞跃式提高。正如《共产党宣言》指出的那样：随着机器的采用、轮船的行驶、铁路的通行、电报的使用，"资产阶级在它的不到一百年的阶级统治中所创造的生产力，比过去一切世代创造的全部生产力还要多，还要大"[1]。社会生产力水平的提高促使资产阶级积累了大量物质财富，也在经济活动中占据主导地位，社会影响力随之超越了传统的贵族阶层，价值观与生活方式也成为当时社会中的主流。但是，资本主义的发展也导致诸多社会矛盾、阶级矛盾的爆发，最显著的就是无产阶级与资产阶级之间的对抗、冲突。无产阶级作为大工业本身的产物，会随着资本主义的发展而愈益增多，而资本主义的生产方式从根本上说就是对剩余价值的占有，这种占有在社会中具体表现为对无产阶级的剥削与压迫。所以，资本主义的发展不可避免地导致无产阶级的增多，以及资产阶级与无产阶级之间冲突频次与程度的增加。在这个意义上，资本主义的发展限制了无产阶级的发展，也在一定程度上束缚了社会生产力的发展。恩格斯曾实地考察过英国工人阶级在资产阶级压迫下的悲惨生存状况，以此为依据撰写并出版了《英国工人阶级状况》。他在这部著作的开篇写道："收集到的材料足以证明下面的事实：资产阶级，不管他们口头上怎么说，实际上只有一个目的，那就

1　《马克思恩格斯选集》第 1 卷，人民出版社，2012，第 405 页。

是当他们能够把你们劳动的产品卖出去的时候，就靠你们的劳动发财，而一旦他们无法靠这种间接的人肉买卖赚钱了，就任凭你们饿死也不管。"[1] 在这种时代背景下，19 世纪的时代特征可以描述为：资本主义的快速发展与资产阶级的迅速崛起，随之而来的便是工人运动的频发和社会冲突的加剧。

面对这样的时代背景、时代特征，马克思、恩格斯在《1844 年经济学哲学手稿》《共产党宣言》和《资本论》等多部著作中，指明并批判资本主义社会的总问题，就是资本主义私有制限制生产力发展、资本占有劳动并控制整个社会，从而揭示出 19 世纪的重大时代课题，就是社会主义"必然取代"资本主义、社会主义如何由空想成为科学。对此，马克思、恩格斯进行了科学考察和理论论证，提出了诸多重大论断，其中最具代表性的，就是"两个必然"和"两个绝不会"。这两大论断，在理论层面深刻揭示出社会主义取代资本主义的历史发展规律，并阐明这一历史发展过程必然面临的复杂和曲折局面。

基于 19 世纪马克思主义所面对的时代背景、时代特征和时代课题可以看出，马克思、恩格斯把理论研究的目光聚焦于 19 世纪的资本主义社会，尤其是当时资本主义发展相对成熟的英国等西欧发达资本主义社会，以此作为基础样本和典型样本，深入考察资本主义的"现存处境"和"发展趋向"。其中所解答的根本问题主要是：资本主义为什么必然向社会主义过渡，如何实现人类解放和无产阶级解放，如何促进每个人自由而全面发展，等等。这些问题实质上可以被归结为，在资本主义私有制限制生产力发展、资本占有劳动并控制整个社会的时代背景下，如何使社会主义由空想成为科学，社会主义为什么必然取代资本主义。这正构成 19 世纪马克思主义的研究对象。

(二)20 世纪的马克思主义之研究对象

马克思、恩格斯在《共产党宣言》的德文版序言中强调：这些原理的实际运用，随时随地都要以当时的历史条件为转移。[2] 与时俱进，既是马克思主义的理论品格，也是马克思主义基本原理实际运用的基本遵循，又是坚持和发展马克思主义的必由之路，还是马克思主义永葆生机活力的根本所在。

20 世纪是马克思主义"与时俱进"的世纪，也是科学社会主义由理论变为现实、由西方走向东方的世纪。自经典马克思主义在 19 世纪彰显出真理威力

---

1 《马克思恩格斯选集》第 1 卷，人民出版社，2012，第 82 页。

2 同上书，第 376 页。

和道义力量以来，20 世纪的一些国家、民族开始关注马克思主义。其中一些国家、民族因为没有将马克思主义基本原理同本国具体实际相结合，不仅导致革命的失败，也未能在理论上得到创新发展。有些国家、民族运用马克思主义科学研判国情，坚持马克思主义基本原理同本国具体实际相结合，既在实践上成功引领社会主义革命、建设与改革实践，还能创新性地提出一系列新理论新思想新观点新方法新论断新结论，丰富和发展了经典马克思主义。列宁主义和毛泽东思想，正是在这一过程中创立的体现 20 世纪时代特征、反映 20 世纪时代要求、回答 20 世纪时代课题的马克思主义新形态，被冠以"20 世纪马克思主义"的标识。

20 世纪初，第一次世界大战爆发。遭受战争重创的俄国经济崩溃、人民生活贫苦，民众对封建专制政府的不满情绪激增，列宁和布尔什维克党提出"和平、土地、面包"的口号迅速获得人民的广泛支持。在列宁领导下，"十月革命"爆发并取得胜利，在世界上建立了第一个以马克思主义为指导思想的社会主义国家，也使科学社会主义由理论成为现实。20 世纪的世界面貌呈现出社会主义与资本主义"两制并存"的崭新图景。这一时期，俄国作为当时世界社会主义运动和发展的中心地带，成为了创新发展马克思主义的解析样本，也推动马克思主义进入列宁主义阶段。从理论内容来看，作为 20 世纪马克思主义核心主体的列宁主义，继承和坚持了经典马克思主义关于人类历史必然走向社会主义等基本原理，又着眼于当时俄国的具体国情，创造性地提出小农经济占绝对优势的经济文化落后国家可以通过国家资本主义向社会主义间接过渡的思想。用列宁的话来概括其核心观点，那就是"一切民族都将走向社会主义，这是不可避免的，但是一切民族的走法却不会完全一样"[1]。

20 世纪的另一个大国——中国，同样面临国家衰落、社会动荡、民生凋敝，正处于半殖民地半封建社会。许多阶级、团体、组织上下求索，发动了多次运动试图挽救国家的命运，譬如，封建阶级为了维护自身的统治地位而开展的洋务运动，资产阶级改良派施行的戊戌变法，以孙中山为领导者的辛亥革命等，但最终都未成功。"十月革命"一声炮响，给中国送来了马克思列

1　《列宁专题文集　论社会主义》，人民出版社，2009，第 398 页。

宁主义。¹自马克思列宁主义传入中国以来，以毛泽东同志为主要代表的中国共产党人自觉运用马克思主义研判中国国情，主动将马克思主义基本原理同中国具体实际相结合，创造性提出诸如"农村包围城市、武装夺取政权""一切从人民出发""反对教条主义"等思想，创立了马克思主义中国化的第一个理论形态，即毛泽东思想。在这一思想引领下，中国共产党带领中国人民经过数年艰苦卓绝的斗争，实现了民族独立、人民解放，取得了新民主主义革命的伟大胜利，成功建立起了新中国。新中国成立后，毛泽东同志再次准确研判当时中国国情，认为中国仍属于小农经济或农民人口占大多数的经济文化相对落后的国家，需要分阶段、分步骤地逐步达成社会主义这一目标，从而创造性地提出党在社会主义过渡时期的总路线。在这一过程中，不仅顺利完成社会主义革命，确立起社会主义基本制度，还丰富和发展了毛泽东思想。从历史逻辑来看，马克思主义中国化的发展历程直接体现为马克思主义基本原理同中国具体实际相结合、同中华优秀传统文化相结合的过程。这种结合，在坚持马克思主义基本原理前提下为建设社会主义确立了立场、观点、方法，开辟了符合中国具体实际的发展道路，并指明了中国今后的发展方向，为马克思主义夯实了深厚的历史基础、理论基础、实践基础和群众基础，对于其更好发挥行动指南的指导作用具有根本性意义。

依据时代背景可以看出，20世纪前半场的时代主题是战争与革命，后半场的时代主题是和平与发展。20世纪的总体时代特征可以概括为：在社会生产力相对落后但已经建设社会主义国家的背景下，自由资本主义向帝国资本主义过渡并施行全球侵略和扩张，小农经济或农民人口占大多数的落后国家通过革命、建设和改革推动社会主义发展壮大。不难发现，20世纪马克思主义所面对的时代课题已经由19世纪的社会主义"必然取代"资本主义，转换为社会主义"如何取代"资本主义。这也由过去单纯的涉及时间继起性问题，而转换为时间继起性基础上的空间并存性问题。²由此，苏俄和中国作为20世纪世界社会主义运动的中心地带，便成为20世纪马克思主义解析的基础样本、

1　参见习近平：《高举中国特色社会主义伟大旗帜　为全面建设社会主义现代化国家而团结奋斗——在中国共产党第二十次全国代表大会上的报告》，人民出版社，2022，第16页。
2　参见顾海良：《马克思主义的历史发展与21世纪马克思主义的时代课题》，《中国高校社会科学》2022年第3期，第4—17页。

典型样本。其中所涉及的根本问题是，在社会生产力相对落后但建设社会主义的背景下，小农经济或农民人口占大多数的经济文化落后国家，如何使科学社会主义由理论变成现实、如何向社会主义过渡并建设社会主义、如何使科学社会主义理论和实践由西方走向东方。这正是 20 世纪马克思主义的研究对象。

（三）21 世纪马克思主义的研究对象

时代是思想之母，实践是理论之源，时代转换和实践发展要求推进理论创新。21 世纪，尽管我们已经进入了新时代，但我们依然处在马克思主义所指明的历史时代，这对马克思主义发展提出了新的更高要求。我们需要在坚持对 19 世纪马克思主义、20 世纪马克思主义一脉相承的"守正"基础上，进一步与时俱进地"创新发展"马克思主义。党的十八大以来，以习近平同志为核心的党中央自觉担负起发展马克思主义的重大责任与历史使命，提出"发展 21 世纪马克思主义"这个对世界马克思主义前途命运具有总体性、长远性、战略性和根本性意义的重大论断，使"21 世纪马克思主义"正式登场。

21 世纪马克思主义是马克思主义在当代中国发展的新维度、新境界和新形态，也是马克思主义中国化时代化朝着世界向度的拓展。就是说，21 世纪马克思主义虽然立足于当代中国这一伟大场域，但又不完全将理论视域局限于此，而是将眼光进一步拓宽为"两个大局"交织互动背景下的整个世界和人类。

依据上述界定，结合 21 世纪的时代背景、时代特征和时代课题可以看出，21 世纪马克思主义的实践基础和典型样本是："两个大局"背景下中国特色社会主义新时代和世界的走向，以及世界社会主义运动中心转移到当代中国引起的根本变化。[1] 其中涉及的根本问题是：在"两个大局"相互激荡背景下，中国如何由大国变为强国？科学社会主义如何在 21 世纪中国焕发出强大生机活力？中国特色社会主义如何走向世界并彰显超越当代资本主义的显著优势？中国式现代化如何为人类实现现代化提供新的选择？如何建构中国自主知识体系？这些影响 21 世纪中国与世界发展走向的根本问题，构成 21 世纪马克思主义的主要研究对象。

1　参见韩庆祥：《21 世纪马克思主义的基础性问题》，《中国社会科学》2022 年第 4 期，第 4—23 页。

　　第一，关于中国如何由大国成为强国的问题。党的十九大报告提出"三个意味着"的第一个"意味着"就是："意味着近代以来久经磨难的中华民族迎来了从站起来、富起来到强起来的伟大飞跃。"[1]党的二十大报告进一步强调："从现在起，中国共产党的中心任务就是团结带领全国各族人民全面建成社会主义现代化强国。"[2]从现实来看，当前人民的需要已经由过去的"物质文化需要"转变为"美好生活需要"，面对的社会问题由过去"解决社会温饱问题"转变为"全面建成小康社会进而全面建成社会主义现代化强国问题"，中国的国际地位也由过去"相对靠后的世界排位"转变为"日趋走近世界舞台中央"，由过去的"世界失我"经"世界有我"再进一步走向"世界向我"。这些都标志着中国和中华民族迎来了从"站起来"向"富起来"的伟大飞跃，正在开启新一轮"强起来"的伟大历史进程，即踏上现代化强国建设的新征程。在一定意义上说，党的十八大以来，中国特色社会主义进入新时代，实质上就是进入"强国建设、民族复兴"的强国时代[3]（这里的"强国"是动词）。"强国时代"中具有基础性、全局性、战略性、根本性意义的问题，就是研究当前"两个大局"相互交织的世界局势下，中国如何由大国成为强国，即揭示中国的"强国逻辑"。这正是21世纪马克思主义所面对的研究对象的第一个内容。

　　第二，关于科学社会主义如何在21世纪中国焕发出强大生机活力问题。20世纪90年代，随着东欧剧变、苏联解体，西方学者对社会主义的发展前景做出错误预估，杜撰出"历史终结论""社会主义失败论"等错误论调，宣称资本主义是人类社会发展的最终阶段。甚至在当时一些社会主义国家内部，也出现了不同程度的怀疑、否定社会主义的思想倾向。世界社会主义运动在这一时期陷入前所未有的低谷。然而，进入21世纪以来，尤其是进入新时代以来，以习近平同志为核心的党中央将科学社会主义理论与中国具体实际、中华优秀传统文化相结合，书写出经济快速发展和社会长期稳定的"中国奇迹"。由此，习近平同志指出："可以说，我们用事实宣告了'历史终结论'的破产。"[4]科学社会主义重新在21世纪中国焕发出强大生机活力，既在中华民族

　　1 《习近平谈治国理政》第3卷，外文出版社，2020，第8页。
　　2 习近平：《高举中国特色社会主义伟大旗帜　为全面建设社会主义现代化国家而团结奋斗——在中国共产党第二十次全国代表大会上的报告》，人民出版社，2022，第21页。
　　3 参见韩庆祥：《强国时代》，红旗出版社，2018，后记。
　　4 《习近平关于社会主义政治建设论述摘编》，中央文献出版社，2017，第7页。

发展史、新中国史上具有重大意义，也在世界社会主义发展史上、人类社会发展史上具有重大意义。因此，考察科学社会主义是如何在 21 世纪的中国重新焕发出强大生机活力，就成为 21 世纪马克思主义研究对象的第二个内容。

第三，关于中国特色社会主义如何走向世界并彰显超越当代资本主义的显著优势问题。马克思曾提出人类发展"三形态"理论，即从"人的依赖"到"物的依赖"再到"自由个性"。"人的依赖"，指的是人依赖于血缘共同体及其权力，这是前资本主义社会中人的发展形态；"物的依赖"，指的是人依赖于资本增殖和商品交换，这是资本主义社会中人的发展形态；"自由个性"，指的是人自由而全面的发展，这是人类发展的最高阶段。当代资本主义的发展以"资本逻辑"为主导，直接表现为资本对人的统治和支配，即人对"物的依赖"。马克思、恩格斯以及之后的诸多社会主义者、共产党人，一直追求的就是通过"人本逻辑"以彰显人的自由个性，从而超越资本主义所蕴含的"资本逻辑"。但是，因种种原因，在由"资本逻辑"走向"人本逻辑"历史进程中，却遭遇不少障碍。党的十八大以来，习近平同志建构起"人民至上"理念，致力于解决人民日益增长的美好生活需要和不平衡不充分发展之间的矛盾，即解决人民生活"好不好"、国家"强不强"的问题。新时代的中国特色社会主义，坚持以人民为中心的"民本逻辑"，不断推进人的全面发展，彰显出超越资本主义的显著优势。这一问题作为当前社会主义国家乃至全世界所迫切需要解决的重大问题，正构成 21 世纪马克思主义研究对象的第三个内容。

第四，关于中国式现代化如何为人类实现现代化提供新的选择问题。现代化潮流肇始于欧洲文艺复兴、宗教改革、启蒙运动，所谓的工业革命、自由市场经济、政治民主和人的自由，成为西方开启现代化征程的主要标志。在西方现代化历史进程中内生出了"西方中心论"，它具有强烈而鲜明的统治意识和霸权意识，不仅给世界现代化蒙上"现代化＝西方化"的阴影，还直接导致西方国家与非西方国家、先发式现代化国家与后发式现代化国家，以及人与自然、人与社会、人与人之间的疏离、对立。在新中国成立以来、尤其是改革开放的历史演进中，经过党的十八大以来理论和实践上的创新性突破，我们党成功创造并推进和拓展了中国式现代化。中国式现代化作为超越和突破西方现代化的全新现代化，既是对西方现代化负面效应的反思与解构，也是中国根据自身实际情况进行的实践创新和理论创新，蕴含着鲜明的整体性、人民性、协调性、共生性、和平性、自主性等突出特性。中国式现代化作为一种崭新的人类文明新形态，集世界意义与民族意义、普遍意义与特殊意义于一体，从而使中国走向世界，使民族的成为人类的，为世界其他国家探索适合本国国情的现代化道路提供了新的选择，为解决世界问题、人类问题贡献了中国智慧、中国方案、中国力量。由此，深入剖析"中国式现代化"及其世界意义，就构成21世纪马克思主义研究对象的第四个内容。

第五，关于如何构建中国自主的知识体系的问题。在过去很长一段时间里，西方自由主义拥有解释世界的绝对话语权，而我国学术理论界却往往失语，缺乏"学术自我"，存在"理论依附"，总是用西方理论范式剪裁中国具体现实。当前，中国已经迈入强国建设新征程。一个国家或政党的强大，不仅体现在这个国家经济、科技、军事、金融的强大，更重要的是其思想理论及其话语权的强大。在21世纪，还没有哪一种西方理论、西方思想能够准确解释21世纪从而掌握21世纪话语权。这对于中国来讲，是难得的构建"中国学术""中国理论"与"学术自我""理论自我"的机遇期，难得的建设中国自主的知识体系的机遇期。这里所说的中国学术、中国理论、中国自主的知识体系，可以"21世纪马克思主义"的名义来表达。在这个意义上可以说，建构中国自主的知识体系，既直接指向发展21世纪马克思主义，同时也是21世纪马克思主义所关注和致力于解答的根本问题。这构成21世纪马克思主义研究对象的第五个内容。

总的来说，以习近平新时代中国特色社会主义思想为主体形态的21世纪马克思主义，将理论视界由"中国一域"拓展为"两个大局"相互交织背景下的"世界全景"，将上述这些影响21世纪世界和中国发展走向的根本问题视为主要研究对象，并致力于对此作出科学解答。

五、阐释21世纪马克思主义丰富的理论内涵

发展21世纪马克思主义，在确定其研究对象之后，逻辑上就要厘清"21世纪马克思主义"的基本内涵，这是展开学理研究的解释框架。其意义在于可以从"一团乱麻"中理出一个"清晰头绪"，为人们理解21世纪马克思主义提供一种完整图景和解释。在没有把这一论断的基本内涵搞清楚的情况下，就谈

论发展 21 世纪马克思主义问题，逻辑上不严谨，也往往事倍功半。

21 世纪马克思主义与 21 世纪的马克思主义，是两个既相关又区别的概念。21 世纪的马克思主义是"在"21 世纪产生的各种各样的马克思主义，包括世界各国所产生的马克思主义流派，而 21 世纪马克思主义，则是引领 21 世纪世界社会主义运动的具有主导性、总体性的马克思主义，二者是"一"和"多"、"主导"和"支流"、"总体"和"部分"的关系。

第一章对 21 世纪马克思主义的基本涵义作了详细阐释，这里只从"原体""关系""时间""空间""话语"五个角度，简要阐释 21 世纪马克思主义的基本涵义。从"原体"上，21 世纪马克思主义首先是"马克思主义"，马克思主义的根本立场、基本原理、方法原则、价值取向、理想信念和理论品格坚决不能丢，越是创新发展 21 世纪马克思主义，就越要坚持马克思主义。21 世纪马克思主义以马克思主义为"本源"。从"关系"上，21 世纪马克思主义是与现代化道路直接相关的概念，是在深刻反思西方式现代化道路与拓展中国式现代化新道路、创造人类文明新形态基础上发展起来的。21 世纪马克思主义，既要超越以资本为本体的各种西方式现代化的话语，更要书写好坚持以人民为中心的中国式现代化道路的新版本。从"时间"上，21 世纪马克思主义以"世纪"为标识，贯通过去、现在和未来，与时俱进地把马克思主义发展到 21 世纪时代和实践发展所要求的新境界。从"空间"上，21 世纪马克思主义是立足中国、胸怀天下、直面"两个大局"的马克思主义。从"话语"上，21 世纪马克思主义是与解释和引领世界并掌握话语权相关的概念，是为观察时代、把握时代、引领时代、解释 21 世纪世界并掌握话语权所要贡献的科学理论体系。习近平同志指出："话语的背后是思想、是'道'。""要善于提炼标识性概念，打造易于为国际社会所理解和接受的新概念、新范畴、新表述。"

六、21 世纪马克思主义的时代课题

构建 21 世纪马克思主义，在理清其解释框架之后，接着就必须厘清它所解答的世界性的时代课题。时代课题，本质上是时代精神的体现。

马克思当年最关注的，是资本主义的"现存处境"和"发展趋向"，其关注的时代课题，主要就是社会主义"如何取代"资本主义，或者是社会主义取代

资本主义的"历史必然性"。他提出的"两个必然"思想，最具代表性。这合乎马克思思考时代课题的逻辑。马克思毕生所关注的，就是基于人类历史发展一般规律，论证社会主义取代资本主义的历史必然性，其基点是注重"人类历史发展一般规律"。

列宁领导的十月革命，把科学社会主义由理论变为现实，在世界上建立起第一个社会主义国家。列宁从两个方面创新发展了马克思的科学社会主义理论：一是经济文化落后的国家可以首先通过政治手段建立社会主义，而马克思当年在理论上所思考的，主要是在生产力相对发达的资本主义国家如何使社会主义取代资本主义；二是社会主义可以"一国胜利"，马克思当年思考更多的是社会主义"多国同时胜利"。在这种情境下，列宁就必然思考这样的时代课题：在小农经济占优势的经济文化落后的俄国向社会主义"如何过渡"。

十月革命一声炮响，给中国送来了马克思列宁主义。1956年，我国建立了社会主义基本制度，不仅把科学社会主义由理论变成现实，而且也使其由西方走向东方。1956年以后，以毛泽东同志为主要代表的中国共产党人所集中思考和探索的主要时代课题，就是农民为多数的落后中国建设社会主义应采取"何种道路"。

1978年改革开放以后，我国进入改革开放和社会主义现代化建设新时期。以邓小平同志为主要代表的中国共产党人所探索的时代课题，主要是"如何建设"社会主义，把"不够格"的社会主义建设成"合格"的社会主义。因为他认为当时中国的社会主义依然处在初级阶段，社会生产力不发达，是一个"不够格"的社会主义。所以，"如何建设"社会主义，自然成为以邓小平同志为主要代表的中国共产党人所要解答的时代课题。

21世纪马克思主义的实践基础及其典型样本，是"两个大局"交织互动背景下中国特色社会主义新时代和世界新走向，是世界社会主义运动中心转移到当代中国引起的根本变化。由此，它要面对和解答的世界性时代课题是：如何直面和解释"两个大局""交织互动"、社会主义和资本主义"两制并存"、当代中国和世界发达国家既竞争又合作背景下的"变革重构"？如何以中国式现代化、人类文明新形态与构建人类命运共同体超越资本主义历史局限，展示社会主义现代化的优越性，为解决"世界向何处去"重大问题贡献中国智慧、中国方案、中国力量？可以说，作为21世纪马克思主义的习近平新时代中国特色社会主义思想，十分注重并积极解答这一时代课题。

七、21 世纪马克思主义解决的根本问题

"时代课题"是从总体性上谈的，是管总的；把"时代课题"具体化，就是"根本问题"。

问题是时代的声音，是时代的格言，它以问题的形式体现和表达着时代精神和时代课题。时代课题蕴含所解决的根本问题，根本问题是时代课题的具体体现。这涉及 21 世纪马克思主义的研究对象和本质功能问题。

依据时代特征和时代课题，可以简要地把 21 世纪马克思主义所解决的根本问题概括为：人民生活"美好不美好"？国家"强不强"？世界"和平不和平"？中国共产党自身"硬不硬"？马克思主义"如何具有生机活力"？换一种话语表述，就是为中国人民谋幸福、为中华民族谋复兴、为世界谋大同、为中国共产党谋强大、为马克思主义谋生机。这"五大根本问题"为什么是影响 21 世纪中国与世界发展命运的根本性问题？主要有三大依据。

第一，以《中共中央关于党的百年奋斗重大成就和历史经验的决议》（以下简称《决议》）为依据。《决议》全面深刻阐述了中国共产党百年奋斗的五大历史意义。这是从长远视野、宽广视野、整体视野和纵深视野，阐述中国共产党百年奋斗所"要干"的五大伟业及其伟大意义，实际上也讲的是中国共产党百年奋斗所致力于解决的具有重大战略意义的"五大根本问题"。

第二，以治国理政致力于解决的社会主要矛盾为依据。社会主要矛盾在党中央治国理政中具有十分重要的地位，它是党中央判断我国国情的主要依据之一，是判断我国社会发展总体状况的主要依据之一，是党中央制定政策的基本依据，是党中央治国理政的基本遵循。中国特色社会主义进入新时代，社会主要矛盾历史性地转化为人民日益增长的美好生活需要和发展不平衡不充分之间的矛盾。社会主要矛盾的前半句，实质上是要解决人民生活"美好不美好"的问题，后半句实质上是要解决国家"强不强"的问题。解决这两大根本问题是新时代中国共产党人所打的坚硬"铁"，打铁必须自身硬！要解决这两个根本问题，要求中国共产党人自身必须硬，这意味着还要解决中国共产党

自身"硬不硬"的问题。习近平同志治国理政还具有世界眼光和战略思维，他放眼世界，直面世界百年未有之大变局，谋求世界和平发展、合作共赢，其实质就是要为世界谋大同、为人类谋进步。马克思主义的发展命运，是习近平同志特别关切的一个根本问题。因为中国共产党为什么能、中国特色社会主义为什么好，归根结底是因为马克思主义"行"。中国共产党百年奋斗的历史经验，其中一条就是坚持理论创新，这涉及马克思主义中国化的根本问题。中国共产党在理论和意识形态上的根本问题，就是马克思主义中国化问题。所以整合起来，习近平治国理政最为关切的就是上述所讲的"五大根本问题"，其实质就是为中国人民谋幸福、为中华民族谋复兴、为世界谋大同、为中国共产党谋强大、为马克思主义谋生机。

第三，以习近平总书记讲话文本为根据。其中最具代表性、典型性的重要讲话，当属2012年11月15日习近平同志当选我党的总书记之后发表的重要讲话。该讲话的核心内容是三个"重大责任"，即为民族担当、为人民担当、为党担当。进一步深入分析，这三个"重大责任"，实际上分别讲的是要解决国家或民族"强不强"、人民生活"美好不美好"、中国共产党"硬不硬"三大根本问题。实现中华民族伟大复兴是中国共产党百年奋斗的根本主题，是我国发展的战略全局，这是影响中国发展命运一个根本问题，可称之为国家"强不强"的问题。在《习近平谈治国理政》第3卷中，习近平同志强调：以前我们要解决"有没有"的问题，现在则要解决"好不好"的问题。这里的"好不好"，主要指解决人民生活"美好不美好"这一根本问题。党的十八大以来，习近平同志三番五次强调："打铁必须自身硬！"这实质上讲的是中国共产党"硬不硬"的问题。2021年习近平总书记"七一"重要讲话，特别强调马克思主义对中国共产党、中国特色社会主义的重大意义。《决议》中讲党的百年奋斗的历史意义和历史经验这些核心问题，都涉及马克思主义生机活力问题。党的十八大以来，习近平同志每当在关键场合和场景中，都谈到发展21世纪马克思主义的重大意义。这实际上关乎新时代的中国为引领世界社会主义运动、引领时代、引领世界贡献中国智慧、中国方案、中国理论这一根本问题。也就是说，马克思主义亦是影响中国发展命运的一个根本问题。归结起来，21世纪马克思主义就是要聚焦于解决人民生活"美好不美好"、国家"强不强"、世界"和平不和平"、中国共产党"硬不硬"、马克思主义"是否具有生机活力""五大根本问题",其实质就是为中国人民谋幸福、为中华民族谋复兴、为世界谋大同、为中国共产党谋强大、为马克思主义谋生机。

八、用21世纪马克思主义观察时代、把握时代、引领时代

这实质上是搞清楚21世纪世界的"本质特征"或"时代特征"与"理论功能"问题,进而理解和把握发展21世纪马克思主义的思路和方式,这属于解释世界和改变世界的范畴。

(一)用21世纪马克思主义观察时代、把握时代:解释世界

厘清21世纪世界的"时代特征",其逻辑起点是"两个大局"交织互动、相互激荡。21世纪世界的"时代特征",可概括为"两个大局"交织互动、相互激荡及其导致的世界"新的动荡变革""不确定"与"重构"。2008年国际金融危机导致西方资本主义国家遭遇困境,实现中华民族伟大复兴引起的世界力量转移,新冠病毒感染疫情全球大流行,新科技革命和产业革命,新兴市场国家,逆经济全球化的力量,冷战后世界秩序的重建,是影响"世界百年未有之大变局"的"主要变量"。这里的主要变量,蕴含着唯物史观所讲的"生产力""生产关系""经济基础""上层建筑"等结构性要素。新科技革命、产业革命与新兴市场国家,与"生产力"相关,2008年国际金融危机导致的西方资本主义国家遭遇困境,与资本主义"生产关系"有一定关系,实现中华民族伟大复兴引起的世界力量转移、新冠病毒感染疫情全球大流行和逆经济全球化的力量、冷战后世界秩序重建,总体上与生产力、生产关系、经济基础、上层建筑都相互关联。实现中华民族伟大复兴是新时代我国发展的"战略全局",其历史进程不可逆转。21世纪世界正经历百年未有之大变局,这"两个大局"交织互动、相互激荡。实现中华民族伟大复兴必然影响着世界百年未有之大变局,它本身就是世界百年未有之大变局的重要变量,世界百年未有之大变局也会不同程度上影响着实现中华民族伟大复兴的历史进程。世界百年未有之大变局,指的是21世纪世界正在进行"大发展、大变革、大调整"。这三个"大"必然导致世界之"变",即世界力量在转移,世界体系在调整,世界话语在重构,人

类文明在重建(它表达和体现的是"世界力量的变局""世界体系的变局""世界话语的变局""人类文明的变局"等),进而导致整个世界进入习近平同志所讲的"新的动荡变革期",致使整个世界存在诸多"不稳定不确定"。这里的"不确定",集中体现为:世界变化越来越复杂;世界变革越来越激烈;世界分化越来越深刻;世界发展方向越来越多变;世界变动的偶然性越来越突出;世界未知范围越来越广大;世界博弈导致国家间越来越失去信任;人类迷茫感无力感越来越凸显。"大发展、大变革、大调整""新的动荡变革""不稳定不确定",也会影响实现中华民族伟大复兴的历史进程。因此,世界百年未有之大变局与实现中华民族伟大复兴战略全局交织互动、相互激荡及其导致的世界"新的动荡变革""不确定"与"重构",便构成21世纪世界的"本质特征"或"时代特征"。

我们要用21世纪马克思主义观察时代、把握时代,就首先要理解和把握其"时代特征",即理解和把握"两个大局"交织互动、"新的动荡变革"、"不确定"与"重构"。

(二)用21世纪马克思主义引领时代:改变世界

这实际上讲的是发展21世纪马克思主义的能力、作用和意义问题,属于改变世界的范畴。

"两个大局"交织互动、相互激荡,是在社会主义和资本主义"两制长期并存"格局中发生的。虽然目前整个世界正朝着有利于社会主义的方向发展,然而社会主义与资本主义"两制并存"还是一种长期现象。如何在"两制并存"的"百年变局"中正确处理中国与世界的关系、社会主义与资本主义的关系,有效应对大变局带来的不确定及其出现的世界性难题?要言之,如何解答"世界向何处去"这一重大问题?这迫切需要具有世界意义的创新性科学理论——发展着的21世纪马克思主义来引领。

随着新时代中国特色社会主义日益成长,习近平新时代中国特色社会主义思想不仅有力引领着实现中华民族伟大复兴战略全局,而且也会越来越显示其解决"世界向何处去"问题的能力和作用。习近平新时代中国特色社会主义思想顺应世界发展大势和时代发展潮流,提出了中国式现代化、人类文明新形态与构建人类命运共同体这种具有引领力的中国智慧、中国方案、中国理论。

第一，中国式现代化是解答"世界向何处去"的道路，能为21世纪世界发展开辟一条新路。中国式现代化首先是社会主义道路，它坚持以人民为本，走共同富裕道路，超越了以资为本的西方式现代化道路；它是物质文明、政治文明、精神文明、社会文明、生态文明协调发展的现代化道路，超越了单向度工业文明的现代化道路；它是整合党的领导力量、人民主体力量、市场配置力量并形成合力的现代化道路，超越了以资本主导力量为根本逻辑的现代化道路；它是具有时代性、开放性、包容性、创新性的与时俱进的现代化道路，超越了"一元主导"的排他性、对抗性的现代化道路；它是坚持走和平发展、合作共赢与构建人类命运共同体的现代化道路，超越了那种"你输我赢""赢者通吃"的现代化道路。显然，中国式现代化新道路为解决"世界向何处去"问题，展现出光明的前途。

第二，中国式现代化所创造的人类文明新形态能为"世界向何处去"展现光明前景。人类文明新形态，超越了以物为本、以资为本的资本主义文明，坚持以人民为中心，是体现人类发展一般规律的社会主义文明（民本文明）；它超越单向度、不协调的工业文明，是集物质文明、政治文明、精神文明、社会文明、生态文明于一体并协调发展的全面文明（全要素文明）；它超越那种以"主客对立"为范式的冲突性文明，是以"主主平等"为范式的普惠文明（和合文明）。显然，中国所创造的人类文明新形态优越于以资为本的资本主义文明，优越于以个人至上、资本主导、西方中心为支柱的文明，优越于那种单向度的工业文明，优越于以"主客对立"为范式的文明。

第三，构建人类命运共同体为解答"世界向何处去"贡献了中国智慧和中国方案。简要说，哲学意蕴上的构建人类命运共同体，倡导并注重"多样性统一"的世界观，立足"社会化人类"构建人类共建共享共治共同体的世界大同观，任何国家在主权、规则、机会上应当平等的国家观，和平发展、合作共赢的"互利普惠"的义利观，"五大文明协调发展""文明互学互鉴"的文明观。

显然，作为21世纪马克思主义的习近平新时代中国特色社会主义思想，以中国式现代化、人类文明新形态与构建人类命运共同体，超越资本主义历史局限，为参与全球治理体系改革和建设、推动国际秩序"由变到治"、解答"世界向何处去"，贡献了中国智慧、中国方案、中国理论，有能力引领世界和时代的发展。[1]

九、习近平新时代中国特色社会主义思想是 21 世纪马克思主义 [2]

这是对习近平新时代中国特色社会主义思想的历史地位和世界地位的政治判定问题。

提出"习近平新时代中国特色社会主义思想是 21 世纪马克思主义"这一论断，具有丰富的内涵。完整来讲，有四层涵义。

就与 19 世纪马克思主义、20 世纪马克思主义的关系而言，作为 21 世纪马克思主义的习近平新时代中国特色社会主义思想是马克思主义，它牢固坚守 19 世纪马克思主义、20 世纪马克思主义的根本立场、基本原理、方法原则、价值取向、理想信念和理论品格；同时它又以"世纪"为标识，立足中国、放眼世界、面向未来，与时俱进地进一步发展了 19 世纪马克思主义、20 世纪马克思主义，把马克思主义发展到 21 世纪世界、时代发展所要求的水平。

就当代中国马克思主义和 21 世纪马克思主义关系而言，21 世纪马克思主义、当代中国马克思主义是习近平新时代中国特色社会主义思想在时空上相对不同的表达。习近平新时代中国特色社会主义思想作为当代中国马克思主义，是改革开放以来创立发展起来的中国特色社会主义理论体系之集大成，侧重于马克思主义中国化，关乎实现中华民族伟大复兴的前途命运；习近平新时代中国特色社会主义思想作为 21 世纪马克思主义，指中国特色社会主义进入新时代，实现了马克思主义中国化时代化新的飞跃，同时在以大历史观全面把握"两个大局"的基础上开启了其世界向度和未来向度，侧重于中国特色社会主义、当代中国马克思主义的世界化时代化向度，关乎新时代中国特色社会主义的世界意义和世界社会主义的发展前景。[3] 也就是说，习近平新时代中国特色社会主义思想既是当代中国马克思主义，是马克思主义中国化的最新理论创新成果，是当代中国马克思主义的最新理论创新成果，因而具有"中国意义"，同时又是 21 世纪马克思主义，是当代中国马克思主义世界化时

1　参见《习近平谈治国理政》第 3 卷，外文出版社，2020，第 133 页。

2　参见《中国共产党第十九届中央委员会第六次全体会议文件汇编》，人民出版社，2021，第 92—93 页。

3　参见《习近平新时代中国特色社会主义思想学习问答》，学习出版社、人民出版社，2021，第 7 页。

代化的最新理论创新成果，具有"世界意义""时代意义"。

就整个世界而言，21 世纪的马克思主义包括 21 世纪的中国马克思主义和 21 世纪的国外马克思主义。习近平新时代中国特色社会主义思想是 21 世纪的中国马克思主义主体性的理论形态，同时又是 21 世纪的世界马克思主义核心的理论形态。

就 21 世纪马克思主义本身而言，习近平新时代中国特色社会主义思想是 21 世纪马克思主义核心的理论形态。世界其他各国的专家学者都可以为发展 21 世纪的马克思主义作出重要贡献，也是发展 21 世纪的马克思主义的重要主体。习近平新时代中国特色社会主义思想，就其中心重镇、实践基础、时代特征、时代课题、理论自觉、历史贡献、世界影响而言，它是 21 世纪马克思主义核心的理论形态。习近平新时代中国特色社会主义思想基于新时代中国是 21 世纪马克思主义的实践创新地和理论策源地这一实践基础，反映"两个大局"交织互动、相互激荡及其不确定的"时代特征"，以高度的理论自觉致力于解决"两个大局"背景下社会主义和资本主义的关系，深刻回答"世界向何处去"这一时代课题，其提出的中国式现代化、人类文明新形态与构建人类命运共同体理念，为解决人类重大问题贡献了中国智慧、中国方案、中国理论，深刻影响着世界历史进程，因而成为 21 世纪马克思主义核心的理论形态，并引领 21 世纪马克思主义的发展。

十、建构 21 世纪马克思主义的总体框架

基于上述思考分析，可简要地构建起 21 世纪马克思主义的总体框架，亦即 21 世纪马克思主义的基本雏形。这一基本雏形，以习近平新时代中国特色社会主义思想为基础与核心，以新时代中国发展逻辑和世界的发展逻辑为支撑，从实践基础、时代特征、时代课题、根本问题（研究对象）、本质功能和基本内涵等方面展开：（1）实践基础，就是新时代中国是 21 世纪马克思主义的主要实践发源地和理论策源地，因而要立足新时代中国、放眼世界。（2）时代特征，就是 21 世纪世界的"时代特征"，可概括为"两个大局"交织互动、相互激荡及其导致的"新的动荡变革""不确定"与"重构"。（3）时代课题，就是它要直面和解释"两个大局""交织互动"、社会主义和资本主义"两制并存"、当代

中国和世界发达国家既竞争又合作背景下的"变革重构"，要以中国式现代化、中国式现代化的文明形态、人类文明新形态与构建人类命运共同体超越资本主义历史局限，展示社会主义现代化的优越性，为解决"世界向何处去"重大问题贡献中国智慧、中国方案、中国力量。(4)根本问题，亦即研究对象，就是致力于解决人民生活"美好不美好"、国家或民族"强不强"、世界"和平不和平"、中国共产党自身"硬不硬"、马克思主义"如何具有生机活力"等根本问题。(5)本质功能，就是致力于为中国人民谋幸福、为中华民族谋复兴、为世界谋大同、为中国共产党谋强大、为马克思主义谋生机。(6)基本内涵，就是21世纪马克思主义博大精深、内涵丰富，可从"原体""关系""时间""空间""话语"五个维度完整理解和把握。

附　录

开辟当代中国马克思主义、
21 世纪马克思主义新境界[*]
——深读《习近平谈治国理政》第三卷

《习近平谈治国理政》第三卷，是系统阐述习近平新时代中国特色社会主义思想的文本载体。党的十九大以来，习近平在新时代治国理政的实践中，提出许多具有原创性、时代性、指导性的重大思想观点，进一步丰富和发展了党的理论创新成果。《习近平谈治国理政》第三卷是一部谱写新时代中国特色社会主义新篇章并开辟当代中国马克思主义、21 世纪马克思主义新境界的纲领性文献，也是系统阐述习近平新时代中国特色社会主义思想的纲领性文献，同时还为解释当代中国和世界提供了一种理论体系。

一、时代背景：两个大局

在《习近平谈治国理政》第三卷《胸怀两个大局，做好自己的事情》一文中，习近平总书记提出一个具有基础性、前提性和战略性的重要思想观点：领导干部要把"两个大局"作为"谋划工作的基本出发点"[1]。这意味着，《习近平谈治国理政》第三卷所有的内容，大都是在"两个大局"的时代背景与总体框架中展开阐述的。近年来，习近平总书记在许多重要场合反复强调领导干部要胸怀"两个大局"。我们理解和把握第三卷的所有内容，首先要放在"两个大局"的时代背景当中来进行。

---

　* 本文系国家社科基金重大项目"改革开放以来中国特色社会主义的发展逻辑研究"（17ZDA002）的阶段性成果。
　1　《习近平谈治国理政》第3卷，外文出版社，2020，第77页。

　　这两个大局，就是中华民族伟大复兴的战略全局和世界百年未有之大变局。世界百年未有之大变局中的"大变局"三个字各有深意。其中的"变"，主要是指世界力量在转移，世界格局在调整，世界权力在重构；这种变，可谓之"大"，全方位、深层次地展开了；这种"大变"，必然形成一种新的世界格"局"。这种世界格局，总体上是有利于中国发展的，是一种重要战略机遇，因为它形成的是多极化世界格局，中国在这种格局中的发展空间会逐渐拓宽，影响力与话语权会逐渐提升。同时，这也是一种挑战，因为以美国为代表的西方世界不愿看到这种"大变局"，因此对中国实行围堵打压、战略包围。当今中国融入世界越来越广泛而深入，我们应在世界百年未有之大变局的背景下做好我们自己的事情。实现中华民族伟大复兴是战略全局。如果说以前我们要"解决'有没有'的问题"，那么，中国特色社会主义进入新时代，我国发展步入新的历史方位，则主要是"解决'好不好'的问题"[1]，即人民美好生活需要的问题。要解决这一问题，就必须解决好发展不平衡不充分的问题，即大而不强的问题，迎来从富起来到强起来的伟大飞跃，这属于"强不强"的问题。[2] 换言之，我国发展起来以后，中国共产党的历史使命就是实现中华民族伟大复兴，也即使大国成为强国，实现强起来的伟大飞跃。习近平总书记指出，实现中华民族伟大复兴就是近代以来中华民族最伟大的梦想，现在，我们比历史上任何时期都更接近中华民族伟大复兴的目标，比历史上任何时期都更有信心、有能力实现这个目标，任何国家任何人都不能阻挡中华民族实现伟大复兴的历史步伐。这也意味着实现中华民族伟大复兴关乎我国发展的战略全局，全国各地、各个部门与各个领域、各项工作都要聚焦于服务于这一战略全局。

　　提出胸怀两个大局，是对中国特色社会主义进入新时代、我国发展处在新的历史方位认识的深化。它要求，在新时代，在我国发展新的历史方位，一切问题都要放在"两个大局"的框架中来理解，一切战略、方略与政策、工作，都要置于"两个大局"的框架中来谋划。

1　《习近平谈治国理政》第 3 卷，外文出版社，2020，第 133 页。
2　同上书，第 8 页。

二、根本主题：谱写新时代中国特色社会主义新篇章

整本《习近平谈治国理政》第三卷所贯穿的根本主题，就是在"两个大局"的时代背景下，谱写新时代中国特色社会主义新篇章。党的十九大报告指出："经过长期努力，中国特色社会主义进入了新时代，这是我国发展新的历史方位。"[1] 这意味着以习近平同志为核心的党中央要谱写新时代中国特色社会主义新篇章。第三卷的第一个专题，就是集中阐述这一主题的。把"谱写新时代中国特色社会主义新篇章"放在第三卷专题之首，这是有深意的，把握其中深意的关键在于如何理解"新篇章"。总体来看，第三卷是围绕"把握新要求要有新作为""进行伟大斗争"（两种革命）和"开辟当代中国马克思主义、21 世纪马克思主义新境界"，来谱写新时代中国特色社会主义新篇章的。

要谱写新时代中国特色社会主义"新篇章"，首先要把握新时代的新要求，要有新作为，呈现新气象。第三卷第一专题的第 1 篇和第 3 篇，就是集中谈论这个问题的。[2] 对此问题的回答，可以归纳概括为"六个字"：标、道、术、行、招、领。所谓"标"，就是奋斗目标，即实现中华民族伟大复兴，"不断推进全体人民共同富裕"[3]；"道"，就是理念、思想，即"坚持以人民为中心的发展思想"，"贯彻新发展理念"[4]；"术"，就是方略和方法，就是要"提高战略思维、创新思维、辩证思维、法治思维、底线思维能力"[5]；"行"，就是实践行动，就是要"增强工作的原则性、系统性、预见性、创造性"[6]；"招"，就是关键招数、重要法宝，就是要全面深化改革，进而"推进国家治理体系和治理能力现代化"[7]，这是决定当代中国命运的关键一招；"领"，就是领导、引领，就是要注重加强党的建设，把中国共产党建设成一个坚强有力的强大政党，从而为实现中华民族伟大复兴提供政治引领，要做到这一点，就必须既不断

1　《习近平谈治国理政》第 3 卷，外文出版社，2020，第 8 页。
2　同上书，第 61—62、65—68 页。
3　同上书，第 66 页。
4　同上书，第 66 页。
5　同上书，第 61 页。
6　同上书，第 61 页。
7　同上书，第 66 页。

进行伟大的社会革命，又勇于进行伟大的自我革命。[1] 这些新要求新作为新气象，都抓住了实现中华民族伟大复兴，进而谱写新时代中国特色社会主义新篇章的关键点。

要在新时代体现新要求，要有新作为，呈现新气象，谱写新时代中国特色社会主义"新篇章"，不是轻而易举的，必须破除前进路上的诸多矛盾难题、障碍阻力、风险挑战，为此必须进行具有许多新的历史特点的伟大斗争。党的十八大以来，习近平总书记一再强调这种伟大斗争，第三卷第一专题的第 4 篇就是集中谈论这一问题的。[2] 要准确理解和把握习近平总书记关于"伟大斗争"的思想观点，一定要将其置于"四个伟大"即"伟大斗争、伟大工程、伟大事业、伟大梦想"的总体框架之中。习近平总书记强调，"伟大斗争，伟大工程，伟大事业，伟大梦想，紧密联系、相互贯通、相互作用"[3]。这意味着，要理解"四个伟大"中的任何一个"伟大"，一定要结合其他三个"伟大"，不能忽略其他三个"伟大"。理解伟大斗争就是如此。之所以要进行伟大斗争，既因为行百里者半九十，实现伟大梦想"绝不是轻轻松松、敲锣打鼓就能实现的"[4]，全党必须准备进行伟大斗争；又因为加强党的建设，就要刀刃向内，勇于自我革命，向自身存在的突出问题开刀，革别人的命相对容易，革自己的命往往更难，必须以伟大斗争的精神来面对；还因为在推进以中国特色社会主义实现中华民族伟大复兴的实践进程中，要解决诸多矛盾难题，破解诸多障碍阻力，化解诸多风险挑战，这好比是"滚石上山""爬坡过坎"，必须以斗争精神、斗争本领来应对。这种伟大斗争表明：我们党既要不断推进社会革命，又要勇于自我革命，真正在信念、政治、责任、能力、作风上过硬。[5] 过去有些理论文章在理解和把握"四个伟大"中的某一个"伟大"时，常会忽视其他三个"伟大"，这实质上是还未真正学懂弄通习近平总书记关于"四个伟大"的重要论述。

谱写新时代中国特色社会主义"新篇章"，在新时代体现新要求，展现新

1　参见《习近平谈治国理政》第 3 卷，外文出版社，2020，第 62、67 页。
2　同上书，第 69 页。
3　同上书，第 14 页。
4　同上书，第 12 页。
5　同上书，第 72 页。

作为，呈现新气象，进行具有许多新的历史特点的伟大斗争，必将开辟当代中国马克思主义、21世纪马克思主义新境界，这是谱写新时代中国特色社会主义"新篇章"最高的理论境界。第一个专题的第5篇，是集中谈论这一重大问题的。[1] 开辟21世纪马克思主义新境界，是当代中国共产党人首次提出的一个正在生成且具有标识性的重大命题。马克思主义的发展命运始终是与资本主义变化和世界社会主义运动紧密联系在一起的。马克思恩格斯使社会主义由空想变为科学，在19世纪创立了马克思主义，当时马克思主义产生的中心重镇主要在英国伦敦。列宁、毛泽东传承发展了马克思主义，创立了20世纪的马克思主义——列宁主义、毛泽东思想，在世界上，苏联、中国相继建立起社会主义国家，苏联、中国成为20世纪的马克思主义创立和发展的中心重镇。21世纪以来，世界出现"马克思热"，马克思主义得以复兴，在当代中国，中国共产党人提出了创新发展21世纪马克思主义这一重大命题。从历史发展的连续性和阶段性统一来看，有19世纪马克思恩格斯创立的马克思主义、20世纪发展了的马克思主义，也有21世纪发展着的马克思主义。这里所讲的19世纪的马克思主义、20世纪的马克思主义、21世纪马克思主义不是"三个"割裂开的马克思主义，而是指马克思主义既具有历史发展的连续性又具有阶段性，是与世界社会主义运动中心转移紧密相关的概念。从广义来讲，21世纪马克思主义包括21世纪世界马克思主义和21世纪中国马克思主义；从狭义来说，当代中国马克思主义，主要是习近平新时代中国特色社会主义思想，是21世纪马克思主义中具有主体地位的主体形态。从本源意义来讲，21世纪马克思主义首先是马克思主义，马克思主义的根本立场、价值取向、理想信念、基本原理、方法原则、理论品格不能丢，丢了，就不是马克思主义了；从关系规定来说，21世纪马克思主义，从本质上说，就是超越现代性的西方资本主义话语，在解码当代西方资本主义现代性样本，以及当代中国改革开放和以中国特色社会主义实现社会主义现代化样本的基础上，书写重构新现代性的中国版本和世界版本。从发展过程来看，21世纪世界社会主义运动的中心主要在当代中国，所以，21世纪马克思主义的中心重镇也主要在当代中国。党的十九大报告所讲的三个"意味着"，尤其是后两个，就明确揭示了21世纪

1　参见《习近平谈治国理政》第3卷，外文出版社，2020，第74—76页。

世界社会主义运动的中心在当代中国：在当代中国，中国特色社会主义进入了新时代，这"意味着科学社会主义在二十一世纪的中国焕发出强大生机活力，在世界上高高举起了中国特色社会主义伟大旗帜；意味着中国特色社会主义道路、理论、制度、文化不断发展，拓展了发展中国家走向现代化的途径，给世界上那些既希望加快发展又希望保持自身独立性的国家和民族提供了全新选择，为解决人类问题贡献了中国智慧和中国方案"[1]。创新发展21世纪马克思主义，应在坚定不移地继承19世纪的马克思主义和20世纪的马克思主义所确立的根本立场、价值取向、理想信念、基本原理、方法原则、理论品格的基础上，与时俱进地研究当代的整个世界，而首先和主要的是要研究当代中国与整合了当代中国马克思主义理论成果的习近平新时代中国特色社会主义思想，后者对创新发展21世纪马克思主义具有世界性的"典型样本"意义，因为它超越了资本占有劳动的逻辑，既解决了落后国家建设社会主义并追赶世界现代化和发达国家发展水平的问题，也致力于解决我国发展起来以后使大国成为强国即实现强起来的问题，还为解决人类问题贡献了中国智慧和中国方案。这实质上昭示我们：习近平新时代中国特色社会主义思想是21世纪马克思主义，提出21世纪马克思主义这一重大命题，就是要为解释当代中国和世界提供一种理论体系。

三、核心主线：不忘初心、牢记使命

如果说谱写新时代中国特色社会主义新篇章是第三卷的根本主题，那么，不忘初心、牢记实现中华民族伟大复兴的历史使命，则是谱写新时代中国特色社会主义新篇章所紧紧围绕的核心主线，也是第三卷的核心主线。核心主线与根本主题既相互联系又存在区别：核心主线是服务于根本主题的，它是谱写新时代中国特色社会主义新篇章这一根本主题的核心主线；而要完成谱写新时代中国特色社会主义新篇章这一根本主题，就要紧紧围绕核心主线来展开、来进行，也就是要紧紧围绕实现中华民族伟大复兴这一核心主线。所以，在阐述谱写新时代中国特色社会主义新篇章这一根本主题之后，逻辑上

1　《习近平谈治国理政》第3卷，外文出版社，2020，第8—9页。

自然就要进一步阐述这一根本主题的核心主线。第三卷把"不忘初心、牢记使命，把党的自我革命推向深入"作为压轴的最后一个专题，意味着它是贯穿整个第三卷十九个专题的一条核心主线。一些理论文章把"主题"与"主线"当作一回事，混淆二者的边界，是不精准的。

实现中华民族伟大复兴属于伟大梦想，是"四个伟大"之一，要理解和把握这一"伟大梦想"，就必须与"伟大斗争""伟大工程""伟大事业"结合起来。[1]实现伟大梦想必须进行伟大斗争，因为实现伟大梦想，既需要有新作为，又要以斗争精神和奋斗精神有效应对实现中华民族伟大复兴进程中所遇到的各种矛盾难题、障碍阻力、风险挑战。实现伟大梦想必须建设伟大工程，因为打铁必须自身硬，实现中华民族伟大复兴是中国共产党人所打的坚硬的"铁"，如果中国共产党人自身不硬，是打不好这一硬"铁"的，而要把这一硬"铁"打好，中国共产党人自身必须始终过硬。为此，就必须勇于自我革命，力戒形式主义、官僚主义，把中国共产党建设得更加坚强有力。第三卷第十九专题专辟一篇，讲力戒形式主义、官僚主义的问题。[2]形式主义、官僚主义，实际上是在处理上级、下级和"我"三者关系中出现的问题，是关于思想作风、领导作风和工作作风的问题。官僚主义是权力的错用滥用，它导致主客关系、上下级关系扭曲；形式主义是工作不实，它导致欺上瞒下、缺乏担当、不切实际、遮蔽问题，"把说的当做了，把做了当做成了"[3]。形式主义、官僚主义产生的原因，与官本位思想以及政绩观错位、责任心缺失、价值观走偏、权力观扭曲有关，而整治的办法，就如习近平总书记所强调的，要"从思想和利益根源上来破解"[4]，要从树立正确政绩观，形成"头雁效应"[5]入手。实现伟大梦想，还必须推进伟大事业，因为中国特色社会主义是实现中华民族伟大复兴的必由之路。[6]

1　参见《习近平谈治国理政》第 3 卷，外文出版社，2020，第 14 页。
2　同上书，第 499—503 页。
3　同上书，第 502 页。
4　同上书，第 502 页。
5　同上书，第 499 页。
6　同上书，第 13—14 页。

四、哲学方法：五大思维

如何在"两个大局"的时代背景下，围绕实现中华民族伟大复兴来谱写新时代中国特色社会主义新篇章？如何破解实现中华民族伟大复兴进程中的矛盾难题、障碍阻力、风险挑战？这就需要运用哲学方法或哲学思维。之所以运用哲学思维进行治国理政，是由于哲学能为治国理政提供哲学智慧，提供治国理政之道。习近平总书记十分善于运用哲学思维进行治国理政。第三卷第一专题的第1篇、第六专题的第3篇、第八专题的第2篇，都谈到了哲学思维，而且是在谈论新时代新要求、全面深化改革和应对风险挑战问题时较多地谈到五大哲学思维，即战略思维、辩证思维、创新思维、法治思维和底线思维。[1]

在具有战略性意义的"两个大局"的时代背景下，要谋划好实现中华民族伟大复兴战略全局，协调推进"四个全面"战略布局，首先需要作战略谋划、战略安排，具有战略定力，这就需要战略思维。战略思维，就是要跳出局部从全局看局部，不局限于局部；跳出眼前从长远看眼前，不满足于眼前；跳出现象从根本看现象，不停留于现象。只看到局部、眼前、现象，是难以有效治国理政的，只有站在全局、长远、本质的格局上理解和把握世界，才能有效治国理政。

在中国特色社会主义建设、实现中华民族伟大复兴的实践进程中存在着一个基本事实，就是必然会遇到一系列矛盾关系，如社会主义制度和市场经济、快和好、大和小、效率和公平、资本和劳动、经济发展和环境保护、跨越式发展和循序渐进、经济全球化和独立自主等等，而且当前我国正处于矛盾多发期和凸显期。面对这种情境，习近平总书记在治国理政中正确处理和驾驭一系列矛盾关系，强调要善于运用辩证思维，以免在工作中走极端，犯颠覆性的错误。辩证思维，就是在讲对立时不要忘记统一，在讲统一时不要忘记对立。习近平总书记运用辩证思维，正确处理了一系列矛盾关系，既抓住了重点，又注重全面。比如，在第三卷中，如何把握"两个大局"之间的关

系？如何看待"打铁"和"自身硬"的关系？如何理解不断推进社会革命和勇于自我革命的关系？如何把握伟大梦想与伟大斗争、伟大工程、伟大事业的关系？如何理解和把握富起来和强起来的关系？如何理解和把握我国国家制度和国家治理之间的关系？如何理解和把握党和国家、党和人民、党和社会的关系？如何破解改革发展稳定之间的关系，坚持稳中求进总基调？如何把握发展和安全的关系？如何把握中国和世界的关系？如何理解和把握党领导一切和全面从严治党的关系？如何理解和把握与时俱进和一脉相承的关系，不断开辟 21 世纪马克思主义新境界？面对这些矛盾关系，习近平总书记都自觉运用辩证思维来理解把握与正确处理。

在新时代，我国发展起来后要使大国成为强国即实现强起来，就需要具有创新思维能力。创新思维，就是"超越陈规、开创新路"，具体来说，就是对事物作全新思考，对结构作全新调整，对实践作全新谋划，力求寻找新思路、打开新局面的思想方法。无农不稳，无工不富，无创不强，要使大国成为强国，实现强起来，必须具备创新思维。党的十九届五中全会强调"坚持创新在我国现代化建设全局中的核心地位"[1]，是有其深意的。

法治是治国理政的基本方式，依法治国是治国理政的基本方略。习近平总书记治国理政，当代中国共产党人全面有效治理社会主义社会，都离不开对法治思维的运用。

当代中国正进入风险社会，这意味着风险无处不在、无时不有、随时发生、成为常态。要有效应对各种风险挑战，就需要运用底线思维。底线思维，就是以最大的主动，尽最大的能力，用最顽强的斗争精神，做好应对最坏的准备，争取最好的结果，从而真正做到化险为夷、转危为机。[2]

五、根本观点：十大核心要义

许多人认为，理解和把握习近平新时代中国特色社会主义思想的立场和方法相对容易，而精准理解把握与提炼概括其根本观点相对较难。确实如此，这是学习研究习近平新时代中国特色社会主义思想的一个难点。习近平新时

1　《中国共产党第十九届中央委员会第五次全体会议公报》，《人民日报》2020 年 10 月 30 日。
2　参见《习近平谈治国理政》第 3 卷，外文出版社，2020，第 219—223 页。

代中国特色社会主义思想博大精深、内容丰富，我们首先要学懂弄通其基本观点，进而从"目"（基本观点）中提炼出"纲"（根本观点），做到纲举目张。为此，必须具有提炼概括习近平新时代中国特色社会主义思想根本观点的方法论，否则就会仁者见仁智者见智，难以达成共识。这一方法论，应基于习近平治国理政实践的总思路、总框架。实践是理论之源。恩格斯指出，我们的理论"是一种历史的产物，它在不同的时代具有完全不同的形式，同时具有完全不同的内容"[1]。这提示我们要重视习近平新时代中国特色社会主义思想产生、形成的"历史方位"问题。党的十九大作出中国特色社会主义进入了新时代的重大判断。马克思曾经指出：每个时代总有属于它自己的问题，而所谓问题，"就是公开的、无畏的、左右一切个人的时代声音。问题就是时代的口号，是它表现自己精神状态的最实际的呼声"[2]。每个时代只能提出它能解决的问题，制定它能完成的任务。在习近平总书记这里，这一时代问题，亦即奋斗目标或历史使命，就是全面建设社会主义现代化国家，实现中华民族伟大复兴，迎来从富起来到强起来的伟大飞跃。这实际上也是习近平新时代中国特色社会主义思想在新的历史方位所要解决的时代问题、所要实现的奋斗目标和完成的历史使命。要解决时代问题、实现奋斗目标、完成历史使命，就必须采取有效的路径和方略，形成"总体方略"。习近平新时代中国特色社会主义思想就提出了许多解决问题的方法、实现奋斗目标和完成历史使命的方略。解决时代问题、实现奋斗目标、完成历史使命，还需要提供全面保障，找到根本抓手，不仅如此，最为关键的是，还要有一个强大的领导力量，带领全国各族人民解决时代问题、实现奋斗目标、完成历史使命。习近平新时代中国特色社会主义思想包含大量这方面的重要论述。经过如上梳理，一种提炼概括习近平新时代中国特色社会主义思想根本观点的方法论就出现了；即遵循习近平治国理政实践的"历史方位—奋斗目标—总体方略—全面保障—根本抓手—领导力量"这一逻辑。

在《习近平谈治国理政》第三卷中，习近平总书记胸怀两个大局，运用哲学思维，围绕实现中华民族伟大复兴谱写新时代中国特色社会主义新篇章，提出了一系列根本观点，这些观点可以看作习近平新时代中国特色社会主义

1 《马克思恩格斯全集》第 26 卷，人民出版社，2014，第 499 页。
2 《马克思恩格斯全集》第 40 卷，人民出版社，1982，第 289—290 页。

思想的根本观点。通读第三卷，再运用上述方法论，就可以提炼概括出习近平新时代中国特色社会主义思想的"纲"与"目"，从而做到纲举目张。其中的"纲"，就是习近平新时代中国特色社会主义思想的根本观点或核心要义，简要说包括如下十点。

历史方位论。这呈现在第三卷的开篇之作即党的十九大报告第一部分中。其主要内容是新的历史方位"由何而来"（历史性成就、历史性变革、历史性转化）、"从何出发"（"三个意味着"和"两个大局"）、"走向何方"（党的十九大报告第一部分所讲的"五个是"）[1]。这是习近平新时代中国特色社会主义思想的立论基础，从根本上回答的是我国发展起来以后使大国成为强国即实现强起来的问题。因此，要基于中国特色社会主义进入了新时代、我国发展目标变为"实现强起来"这一新的历史方位，来理解习近平新时代中国特色社会主义思想，把历史方位论与"实现强起来"发展目标贯彻到习近平新时代中国特色社会主义思想的方方面面。一些人对"历史方位论"的地位和作用认识还不够到位，贯彻也不够彻底。

民族复兴论。这是党的十九大报告第二部分的核心内容。其主要内容是：新时代中国共产党的历史使命，是实现伟大梦想即实现中华民族伟大复兴；民族复兴的本质内涵，是国家富强、民族振兴、人民幸福；要从紧迫感责任感与使命意识担当意识理解和把握民族复兴；要在"四个伟大"的总体框架中理解和把握民族复兴。[2] 民族复兴论的提出，与我国发展起来以后使大国成为强国的历史方位具有逻辑相关性。马克思曾经说过，"人类始终只提出自己能够解决的任务"[3]。由于我国发展起来了，自然就把使大国成为强国即实现强起来作为历史使命、奋斗目标提出来了。

人民中心论。第三卷的第四、十二、十九专题集中阐述了人民中心论。其主要内容是：新的社会主要矛盾，要求我们必须坚持以人民为中心的发展思想；要不忘初心、牢记使命；要把人民当作主体，一切依靠人民，人民是我们党执政的最大底气；要把人民当作目的，一切为了人民，人民对美好生活的向往就是我们党的奋斗目标；要把人民当作尺度，坚持人民至上，始终

1　参见《习近平谈治国理政》第3卷，外文出版社，2020，第2—10页。

2　同上书，第10—14页。

3　《马克思恩格斯文集》第2卷，人民出版社，2009，第592页。

把人民放在心中最高的位置。[1] 把不忘初心、牢记使命并提，意味着民族复兴论和人民中心论构成习近平新时代中国特色社会主义思想的"两大基石"，前者侧重于从历史维度谈奋斗目标，后者侧重于从价值维度谈奋斗目标。

发展理念论。第三卷第九专题对此进行了集中阐述。发展理念属于"道"的范畴，是从"道"的维度谈总体方略的，是在我国发展起来以后使大国成为强国即实现强起来的历史方位中提出来的。其主要内容有：新发展理念是我国发展方向、发展思路、发展方式、发展着力点的集中体现，是管全局、管根本、管长远的；新发展理念是供给侧结构性改革中为实施高质量发展而开出的"药方"，是贯穿"五位一体"总体布局、"四个全面"战略布局中的发展理念、发展思想，使大国成为强国的根本之道；树立和落实新发展理念，是关乎我国发展全局的一场深刻变革。[2] 一些理论文章不仅不谈提出新发展理念所依据的历史方位，而且只是把新发展理念局限于经济领域来谈，把习近平总书记所讲的新发展理念也"管全局、管根本、管长远"[3]给忽视了，那就难以真正深入理解和把握新发展理念的精髓、实质和意义。

"两大布局论"。第三卷的《谱写人类反贫困历史新篇章》《改革开放四十年积累的宝贵经验》《长期坚持、不断丰富发展新时代中国特色社会主义经济思想》《加强生态文明建设必须坚持的原则》等篇目，谈到了"两大布局"，即"五位一体"总体布局、"四个全面"战略布局。既然是"布局"，就属于"术"的范畴，是从"术"的维度谈总体方略的。其主要内容是：必须围绕解决好人民日益增长的美好生活需要和不平衡不充分的发展之间的矛盾这一社会主要矛盾，统筹推进"五位一体"总体布局、协调推进"四个全面"战略布局；要把坚持以人民为中心的发展思想贯穿到"五位一体"总体布局和"四个全面"战略布局之中；要把扶贫工作纳入"五位一体"总体布局、"四个全面"战略布局，作出重大部署和安排，全面打响脱贫攻坚战；从"两个文明"到"三位一体""四位一体"，再到"五位一体"，是重大理论和实践创新，带来了发展理念和发展方式

1　参见《习近平谈治国理政》第 3 卷，外文出版社，2020，第 15、133—144、497—498、523—528、529—536、537—544 页。
2　同上书，第 23—25、234—239 页。
3　《习近平关于全面建成小康社会论述摘编》，中央文献出版社，2016，第 64 页。

的深刻转变。[1] "两大布局"，是大国成为强国的总体方略。如果要从学理上阐释"两大布局"，就要进一步深入理解和把握"两大布局"之间的关系。笔者认为，"两大布局"之间的关系，是全面与重点、全方位与核心、总框架与牛鼻子之间的关系，也就是说，我们要紧紧扭住协调推进"四个全面"战略布局这个"牛鼻子"，来统筹推进"五位一体"总体布局。

战略步骤论。第三卷第五、八、十三专题对此进行了充分阐述，尤其是对打好"三大攻坚战"，第三卷用三个专题进行集中论述，显示了习近平总书记对打好"三大攻坚战"的高度重视。对新时代新实践新征程作出"战略安排"，属于"行"的范畴，它是从"行"的维度谈总体方略的。关于防范化解重大风险攻坚战，其主要内容是：风险关乎国家安全，要坚持党对国家安全工作的绝对领导；要增强忧患意识，做到居安思危，全面认识和有力应对一些重大风险挑战；要坚持底线思维，着力防范化解重大风险，为实现中华民族伟大复兴提供坚强保障；既要有防范风险的先手，也要有应对和化解风险挑战的高招，既要打好防范风险和抵御风险的有准备之战，也要打好化险为夷、转危为机的战略主动战；防范化解重大风险，要提高战略思维、历史思维、辩证思维、创新思维、法治思维、底线思维能力，要具有充沛顽强的斗争精神，要完善风险防控机制，建立健全风险研判机制、决策风险评估机制、风险防控协同机制、风险防控责任机制。[2] 实际上，当今中国正进入风险社会，各种风险无处不在、无时不有、随时发生、成为常态。学习思考领会习近平总书记关于防范风险的重要论述，具有重要的实践意义和战略意义，其中最为重要的，就是要分析研判风险源，注重源头治理，提前作出防范风险的对策。关于精准脱贫攻坚战，习近平总书记强调，脱贫攻坚，精准是要义，成败在于精准，因而要坚持精准方略，坚持"六个精准"，即扶持对象精准、项目安排精准、资金使用精准、措施到户精准、因村派人（第一书记）精准、脱贫成效精准，真正做到扶贫扶到点上扶到根上，不搞大水漫灌。[3] 习近平总书记一贯强调"精准"，在阅读书籍、调查研究、扶贫脱贫、中国抗疫等问题上，他

1　参见《习近平谈治国理政》第3卷，外文出版社，2020，第148—153、181—189、231—236、359—365页。

2　同上书，第217—224页。

3　同上书，第148—161页。

都强调"精准"，可概括为"精准阅读""精准调查""精准脱贫""精准施策"，这也是关于精准的四个"典型样本"。这里强调"精准"并提出"精准方略"，认为精准方略事关工作成败，特别值得我们从哲学层面加以关注、思考和提升，进而提出"精准思维"。"精准思维"的地位和作用不亚于战略思维、辩证思维、创新思维、法治思维、底线思维，主要应在"把脉开方"、贯彻落实与实际操作、解决问题上加以着重强调，因其关乎思想作风、领导作风和工作作风。关于污染防治攻坚战，目标是要促进人与自然和谐共生。[1] 此外，第三卷也对从2020年到21世纪中叶作出了"两步走"战略安排。"发展理念论""两大布局论""战略安排论"，是分别从道、术、行三个方面来讲的立在"两大基石"上的"三根柱子"。

总体国家安全观。第三卷的第八、十四、十五专题对此作出了阐述。其总体思想是：实现国家安全，是为实现中华民族伟大复兴提供安全环境；我们党已经构建了国家安全体系主体框架，形成了国家安全理论体系，完善了国家安全战略体系；要坚持人民安全、政治安全、国家利益至上有机统一，其中，人民安全是国家安全的宗旨，政治安全是国家安全的根本，国家利益至上是国家安全的准则；军强才能国安。[2] 习近平总书记首次对总体国家安全观进行了系统阐述，目的在于从国内方面为实现强起来提供安全保障。

命运共同论。第三卷的第十六、十七、十八专题对此进行了全面深入的论述。[3] 习近平总书记对当今世界的发展态势进行了科学研判，提出了世界百年未有之大变局的重大命题，认为当今世界经济领域三大突出矛盾一个都没有得到有效解决，即全球增长动能不足，全球经济治理滞后，全球发展失衡。为解决这三大突出矛盾与人类面临的其他问题，习近平总书记提出了携手构建人类命运共同体理念，目的在于为实现强起来提供和平的国际环境。要真正深入理解和把握构建人类命运共同体的要义、内核和精髓，需要上升到哲学层面，这就是它蕴含着以世界多样的世界观、国家平等的国家观、文明互鉴的文明观、包容发展的发展观、共建普惠的义利观为核心内容的哲学观。其实质就是中国积极参与全球治理，并为解决人类问题贡献中国智慧和中国

---

[1] 参见《习近平谈治国理政》第3卷，外文出版社，2020，第359—379页。

[2] 同上书，第217—223、390—417页。

[3] 同上书，第421—494页。

方案。从哲学层面理解和把握构建人类命运共同体理念，是把相关研究引向深入的根本途径。

国家治理论。第三卷的第三、六专题对此进行了阐述。这实际上讲的就是"中国之治"，是治国理政的根本抓手。总的思想观点是：中国特色社会主义制度和国家治理体系是以马克思主义为指导、植根中国大地、具有深厚中华文化根基、深得人民拥护的制度和治理体系，我们必须倍加珍惜、毫不动摇坚持、与时俱进发展；新中国成立以来，尤其是改革开放以来，中国共产党领导人民创造了世所罕见的经济快速发展奇迹和社会长期稳定奇迹；我国国家制度和国家治理体系的显著优势，是这种奇迹的制度支撑；要固根基、扬优势、补短板、强弱项，把我国制度优势更好转化为国家治理效能；要用制度优势和国家治理效能来全面治理社会主义社会，应对国内外风险挑战，助推实现中华民族伟大复兴；要严格遵守和执行制度。[1] 从党的十八届三中全会、经党的十九届三中全会，到党的十九届四中全会，其主题都是"中国之治"问题，而且这三次全会在党的十八大以来的历史上都具有十分重要的地位，尤其是党的十八届三中全会，习近平总书记称之具有"划时代"意义，"开创了我国改革开放的全新局面"[2]。这实际上意味着，以习近平同志为核心的党中央致力于再创"中国之治"奇迹。我们可以围绕"中国之治"来理解和把握中国奇迹，来理解和把握习近平总书记所讲的中国社会主义实践"后半程"的历史任务——用"制度"来"治理"社会主义社会[3]，来理解和把握党的十八大以来我们党所推进的实践创新和理论创新，来进一步深化对共产党执政规律、社会主义建设规律、人类社会发展规律的认识。

强大政党论。第三卷的第二、十九专题对此进行了全面深入的阐述。习近平总书记是围绕"打铁必须自身硬"这一总思路，强调大党要有大党的样子。我们不能作循环论证，用"大"来解释"大"，而应当用"样子"来解释"大"，这个"样子"，就是"强大"，其实质是使大党成为强党，注重"强党建设"。强，就强在党要硬在政治、硬在信念、硬在能力、硬在作风、硬在担当；强在党员干部要增强"四个意识"、坚定"四个自信"、做到"两个维护"；强在推进伟

1　参见《习近平谈治国理政》第3卷，外文出版社，2020，第105—130、165—189页。
2　同上书，第178页。
3　参见《习近平谈治国理政》，外文出版社，2014，第104—107页。

大工程，要结合"伟大斗争、伟大事业、伟大梦想"的实践来进行；强在中国共产党领导是中国特色社会主义最本质的特征，是中国特色社会主义制度最大的优势，党是最高政治领导力量，因而，党政军民学、东西南北中，党是领导一切的；强在要全面从严治党，把政治建设摆在首位，即把准政治方向，坚持党的政治领导，夯实政治根基，涵养政治生态，防范政治风险，永葆政治本色，提高政治能力。[1] 习近平总书记关于党的建设的重要论述，其精神实质和本质特征就是"强党建设"，理解不到这一点，就没有把握习近平总书记关于党的建设的重要论述的精髓和实质。对此，我们应有清醒的认识。

以上十大根本观点环环相扣，具有内在的逻辑联系，构成一个完备的具有"纲领性"和"理论形态"的科学理论体系，是指导实现中华民族伟大复兴的行动指南。其中，历史方位好比"坐标点"，民族复兴和人民中心好比两个"坐标轴"，哲学方法好比画好坐标的方法。我们需要按照"历史方位""民族复兴""人民中心"的体系来深读《习近平谈治国理政》第三卷，只有读懂历史方位、民族复兴、人民中心，只有读懂时代背景、根本主题、核心主线、哲学方法和根本观点，才能真正读懂第三卷。

六、主要特点：增加新的内容、聚焦根本问题、具有严密逻辑

与《习近平谈治国理政》第一卷、第二卷相比，《习近平谈治国理政》第三卷具有许多新的特点亮点。

一是增加新的内容。诸如单列一篇讲了胸怀两个大局，做好自己的事情；单列一个专题讲完善和发展我国国家制度和治理体系；单列一个专题讲增强忧患意识，防范化解风险挑战；首次专门阐述了精准方略，认为脱贫成败在于精准[2]；单列一个专题讲促进人与自然和谐共生；有多个专题对"强党建设"与"伟大斗争""两种革命"展开了深入论述；单列一篇着重讲了不断开辟当代中国马克思主义、21 世纪马克思主义新境界。

二是聚焦根本问题。第三卷立足历史方位及"两个大局"，基于两大基石（民族复兴和人民中心），围绕谱写"新时代中国特色社会主义新篇章"，更加

1　参见《习近平谈治国理政》第 3 卷，外文出版社，2020，第 83—101、497—551 页。
2　同上书，第 151、155 页。

聚焦阐述新发展理念与社会主要矛盾(美好生活)、打好"三大攻坚战"、推进国家治理现代化、保障国家安全和构建人类命运共同体、建设强大政党等重大理论和实践问题,集中回答"中国共产党为什么能、马克思主义为什么行、中国特色社会主义为什么好"[1]等根本性问题。

三是具有严密逻辑。总体来看,《习近平谈治国理政》第三卷是具有内在逻辑的。这一逻辑,总体来说,就是以"两个大局"为时代背景,立足"民族复兴、人民中心"两大基石,在统筹推进"两大布局"和统揽"四个伟大"实践中,充分发挥"中国之治"的作用,以营造安全的国内环境和和平的国际环境,并集中打好"三大攻坚战",进而谱写新时代中国特色社会主义新篇章,不断开辟当代中国马克思主义、21 世纪马克思主义新境界。其中蕴含的大逻辑是:全国各地、各个部门与各个领域、各项工作,都要聚焦于服务于实现中华民族伟大复兴战略全局,进而谱写新时代中国特色社会主义新篇章,开辟当代中国马克思主义、21 世纪马克思主义新境界。

1 参见《习近平谈治国理政》第 3 卷,外文出版社,2020,出版说明。

索　引

参考文献

1. 陈曙光、王海燕主编：《21 世纪马克思主义概论》，中共中央党校出版社 2021 年版。

2. 顾海良：《马克思主义的历史发展与 21 世纪马克思主义的时代课题》，《中国高校社会科学》2022 年第 3 期。

3. 任晓伟：《论 21 世纪马克思主义形成的依据》，《马克思主义理论学科研究》2021 年第 7 期。

4. 黄旭东、冯游游：《21 世纪马克思主义的生成及其价值意蕴》，《江汉论坛》2022 年第 11 期。

5. 任晓伟：《黄帝文化与 21 世纪马克思主义的伟大理论创造——关于"中华文化和中国精神的时代精华"重大论断的源头性思考》，《中国浦东干部学院学报》2023 年第 4 期。

6. 李百玲：《21 世纪马克思主义的历史维度与建构路径》，《学习与探索》2018 年第 5 期。

7. 梁树发：《历史经验与 21 世纪马克思主义展望》，《理论视野》2016 年第 5 期。

8. 姜辉：《新时代中国特色社会主义与 21 世纪马克思主义》，《中共杭州市委党校学报》2018 年第 4 期。

9. 弗拉迪米洛·贾凯、李凯旋：《新时代的中国马克思主义与 21 世纪马克思主义》，《世界社会主义研究》2022 年第 11 期。

10. 任平：《论"21 世纪马克思主义"的出场路径与当代使命》，《吉林大学社会科学学报》2017 年第 6 期。

11. 韩庆祥、王学智：《关于"21 世纪马克思主义"的基本问题》，《教学与研究》2023 年第 3 期。

12. 欧阳康：《21 世纪马克思主义的研究视域与重大问题》，《马克思主义理论教学与研究》2021 年第 1 期。

13. 张国祚：《创新 21 世纪马克思主义必须着力研究的四个问题》，《马克思主义研究》2017 年第 3 期。

14. 唐鑫：《21 世纪马克思主义的四个基本议题探讨》，《探索》2020 年第 3 期。

15. 肖贵清、李云峰：《实现"两个结合"与创新发展 21 世纪马克思主义》，《思想理论教育导刊》2022 年第 4 期。

16. 刘卓红、张秀峰：《交往互动与发展 21 世纪马克思主义》，《湖南师范大学社会科学学报》2019 年第 4 期。

17. 侯衍社、侯耀文：《在理论创新与实践创新的良性互动中发展 21 世纪马克思主义》，《中国特色社会主义研究》2020 年第 4 期。

18. 陈曙光：《中国样本与 21 世纪马克思主义》，《马克思主义研究》2018 年第 11 期。

19. 田鹏颖：《21 世纪马克思主义的中国逻辑》，《天津师范大学学报(社会科学版)》2022 年第 4 期。

20. 李庚香：《"21 世纪马克思主义"引领构建人类命运共同体新前程》，《领导科学》2021 年第 1 期。

21. 竟辉：《创新发展 21 世纪马克思主义的路径选择》，《社会科学家》2023 年第 1 期。

22. 陈曙光：《世界历史民族与 21 世纪马克思主义》，《现代哲学》2023 年第 1 期。

23. 吴宏政：《21 世纪马克思主义世界历史观的叙事主题》，《中国社会科学》2021 年第 5 期。

24. 李庚香：《二十一世纪马克思主义与人类文明新形态》，《领导科学》2022 年第 4 期。

25. 罗骞：《构建人类命运共同体：21 世纪马克思主义的重要命题》，《理论探索》2018 年第 2 期。

26. 吴宏政：《21 世纪马克思主义世界历史理论的新发展》，《江西社会科学》2023 年第 10 期。

27. 解丽霞、王众威：《21 世纪马克思主义的民族性、世界性和革命性》，《高校马克思主义理论教育研究》2021 年第 3 期。

28. 桑建泉：《习近平命运共同体思想及其对发展 21 世纪马克思主义的理论贡献》，《云南民族大学学报(哲学社会科学版)》2017 年第 6 期。

29. 常成：《21 世纪马克思主义的理论创新、时代引领与世界贡献》，《浙江社会科学》2023 年第 4 期。

30. 韩庆祥：《构建 21 世纪马克思主义论纲——21 世纪马克思主义何以可能?》，《江海学刊》2022 年第 2 期。

31. 王刚：《从马克思主义到 21 世纪马克思主义的理论逻辑》，《科学社会主义》2020 年第 1 期。

32. 韩庆祥：《21 世纪马克思主义的基础性问题》，《中国社会科学》2022 年第 4 期。

33. 田克勤：《21 世纪马克思主义概念的提出及其重大意义》，《西北工业大学学报(社会科学版)》2022 年第 1 期。

34. 梁树发：《21 世纪马克思主义主题——内涵、结构与认知》，《马克思主义研究》2022 年第 9 期。

35. 田鹏颖：《论二十一世纪马克思主义的理论主题》，《世界社会主义研究》2023 年第 1 期。

36. 刘绥：《21 世纪马克思主义：内涵、主题与方法论》，《探索》2019 年第 6 期。

37. 竟辉：《21 世纪马克思主义建构的目标旨趣》，《高校马克思主义理论教育研究》2021 年第 5 期。

38. 钟明华、董扬：《21 世纪马克思主义：价值与建构》，《探索》2018 年第 2 期。

39. 操奇：《发展 21 世纪马克思主义的三个维度》，《探索》2019 年第 6 期。

40. 张鹏飞、马忠：《论发展 21 世纪马克思主义的三个导向》，《社科纵横》2017 年第 6 期。

41. 蒋永发：《21 世纪马克思主义的理论图谱、价值意蕴与实践原则》，《学校党建与思想教育》2021 年第 6 期。

42. 辛鸣：《论 21 世纪马克思主义》，《中国社会科学》2022 年第 12 期。

43. 陈曙光：《"21世纪马克思主义"的几个元理论问题》，《江海学刊》2022年第2期。

44. 辛向阳：《把握21世纪马克思主义的四个维度》，《当代世界与社会主义》2022年第3期。

45. 侯惠勤：《试论当代中国马克思主义、21世纪马克思主义》，《天津师范大学学报(社会科学版)》2021年第5期。

46. 龚云：《开辟21世纪马克思主义、当代中国马克思主义新境界》，《党的文献》2019年第5期。

47. 蒋显荣：《把"当代中国马克思主义"与"二十一世纪马克思主义"统一起来理解》，《云梦学刊》2023年第5期。

48. 陈锡喜：《不断开辟21世纪马克思主义发展新境界》，《思想理论教育导刊》2016年第9期。

49. 冯颜利：《21世纪马克思主义发展的新境界》，《理论与评论》2018年第1期。

50. 余一凡：《开创21世纪马克思主义发展新境界的逻辑进路》，《理论视野》2019年第8期。

51. 梁树发、李德阳：《发展21世纪马克思主义路径的思考》，《思想理论教育导刊》2017年第3期。

52. 王中保、程恩富：《多层面丰富和发展21世纪马克思主义》，《毛泽东邓小平理论研究》2017年第9期。

53. 钟明华、董扬：《21世纪马克思主义：中国共产党马克思主义观的新发展》，《学校党建与思想教育》2018年第9期。

54. 刘同舫：《21世纪马克思主义研究的多重张力及其进路》，《江海学刊》2022年第2期。

55. 袁银传、饶壮：《习近平新时代中国特色社会主义思想是当代中国马克思主义、21世纪马克思主义》，《思想理论教育》2022年第8期。

56. 王永友、胡义：《习近平新时代中国特色社会主义思想是21世纪马克思主义的理论判断与学理依据》，《文化软实力》2022年第4期。

57. 吕佳翼、徐涛：《"习近平新时代中国特色社会主义思想是21世纪马克思主义"的五重意蕴》，《北京联合大学学报(人文社会科学版)》2023年第4期。

58. 龚云：《习近平新时代中国特色社会主义思想为发展21世纪马克思主义作出原创性贡献》，《毛泽东邓小平理论研究》2022年第2期。

59. 邱仁富：《论创新发展21世纪马克思主义需要彰显的五个主要特性》，《探索》2020年第1期。

60. 余金成：《关于"发展21世纪马克思主义"研究的若干思考》，《中国延安干部学院学报》2017年第2期。

61. 王骏：《21世纪马克思主义研究述评与前景展望》，《探索》2019年第6期。

62. 韩庆祥：《中国哲学理论建构与21世纪马克思主义》，《东岳论丛》2022年第4期。

63. 韩庆祥：《哲学视域的21世纪马克思主义与理论话语权》，《阅江学刊》2022年第2期。

64. 侯衍社：《新发展理念是21世纪马克思主义发展哲学的精髓》，《哲学研究》2022年第7期。

65. 严政：《创新发展21世纪马克思主义哲学的文本进路》，《马克思主义哲学》2021年第3期。

66. 易佳乐：《论21世纪马克思主义的内在意蕴及世界意义》，《湖南社会科学》2019年第1期。

后　记

古代，世界文明的中心主要在东方、在中国。近代，世界文明的中心转移到欧洲。由此，兴起了"欧洲中心主义"，之后又拓展为西方中心论。作为一种思想体系，西方中心论对整个世界产生了深远影响。

马克思的伟大之处，在于他不断清算其以前的哲学信仰，进行自我批判、自我超越、自我完善。晚年马克思超越其青年时期关于历史发展道路的认识，开始关注历史发展道路的多样性，尤其是东方社会发展道路的多样性问题。这当然也与俄国民粹派讨论俄国农村公社能否跨越资本主义"卡夫丁峡谷"问题有关。马克思给予的谨慎回答是，俄国农村公社若能吸收资本主义发展的积极成果，又能避免资本主义发展的灾难性后果，就可以跨越资本主义"卡夫丁峡谷"而向社会主义过渡。显然，这种过渡是有条件的。这表明马克思开启了对历史发展道路多样性的思考。

如果说，马克思、恩格斯是把社会主义由空想变为科学，列宁则是把科学社会主义由理论变成现实，即列宁领导的十月社会主义革命，在世界上建立了第一个社会主义国家。需关注的是，俄国是在小农经济占优势的经济文化落后国家建设社会主义。所以，列宁晚期集中思考的问题是经济文化落后俄国向社会主义过渡的道路问题。这种思考的成果，一是列宁对社会主义的整个看法根本上改变了；二是列宁认为一切民族都将走向社会主义，但走法不完全一样。显然，是列宁开启了对历史发展道路多样性的实践，开始走出"使农村从属于城市，使未开化、半开化的国家从属于文明的国家，使农民的民族从属于资产阶级的民族"的框架。历史发展道路多样性之实践真正发端于列宁，他在理论上为中国"走自己的路"提供了"俄国样本"。

现代化运动是由西方开启的，它把整个世界卷入其中，也对中国产生了强烈冲击。1840 年后，中国开启了一波波被动防御性的回应，如洋务运动、戊戌变法、辛亥革命、五四运动。这些回应没有真正走出"自己的路"。十月革命一声炮响，给中国送来了马克思列宁主义。马克思列宁主义同中国工人运动相结合产生了中国共产党。中国共产党诞生，一改过去被动防御性的回应为积极主动应对，从选择马克思列宁主义作为指导思想、选择中国共产党作为领导力量、选择中国道路作为解决中国问题的必由之路等三个方面，开始掌握在中国建设现代化的历史主动。之后，我们党确定了"走自己的路"，推进现代化道路上的"自主性成长"；改革开放后，我们党赋予"走自己的路"以时代内涵，从"走自己的路"中开出"中国特色社会主义道路"，推进现代化道路上的"内涵式成长"；中国特色社会主义进入新时代，我们党进一步把中国特色社会主义道路置于世界历史这种大历史观、大历史场景中思考，在与西方现代化的比较和竞跑中，又走出"中国式现代化新道路"，彰显"中国特色社会主义道路"的世界历史意义，推进了现代化道路上的"世界性成长"；之后，我们党又进一步从"中国式现代化新道路"中成功推进和拓展出"中国式现代化"，赋予"中国式现代化新道路"以更宽广而深远的意义，推进了现代化道路上的"理论性成长"。

中国式现代化及其创造的人类文明新形态具有重大的世界历史意义，它打破"自古华山只有一条路"的那种对西方现代化、西方中心论的迷思，开创出"条条大路通罗马"的新的现代化景观，改变了世界现代化的版图，为人类实现现代化提供了新的选择，使科学社会主义理论和实践由西方走向东方中国，在 21 世纪中国焕发出强大生机活力，也使中国特色社会主义走向世界，具有世界意义。基于中国现代化的实践生成及其所创造的人类文明新形态，我们走出了一条由"世界失我"到"世界有我"再走向"世界向我"的历史演进逻辑，走出了"东方从属于西方"的框架，开启了创新发展 21 世纪马克思主义之路，破解了"古今中西之争"，巩固了中华民族的文化主体性。

全面系统深入研究"21 世纪马克思主义"，是国内外理论界需要特别关切的一个重大课题。我国理论界才刚刚开始对这一课题进行研究，还不够全面、系统、深入。本书力求全面、系统、深入地研究这一课题，但还是初步的，还需要进行持续深入的研究。

本书虽然主要是我个人的学术研究成果，但陈曙光、李海清、王虎学、赵聪聪、汤茂玥等也为其中的一些章节贡献一定的研究成果。对他们为本书的学术贡献表示衷心的感谢！

韩庆祥

2024 年 10 月 16 日